Mein Aquarium

Dick Mills

Mein Aquarium

Das praktische Handbuch
für den Tierfreund

Unipart Verlag · Stuttgart

Mit 200 Farbfotos und 180 Zeichnungen

Beim Umgang mit Fischen müssen alle Gesetze und Verord-
nungen zum Artenschutz, insbesondere die Bestimmungen
des Washingtoner Artenschutzübereinkommens, eingehalten werden!

Titelbild: Kaiserfisch
              Diskusbarsch
              Fächerschwanz

Lizenzausgabe für den Unipart Verlag GmbH,
Remseck bei Stuttgart, 1992

Ein Dorling Kindersley Buch
Originatitel: YOU AND YOUR AQUARIUM

Copyright © 1986 Dorling Kindersley Limited,
London

ISBN 3-8122-3013-5

Inhalt

EINFÜHRUNG

Das Interesse für die Fische teilt sich in zwei Hauptströmungen auf: Die einen sehen vor allem den Nährwert der Fische, die anderen ihren Zierwert. Die Fischhaltung nahm ihren Anfang, als man auf die Idee kam, lebendige Nahrung zu speichern. Dies geschah zuerst in Teichen oder Festungsgräben. Die alten Ägypter waren möglicherweise die ersten Aquarianer, denn sie stellten größere Wasserbehälter mit Kaltwasserfischen darin zur Dekoration auf. Die heutige Aquaristik hat ihre Vorläufer jedoch im Fernen Osten. Während der Sung-Dynastie (970−1278 n.Chr.) wurden schon Goldfische gehalten und verschiedene Farbschläge herausgezüchtet. Im 16. Jahrhundert verbreitete sich die chinesische Sitte, Fische in Keramik- oder Glaskübeln zu halten, nach Europa. Die Fortschritte der Wissenschaft im 19. Jahrhundert machten es möglich, öffentliche Aquarien einzurichten. Gegen Ende des vorigen Jahrhunderts entstanden in den USA die ersten Vereinigungen von Aquarienfreunden, und die ersten tropischen Aquarien

Japanischer Farbholzschnitt mit der Darstellung eines Aquariums, um 1820 (unten)
Die Züchtung von Spielarten des Goldfisches oder des Zierkarpfens nahm im Fernen Osten ihren Anfang. Diese Fische hielt man normalerweise draußen in Gartenweihern, erst später auch im Hause in Porzellankübeln.

Viktorianischer Stich eines privaten Aquariums (rechts)
Im 19. Jahrhundert kam die Mode auf, sich Aquarien im Haus einzurichten. Die Behälter bestanden damals aus Gußeisen und Glas und trugen oft allerlei Zierat. Der abgebildete Behälter stellte das Mittelstück eines großen Gewächshauses dar und beherbergte nur Kaltwassertiere.

Stich eines öffentlichen Aquariums, 1873 (unten)
Als das Interesse an der Fischhaltung zunahm, wurden bald öffentliche Aquarien eingerichtet, wie das abgebildete in Brighton, England.

waren zu besichtigen. Im Vergleich zu heute waren das natürlich primitive Vorläufer. Um beispielsweise das Wasser zu heizen, brannten unter den Becken offene Öllampen oder Gasflammen! Zu Beginn unseres Jahrhunderts erlaubte es die elektrische Energie, die Wassertemperatur leicht und gefahrlos konstant zu halten. Mit dem höheren Standard der Technik breitete sich auch das Interesse an den Aquarien weiter aus. In den dreißiger Jahren entstanden in ganz Europa die ersten Aquarianergesellschaften, und in den späten vierziger Jahren wurde die erste Fischausstellung abgehalten.

Fische und ihre Vorteile als Haustiere

Jedermann kann Fische halten, ganz egal, wie klein die Wohnung auch sein mag. Aquarien sind gerade für große Mietshäuser besonders geeignet, weil dort die Haltung anderer Haustiere verboten oder doch sehr unpraktisch ist. Dazu kommt eine weitere Reihe von Vorteilen: Fische brauchen keine Erziehung oder Dressur, sie verschmutzen die Wohnung nicht, indem sie Haare oder Federn lassen, sie können nicht entkommen, ja nicht einmal außerhalb ihrer Umwelt existieren, und sie verursachen keinerlei Lärm. Wir brauchen einzig und allein Platz für ein Aquarium, das zum Beispiel 60 cm lang, 38 cm hoch und 30 cm tief ist, wobei rundherum noch etwas Platz für die Wartungsarbeiten sein sollte.

Die Pflege eines Aquariums nimmt nicht viel Zeit in Anspruch, denn die routinemäßigen Arbeiten wie das Füttern dauern an jedem Tag nur wenige Minuten. Einmal in der

Das tropische Süßwasseraquarium
Tropische Süßwasseraquarien sind zur Zeit am weitesten verbreitet und in der Pflege und Haltung auch für den Anfänger am leichtesten, obwohl sie eine größere technische Einrichtung benötigen. In solchen Aquarien kann man eine große Vielzahl von Fischen halten. Die meisten unter ihnen sind klein, ziemlich widerstandsfähig und sehr bunt, wie die abgebildete Gruppe zeigt. Tropische Süßwasserfische brauchen unter allen Fischgruppen am wenigsten Raum, und viele unter ihnen, besonders die lebendgebärenden Formen, pflanzen sich bereitwillig im Aquarium fort.

Das tropische Seewasser-aquarium (oben)
Tropische Meeresfische wie die abgebildeten Halfterfi- *sche, die Kaiser- und Falter-fische sind teuer und oft schwer zu halten.*

Das Süßwasseraquarium mit Kaltwasser (oben)
Kaltwasserfische wie diese metallisch glänzenden Gold-fische benötigen keine Hei-zung, dafür aber mehr Raum als Kaltwasserfische.

Das Seewasseraquarium mit Kaltwasser (rechts)
Da man Fische und wirbello-se Tiere, wie diese Seeane-mone, selber an der Küste sammeln kann, liegen die Anschaffungskosten für die-ses System besonders niedrig.

Woche muß man zusätzlich ungefähr eine Stunde aufwenden. Es werden auch keine besonderen Fähigkeiten verlangt. Wer eine durchgebrannte Sicherung ersetzen kann, ist schon genügend qualifiziert. Alle technischen Hilfsmittel für die Haltung von Fischen sind absolut zuverlässig und narrensicher. Bevor sie auf den Markt gelangen, müssen sie den geltenden strengen Sicherheitsnormen genügen und werden daraufhin auch über-prüft.

Kostet ein Aquarium viel Geld?

Die Kosten für ein Aquarium kann man zweiteilen: Den ersten Teil bilden die anfäng-lichen Investitionen, der zweite Teil besteht aus den Kosten für den laufenden Betrieb und den Ersatz von Lebewesen. Was die Anfangsinvestitionen anbelangt, so liegt der einzige Unterschied zwischen einem Kaltwasser- und einem Warmwasseraquarium in der Heizung, die ungefähr 15 Prozent der gesamten Aufwendungen ausmacht. Am teuersten kommt am Anfang ein tropisches Seewasseraquarium zu stehen, da diese Fische sehr viel mehr kosten als Süßwasserfische. Innerhalb der Süßwasserfische gibt es keine großen Preisschwankungen, mag es sich nun um Warmwasser- oder Kaltwasserfische handeln. Für die hohen Kosten tropischer Meeresfische gibt es hauptsächlich drei Gründe: Die Kosten für die Luftfracht, die großen Schwierigkeiten beim Fang und bei der Haltung und ihre größere Seltenheit, denn sie werden im Gegensatz zu den Süßwasserfischen nicht kommerziell gezüchtet. Dazu kommen einige zusätzliche Kosten beim ersten Einrichten eines Seewasseraquariums für tropische Fische: Korallensand ist teurer als gewöhnlicher Aquarienkies. Auch kosten Korallenstöcke mehr als grüne Pflanzen; aber schon hier möchten wir den Leser darum bitten, keine Korallenstöcke mehr zu kaufen, um dem Raubbau an den Korallenriffen auf der ganzen Welt Einhalt zu gebieten.

Schließlich müssen wir auch eine künstliche Seesalzmischung kaufen, denn selbst wenn man Zugang zu natürlichem Seewasser haben sollte, ist die Gefahr einer unsichtbaren Verschmutzung viel zu groß. Im Gegensatz dazu kann man sich ein Kaltwasseraquarium mit Meerestieren für nur ganz wenig Geld zusammenstellen (siehe Seite 192).

Sind das Aquarium und die ersten Bewohner erst einmal bezahlt, so sind die laufenden

Kosten durchaus erträglich, selbst mit tropischen Tieren. Mit einer geschickten Isolierung (siehe Seite 135) kann man die Stromrechnung niedrig halten, und ist die richtige Wassertemperatur erst einmal erreicht, so braucht man auch nur noch wenig Energie, um sie auf dieser Höhe zu halten. Zum Energiesparen kann man auch die Beleuchtung nachts ausschalten. Obwohl Luftpumpen und Filter dauernd in Betrieb sein müssen, haben sie doch nur eine Leistung von wenigen Watt. Beim Futter kann man auch sparen, indem man Lebendfutter selber sammelt oder züchtet oder indem man Küchenabfälle als Zusatznahrung für die Fische verwendet (siehe Seiten 204–205).

Vom Nutzen der Fischhaltung

Wer sich Tag für Tag mit seinem Aquarium beschäftigt, erwirbt sich neue Kenntnisse und Fähigkeiten. Die Verhaltensweisen der Fische beispielsweise werden unser Interesse für die Biologie verstärken. Aus manch einem Hobby-Aquarianer ist schließlich ein bekannter Wissenschaftler geworden. Vielleicht wird uns das Aquarium anregen, das Tauchen zu erlernen, um die Fische an ihren natürlichen Standorten beobachten zu können. Einen besonderen Nutzen vom Aquarium haben die Kinder, denn die Verantwortung für das Wohlergehen eines anderen Lebewesens spielt eine wichtige Rolle in ihrem Lernprozeß. So ist die Fischhaltung ein idealer Weg, um Kinder an die Welt der Lebewesen heranzuführen.

Auswahl der Fische bei einem spezialisierten Händler (links)
Für den ernsthaften Aquarienfreund ist es am besten, wenn er sich seine Fische bei einem spezialisierten Händler besorgt. Ein solches Geschäft hat eine viel größere Auswahl an Arten als eine kleine Tierhandlung. Auch sind die Fische hier oft in einem besseren gesundheitlichen Zustand.

Plazierung des Aquariums zu Hause (rechts)
Das Aussehen des Aquariums stellt ein wichtiges Gestaltungselement in der Inneneinrichtung dar, und man sollte darauf schauen, daß es zu den übrigen Gegenständen paßt. Das Aquarium stellt hier sozusagen den Brennpunkt des Wohnzimmers dar. Es steht hier auf einem niedrigen eingebauten Schrank, in dem auch die übrige Ausrüstung des Aquarienfreundes verwahrt wird. Sehr beliebt sind Aquarien auch als Raumteiler.

Anatomie des Fisches

Obwohl die Fische vom naturwissenschaftlichen Standpunkt wie die Affen und auch wir selbst zu den Wirbeltieren zählen, sind sie uns doch in vieler Hinsicht völlig fremd. Sie sind an das Leben im Wasser angepaßt. Sie bewegen sich darin mit Hilfe ihrer Flossen, und über die Kiemen nehmen sie den im Wasser gelösten Sauerstoff auf. Ihre Körpertemperatur ist im allgemeinen dieselbe wie die der Umgebung; der Zoologe sagt, sie sind wechselwarm oder auch Kaltblüter. Mit wenigen Ausnahmen können die Fische ihre Körpertemperatur nicht wie die Gleichwarmen auf einem ganz bestimmten Niveau halten. So wie sich einige Säugergruppen, etwa die Wale und die Robben, dem Leben im Wasser angepaßt haben, gibt es auch unter den Fischen vereinzelte Formen, die für kürzere oder längere Zeit außerhalb der Gewässer leben können.

Grundzüge der Anatomie

Die torpedoförmige Gestalt einer Forelle etwa gibt uns kaum eine Vorstellung davon, wie sehr die Fische ihre Körperform anzupassen vermochten. Fische besiedeln die unterschiedlichsten Lebensräume, die eine Anpassung der Körperform verlangen. Von dieser Form kann man auch auf die Lebensweise schließen: Wo der Fisch lebt, wie er sich ernährt, wie schnell er schwimmt usw.

Der Mund

Der Bau des Mundes verrät viel über die Ernährungsgewohnheiten. In dieser Hinsicht können die Fische in drei Gruppen eingeteilt werden: Die nahe der Oberfläche, die im mittleren Bereich und die am Boden.

Fische der oberflächennahen Schichten
Die meisten dieser Gruppe zeigen einen geraden Rücken und oft einen nach oben gerichteten, oberständigen Mund, mit dem sie leicht treibende Insekten aufnehmen.

Fische der mittleren Bereiche
Diese Fische zeigen im allgemeinen eine gerade, endständige Mundspalte. Sie schnappen nach Beute, wenn diese von oben absinkt. Einige Arten haben eine unterständige Mundspalte und Raspelzähne, mit denen sie Algenschichten abfressen.

Boden- oder Grundfische
Die Mehrzahl dieser Arten zeigt eine unterständige Mundspalte. Sie können die Lippen praktisch auf das Flußbett auflegen, wo sich der größte Teil der Nahrung befindet.

Die Kiemen

Die Kiemen sind die Atmungsorgane der Fische. Durch die zarten Schichten der Kiemenfäden tritt Sauerstoff vom Wasser in den Blutkreislauf der Fische über. Bei den weitaus meisten Fischen werden die zarten Kiemen von einem Kiemendeckel beschützt.

KÖRPERFORM UND FUNKTION

Die ursprüngliche Spindelform des Fischkörpers hat im Lauf der Evolution und der Anpassung an die unterschiedlichsten Gegebenheiten des Lebensraumes vielfältige Veränderungen erfahren. Besonders wichtig als Faktor ist dabei die Ernährungsweise und die Wasserbewegung.

Scheibenförmiger Körper
Der schmale, seitlich zusammengepreßte Körper des Diskusfisches (Symphysodon discus) stellt eine Anpassung an langsam fließende oder stehende Gewässer dar. Solche Fische leben oft in Binsenbeständen.

Dünner beilförmiger Körper
Die Körperform des Marmorierten Beilbauchfisches (Carnegiella strigata) erlaubt es dem Tier, auf dem Wasser zu gleiten.
Flache Bauchseite
Ideale Körperform für Bodenfische wie den Metall-Panzerwels Corydoras aeneus.

DIE ANATOMIE EINES FISCHES

Der seitlich aufgeschnittene Fisch zeigt die wichtigsten Organe und Strukturen.

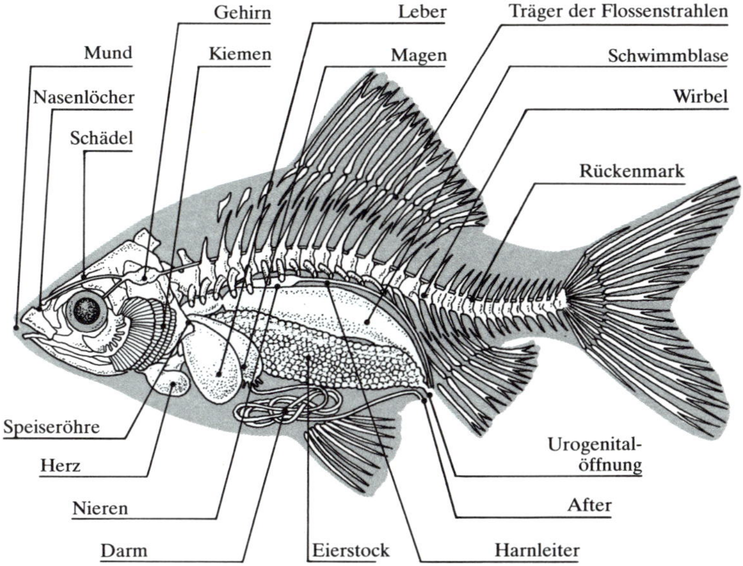

Mundstellung
Die Mundstellung gibt uns Hinweise darauf, wie sich der Fisch ernährt und wo er hauptsächlich lebt.

Gehirn

Leber

Träger der Flossenstrahlen

Mund

Kiemen

Magen

Schwimmblase

Nasenlöcher

Wirbel

Schädel

Rückenmark

Speiseröhre

Herz

Nieren

Darm

Eierstock

Urogenitalöffnung

After

Harnleiter

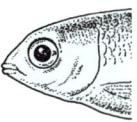

Endständig

Oberständig

Unterständig

Zylindrischer Körper
Der Malabarbärbling (Danio malabaricus) ist an schnellfließende Gewässer angepaßt.

Gerader Rücken
Fische mit einem solchen Rückenprofil, etwa der Stahlblaue Prachtkärpfling (Aphyosemion gardneri), schwimmen knapp unter der Wasseroberfläche.

Die Körperdecke

Fische weisen zwei Hautschichten auf: eine dünne, äußere Schicht, die Epidermis, und eine dickere innere Schicht, die Cutis oder Dermis. In den meisten Fällen tragen die Fische noch ein Schuppenkleid, das aus sich überlappenden einzelnen Schuppen besteht. Diese liegen einzeln in einer Schuppentasche, einer Höhlung der Dermis; sie verleihen dem Körper eine klare äußere Form und bewahren ihn vor Verletzungen.

Farbe als Tarnung
Die Fische zeigen vom Rücken zum Bauch eine deutliche Schattierung; der Rücken ist dunkel und der Bauch hell. Damit sind sie gegenüber Räubern getarnt, ob diese von oben oder von unten her kommen. Andere Farbmuster erfüllen vielfältige Aufgaben: Sie dienen zum Erkennen der Art und des Geschlechts, bieten Tarnung in der natürlichen Umwelt des Fisches und/oder dienen möglichen Räubern gegenüber als Warnung, daß der betreffende Fisch wehrhaft oder gar giftig ist. Einige Meeresfische ahmen in ihrem Farbmuster ihre hauptsächlichen Beutetiere nach. Einige Arten verbergen ihre Augen in einem dunklen Feld und zeigen dafür an anderer Stelle des Körpers ein falsches »Auge«. Damit sind bei einem möglichen Angriff die wichtigsten Körperteile vorerst geschützt.

Wie die Färbung zustande kommt
Farbe entsteht auf zweierlei Weisen: durch physikalische Vorgänge an dünnen Schichten und/oder durch Einlagerung von Farbstoffen, den Pigmenten. Irisierende Fische verdanken ihr glänzendes Farbenspiel der Lichtreflexion an einer Guanin-Schicht, die gerade unterhalb der Haut liegt.

Manche pigmenthaltige Zellen können ihre Farbe verändern, etwa bei Erregung, Angst oder hormoneller Aktivität.

Jugendfärbung
Die meisten Fischarten sehen in der Jugend ähnlich aus wie ihre erwachsenen Eltern. Von dieser Regel gibt es aber viele Ausnahmen, z.B. bei den Kaiserfischen.

SCHUPPENTYPEN

Der Fischkundler unterscheidet zwei große Gruppen von Schuppentypen: die Placoidschuppen und die Elasmoidschuppen. Placoidschuppen treten bei Haien und Rochen auf und bestehen aus verknöcherten, hervortretenden Hautzähnen. Aquarienfische haben durchwegs Elasmoidschuppen, die direkt in der Dermis gebildet werden. Hier wiederum unterscheidet man zwei Typen, die Ctenoid- und die Cycloidschuppen. Beide können bei ein und derselben Fischart auftreten.

Ctenoidschuppen
Hinterrand der Schuppen mit Stacheln oder kleinen Zähnchen.

Cycloidschuppen
Schuppen durchwegs rund und glatt.

Knochenschilde
Störe, Stichlinge, zahlreiche Welse, Koffer- und Igelfische haben auf der Oberfläche ihres Körpers größere knöcherne Platten, die eine Art Panzer bilden.

»Nackte« Fische
Eine Reihe von Fischen, die untereinander nicht verwandt sind, tragen auf der Haut keinerlei Schuppen noch Hautknochen, zum Beispiel gewisse Welse und Aale.

Ein Kaiserfisch im Jugendkleid
Der junge Nikobaren-Kaiserfisch (Pomacanthus imperator) sieht anders aus als seine Eltern (Seite 99).

Die Flossen

Flossen bestehen aus Strahlen, die durch dünne Haute miteinander verbunden sind. Die Strahlen können hart und ungegliedert (Stacheln oder Hartstrahlen) oder weich und gegliedert (Glieder- oder Weichstrahlen) sein. Mit Hilfe kleiner Muskeln werden die Flossen bewegt.

Afterflosse

Rückenflosse

Fettflosse

Bauchflosse

Brustflosse   Schwanzflosse

Flossentypen
Ein Fisch weist normalerweise sieben Flossen auf: drei unpaarige, nämlich Rücken-, Schwanz- und Afterflosse, sowie zwei paarige Flossen, die Brust- und die Bauchflossen.

Die Rücken- und die Afterflosse
Sie haben die Aufgabe, den Fisch senkrecht im Wasser zu halten; sie wirken wie Kiele.

Bei einigen Formen übernimmt die Afterflosse eine Aufgabe bei der Fortpflanzung. Bei den Männchen der Lebendgebärenden Zahnkarpfen (siehe Seite 245) entwickeln sie sich zu röhrenähnlichen Begattungsorganen, mit denen der Samen bei der Eiablage gezielt abgegeben werden kann. Die Afterflossen einiger Salmler weisen feine Häkchen auf, und man nimmt an, daß sie den Zusammenhalt zwischen Männchen und Weibchen bei der Eiablage verstärken.

Die Schwanzflosse
Die Schwanzflosse besorgt den Hauptantrieb für die Vorwärtsbewegung. Die Energie stammt von kräftigen Muskeln, die den Körper längs seiner Achse in starke wellenartige Bewegungen versetzt.

Die Fettflosse
Diese kleine unpaarige Flosse liegt bei einigen Arten zwischen der Rückenflosse und der Schwanzflosse. Sie hat keine Strahlen, sondern besteht nur aus Fettgewebe. Es ist nicht bekannt, ob sie eine besondere Aufgabe erfüllt.

Die paarigen Flossen
Die Fische verändern ihre Schwimmrichtung mit Hilfe der paarigen Flossen. Dazu zählen die Brustflossen, die kurz hinter dem Kiemendeckel liegen, und die Bauchflossen, die meistens knapp vor der Afterflosse stehen. Aus diesen beiden Flossenpaaren sind im Lauf der Evolution die vier Extremitäten der landbewohnenden Wirbeltiere hervorgegangen.

SCHWANZFLOSSEN

Die Form der Schwanzflosse gibt of Anhaltspunkte über das Schwimmvermögen der Fische.

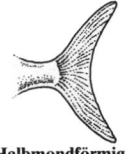

Halbmondförmig
Tritt bei einigen ausdauernden, schnellen Schwimmern auf.

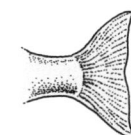

Eingebuchtet *Bei langsamen Schwimmern mit kurzzeitiger, hoher Beschleunigung.*

Gegabelt *Häufig bei ausdauernden, schnellen Schwimmern.*

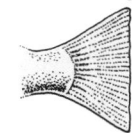

Abgestutzt *Häufig bei langsamen Schwimmern mit kurzzeitiger, hoher Beschleunigung.*

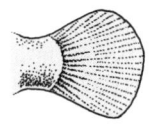

Abgerundet *Häufig bei sehr langsamen Schwimmern und bei Zuchtformen.*

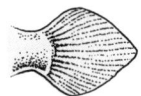

Zugespitzt *Bei langsamen Schwimmern und bei einigen Zuchtformen.*

Aufgaben der Brustflossen
● Drehbewegung um die eigene Längsachse, indem die Brustflossen in entgegengesetzter Richtung bewegt werden.
● Als Bremsen, wenn der Fisch nämlich gleichzeitig seine Bauchflossen entfaltet.
● Um Fischeiern frisches Wasser zufächeln zu können.
● Um Nahrung vom Gewässerboden wegzutransportieren.

Aufgaben der Bauchflossen
● Als Tiefensteuer.
● Panzerwelsweibchen tragen befruchtete Eier mit den Bauchflossen zum Schlüpfort.
● Süßwasserbewohnende Segelflosser haben sehr harte Bauchflossen, die sie als Drohmittel bei der Verteidigung ihres Reviers einsetzen.
● Fadenfische suchen mit ihren Bauchflossen das Aquarium ab; sie tragen an deren Spitze Tastsinnesorgane und können mit ihnen Nahrung aufspüren.

»Groteske« Schwanzflossen
Unter den Goldfischen und den Guppys gibt es mehrere Züchtungen mit übertrieben vergrößerten Schwanzflossen. Man bezeichnet sie als Kometenschwänze, Fächerschwänze und Schleierschwänze. Derart ausgestattete Fische schwimmen nur langsam und könnten in der Natur nicht überleben.

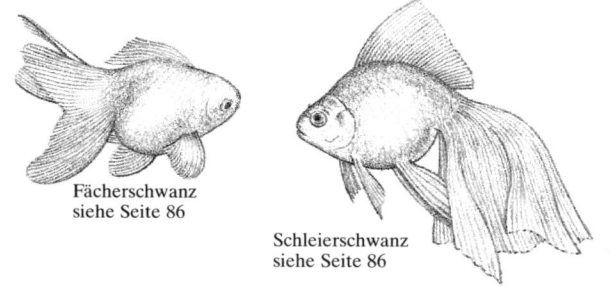

Fächerschwanz
siehe Seite 86

Schleierschwanz
siehe Seite 86

Schwanzflossen mit Fortsätzen
Wenn gewisse Strahlen der Schwanzflosse stark verlängert sind, wie etwa beim Schwertträger und beim Kaisertetra, so ist das meisten ein zuverlässiger Hinweis darauf, daß wir ein Männchen vor uns haben. Diese Fortsätze kommen auch in der Natur vor, sind aber möglicherweise funktionslos.

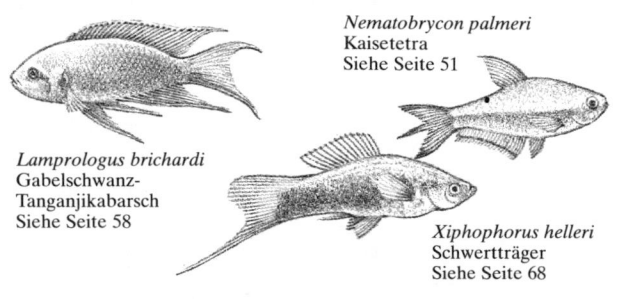

Nematobrycon palmeri
Kaisetetra
Siehe Seite 51

Lamprologus brichardi
Gabelschwanz-
Tanganjikabarsch
Siehe Seite 58

Xiphophorus helleri
Schwertträger
Siehe Seite 68

Flossen zur Verteidigung
Die langen hohlen Stacheln des Rotfeuerfisches enthalten ein Gift, das bei der Verteidigung eingesetzt wird. Drückerfische können den ersten verlängerten Stachel der Rückenflosse aufrichten und in dieser Stellung einrasten und fixieren. In engen Spalten können sich die Fische so erfolgreich festhalten.

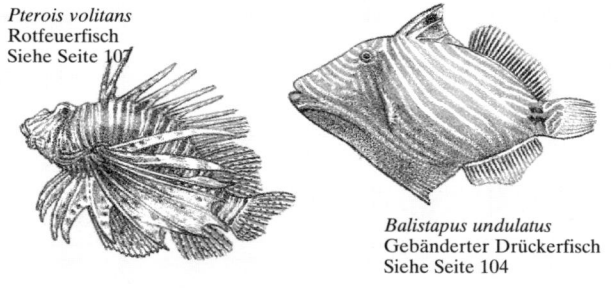

Pterois volitans
Rotfeuerfisch
Siehe Seite 107

Balistapus undulatus
Gebänderter Drückerfisch
Siehe Seite 104

Körperfunktionen

Mit einigen grundlegenden Kenntnissen über die Funktion des Fischkörpers werden wir die Bedürfnisse und Gewohnheiten unserer Lieblinge besser verstehen.

Atmung

Fische nehmen Sauerstoff auf, der im umgebenden Wasser gelöst ist. Dazu saugen sie Wasser über die Mundöffnung ein, lassen es an den Kiemen vorbeistreichen und geben es durch Öffnen des Kiemendeckels wieder ab. In Kontakt mit den zarten Kiemenfäden wird der Sauerstoff in das Blut aufgenommen; gleichzeitig gibt der Fisch Kohlendioxid ab. In beschränkter Menge werden so auch Ammoniumionen ausgeschieden, und Süßwasserfische geben dabei sogar etwas Wasser ab.

Einige Fische, darunter vor allem die Labyrinthfische (siehe Seite 60), können atmosphärische Luft über ein zusätzliches Atmungsorgan aufnehmen. Dieses Labyrinth liegt im Kopf hinter den Kiemen. Die Panzerwelse (siehe Seite 74) nehmen Luft in den hinteren Darmabschnitt auf und entziehen ihm dort den Sauerstoff.

Fische mit Saugmäulern wie der Harnischwels (siehe Seite 76) nehmen das Atemwasser durch besondere Schlitze hinter dem Mund auf. Bei ihnen spielt der Mund also keine Rolle mehr bei der Atmung. Er ist vor allem für das Festhalten an glatten Steinen in schnellfließenden Gewässern angepaßt.

Schlafen die Fische?

Weil die Fische keine Augenlider haben und damit ihre Augen nicht zumachen können, neigen wir oft zur Auffassung, sie würden nie schlafen. Tatsächlich brauchen sie jedoch Ruhe, und man kann oft beobachten, wie sie einige Stunden bewegungslos daliegen. Einige Meeresfische wie die Lippfische graben sich in den Boden ein oder bauen sich für jede Nacht einen neuen Schlafsack aus versponnenen Kleinfäden.

Ausscheidung

Zu den üblichen Abfallstoffen der Verdauung geben die Fische mit den Kiemen auch Ammoniumionen ab. Süßwasserfische scheiden auf diesem Weg auch Wasser aus. Ein weiteres Ausscheidungsprodukt ist das Guanin, das die Fische in ihrem eigenen Körper knapp unter der Haut ablagern. Es ist gerade diese Guaninschicht, die den Fischen die metallisch glänzende irisierende Farbe verleiht.

Körperflüssigkeit

So merkwürdig es aussehen mag, haben die Fische physiologische Probleme mit dem Wasser, obwohl sie ganz von ihm umgeben sind. Dabei muß man zwei Fälle unterscheiden.

Meeresfische

Die Salzkonzentration im Blut von Meeresfischen ist geringer als der Salzgehalt des umgebenden Wassers. Aufgrund der physikalischen Erscheinung der Osmose gibt der Fisch deswegen Wasser dauernd an die Umwelt ab, und um diesen Verlust wettzumachen, muß er trinken. Durch reichliche Wasseraufnahme und insgesamt geringe Ausscheidung kann er diesen osmotischen Verlust wettmachen. Der Fisch muß dabei allerdings überschüssige Salze ausscheiden.

DAS LABYRINTHORGAN

Dieses Organ der Labyrinthfische (siehe Seite 60) besteht aus rosettenartig angeordneten Platten. Sie sind stark durchblutet und können Luftsauerstoff aufnehmen.

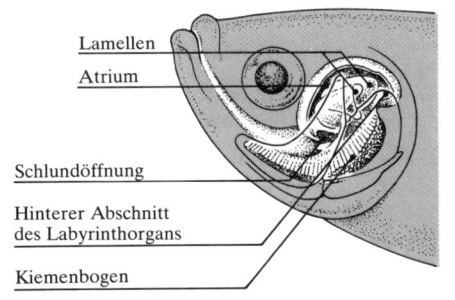

Lamellen

Atrium

Schlundöffnung

Hinterer Abschnitt des Labyrinthorgans

Kiemenbogen

Süßwasserfische

Die Situation ist bei den Süßwasserfischen gerade umgekehrt, denn die Salzkonzentration in ihrem Blut ist höher als die des umgebenden Wassers. Deswegen nehmen die Süßwasserfische ohne Unterlaß Wasser in den Körper auf. Damit sie nicht platzen, müssen sie große Wassermengen ausscheiden – bis zum Zehnfachen ihres Körpergewichts! Sie tun dies auf zwei Wegen: mit dem Harn und über die Kiemen.

Der Geruchssinn

Fische riechen mit ihren Nasenlöchern, die übrigens nichts mit der Atmung zu tun haben. Sie bestehen aus zwei oder vier Öffnungen vorne an der Schnauze und führen direkt zum Geruchsorgan. Mit dem Geruchssinn nehmen die Fische zum Beispiel Pheromone wahr. Diese Botenstoffe gibt ein angegriffener Fisch ab, um blitzschnell die übrigen Mitglieder des Schwarmes zu warnen. Der Geruchssinn spielt eine Rolle bei der Suche nach Nahrung und Eiablageplätzen.

Der Tastsinn

Die knospenförmigen Tastsinnesorgane kommen hauptsächlich auf dem Maul, der Zunge und den Lippen vor. Bei gewissen Arten finden wir sie auch auf den Afterflossen oder auf den Barteln.

Der Lichtsinn

Die meisten Fische haben ein monokulares Sehen, d. h., sie können zwar in zwei verschiedene Richtungen blicken, aber nicht mit beiden Augen gleichzeitig denselben Gegenstand fixieren. Wo allerdings die Augen hoch oben am Kopf angebracht sind, ist wahrscheinlich ein binokulares Sehen bis zu einem gewissen Grad möglich. Dies würde den Tieren auch ein räumliches Sehen ermöglichen. Fische können ihre Augenlinse nur bis zu einer Weite von 45 cm scharf einstellen. Um weiter entfernte Gegenstände aufzuspüren, verwenden sie das Seitenliniensystem. Manche Fische können Farben unterscheiden, lassen sich aber von unterschiedlichen Lichtstärken in die Irre führen.

DER AUFBAU DES AUGES

Fische können im Gegensatz zum Menschen und den Säugetieren die Linse nicht verformen, um den Brennpunkt der Lichtstrahlen zu verändern. Zu diesem Zweck bewegen die Fische die Linse innerhalb gewisser Grenzen vorwärts und rückwärts.

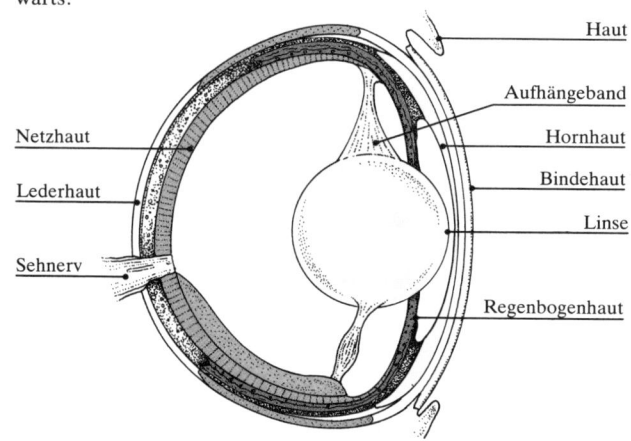

Netzhaut

Lederhaut

Sehnerv

Haut

Aufhängeband

Hornhaut

Bindehaut

Linse

Regenbogenhaut

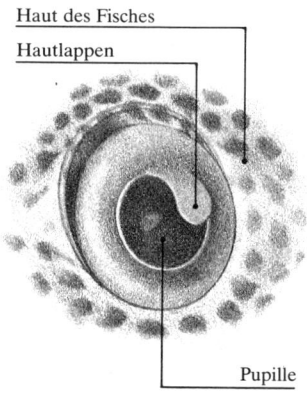

Haut des Fisches

Hautlappen

Pupille

Augenlappen
Harnischwelse (siehe Seite 76) zeigen ein ungewöhnliches Merkmal: einen Hautlappen, der vor dem Auge herausragt und der durch Anschwellen oder Kontrahieren seine Größe verändern kann. Der Lappen regelt die Lichtmenge, die ins Auge einfällt.

Augenlider

Im Gegensatz zu landbewohnenden Tieren brauchen die Fische keine Augenlider, denn deren Hauptaufgabe ist es, die Augenoberfläche dauernd zu befeuchten und vor Austrocknung zu schützen.

Der Gleichgewichts- und der Gehörsinn

Das Gleichgewichtsorgan ist im Prinzip ähnlich aufgebaut wie bei uns: Drei Bogengänge bilden zusammen mit einigen Erweiterungen das häutige Labyrinth, das nicht zu verwechseln ist mit dem Labyrinthorgan für die Atmung. Das Labyrinth nimmt auch stärkere Erschütterungen wahr.

Ein Hörvermögen ist für viele Fische nachgewiesen, insbesondere durch Dressurversuche. Besonders gut scheint es bei den Karpfen und Welsartigen ausgeprägt zu sein. Diese verfügen über den Weberschen Apparat, der aus einer Reihe von Knöchelchen besteht. Die Schallschwingungen werden von der Schwimmblase aufgenommen und über die Weberschen Knöchelchen in den Raum um das Labyrinth geleitet. Die Fische in ihrer Gesamtheit hören ungefähr dieselben Frequenzbereiche wie der Mensch. Einzelne Arten sind aber meistens nur auf Ausschnitte aus diesem Spektrum spezialisiert.

Das Seitenliniensystem

Dieses System stellt den »sechsten Sinn« der Fische dar, denn mit ihm können sie Erschütterungen und Strömungen wahrnehmen. Der Name geht darauf zurück, daß die Öffnungen der entsprechenden Sinnesorgane sich auf einer Linie zu beiden Seiten des Fischkörpers erstrecken. Diese Linie ist oft unterbrochen, kann sich aber auch bis zu den Nasenlöchern erstrecken.

Die Schwimmblase

Mit Ausnahme einiger Bodenfische wie der Grundeln haben die meisten Aquarienfische eine Schwimmblase. Dieses Organ ermöglicht es ihnen, sich ohne Anstrengung in jeder beliebigen Wassertiefe aufzuhalten. Bei einigen Formen übernimmt die Schwimmblase noch weitere Aufgaben, zum Beispiel als Resonanzboden und Verstärker, sei es für den Hörsinn via die Weberschen Knöchelchen oder zur Produktion eigener Laute.

ORIENTIERUNGSHILFEN

● Das Seitenliniensystem hilft dem Fisch, Hindernisse zu erkennen
● Wandernde Fische orientieren sich anhand der Sonne oder der Sterne
● Einige Formen orientieren sich mit Hilfe elektrischer Felder. Diese werden von umgebauten Muskeln erzeugt und von nahegelegenen Gegenständen verformt. Der Fisch nimmt die Veränderung des elektrischen Feldes wahr und findet sich dabei im Gewässer zurecht. Manche Fische gehen mit diesem elektrischen Sinn auch auf die Jagd.

Orientierung mit Hilfe der Seitenlinie
Fische, die in dunklen oder trüben Gewässern leben und denen die Augen fehlen, wie etwa diesem Blinden Höhlensalmler (Astyanax mexicanus, siehe Seite 46), finden sich ohne Schwierigkeit mit Hilfe ihres Seitenliniensystems zurecht. Dieses informiert sie über Hindernisse, andere Fische oder Nahrung, die in der Nähe vorbeitreibt.

Die Auswahl der Fische

Um Ihnen bei der Auswahl der Fische zu helfen, gibt dieses Kapitel einen Überblick über die vier grundlegenden Aquariensysteme, nämlich das tropische Süßwasseraquarium, das tropische Seewasseraquarium sowie das Süßwasseraquarium mit kaltem Wasser und das Seewasseraquarium mit kaltem Wasser. Sie haben zweimal eine Wahl zu treffen: Die erste gilt dem Aquariensystem; bei der zweiten legen Sie sich auf bestimmte Arten innerhalb der großen Auswahl von Fischen fest, die in Ihrem gewählten System leben können. Obwohl Sie vielleicht schon ziemlich genau wissen, welche Fische Sie halten möchten, lohnt es sich doch, alle Möglichkeiten einmal durchzugehen, bevor man sich festlegt. Steht die Wahl des Aquariensystems fest, so sollten Sie als nächsten Schritt die Informationen über die Fische im Artenführer (siehe Seiten 32–111) lesen. Bevor Sie die ausgewählten Fische nunmehr kaufen, sollten Sie noch die Informationen beachten, die Ihnen helfen, gesunde Exemplare auszusuchen.

Die Wahl des Aquarientyps

Bevor man die Fische auswählt, muß man sich erst dafür entscheiden, ob man ein Süßwasser- oder ein Seewasseraquarium haben will. Und innerhalb dieser beiden Gruppen muß man sich noch einmal für ein Warm- oder Kaltwasseraquarium entscheiden.

Süßwasseraquarien

Die weitaus meisten Aquarienfische leben im Süßwasser. Der Aquarienliebhaber teilt sie in zwei Gruppen ein: in Kaltwasserarten und tropische Warmwasserarten. Die Tabelle auf der gegenüberliegenden Seite zeigt die Hauptunterschiede zwischen diesen beiden Aquarientypen. Historisch gesehen ist das Kaltwasseraquarium das ältere, während das Warmwasseraquarium heute die meisten Anhänger hat. Die Gründe dafür sind recht einfach, denn tropische Fische haben zwei Vorteile: Man kann mehr Individuen in einem bestimmten Behälter halten, und die verfügbaren Arten zeigen eine viel größere Farbenvielfalt. Das Kaltwasseraquarium galt bis vor kurzem eigentlich nur einer einzigen Art, dem Goldfisch und seinen vielen grotesken Zuchtformen.

Seewasseraquarien

Die Haltung von Meeresfischen ist der jüngste Zweig der Aquarienkunde. Auch hier gilt die Unterscheidung in Kaltwasser- und Warmwasseraquarien. Am beliebtesten sind natürlich die tropischen Aquarien, weil eine unglaubliche Vielfalt der buntesten Fische zur Verfügung steht. Sie wirken natürlich viel attraktiver als die Kaltwasserarten, von denen es nur verhältnismäßig wenige gibt und die nach Färbung und Musterung viel weniger auffallen. Die benötigten Aquarienfische werden übrigens aus den tropischen Meeren der Welt gefischt (siehe Seite 95).

Der Hauptunterschied zwischen der Haltung von Meeresfischen und Süßwasserfischen liegt natürlich im Wasser. Seewasser erhält man am besten durch Zugabe einer Seesalzmischung, die im Aquariengeschäft erhältlich ist. Man gibt sie dem Leitungswasser zu. Ein weiterer Unterschied liegt darin, daß man in Seewasseraquarien keine Pflanzen anbringen kann. Dieser Verzicht wird aber dadurch wettgemacht, daß man das Aquarium mit lebenden Korallen, Seeanemonen oder Röhrenwürmern schmücken kann.

Tropische Meeresfische sind in der Anschaffung sehr teuer. Wer sie sich nicht leisten kann, aber dennoch Meeresfische halten will, der sollte auf Kaltwasserarten zurückgreifen, die er selber in Europa sammeln kann, zum Beispiel in Felsentümpeln an der Küste. Die deutsche Nord- und Ostseeküste ist hier allerdings viel weniger geeignet als die Felsenküsten Englands. Auch wenn Fische eingehen, ist der Nachschub direkt aus dem Meer natürlich viel billiger.

Wer vom Pioniergeist beflügelt ist und auch gelegentliche Rückschläge erträgt, für den ist ein Seewasseraquarium gerade das richtige. Bevor man sich aber an ein Seewasseraquarium wagt, sollte man schon praktische Erfahrung mit Süßwasserfischen gesammelt haben.

AQUARIUM OHNE FISCHE

Es scheint ein Widerspruch in sich selbst zu sein, doch gibt es enthusiastische Aquarienfreunde, die ein Seewasseraquarium ohne Fische halten. Es beherbergt hingegen wirbellose Tiere wie Seeanemonen, Röhrenwürmer, Garnelen oder lebende Korallen. Solche Aquarien kann man auch mit selbstgesammelten Kaltwasserarten bestücken, doch der Großhandel bietet auch hier eine große Auswahl importierter Tiere an.

Ein solches Wirbellosen-Aquarium darf sogar keine Fische enthalten, weil diese die niederen Tiere fressen würden. Viele Wirbellose sind Filtrierer, die mit geeigneten Vorrichtungen ihres Körpers winziges Plankton oder Nahrungsteilchen aus dem Wasser ziehen. Wenn wir also das Futter hinzugeben, sollten wir die Filterpumpe ausschalten und erst später wieder einschalten.

SEEWASSERAQUARIEN

Typ	Kaltwasser	Warmwasser
Besatzdichte und Behältertyp	ziemlich niedrig, Ganzglas	ziemlich niedrig, Ganzglas
Wasser	Wasser aus dem Meer oder Seesalz-mischung	nur Seesalzmischung
Heizung und Tempe-raturregelung	keine erforderlich, Umgebungs-temperatur	Heizung und Thermostat halten die Temperatur bei rund 24 °C
Beleuchtung	Leuchtstoff- oder Glühlampen	Leuchtstoff- oder Glühlampen
Filter	leistungsstark	Standard
Artenauswahl	was man findet	sehr umfangreich
Futter	Fertig- oder Lebendfutter	Fertig- oder Lebendfutter
Pflege	bei Besatz aus verschmutztem Wasser Krankheiten möglich	ziemlich widerstandsfähig
Kosten für die Fische	Reise zwischen Küste und Aqua-rium	ziemlich hoch
Fortpflanzung	sehr selten im Aquarium, Geschlechter schwer zu unter-scheiden	sehr selten im Aquarium, Geschlechter schwer zu unter-scheiden

SÜSSWASSERAQUARIEN

Typ	Kaltwasser	Warmwasser
Besatzdichte und Behältertyp	ziemlich niedrig, jeder Typ	ziemlich hoch, jeder Typ
Wasser	Leitungswasser	Leitungswasser
Heizung und Tempe-raturregelung	keine erforderlich, Umgebungs-temperatur	beide erforderlich, Temperatur um 24 °C
Beleuchtung	Leuchtstoff- oder Glühlampen, Gro-lux-Röhren fördern Pflanzen-wachstum	Leuchtstoff- oder Glühlampen, Gro-lux-Röhren fördern Pflanzenwachstum
Filter	leistungsstark	Standard
Artenauswahl	wenige dekorative Formen	Hunderte von Arten
Futter	Fertig- oder Lebendfutter	Fertig- oder Lebendfutter
Pflege	meistens widerstandsfähig, wenige mit besonderen Ansprüchen	meist widerstandsfähig, wenige mit besonderen Ansprüchen
Kosten für die Fische	günstig	mittel bis teuer
Fortpflanzung	eierlegend, möglich im Aquarium, Geschlechter bisweilen unter-scheidbar	eierlegend und lebendgebärend, möglich im Aquarium, Geschlechter oft unterscheidbar

Der Kauf von Fischen

Die besten Startbedingungen verschafft man sich, indem man die gesündesten Tiere auswählt. Dies ist besonders wichtig, wenn Sie Ihr allererstes Aquarium einrichten. Gewisse Störungen aufgrund der fehlenden Erfahrung werden unvermeidlich sein, und damit die Fische diese überstehen, sollten Sie sich von Anfang an bester Gesundheit erfreuen. Lassen Sie sich zunächst von ungewöhnli-chen, exotischen Arten nicht in Versuchung führen. Sie sind deutlich teurer, und Enttäuschungen werden bei mangelnder Erfahrung nicht ausbleiben.

Gesunde Fische auswählen

Wenn Sie Ihr Aquariengeschäft regelmäßig besuchen, werden Ihnen Neuankömmlinge schnell auffallen. Bevor Sie sie kaufen, soll-

ANZEICHEN FÜR DIE GESUNDHEIT EINES FISCHES

Die Gesundheit eines Fisches können wir nur danach beurteilen, wie er sich beim Kauf präsentiert. Insbesondere sollte man auf die drei Punkte achten, die weiter unten erklärt werden.

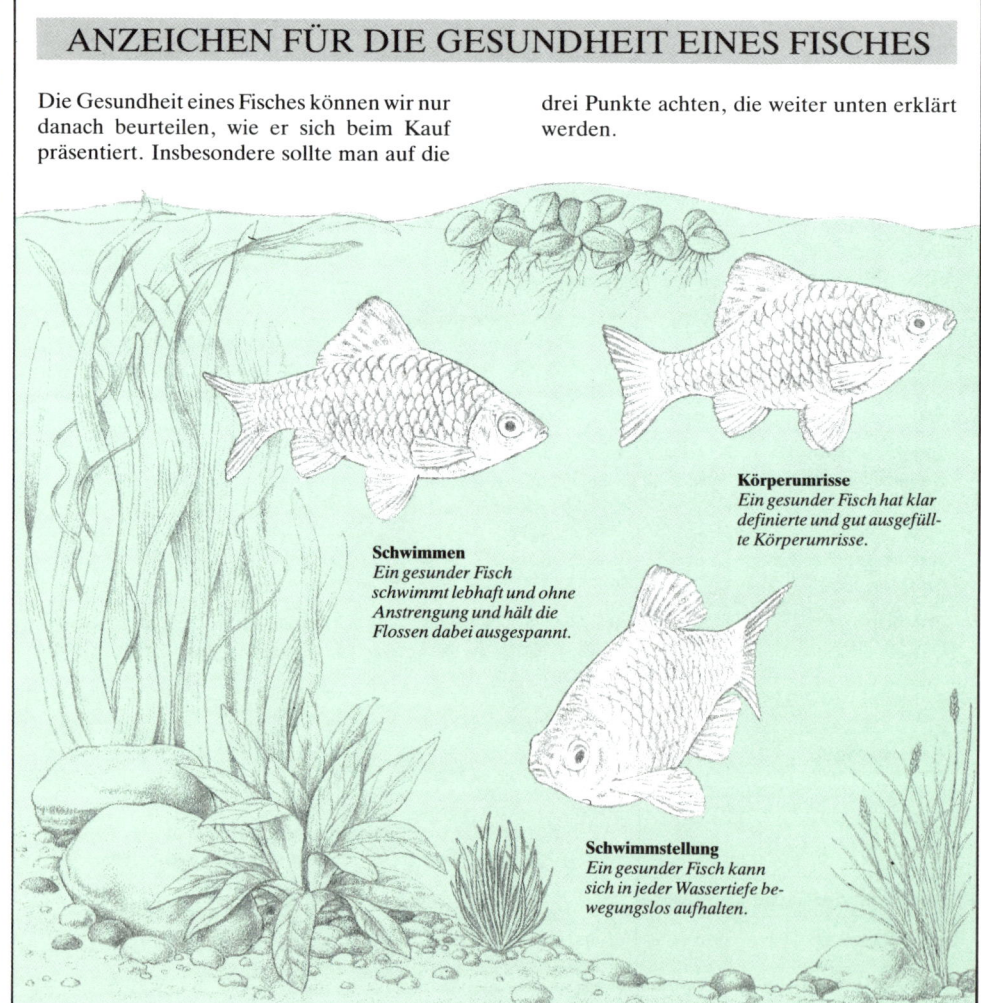

Körperumrisse
Ein gesunder Fisch hat klar definierte und gut ausgefüllte Körperumrisse.

Schwimmen
Ein gesunder Fisch schwimmt lebhaft und ohne Anstrengung und hält die Flossen dabei ausgespannt.

Schwimmstellung
Ein gesunder Fisch kann sich in jeder Wassertiefe bewegungslos aufhalten.

ten Sie sich vergewissern, daß die Fische erst zwei oder drei Wochen in Quarantäne verbracht haben, bevor sie zum Kauf angeboten werden. Man sollte keine Fische erwerben, die eben erst angekommen sind, denn die Sterberate aufgrund von Krankheit oder Streß ist sehr hoch. Ein gewissenhafter Händler wird Ihnen empfehlen, Neuankömmlinge nicht gleich zu kaufen, sondern so lange zu warten, bis sie sich angepaßt haben. Er wird Ihnen die Tiere dennoch in dieser Zeit reservieren.

Worauf man zu achten hat

Es gibt eine ganze Reihe sichtbarer Merkmale, die uns helfen, gesunde Fische herauszusuchen. Die Färbung sollte zum Beispiel kräftig und dicht sein, und Zeichnungsmuster verschiedener Farben sollten sich scharf voneinander absetzen. Natürlich achten wir darauf, daß Färbung und Musterung dem üblichen Standard entsprechen. Das gilt natürlich auch für die Formen des Körpers und der Flossen.

Man sollte nicht in den Fehler verfallen,

ANZEICHEN FÜR MÖGLICHE KRANKHEITEN

Durch genaue Beobachtung vor dem Kauf sollte es uns gelingen, einen kranken von einem gesunden Fisch zu unterscheiden. Dabei sind die weiter unten angeführten sechs Merkmale besonders bedeutungsvoll. Für weitere Informationen über Fischkrankheiten siehe Seite 220–235.

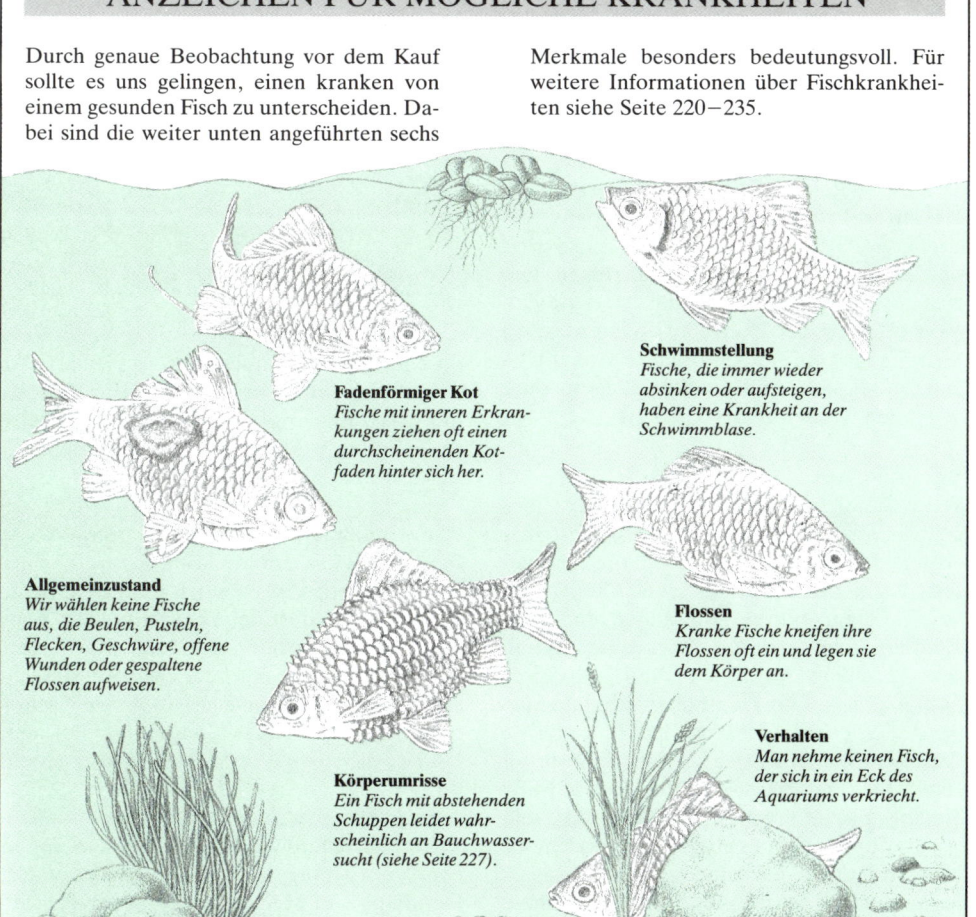

Fadenförmiger Kot
Fische mit inneren Erkrankungen ziehen oft einen durchscheinenden Kotfaden hinter sich her.

Schwimmstellung
Fische, die immer wieder absinken oder aufsteigen, haben eine Krankheit an der Schwimmblase.

Allgemeinzustand
Wir wählen keine Fische aus, die Beulen, Pusteln, Flecken, Geschwüre, offene Wunden oder gespaltene Flossen aufweisen.

Flossen
Kranke Fische kneifen ihre Flossen oft ein und legen sie dem Körper an.

Körperumrisse
Ein Fisch mit abstehenden Schuppen leidet wahrscheinlich an Bauchwassersucht (siehe Seite 227).

Verhalten
Man nehme keinen Fisch, der sich in ein Eck des Aquariums verkriecht.

normales Verhalten als Anzeichen für eine Krankheit zu interpretieren. Obwohl dem Körper anliegende Flossen oft auf eine Krankheit hindeuten, tragen doch manche Meeresfische ihre Flossen beim Schwimmen auf diese Weise. Und es ist ein großer Unterschied zwischen einem Fisch mit verwaschenen kranken Farben und zum Beispiel dem Pyjama-Kardinalbarsch *(Apogon nematopterus),* der sich tagsüber eher zurückzieht, weil er vorwiegend nachts aktiv ist.

Die Größe des Fisches
Wenn der ausgewählte Fisch richtig gesund aussieht, sollten Sie noch darüber nachdenken, ob er seiner Körpergröße auch ins Aquarium paßt. Im Geschäft mag er gerade die richtige Größe haben, doch sollte man nie vergessen, daß alle angebotenen Fische noch Jugendformen sind und daß sie am Ende doppelt so groß werden. Wenn man mehrere gleich große Jungtiere verschiedener Arten kauft, so kann es durchaus vorkommen, daß die einen mit der Zeit so groß werden, daß sie die anderen auffressen. Um dies zu vermeiden, sollte man stets fragen, welche Größe der Fisch am Ende erreichen wird. Es gibt dafür auch natürliche Anhaltspunkte: Fische mit großen Augen oder Schuppen werden meist recht groß.

Bezugsquellen
Wenn Sie nicht gerade Mitglied einer rührigen Aquarianergesellschaft sind, wird Ihre einzige Bezugsquelle der Aquarienhändler sein. Da gibt es allerdings große Unterschiede. Die einen führen eine allgemeine Zoohandlung oder gar ein Gartencenter mit einer Abteilung für Teich- und Aquarienfische; andere hingegen haben sich ganz auf das Aquariengeschäft spezialisiert. Wenn Sie Ausrüstung oder Futter kaufen, dann tut es gewiß auch die nächste Tierhandlung. Wenn Sie aber Fische erwerben wollen, dann sollten Sie doch berücksichtigen, daß allgemeine Zoohandlungen nur eine geringe Auswahl der populärsten Arten führen. Für seltenere Arten muß man bei einem spezialisierten Händler vorbeigehen. Die Händler erhalten

---

WORAUF MAN BEIM KAUF ACHTEN SOLLTE

● Keinen kränklichen Fisch kaufen in der Hoffnung, er werde sich unter unserer Pflege wieder erholen.
● Nie einen anscheinend gesunden Fisch kaufen, wenn im selben Behälter tote Exemplare herumschwimmen.
● Der Anfänger sollte keine seltenen Arten kaufen.
● Man sollte neuangekommene Fische nicht sofort kaufen, sondern sie erst im Aquarium des Händlers akklimatisieren lassen.
● Keine Fische mit buckeligem Rücken kaufen, denn dies ist normalerweise ein Anzeichen für höheres Alter.
● Bei Jungfischen ist stets die endgültige Größe des erwachsenen Tiers in Betracht zu ziehen.
● Keine Einzelexemplare kaufen, wenn die Art gesellig zusammenlebt.
● Neue Fische werden erst nach einer Akklimatisierung an das neue Wasser (siehe gegenüberliegende Seite) eingesetzt.

---

ihre Fische über einen Importgroßhändler, nur wenige importieren selbst. Ein Händler mit guten Beziehungen sollte imstande sein, Ihnen jeden beliebigen Fisch zu beschaffen, was allerdings seinen Preis haben kann.

Wie werden Aquarienfische gesammelt?
In gemäßigten Breiten kann man einheimische Meeresfische ziemlich einfach fangen. Am leichtesten ist der Fang mit einem Netz in einem Felsentümpel an der Küste. Bei Süßwasserfischen geht das nicht so einfach, nicht zuletzt, weil die Entnahme von Fischen gesetzlichen Bestimmungen unterliegt. Fische, die in süßem kaltem Wasser leben, kosten aber wenig und sind in jeder Aquarienhandlung zu finden.

Tropische Süßwasserfische werden mit einem Netz gefangen, meistens vom Boot aus. Den Fang von Meeresfischen besorgen Taucher, welche die Tiere von Hand in eine Fischreuse treiben.

FISCHE SICHER TRANSPORTIEREN

Sind die Fische ausgesucht und bezahlt, so müssen sie nach Hause geschafft werden. Die meisten Händler bringen sie in eine wassergefüllte Plastiktüte. Im Sommer und für kurze Strecken reicht diese Methode völlig aus. Im Winter allerdings sollte man einen entsprechend isolierten Behälter oder Container verwenden.

Transportkiste
Aus Sperrholz oder aus Spanplatten fertigen wir die äußere Kiste. Das Innere wird mit Styropor ausgelegt. Dann setzen wir das Ganzglasaquarium ein.

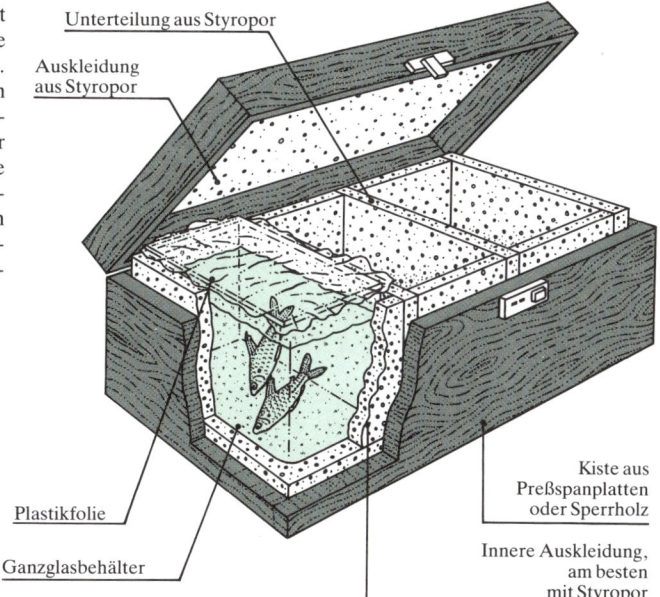

Unterteilung aus Styropor

Auskleidung aus Styropor

Kiste aus Preßspanplatten oder Sperrholz

Innere Auskleidung, am besten mit Styropor

Plastikfolie

Ganzglasbehälter

Wie man Neuerwerbungen ins Aquarium einsetzt

Neuerworbene Fische sollte man nur sehr sachte ins Aquarium geben. Wahrscheinlich herrscht ein Temperaturunterschied zwischen dem Wasser des Transportbeutcls und dem Aquarienwasser. Wenn wir die Tiere sofort einsetzen, geraten sie durch diesen plötzlichen Wechsel unter Streß.

Um die Wassertemperaturen einander anzugleichen, lassen wir am besten den Beutel mit den neuen Fischen 10 bis 15 Minuten im Aquarium treiben, bevor wir die Tiere freigeben. In dieser Zeit soĺlten wir auch etwas Aquarienwasser in den Beutel einfließen lassen, denn auch in chemischer Hinsicht werden Unterschiede zwischen den beiden Wasserqualitäten bestehen. Wenn wir Seefische in ihren neuen Behälter entlassen, sollten wir die Beleuchtung des Aquariums ausschalten und die Raumbeleuchtung brennen lassen.

Einsetzen neuer Fische
1 *Wir lassen die Plastiktüte 10 bis 15 Minuten lang zum Temperaturausgleich im Aquarium treiben.*

2 *Die bisherigen Bewohner lenken wir mit einer Futtergabe ab, damit sie die Neuankömmlinge nicht sofort belästigen.*

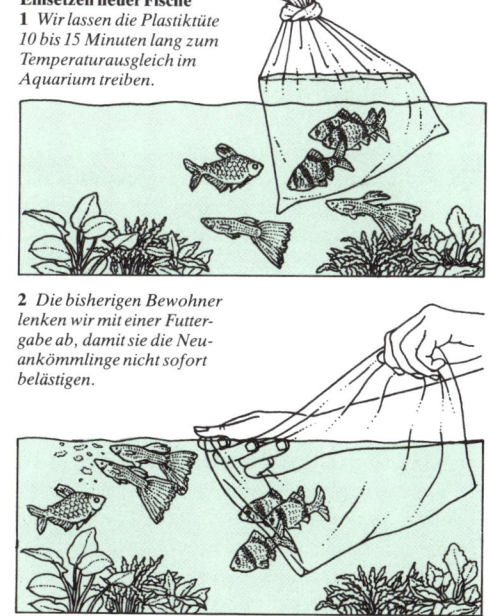

Fische, die sich vertragen

Fische haben ganz unterschiedliche Bedürfnisse, was das Zusammenleben angeht. Die einen brauchen unbedingt Gesellschaft mit ihresgleichen, während sich andere ausgesprochen einzelgängerisch verhalten. Es ist sehr wichtig, Fische auszusuchen, die sich untereinander im Aquarium vertragen. Informationen findet man im Kapitel 3, Artenführer (siehe Seiten 32–111).

Verträgliche Fische

Viele Fische leben in Schwärmen und brauchen die Gesellschaft anderer Individuen ihrer Art. Wenn man ein einzelnes Tier einer solchen Art hält, kann es leicht Probleme geben, auch wenn das Aquarium sonst übervölkert ist. Das Einzeltier wird nicht seine volle Farbenpracht entwickeln, es verbirgt sich am liebsten in einer Ecke oder, schlimmer noch, es entwickelt ein aggressives Verhalten und beißt anderen Fischen in die Flossen. Solche Fische sollte man mit ihresgleichen in einer Gruppe halten, die ihnen ein Gefühl der Sicherheit verleiht. Überdies wirkt ein Schwarm von Fischen derselben Art oft besser als vereinzelte Tiere, die mit anderen Arten zusammenleben. Es kann besonders attraktiv wirken, wenn wir in einem Aquarium eine einzige Art halten.

Unverträgliche Fische

Es gibt Fischarten, die ein ausgeprägtes Revierverhalten zeigen. Sie beanspruchen eine bestimmte Reviergröße und verteidigen ihr Territorium gegenüber Artgenossen. Wenn wir in einem zu kleinen Aquarium zwei Individuen einer solchen Art halten, wird es andauernd zu Kämpfen kommen. Zur Fortpflanzungszeit wird ihre Häufigkeit noch zunehmen. Kämpfe zwischen Männchen sind nicht selten und bei Arten wie dem Schleierkampffisch sollte die Regel gelten: nur je ein Männchen pro Behälter. Und einige Meeresfische wie der Neon-Riffbarsch (Abudefduf oxyodon) zeigen einen Höchstgrad an Unverträglichkeit, denn sie tolerieren im Aquarium kein weiteres Individuum ihrer Art.

Auch die Ernährungsweise kann zu Problemen führen. Fleischfresser greifen gern andere Fische an, und Pflanzenfresser machen sich an die Pflanzen heran. Räuberische Fische sollte man mit gleich großen oder größeren Fischen zusammen halten. Besonders schöne Pflanzen sollte man nicht in einem Aquarium mit Vegetariern halten.

Fortpflanzungsbereitschaft und Zucht

Wenn Sie Fische kaufen mit dem Ziel, sie auch zur Fortpflanzung zu bringen, so werden alle Erwägungen zur Qualität und Gesundheit noch einmal so wichtig, denn viele Defekte, die die erwachsenen Tiere aufweisen, gehen auch auf die Jungen über.

Zur Fortpflanzungszeit kann man das Geschlecht der meisten Süßwasserfische bestimmen; bei Jungtieren ist dies allerdings nicht immer möglich. Man sollte pro Art ungefähr sechs Individuen kaufen. Damit ist wahrscheinlich, daß beide Geschlechter vertreten sind.

Verträglichkeit bei der Fortpflanzung

Die Verträglichkeit kann für Fischzüchter paradoxerweise auch zu weit gehen. Wer verschiedene Farb- oder Formschläge rein weiterzüchten will, darf sie nicht zusammen halten, denn diese Fische paaren sich ungeachtet ihrer Färbung fruchtbar miteinander, da sie ja derselben Art angehören.

LEBENSDAUER

Im allgemeinen gilt die Regel: Je größer der Fisch, um so länger wird er leben. Im Aquarium sind die Fische sicher vor Räubern und können damit im Durchschnitt länger leben als in der Natur. Die Lebensdauer ist je nach Art sehr unterschiedlich, angefangen von einem Jahr bis zu zehn Jahren oder mehr bei Süßwasserfischen aus gemäßigten und tropischen Breiten. Auf dem Gebiet der Seewasseraquaristik verfügt man noch über zu wenig Erfahrungen, um die Lebensdauer der Gäste genauer angeben zu können.

NUTZUNG DES VERFÜGBAREN RAUMES

Nicht alle Fische haben dieselben Lebensgewohnheiten. Die einen sind daran angepaßt,
Futter von der Wasseroberfläche aufzunehmen,
andere schwimmen dauernd in mittleren Wasserschichten umher, und eine dritte Gruppe verläßt kaum je den Aquarienboden. Wenn wir zu
jedem dieser Lebensbereiche die entsprechenden Fische auswählen, können wir den Raum im
Aquarium viel besser ausnützen. Auf dieser Seite ist eine entsprechende Auswahl tropischer
Süßwasserfische abgebildet.

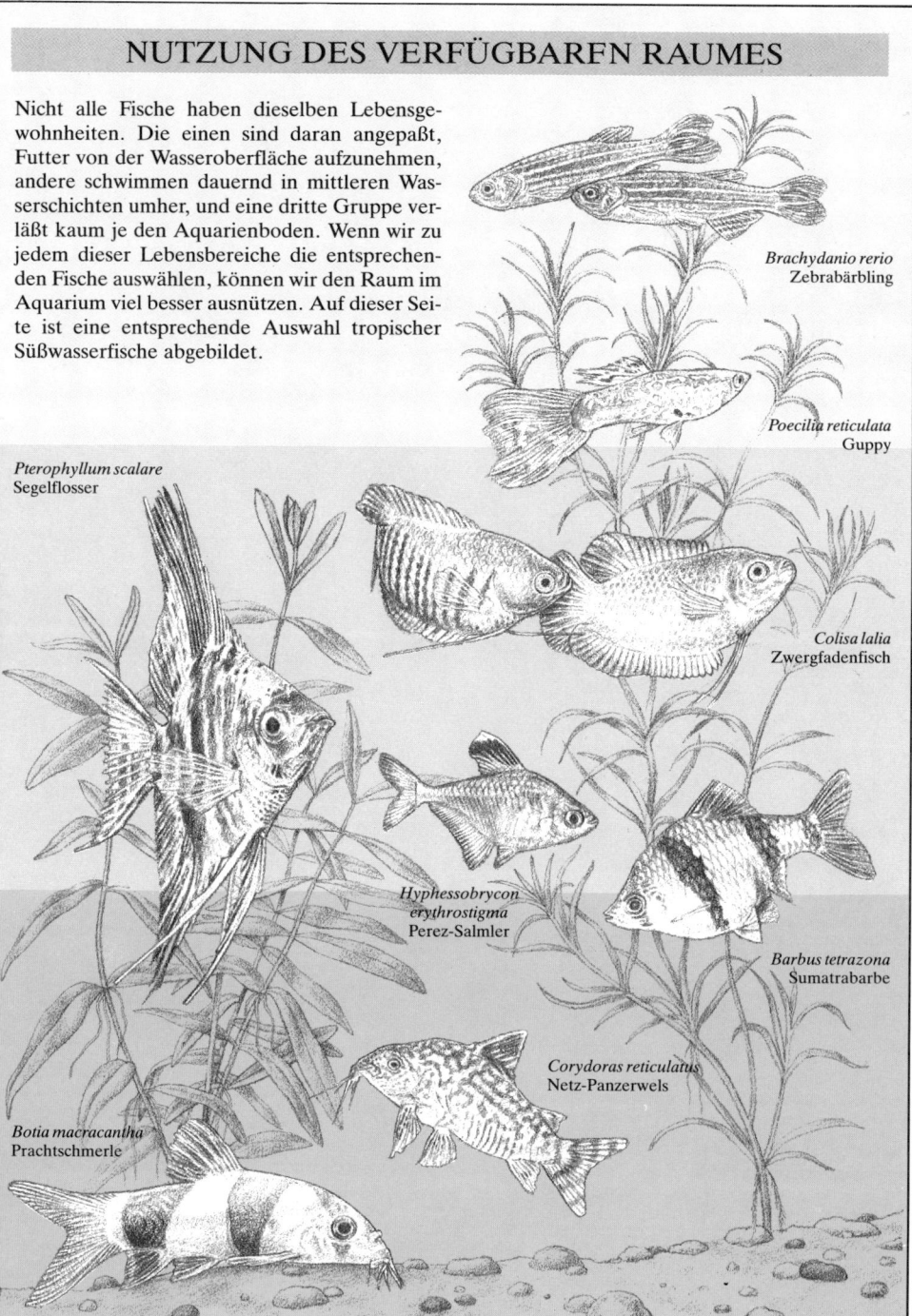

Brachydanio rerio
Zebrabärbling

Poecilia reticulata
Guppy

Pterophyllum scalare
Segelflosser

Colisa lalia
Zwergfadenfisch

*Hyphessobrycon
erythrostigma*
Perez-Salmler

Barbus tetrazona
Sumatrabarbe

Corydoras reticulatus
Netz-Panzerwels

Botia macracantha
Prachtschmerle

Artenführer

Eine riesige Zahl von Arten kann man heute überall als Aquarienfische bekommen. Darunter sind Fische jeder Körperform, jeder
Farbe und Größe, mit allen denkbaren Lebensgewohnheiten, aus
tropischen und gemäßigten Breiten, aus dem Süßwasser ebenso
wie aus dem Meer. Bevor wir die richtigen Arten für unser
Aquarium aussuchen, müssen wir erst die Ansprüche der Arten an
die Umwelt und vor allem auch ihre Verträglichkeit mit anderen
Fischen studieren. Dieses Kapitel behandelt die 121 interessante-
sten Aquarientiere zusammen mit allen wichtigen Informationen
zur Gesunderhaltung unserer Lieblinge. Man findet auch Angaben darüber, wie leicht die betreffende Art zu halten ist. Es gibt
nämlich einige ideale Anfängerfische, während andere Arten
mehr Fingerspitzengefühl und Erfahrung verlangen.

Wie man den Artenführer benützt

Die 121 Aquarientiere, die in diesem Kapitel Aufnahme gefunden haben, werden nach aquaristischen Gesichtspunkten in die bekannten vier Gruppen eingeteilt: tropische Süßwasserarten, Süßwasserarten der gemäßigten Breiten, tropische Seefische, Meerestiere der gemäßigten Breiten. Innerhalb dieser Kategorien erfolgt die Einteilung weitgehend nach systematischen Gesichtspunkten und damit nach dem Aussehen. Jede dieser Gruppen wird durch einen eigenen Farbstreifen (siehe rechts) gekennzeichnet.

Nach einer allgemeinen Einführung in die betreffende Fischgruppe werden die beliebtesten Arten aufgezählt, meistens in alphabetischer Ordnung ihres wissenschaftlichen Namens (siehe Seite 279). In der Tabelle findet man Angaben über die Biologie und die Haltung der Art.

**Bestimmung
der Grundform**

*Zu Beginn jeder Gruppe
zeigen einfache Zeichnungen
die wichtigsten Körperformen der betreffenden Fische.*

Erklärung der Fachbegriffe
Die meisten Begriffe in den Tabellen »Artbeschreibung« und »Aquarium« sprechen von selbst und brauchen mit Ausnahme der folgenden nicht erklärt zu werden:
● **Länge:** Die Länge des Fisches von der Schnauze bis zum Schwanzstiel, also ohne die Schwanzflosse.
● **Wasser:** »Seesalzmischung« bedeutet, daß sich jeder synthetisches Seewasser selbst herstellen muß (siehe Seite 95).
● **Temperatur:** Angegeben ist die Haltungstemperatur. Für die Fortpflanzung können allerdings höhere Temperaturen notwendig werden (siehe Seite 249).
● **Behältertyp:** »Artbecken« bedeutet, daß das betreffende Tier nur allein gehalten werden kann und sich nicht mit anderen Fischen verträgt. Die Bezeichnung »Gesellschaftsbecken« sagt uns, daß der Fisch mit anderen, verträglichen Arten zusammenleben kann.

Tropische Süßwasserfische

Karpfenfische

Salmler

Buntbarsche

Labyrinthfische

Lebendgebärende Zahnkarpfen

Eierlegende Zahnkarpfen

Welse

Schmerlen

Weitere eierlegende tropische Arten

Süßwasserfische der gemäßigten Breiten

Goldfische

Zierkarpfen

Weitere Kaltwasserfische

Tropische Meeresfische

Korallenbarsche

Falterfische und Kaiserfische

Weitere tropische Meeresfische

Meeresbewohner der gemäßigten Breiten

TROPISCHE SÜSSWASSERFISCHE

Die meisten hier behandelten Fische haben ihre Heimat in Seen und Flüssen der tropischen Gebiete Afrikas, Asiens oder Amerikas. Sie sollten in einem geheizten Aquarium bei einer konstanten Temperatur gehalten werden, die im allgemeinen zwischen 21 und 27°C liegt. Abgesehen von der Heizung (siehe Seite 130–135) ist die technische Ausrüstung gleich wie bei Aquarien für Süßwasserarten der gemäßigten Breiten.

Das tropische Süßwasseraquarium ist heute am weitesten verbreitet. Dafür gibt es mehrere Gründe: Die Fische sind ziemlich klein und meistens leicht zu halten. Dann lassen sich viel mehr Individuen unterbringen als etwa bei den Süßwasserfischen der gemäßigten Breiten oder bei den Meeresfischen. Ferner sind die Tiere sehr bunt und fressen überall erhältliches Fertigfutter. Manche Arten pflanzen sich auch bereitwillig im Aquarium fort und faszinieren durch die Vielfalt ihrer Verhaltensweisen. Abgesehen einmal von Größenextremen vertragen sich diese tropischen Fische auch gut.

Dank den guten Transportmöglichkeiten und den guten Haltungsmethoden können die Zoohändler heute eine reiche Auswahl tropischer Süßwasserfische anbieten. Nach ihrer Ankunft sollten diese Tiere aber vor dem Einsetzen in das eigene Aquarium eine Art Quarantäne durchmachen (siehe Seite 214).

Karpfenfische
Cyprinidae

Barbe

Danio

Rasbora

Die Karpfenfische haben ihre Heimat in Europa, Asien, Afrika und Nordamerika. Sie umfassen eine große Vielfalt mittelgroßer, unempfindlicher, anspruchsloser und oft bunter Fische. Die Karpfenfische zeigen ein einzigartiges Merkmal: Sie haben zahnlose Kiefer, zerkleinern ihre Nahrung aber mit sogenannten Schlundzähnen. In dieser Familie gibt es drei Gruppen von Aquarienfischen, die Barben der Gattung Barbus und die Bärblinge der Gattung Danio und Rasbora. Daneben umfaßt die Familie noch viele weitere Arten, die ebenfalls als Aquarienfische in Frage kommen.

Barben sind im allgemeinen sehr aktive Fische, die sich in mittleren und tieferen Wasserschichten aufhalten. Der deutsche Name geht auf die lateinische und wissenschaftliche Bezeichnung Barbus zurück, die »bärtig« bedeutet. Dies bezieht sich auf die Barteln, jene schnurrbartartigen Fortsätze in der Mundgegend vieler Arten. Sie sind mit Sinneszellen besetzt und helfen dem Fisch bei der Nahrungssuche auf dem Gewässerboden.

Die meisten Arten der Gattung Danio sind recht aktiv; sie schwimmen in den oberen Wasserschichten des Aquariums und nehmen die Nahrung von der Wasseroberfläche auf. Während sich die Barben vorwiegend in stillen Gewässern aufhalten, stammen die Danio-Arten aus schneller fließenden, etwas kühleren Gewässern. Deswegen lieben sie auch gut gefiltertes und reichlich mit Sauerstoff angereichertes Aquarienwasser. Ihrer Natur gemäß sollten sie in Gruppen gehalten werden.

Barbus conchonius
Prachtbarbe

Die Prachtbarbe ist der Traum jedes Aquarienfreundes, ein widerstandsfähiger, aktiver bunter und sehr fortpflanzungswilliger Fisch. Reife Männchen zeigen zur Fortpflanzungszeit ein tiefes Rosarot, das auch Anlaß für den Namen war. Kürzlich kamen Zuchtformen mit langen Flossen auf den Markt.

ARTBESCHREIBUNG

Länge 100 mm
Heimat Nordindien
Geschlechtsmerkmale Männchen mit schwarzen Flossen und zur Brutzeit mit intensiv rosafarbenem Körper
Haltung Leicht
Futter Alle Arten
Fortpflanzung Freilaicher, behütet seine Eier
Zucht Leicht; sehr fruchtbar

AQUARIUM

Wasser Weich, mittelhart
Temperatur 24 °C
Behältertyp Gesellschaftsbecken
Schwimmhöhe Mittlere und untere Wasserschichten

Ein Pärchen der Prachtbarbe (Weibchen unten)

Barbus cumingi
Ceylonbarbe, Cumings Barbe

Diese kleine, hübsch anzusehende Barbe ist goldbraun gefärbt und trägt auf jeder Körperseite zwei deutliche dunkle Flecken. Der Vorderrand der Schuppen ist dunkel eingefaßt, was ein schwarzes Netzwerk über der ganzen Körperoberfläche entstehen läßt. Die Farbe der Flossen schwankt von Gelblich bis Rot.

ARTBESCHREIBUNG

Länge 50mm
Heimat Sri Lanka
Geschlechtsmerkmale Weibchen matter gefärbt und zur Brutzeit auch dicker
Haltung Leicht
Futter Alle Arten, auch Pflanzennahrung
Fortpflanzung Freilaicher
Zucht Ziemlich leicht

AQUARIUM

Wasser Weich, mittelhart
Temperatur 24°C
Behältertyp Gesellschaftsbecken
Schwimmhöhe Mittlere und untere Wasserschichten

Ein Männchen der Ceylonbarbe

Barbus nigrofasciatus
Purpurkopfbarbe

Wie bei der Prachtbarbe wechselt das Männchen auch bei dieser Art seine Farbe zur Laichzeit. Der normalerweise dunkelgoldgelbe Körper wird rubinrot, der Kopf sogar dunkelpurpur. Außerhalb der Laichzeit sieht das Männchen dem Weibchen ähnlich; die dunklen Querbinden enthalten allerdings mehr Schwarz, und die Flossen sind ebenfalls schwarz, während die der Weibchen hell gefärbt sind.

Ein Männchen der Purpurkopfbarbe

ARTBESCHREIBUNG

Länge 65mm
Heimat Sri Lanka
Geschlechtsmerkmale Männchen zur Laichzeit schwarz-rot, Weibchen dicker

Haltung Leicht
Futter Alle Arten
Fortpflanzung Freilaicher
Zucht Leicht, braucht dazu eventuell höhere Temperaturen

AQUARIUM

Wasser Weich, mittelhart
Temperatur 24°C
Behältertyp Gesellschaftsbecken
Schwimmhöhe Mittlere und untere Wasserschichten

Barbus oligolepis

Eilandbarbe, Perlmutterbarbe

Der zweite volkstümliche Name beschreibt recht gut den metallischen Purpurglanz, den das Männchen auf den Körperseiten trägt. Die dunklen Vorderränder der Schuppen verleihen der Art ein geschecktes Aussehen. Die Eilandbarbe weist einen stärker zylindrischen Körper auf. In der Natur gefangene Individuen sind hübscher gefärbt als Zuchtexemplare. Bei beiden ist das Männchen normalerweise größer und stärker rötlich gefärbt.

ARTBESCHREIBUNG

Länge 50 mm
Heimat Indonesien, Sumatra
Geschlechtsmerkmale Weibchen matter und kleiner
Haltung Leicht
Futter Alle Arten
Fortpflanzung Freilaicher
Zucht Leicht, fruchtbar

AQUARIUM

Wasser Weich, mittelhart
Temperatur 24 °C
Behältertyp Gesellschaftsbecken
Schwimmhöhe Mittlere und untere Wasserschichten

Ein Weibchen der Eilandbarbe

Barbus schwanefeldi

Brassenbarbe, Schwanefelds Barbe

Dieser sehr große Fisch hat ein silberglänzendes Aussehen. Die metallische Färbung bedeckt den ganzen Fisch mit Ausnahme der rötlichen Rückenflosse. Obwohl die Brassenbarbe eine friedliebende Art ist, kann sie mit ihrer Größe und besonders in Gruppen kleinere Fische stören. Sie hat einen Riesenappetit auf Pflanzen.

AQUARIUM

Wasser Weich, mittelhart
Temperatur 24 °C
Behältertyp Gesellschaftsbecken, aber nur zusammen mit größeren Fischen
Schwimmhöhe Mittlere und untere Wasserschichten
Besondere Ansprüche Viel Raum

ARTBESCHREIBUNG

Länge 300 mm
Heimat Ferner Osten
Geschlechtsmerkmale Keine sichtbaren Unterschiede
Haltung Leicht
Futter Alle Arten
Fortpflanzung Freilaicher
Zucht Ziemlich schwierig

Eine Gruppe Brassenbarben

Barbus tetrazona
Sumatrabarbe, Viergürtelbarbe

Mit ihrer rotbraunen silbrig überhauchten Körperfarbe und den vier dunklen Querbändern wirkt diese Art sehr auffällig. Die Angelsachsen nennen sie zutreffend »Tigerbarbe«. Kürzlich sind auf dem Markt albinotische und grüne Zuchtformen erschienen. Der Ruf dieser Art als Flossenbeißer ist wohl nicht verdient. Wenn man die Sumatrabarbe in Gruppen hält, wird ihre Aufmerksamkeit von den Flossen anderer Fische abgelenkt.

Eine Gruppe Sumatrabarben

ARTBESCHREIBUNG
Länge 57 mm
Heimat Sumatra
Geschlechtsmerkmale Männchen mit mehr Rot in den Flossen, üblicherweise mit hellroter Schnauze; Weibchen dicker
Haltung Leicht
Futter Alle Arten
Fortpflanzung Freilaicher
Zucht Einigermaßen einfach

AQUARIUM
Wasser Weich, mittelhart
Temperatur 24 °C
Behältertyp Gesellschaftsbecken
Schwimmhöhe Mittlere und untere Wasserschichten
Besondere Ansprüche Braucht Gesellschaft

Barbus titteya
Bitterlingsbarbe

Die Bitterlingsbarbe zeigt einen ähnlichen Körperbau wie die Eilandbarbe. Ihr Körper ist silbrig gefärbt mit einem dunklen waagrechten Streifen, über dem ein goldener Streifen liegt. Während der Laichzeit wird das Männchen hellrot. Importierte Wildfänge sind intensiver gefärbt als Zuchtfische. Eine recht scheue Art.

ARTBESCHREIBUNG
Länge 50 mm
Heimat Sri Lanka
Geschlechtsmerkmale Weibchen matter und dicker
Haltung Leicht
Futter Alle Arten, auch abgeschabte Grünalgen
Fortpflanzung Freilaicher
Zucht Einigermaßen leicht

AQUARIUM
Wasser Weich, mittelhart
Temperatur 24 °C
Behältertyp Gesellschaftsbecken, aber nur für kleine Fische
Schwimmhöhe Mittlere bis untere Schichten

Ein Pärchen der Bitterlingsbarbe (Weibchen oben)

Brachydanio albolineatus
Schillerbärbling

Die delikate pastellblaue Färbung des Schillerbärblings mit den goldenen Linien ist am besten bei natürlichem Sonnenlicht zu sehen, besonders wenn dieses durch die Frontscheibe des Aquariums eintritt. Der Schillerbärbling ist im allgemeinen ein schneller Schwimmer, der die oberen Wasserschichten bevorzugt. Dort ist er dauernd aktiv und auf der Nahrungssuche. Es empfiehlt sich, über dem Aquarium einen Deckel anzubringen, um zu verhindern, daß die Tiere hinausspringen.

Ein Pärchen des Schillerbärblings (Weibchen oben)

ARTBESCHREIBUNG

Größe 57 mm
Heimat Südostasien
Geschlechtsmerkmale Weibchen matter und dicker
Haltung Leicht
Futter Alle Arten
Fortpflanzung Freilaicher, laicht als Paar ebenso wie in der Gruppe
Zucht Leicht

AQUARIUM

Wasser Weich, mittelhart
Temperatur 24 °C
Behältertyp Gesellschaftsbecken
Schwimmhöhe Obere und mittlere Schichten
Besondere Ansprüche Sonnenlicht, viel Raum, Deckel über dem Aquarium

Brachydanio frankei
Leopardbärbling, Perldanio

Der Fisch trägt auf der goldenen Grundfarbe zahlreiche feine dunkle Flecken, die ihm auch den volkstümlichen Namen eingetragen haben. Der Leopardbärbling schwimmt schnell und sieht mit seiner schlanken Körperform dem Zebrabärbling (gegenüberliegende Seite oben) ähnlich. Bei beiden Arten ist die Rückenflosse nach hinten verschoben. Über die Heimat dieses Fisches weiß man nichts Genaues; vielleicht ist er auch nur eine durch Züchtung entstandene Mutante. Die Ursprünge dieser Art liegen auf jeden Fall jedoch im Fernen Osten – in Bergbächen oder in einer großen Fischzüchterei.

ARTBESCHREIBUNG

Länge 57 mm
Heimat Ferner Osten
Geschlechtsmerkmale Weibchen dicker
Haltung Leicht
Futter Alle Arten
Fortpflanzung Freilaicher
Zucht Leicht

AQUARIUM

Wasser Weich, mittelhart
Temperatur 24 °C
Behältertyp Gesellschaftsbecken
Schwimmhöhe Obere und mittlere Schichten

Ein Männchen des Leopardbärblings

Brachydanio rerio
Zebrabärbling

Der schlanke Körper des Zebrabärblings ist von horizontalen Streifen bedeckt, die abwechselnd dunkelblau und je nach Licht silbrig oder golden gefärbt sind. Das Muster setzt sich auf der After- und Schwanzflosse fort, während die übrigen Flossen kaum gefärbt sind. Da sich der Zebrabärbling bereitwillig fortpflanzt, wird er oft als idealer Zuchtfisch für Anfänger empfohlen. Dabei spielt es keine Rolle, ob man ein Pärchen oder eine größere Gruppe hält. Er ist allerdings ein eifriger Laichräuber und verschont seine eigenen Eier nicht, so daß wir die Gelege entfernen müssen (siehe Seite 248). Eine Gruppe dieser lebhaften Fische bringt Bewegung und Spannung ins Aquarium.

ARTBESCHREIBUNG
Länge 45 mm
Heimat Östliches Indien
Geschlechtsmerkmale Weibchen matter gefärbt und dicker
Haltung Leicht
Futter Alle Arten
Fortpflanzung Freilaicher
Zucht Leicht; das Gelege muß allerdings entfernt werden, sonst wird es aufgefressen

AQUARIUM
Wasser Weich, mittelhart
Temperatur 24 °C
Behältertyp Gesellschaftsbecken
Schwimmhöhe Obere und mittlere Schichten

Ein Weibchen des Zebrabärblings

Danio malabaricus
Malabarbärbling

Der Malabarbärbling ist die größe Art der Gattung Danio, und er braucht viel Platz zum Schwimmen. Der Fisch ist blaugrau gefärbt, doch geht diese Färbung vor allem auf dem Bauch in ein mattes Rosa über. Auf den Körperseiten stehen schmale horizontale, blaue und gelbe Streifen, die etwas an den Schillerbärbling (siehe gegenüberliegende Seite oben) erinnern. Der Malabarbärbling braucht Gesellschaft.

Ein Männchen des Malabarbärblings

ARTBESCHREIBUNG
Länge 100 mm
Heimat Sri Lanka, Indien
Geschlechtsmerkmale Weibchen hochrückiger, mittlerer Seitenstreifen beim Männchen horizontal, beim Weibchen auf der Schwanzflosse nach oben abgebogen
Haltung Leicht
Futter Alle Arten
Fortpflanzung Freilaicher
Zucht Leicht

AQUARIUM
Wasser Weich, mittelhart
Temperatur 24 °C
Behältertyp Gesellschaftsbecken
Schwimmhöhe Obere Schichten

Tanichthys albonubes
Kardinalfisch

Eine sehr widerstandsfähige bunte Art. Der Körper ist oliv-braun mit mehreren deutlichen, irisierenden, blauen und rot-braunen Längsbändern auf den Seiten. Der Mund ist leicht oberständig und trägt keine Barteln. Der Kardinalfisch er-trägt tiefere Temperaturen als die übrigen Karpfenfische und kann im Sommer draußen ge-halten werden (siehe Seite 279).

Ein Pärchen Kardinalfische (Weibchen oben)

ARTBESCHREIBUNG
Länge 45 mm
Heimat China
Geschlechtsmerkmale Weibchen dicker

Haltung Leicht, im Sommer auch draußen
Futter Alle Arten
Fortpflanzung Freilaicher
Zucht Leicht; die Eier müssen allerdings vor den hungrigen Eltern in Sicherheit gebracht werden

AQUARIUM
Wasser Weich, mittelhart
Temperatur 24 °C im Sommer, im Winter tiefer
Behältertyp Gesellschafts-becken
Schwimmhöhe Obere und mittlere Schichten

Rasbora heteromorpha
Keilfleckbärbling

Die Grundfarbe des Keilfleck-bärblings ist silbern. Seinen deutschen Namen erhielt er von dem dunkelblauen beilförmi-gen Fleck, der unter der Rük-kenflosse beginnt und sich zum Schwanz hinzieht. Sein Laich-verhalten ist anders als das vie-ler Karpfenfische, denn das Weibchen legt die Eier einzeln meist auf die Unterseite breit-blättriger Wasserpflanzen ab, anstatt sie irgendwie ins Wasser abzugeben. Für die Zucht ist das Aquarium also entspre-chend zu bepflanzen. Der Keil-fleckbärbling lebt in größeren Schwärmen.

ARTBESCHREIBUNG
Länge 40 mm
Heimat Thailand, Malaysia, Indonesien
Geschlechtsmerkmale Weibchen mit weniger scharf begrenztem Beilfleck
Haltung Leicht
Futter Alle Arten
Fortpflanzung Substratlaicher
Zucht Ziemlich schwierig

AQUARIUM
Wasser Weich, mittelhart
Temperatur 24 °C
Behältertyp Gesellschafts-becken
Schwimmhöhe Alle Schichten
Besondere Ansprüche Pflanzen

Ein Weibchen des Keilfleckbärblings

Rasbora maculata
Zwergbärbling

Die kleinste Art der Gattung Rasbora. Der Körper ist rotbraun, die Unterseite hellorange. An den Flanken stehen ein oder zwei in der Größe veränderliche, dunkle Flecken. Wegen seiner Kleinheit sollte der Zwergbärbling nur mit Fischen ähnlicher Größe zusammen gehalten werden. Am besten lebt er im Schwarm. Ein Aquarium mit Zwergbärblingen sollte Treibholz und dunklen Kies enthalten, die einen guten Kontrast zu den Farben des Fisches ergeben. Das Weibchen legt überraschend viele Eier ab, bisweilen 200 auf einmal.

ARTBESCHREIBUNG
Länge 25 mm
Heimat Malaysia, Sumatra
Geschlechtsmerkmale Keine sichtbar
Haltung Leicht
Futter Alles, sofern klein
Fortpflanzung Freilaicher
Zucht Ziemlich schwierig; Eier vor den hungrigen Eltern schützen

AQUARIUM
Wasser Weich, leicht sauer
Temperatur 24 °C
Behältertyp Gesellschaftsbecken, aber nur mit kleinen Fischen
Schwimmhöhe Obere und mittlere Schichten

Zwergbärbling

Rasbora trilineata
Glasbärbling

Diese Rasbora-Art zeigt ein überwiegend silbriges Kleid. Jeder Lappen der tiefeingeschnittenen Schwanzflosse trägt einen schwarzen, weiß umrandeten Fleck. Der Glasbärbling wird deutlich größer als andere Fische derselben Gruppe. Im Aquarium gehaltene Exemplare werden allerdings nie so groß wie ihre Verwandten in der freien Natur. Der Glasbärbling ist ein lebhafter Schwarmfisch, der viel Platz braucht. Wenn er im Wasser stillsteht, klappt er dauernd die Lappen der Schwanzflosse auf und zu. Das sieht wie die Bewegung einer Schere aus. Die Engländer nennen diesen Fisch deswegen »Scherenschwanz«.

Ein Männchen des Glasbärblings

ARTBESCHREIBUNG
Länge 110 mm
Heimat Malaysia, Sumatra, Borneo
Geschlechtsmerkmale Weibchen hochrückiger
Haltung Leicht
Futter Zieht lebendes Futter und Insekten vor
Fortpflanzung Freilaicher
Zucht Ziemlich leicht

AQUARIUM
Wasser Weich, mittelhart
Temperatur 20–25 °C
Behältertyp Gesellschaftsbecken
Schwimmhöhe Obere Schichten
Besondere Ansprüche Viel Platz

Epalzeorhynchus kallopterus

Schönflossenbarbe, Rüsselbarbe

Diese torpedoförmige Art zeigt auf den Körperseiten zwei Längsstreifen, der eine goldgelb, der andere schwarz. Der Rücken ist braun, der Bauch weiß gefärbt. Die braunen Rücken-, After- und Bauchflossen sind an der Spitze weiß. Wenn der Fisch ruhig dasteht, stützt er sich mit den Bauchflossen am Gewässerboden auf. Gelegentlich stürzt er sich mit hoher Geschwindigkeit auf irgendeinen Leckerbissen. Die Schönflossenbarbe ist recht streitsüchtig, vor allem mit Artgenossen. Sie verbringt viel Zeit in ihrem Territorium auf dem Aquariumboden und raspelt dort Algen von den Steinen und Pflanzen ab.

ARTBESCHREIBUNG

Länge 140 mm

Heimat Sumatra, Borneo

Geschlechtsmerkmale Keine sichtbar

Haltung Leicht, doch etwas streitsüchtig mit Artgenossen

Futter Alle Arten, Algen

Fortpflanzung Unbekannt

Zucht Bisher noch nicht gelungen

AQUARIUM

Wasser Weich, mittelhart

Temperatur 24 °C

Behälter Gesellschaftsbecken

Schwimmhöhe Mittlere und tiefere Schichten

Schönflossenbarbe

Labeo bicolor

Feuerschwanz

Dieser langgestreckte Fisch ist sehr populär, wahrscheinlich vor allem wegen des Farbkontrastes zwischen dem schwarzen Körper und der scharlachroten Schwanzflosse. Der Feuerschwanz sieht etwas wie ein Hai aus, zeigt aber zu dieser Gruppe keinerlei Verwandtschaft. Er verträgt sich oft nicht mit Artgenossen.

ARTBESCHREIBUNG

Länge 120 mm

Heimat Thailand

Geschlechtsmerkmale Keine sichtbar

Haltung Leicht, gelegentlich aggressiv

Futter Alle Arten

Fortpflanzung Freilaicher

Zucht Schwierig

AQUARIUM

Wasser Weich, mittelhart

Temperatur 24 °C

Behältertyp Gesellschaftsbecken

Schwimmhöhe Mittlere und tiefere Schichten

Besondere Ansprüche Pflanzen

Feuerschwanz

Salmler
Characinidae

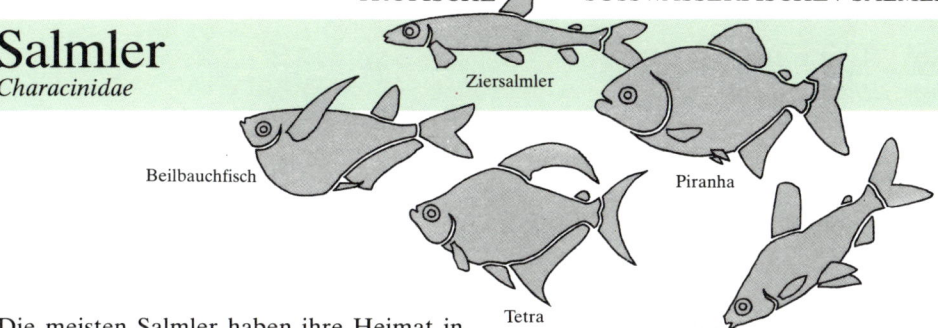

Ziersalmler

Beilbauchfisch

Piranha

Tetra

Kopfsteher

Die meisten Salmler haben ihre Heimat in Südamerika, obwohl einige Gattungen auch in Afrika vorkommen. Für das Aquarium eignet sich eine große Zahl von Arten, die in der Größe vom Neon-Tetra bis zum karpfengroßen Roten Piranha schwankt.

Die meisten Salmler haben zwischen der Rücken- und der Schwanzflosse eine weitere winzige Flosse. Die Zoologen nennen sie Fettflosse, wissen aber über ihre Funktion sonst nichts.

Unter den Salmlern finden wir Arten für alle Wasserschichten (siehe Seite 31). Die Beilbauchfische halten sich knapp unter der Oberfläche auf und warten auf ahnungslose Insekten. Sie verlassen auch das Wasser und vollführen kleine Segelflüge unter heftigem Schlagen der breiten Brustflossen. Auch die torpedoförmigen Ziersalmler bevorzugen obere Wasserschichten. Die Tetras halten sich in mittleren Schichten auf, während sich die Kopfsteher typischerweise ihre Nahrung auf dem Boden suchen. Sie schwimmen allerdings auch gern in anderen Schichten.

Anostomus anostomus
Prachtkopfsteher

Dieser große Salmler zeigt auf dem dunkelbraunen Körper zwei goldene Längsbinden. Auf den sonst farblosen Rücken- und Schwanzflossen stehen hellrote Flecken. Mund verhältnismäßig klein. Die Kopfsteher haben ihren Namen von ihrer Körperhaltung während der Ruhe. Sie können in dieser Haltung ziemlich lange verharren.

AQUARIUM

Wasser Weich, mittelhart
Temperatur 24 °C
Behältertyp Gesellschaftsbecken, aber nur mit großen Fischen
Schwimmhöhe Alle Schichten
Besondere Ansprüche Verstecke

ARTBESCHREIBUNG

Länge 140 mm
Heimat Südamerika
Geschlechtsmerkmale Keine sichtbar

Haltung Leicht
Futter Alle Arten
Fortpflanzung Freilaicher
Zucht Schwierig

Prachtkopfsteher

Astyanax mexicanus
Blinder Höhlensalmler

Dieser Salmler ist hellrosa gefärbt mit farblosen oder rötlichen Flossen. Es handelt sich praktisch um einen Albino. Der Höhlensalmler hat rückgebildete Augen und orientiert sich selbst in einem bevölkerten Aquarium gut mit Hilfe seines Seitenliniensystems (siehe Seite 21), das ihm auf Entfernung das Vorhandensein von Hindernissen anzeigt.

ARTBESCHREIBUNG
Länge 90 mm
Heimat Mittelamerika
Geschlechtsmerkmale Weibchen dicker
Haltung Leicht
Futter Alle Arten
Fortpflanzung Freilaicher
Zucht Ziemlich schwierig

AQUARIUM
Wasser Weich, mittelhart
Temperatur 24 °C
Behältertyp Gesellschafts- oder Artbecken
Schwimmhöhe Mittlere und untere Schichten

Ein Weibchen des Blinden Höhlensalmlers

Carnegiella strigata
Marmorierter Beilbauchfisch

Marmorierter Beilbauchfisch

Dieser ganz ungewöhnliche Fisch zeigt eine weiße Grundfarbe. Ein mit goldenen Punkten übersäter Streifen verläuft vom Auge bis zur Schwanzflosse. Darunter liegt eine attraktive braune Marmorierung. Da der Beilbauchfisch kurze Segelflüge durchführen kann und dabei heftig mit seinen Brustflossen schlägt, muß man das Aquarium abdecken. Der Beilbauchfisch schätzt lange Pflanzen mit flutenden Blättern als Schattenspender.

ARTBESCHREIBUNG
Länge 35 mm
Heimat Südamerika
Geschlechtsmerkmale Keine sichtbar
Haltung Leicht
Futter Schwimmendes Futter
Fortpflanzung Freilaicher
Zucht Ziemlich schwierig

AQUARIUM
Wasser Weich, mittelhart
Temperatur 24 °C
Behältertyp Gesellschaftsbecken
Schwimmhöhe Obere Schichten
Besondere Ansprüche Pflanzen, Deckscheibe

Cheirodon axelrodi
Roter Neon

Die Zoologen nennen diese Art heute auch Paracheirodon axelrodi. Die untere Hälfte der Körperseite ist lebhaft rot. Dann folgt nach oben ein fluoreszierendes blaues Band und schließlich der rotbraune Rükken. Die Flossen sind farblos, obwohl sich die rote Körperfarbe leicht auch auf die Schwanzflossen erstrecken kann. Das Weibchen ist normalerweise etwas größer als das Männchen. Der Rote Neon sieht besonders attraktiv in einem Schwarm aus. Der wissenschaftliche Artname erinnert an den Entdekker Dr. Herbert Axelrod, einen Experten für amerikanische Fische.

ARTBESCHREIBUNG

Länge 40 mm
Heimat Südamerika
Geschlechtsmerkmale Weibchen größer und dicker, Männchen eventuell mit feinen Häkchen auf der Afterflosse
Haltung Leicht
Futter Alle Arten
Fortpflanzung Freilaicher
Zucht Etwas schwierig

AQUARIUM

Wasser Weich, mittelhart
Temperatur 24 °C
Behältertyp Gesellschaftsbecken
Schwimmhöhe Alle Höhen

Ein Weibchen des Roten Neons

Chilodus punctatus
Punktierter Kopfsteher

Dieser dunkel gefleckte, silbrige Fisch hat rote Augen, eine rechteckige Rückenflosse und einen dunklen Längsstreifen von der Schnauzenspitze bis zur Schwanzspitze. Während der Ruhezeit steht er kopfüber im Aquarium. Aquarienfreunde betrachten diese und auch andere Kopfsteher (siehe Anostomus anostomus) meist als echte Salmler. Den Wissenschaftlern zufolge gehören sie jedoch in andere, allerdings verwandte Familien.

Punktierter Kopfsteher

AQUARIUM

Wasser Weich, mittelhart
Temperatur 24 °C
Behältertyp Gesellschaftsbecken
Schwimmhöhe Mittlere und untere Wasserschichten

ARTBESCHREIBUNG

Größe 75 mm
Heimat Südamerika
Geschlechtsmerkmale Keine sichtbar

Haltung Ziemlich leicht
Futter Alle Arten, auch Grünfutter
Fortpflanzung Freilaicher
Zucht Ziemlich schwierig

Copella arnoldi
Spritzsalmler

Der hellgelbe Spritzsalmler war früher unter der wissenschaftlichen Bezeichnung Copeina arnoldi bekannt. Er fällt durch seine höchst ungewöhnliche Fortpflanzungsweise auf. Um die Eier vor Nachstellungen zu schützen, legt das Weibchen sie außerhalb des Wassers auf die Unterseite herabhängender Pflanzenblätter ab. Das Männchen übernimmt dann die undankbare Aufgabe, sie immer wieder mit Wasser zu bespritzen, damit sie keinesfalls austrocknen. Nach einigen Tagen schlüpfen die Jungtiere aus und fallen ins Wasser. Im Aquarium legen die Tiere ihre Eier oft auf das Deckglas, das dann auch einen guten Ersatz für die überhängenden Pflanzen bietet.

Ein Männchen des Spritzsalmlers

ARTBESCHREIBUNG

Länge 80 mm
Heimat Südamerika
Geschlechtsmerkmale Weibchen kleiner, mit weniger zugespitzten Flossen
Haltung Ziemlich einfach
Futter Alle Arten
Fortpflanzung Substratlaicher
Zucht Ziemlich schwierig

AQUARIUM

Wasser Weich, mittelhart
Temperatur 24 °C
Behältertyp Gesellschaftsbecken
Schwimmhöhe Obere Schichten
Besondere Ansprüche Abdeckglas

Hemigrammus rhodostomus
Rotmaulsalmler

Diese mittelgroße Art hat einen silbrigen Körper, eine schwarz und weiß gestreifte Schwanzflosse und eine tiefrote »Mütze« auf dem Kopf, die der Art denn auch den Namen verliehen hat. Eine feine schwarze Linie zieht auf der Körperseite von der Rückenflosse bis zur Schwanzflosse. Das Männchen dieser Art hat auf der Afterflosse einen feinen Haken. Der Rotmaulsalmler ist scheu und reagiert sehr empfindlich auf Veränderungen seiner Lebensbedingungen.

Eine Gruppe Rotmaulsalmler

ARTBESCHREIBUNG

Länge 55 mm
Heimat Südamerika
Geschlechtsmerkmale Weibchen schlanker
Haltung Schwierig, nur mit friedlichen Arten
Futter Alle Arten
Fortpflanzung Freilaicher
Zucht Schwierig

AQUARIUM

Wasser Weich
Temperatur 24 °C
Behältertyp Gesellschaftsbecken
Schwimmhöhe Alle Schichten

Hyphessobrycon erythrostigma

Perez-Salmler, Kirschflecksalmler

Diese große Art lebt in Schwärmen und zeigt auf den Körperseiten hinter dem Kiemendeckel einen blutroten Fleck. Der Körper ist oben braun, auf dem Bauch orangefarben. Vom Kopf bis zur Schwanzflosse zieht eine rosaviolette Längsbinde. Rücken- und Afterflossen gut entwickelt, rot und schwarz bzw. blau und weiß gefärbt. Die Erwachsenen sind recht nervöse Tiere und schießen nach dem Einsetzen in ein neues Aquarium wie wild hin und her.

ARTBESCHREIBUNG

Länge 70 mm
Heimat Südamerika
Geschlechtsmerkmale Männchen mit längerer Rückenflosse, Weibchen dicker
Haltung Ziemlich leicht
Futter Alle Arten
Fortpflanzung Freilaicher
Zucht Schwierig

AQUARIUM

Wasser Weich, mittelhart
Temperatur 24 °C
Behältertyp Gesellschaftsbecken
Schwimmhöhe Alle Schichten
Besondere Ansprüche Pflanzen

Ein Männchen des Perez-Salmlers

Hyphessobrycon pulchripinnis

Zitronensalmler

Die Grundfarbe dieses Fisches ist ein sehr zartes bleiches Gelb; nur der vordere Rand der Afterflosse ist kräftig gelb gefärbt. Körperflanken mit silbrigem Hauch. Die obere Hälfte des Auges ist hellrot gefärbt, Fettflosse gelblich. Es gibt von dieser Art nunmehr auch eine albinotische Form, doch die meisten Aquarianer bevorzugen die natürliche Färbung. Sie ist am besten in einem gut bepflanzten Aquarium gegen einen dunklen Hintergrund sowie gegen Treibholz zu sehen.

ARTBESCHREIBUNG

Länge 50 mm
Heimat Südamerika
Geschlechtsmerkmale Weibchen dicker, Männchen mit kleinen Häkchen auf der Afterflosse
Haltung Leicht
Futter Alle Arten
Fortpflanzung Freilaicher
Zucht Ziemlich leicht

AQUARIUM

Wasser Weich, mittelhart
Temperatur 24 °C
Behältertyp Gesellschaftsbecken
Schwimmhöhe Alle Schichten

Ein Männchen des Zitronensalmlers

Micralestes interruptus
Kongosalmler

Der relativ große Kongosalmler hat Schuppen mit hohem Reflexionsvermögen, so daß das Männchen bei seitlich einfallendem Licht (siehe Seite 280) ein irisierendes Gold oder Türkis zeigt. Das Weibchen ist einfacher gefärbt. Die Rückenflosse des geschlechtsreifen Männchens ist stark verlängert und hängt oft über die Schwanzflosse, die mit dem hervortretenden zentralen Spieß ebenfalls durch ihre Gestalt auffällt. Flossenfärbung bei beiden Geschlechtern gleich, nämlich graubraun mit weißen Rändern; am besten sieht man das, wenn das Aquarium hinten Torfplatten hat. Der Kongosalmler sollte in einem großen Aquarium im Schwarm gehalten werden.

Ein Männchen des Kongosalmlers

ARTBESCHREIBUNG

Länge 90 mm
Heimat Zaire
Geschlechtsmerkmale Männchen mit längeren Flossen
Haltung Ziemlich einfach
Futter Alle Arten
Fortpflanzung Freilaicher
Zucht Etwas schwierig

AQUARIUM

Wasser Weich, sauer
Temperatur 24 °C
Behältertyp Gesellschaftsbecken
Schwimmhöhe Obere und mittlere Schichten

Moenkhausia pittieri
Brillantsalmler

Der Brillantsalmler hat auffällige violette Schuppen, die grün und golden irisieren, was dem ganzen Fisch ein funkelndes, brillantähnliches Aussehen verleiht. Flossen grauviolett mit weißen Rändern, nur Brustflossen farblos. Das Männchen hat eine große sichelförmige Rückenflosse.

ARTBESCHREIBUNG

Länge 60 mm
Heimat Südamerika
Geschlechtsmerkmale Männchen mit größeren Flossen
Zucht Ziemlich einfach
Futter Alle Arten
Fortpflanzung Freilaicher
Zucht Ziemlich leicht

AQUARIUM

Wasser Weich, mittelhart
Temperatur 24 °C
Behältertyp Gesellschaftsbecken
Schwimmhöhe Alle Schichten

Ein Männchen des Brillantsalmlers

Nannostomus unifasciatus
Einbinden-Ziersalmler, Einbandsalmler

Dieser Fisch hat einen sehr schlanken hellbraunen Körper mit silbrigem Bauch und einem schwarzen Längsstreifen. Wie alle Ziersalmler zeigt er nachts dunkle Flecken und kehrt erst bei der Dämmerung zum gestreiften Aussehen zurück.

ARTBESCHREIBUNG

Länge 70 mm
Heimat Südamerika
Geschlechtsmerkmale Männchen mit abgerundeter, Weibchen mit gerader Afterflosse
Haltung Leicht
Futter Alle Arten, sofern zerkleinert
Fortpflanzung Freilaicher
Zucht Ziemlich einfach

AQUARIUM

Wasser Weich, mittelhart
Temperatur 26 °C
Behältertyp Gemeinschaft mit kleineren Fischen
Schwimmhöhe Obere Schichten

Ein Männchen des Einbinden-Ziersalmlers

Nematobrycon palmeri
Kaisertetra

Die leuchtend blauen Augen dieser Art sind sehr bemerkenswert, aber auch die hellgelbe Afterflosse, die sichelförmige Rückenflosse und die in der Mitte mit einem hervortretenden Spieß versehene Schwanzflosse können zur Bestimmung dienen. Körper olivbraun mit dunklem Längsband auf den Seiten. Rücken- und Schwanzflosse beim Weibchen weniger stark entwickelt. Der Kaisertetra läßt sich nach einer Akklimatisierung in hartem Wasser ziemlich leicht züchten.

ARTBESCHREIBUNG

Länge 60 mm
Heimat Südamerika
Geschlechtsmerkmale Männchen hat längere Schwanzflosse
Haltung Leicht
Futter Alle Arten
Fortpflanzung Freilaicher
Zucht Ziemlich leicht

AQUARIUM

Wasser Weich, mittelhart
Temperatur 24 °C
Behältertyp Gesellschaftsbecken
Schwimmhöhe Alle Schichten

Ein junges Männchen des Kaisertetras

Paracheirodon innesi
Neon-Tetra

Der hellrote Neon-Tetra mit dem fluoreszierenden blauen Band erregte Aufsehen, als er in den dreißiger Jahren unter den Aquarianern bekannt wurde. Seither haben ihn noch schönere Arten wie der Rote Neon (siehe Seite 47) überholt.

Der kleine Neon-Tetra sollte im Schwarm gehalten werden. Gelegentlich leidet er an der unheilbaren Neon-Krankheit (Pleistophora), die sich durch einen immer größer werdenden bleichen Fleck unter der Rückenflosse verrät.

ARTBESCHREIBUNG
Länge 45 mm
Heimat Südamerika
Geschlechtsmerkmale Weibchen hochrückiger, dicker
Haltung Leicht
Futter Alle Arten
Fortpflanzung Freilaicher
Zucht Ziemlich leicht, nicht sehr fruchtbar und kann deswegen auch in kleinen Aquarien gezüchtet werden

AQUARIUM
Wasser Weich, mittelhart
Temperatur 24°C
Behältertyp Gesellschaftsbecken, nur mit kleinen Fischen
Schwimmhöhe Alle Schichten

Eine Gruppe Neon-Tetras

Serrasalmus nattereri
Roter Piranha

Ein plumper Fisch mit bleicher Grundfarbe, dunkleren Flecken und rot überlaufenem Bauch. Das auffälligste und berühmteste Merkmal des Roten Piranhas ist jedoch das zähnestarrende Maul. Die Berichte über seine Aggressivität sind übertrieben, doch greift der Piranha an, wenn er Blut riecht. Für Heimaquarien sind nur Jungtiere geeignet. Die Art ist auch unter dem wissenschaftlichen Namen Rooseveltiella nattereri bekannt.

Roter Piranha

ARTBESCHREIBUNG
Länge 300 mm
Heimat Südamerika
Geschlechtsmerkmale Keine sichtbar
Haltung Ziemlich leicht

Futter Fleischnahrung wie Insekten, Würmer, lebende Fische
Fortpflanzung Freilaicher
Zucht Nur wenige Male gelungen

AQUARIUM
Wasser Weich, mittelhart
Temperatur 24°C
Behältertyp Artbecken
Schwimmhöhe Alle Schichten

Buntbarsche, *Cichlidae*

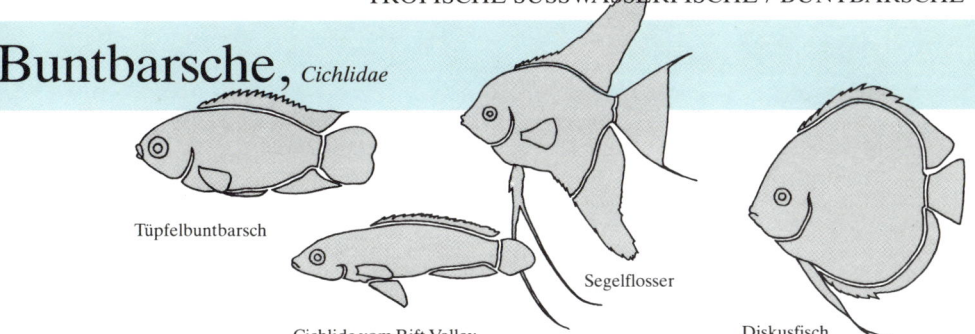

Tüpfelbuntbarsch

Cichlide vom Rift Valley

Segelflosser

Diskusfisch

Keine Gruppe unter all den tropischen Aquarienfischen kann eine derartige Vielfalt an Formen, Größen, Schwimmhöhen und Fortpflanzungsweisen bieten wie gerade die Buntbarsche. Die Körperform schwankt von scheibenförmig beim Diskusfisch und dem Segelflosser bis zur zylindrischen Form der afrikanischen Schlankcichliden. Etwas gedrungener ist der Tüpfelbuntbarsch und die Arten der Gattung Cichlasoma. Viele Formen sind sehr bunt, besonders jene, die vom afrikanischen Rift Valley stammen.

Einige Buntbarsche werden sehr groß und brauchen ein Aquarium für sich; andere kann man wieder gut in einem Gesellschaftsaquarium halten. Alle jedoch verteidigen zur Brutzeit erbarmungslos ihre Territorien.

Viele Arten, besonders der Tüpfelbuntbarsch, zeigen eine vorbildliche Brutpflege. Die Verhaltensweisen reichen von der heimlichen Brutpflege in Höhlen bis zu den Maulbrütern, die sich nahezu selbst aufopfern. Einige Arten laichen auch an offenen Stellen.

Aequidens curviceps
Tüpfelbuntbarsch

Eine bunte Art mit bräunlichgrüner Oberseite und gesprenkelter hellblauer Unterseite. Schwanzflosse braun, hellblau gesprenkelt. Laicht an offenen Stellen und braucht dazu flache Steine.

ARTBESCHREIBUNG

Länge 75 mm

Heimat Südamerika

Geschlechtsmerkmale Männchen mit länger zugespitzten Flossen

Haltung Leicht

Futter Alle Arten

Fortpflanzung Substratlaicher

Zucht Ziemlich einfach, braucht flache Steine und am besten ein eigenes Aquarium

AQUARIUM

Wasser Weich, mittelhart

Temperatur 24 °C

Behältertyp Gesellschaftsbecken, aber nur mit kleinen Fischen

Schwimmhöhe Alle Schichten

Ein Männchen des Tüpfelbuntbarsches

Aequidens maronii
Maronibuntbarsch

Diese gelbliche Art kann man am besten an der dunklen Querbinde, die von der Kopfoberseite über das Auge zieht, sowie am dunklen Fleck unter der Rückenflosse erkennen. Dieser Fleck zeigt in den meisten Fällen die Form eines Schlüsselloches. Bei der Geschlechtsreife verlängern sich die Rücken- und Afterflossen des Männchens. Eine friedliche Art, die sich gemeinschaftlich fortpflanzt.

ARTBESCHREIBUNG
Länge 100 mm
Heimat Nördliches Südamerika
Geschlechtsmerkmale Reife Männchen mit längerer Rücken- und Afterflosse
Haltung Leicht
Futter Alle Arten
Fortpflanzung Substratlaicher
Zucht Ziemlich einfach, braucht flache Steine

AQUARIUM
Wasser Weich, mittelhart
Temperatur 24 °C
Behältertyp Gesellschaftsbecken
Schwimmhöhe Alle Schichten

Ein Männchen des Maronibuntbarsches

Apistogramma ramirezi
Schmetterlingsbuntbarsch

Diese kleine Art ist auch unter dem Namen Papiliochromis ramirezi bekannt. Der farbenprächtige Fisch zeigt viele glänzende, irisierende Flecken. Man sieht sie besonders gut, wenn das Licht von der Seite kommt (siehe Seite 280). Die Grundfärbung ist Gelb und Purpur. Der Schmetterlingsbuntbarsch legt seine Eier nicht auf Steine, sondern in eine Grube ab, die er im Kies gräbt. Er ist empfindlich auf Veränderungen des Aquarienwassers.

ARTBESCHREIBUNG
Länge 70 mm
Heimat Südamerika
Geschlechtsmerkmale Zweiter und dritter Rückenflossenstrahl beim Männchen verlängert
Haltung Ziemlich schwierig; wenn akklimatisiert, allerdings leicht
Futter Alle Arten
Fortpflanzung Substratlaicher
Zucht Ziemlich leicht

AQUARIUM
Wasser Weich
Temperatur 24 °C
Behältertyp Gesellschaftsbecken
Schwimmhöhe Alle Schichten

Ein Männchen des Schmetterlingsbuntbarsches

Cichlasoma festivum
Flaggenbuntbarsch

Obwohl die Färbung dieses Fisches erheblich variieren kann, zeigt er doch stets einen dunklen diagonalen Streifen, der von der unteren Hälfte des hellroten Auges bis zur Spitze der Rückenflosse zieht. Die Bauchflossen sind fädig und ähneln denen des Segelflossers. Der Flaggenbuntbarsch ist erst scheu, kann dann aber so zahm werden, daß er dem Züchter aus der Hand frißt.

Ein Pärchen des Flaggenbuntbarsches

ARTBESCHREIBUNG

Länge 150 mm
Heimat Südamerika
Geschlechtsmerkmale Männchen mit stärker zugespitzten Flossen
Haltung Leicht
Futter Alle Arten
Fortpflanzung Substratlaicher
Zucht Leicht

AQUARIUM

Wasser Weich, mittelhart
Temperatur 24 °C
Behältertyp Gesellschaftsbecken
Schwimmhöhe Alle Schichten

Cichlasoma meeki
Feuermaul-Buntbarsch

Der volkstümliche Name dieser Art bezieht sich auf die lebhaft rote Kehle und den Vorderbauch. Während der Laichzeit verstärkt sich diese Färbung bei männlichen Fischen. Der restliche Körper ist graublau mit einigen dunklen Flecken. Die Flossen sind braun mit blauen Streifen. Obwohl der Feuermaul-Buntbarsch ein friedlicher Fisch ist, gräbt er doch gelegentlich im Kies und entwurzelt Pflanzen.

Männchen des Feuermaul-Buntbarsches

ARTBESCHREIBUNG

Länge 150 mm
Heimat Mittelamerika
Geschlechtsmerkmale Kehle beim Männchen stärker rot, Flossen stärker zugespitzt, Rückenflosse größer

Haltung Leicht
Futter Alle Arten
Fortpflanzung Substratlaicher
Zucht Ziemlich einfach; zum Teil sehr fruchtbar, liebt Verstecke

AQUARIUM

Wasser Weich, mittelhart
Temperatur 24 °C
Behältertyp Gesellschaftsbecken mit ähnlich großen Fischen
Schwimmhöhe Mittlere und untere Schichten

Crenicara filamentosa

Gabelschwanz-Schachbrettbuntbarsch

Der zylindrische bräunliche Körper ist schachbrettartig gemustert mit tiefblauen und orangebraunen Flecken. Rücken-, After- und Schwanzflosse sind rot und blau. Die Schwanzflosse entwickelt beim heranwachsenden männlichen Fisch zwei lange Spitzen. Dieser Buntbarsch verbringt viel Zeit auf dem Aquariumboden, und er schätzt viele Verstecke.

AQUARIUM

Wasser Weich, mittelhart
Temperatur 24 °C
Behältertyp Gesellschaftsbecken
Schwimmhöhe Untere Schichten
Besondere Ansprüche Verstecke, gut gefiltertes Wasser

ARTBESCHREIBUNG

Länge 75 mm
Heimat Südamerika
Geschlechtsmerkmale Männchen mit längeren Flossen, Schwanzflosse mit Fortsätzen
Haltung Einigermaßen schwierig, empfindlich auf Veränderungen der Wasserqualität
Futter Alle Arten, liebt vor allem Würmer
Fortpflanzung Substratlaicher, legt Eier auf oder zwischen Steine ab
Zucht Einigermaßen einfach

Ein Männchen des Gabelschwanz-Schachbrettbuntbarsches

Etroplus maculatus

Indischer Buntbarsch

Der Indische Buntbarsch stellt eine der lediglich drei asiatischen Cichliden-Arten dar. Körper oval, goldgelb gefärbt, mit kleinen roten Flecken gesprenkelt und drei dunklen senkrechten Bändern. Der Fisch zeigt eine blaue Gesichtszeichnung, und die Regenbogenhaut des Auges ist rot. Der Indische Buntbarsch ist empfindlich auf Pilzinfektionen (siehe Seite 233); deswegen sollte man etwas Seesalz zu seinem Wasser hinzugeben.

ARTBESCHREIBUNG

Länge 90 mm
Heimat Indien, Sri Lanka
Geschlechtsmerkmale Keine sichtbar
Haltung Ziemlich einfach
Futter Alle Arten
Fortpflanzung Substratlaicher
Zucht Einigermaßen einfach

AQUARIUM

Wasser Hart, mit Seesalzzusatz
Temperatur 24 °C
Behältertyp Gesellschaftsbecken
Schwimmhöhe Mittlere und untere Schichten

Ein Männchen des Indischen Buntbarsches

Julidochromis marlieri

Schachbrett-Schlankcichlide

Die Gattung Julidochromis ist ausschließlich im ostafrikanischen Tanganjika-See vertreten. Die Art hat einen braunen Körper mit hellbrauner Zeichnung, die ihr ein geschecktes Aussehen verleiht. Der zylindrische Körper ist an das Leben in Höhlungen angepaßt, deswegen sollte das Aquarium auch möglichst viele Verstecke aufweisen. Die Fortpflanzung erfolgt im verborgenen, und das Weibchen legt seine Eier an das Dach von Höhlen ab.

AQUARIUM

Wasser Hart
Temperatur 24 °C
Behältertyp Artbecken
Schwimmhöhe Untere Schichten

Besondere Ansprüche Verstecke

ARTBESCHREIBUNG

Länge 110 mm
Heimat Tanganjika-See

Geschlechtsmerkmale Weibchen kleiner
Haltung Ziemlich einfach
Futter Alle Arten, pflanzliches Futter
Fortpflanzung Substratlaicher
Zucht Ziemlich schwierig

Ein Weibchen des Schachbrett-Schlankcichliden

Labeotropheus trewavasae

Gestreckter Schabemund-Maulbrüter, Gestreckter Schabemund-Buntbarsch

Dieser afrikanische Cichlide zeigt eine variable Färbung, ist üblicherweise aber blau mit roter Rückenflosse. Die Art lebt in flachem Wasser an felsigen Küsten, wo sie mit dem leicht unterständigen Mund Algen von Felsoberflächen abraspelt. Der Gestreckte Schabemund-Maulbrüter neigt zu Aggressivität. Da er in der Natur in hartem Wasser lebt, paßt er sich schnell an das meiste Leitungswasser an.

AQUARIUM

Wasser Hart
Temperatur 24 °C
Behältertyp Artbecken
Schwimmhöhe Alle Schichten
Besondere Ansprüche Viele Felshöhlen

ARTBESCHREIBUNG

Länge 150 mm
Heimat Malawi-See
Geschlechtsmerkmale Weibchen meist gelbbraun gesprenkelt
Haltung Ziemlich einfach

Futter Die meisten Arten, auch pflanzliches Futter
Fortpflanzung Maulbrüter
Zucht Ziemlich einfach

Ein Männchen des Gestreckten Schabemund-Maulbrüters

Lamprologus brichardi
Gabelschwanz-Tanganjikabarsch

Anhand seines hellbraunen Körpers, der weißen Flossenränder, der leierförmigen Schwanzflosse und der leuchtendblauen Augen ist diese Art leicht zu bestimmen. Die Fortpflanzung erfolgt verborgen in Felshöhlen, und die Art braucht deswegen viele Verstecke.

Ein Pärchen Gabelschwanz-Tanganjikabarsche (Männchen oben)

ARTBESCHREIBUNG
Länge 100 mm
Heimat Tanganjika-See
Geschlechtsmerkmale Männchen mit verlängerter Rücken- und Afterflosse
Haltung Ziemlich schwierig
Futter Alle Arten
Fortpflanzung Substratlaicher
Zucht Ziemlich schwierig

AQUARIUM
Wasser Hart
Temperatur 24°C
Behältertyp Artbecken
Schwimmhöhe Untere Schichten
Besondere Ansprüche Verstecke

Pelvicachromis pulcher
Purpurbrachtbarsch

Früher war diese Art auch unter dem wissenschaftlichen Namen Pelmatochromis kribensis bekannt. Der Fisch ist braun und irisiert violett bis tief purpurrot. Auf jeder Körperseite steht ein hellroter Fleck. Während der Laichzeit wird das Weibchen dunkler. Die Fortpflanzung findet im verborgenen statt: Das Pärchen verschwindet oft für einige Tage und erscheint dann aus dem Versteck mit den neugeschlüpften Jungen. Während der Brutpflege sind die Eltern sehr aggressiv.

ARTBESCHREIBUNG
Länge 100 mm
Heimat Westafrika
Geschlechtsmerkmale Männchen mit zugespitzter Rückenflosse, Schwanzflosse mit einem dunklen Punkt; Weibchen kleiner, zur Laichzeit dunkler
Haltung Leicht
Futter Alle Arten, Fleisch
Fortpflanzung Substratlaicher
Zucht Ziemlich einfach

AQUARIUM
Wasser Weich, mittelhart
Temperatur 24°C
Behältertyp Gesellschaftsbecken
Schwimmhöhe Alle Schichten
Besondere Ansprüche Verstecke

Ein Männchen des Purpurprachtbarsches

Pterophyllum scalare
Segelflosser, Skalar

Ein eleganter Buntbarsch mit scheibenförmigem Körper. Der Segelflosser zeigt schwarze Bänder auf silbrigem Grund. Er gehört zu den häufigsten Aquarienfischen. Heute gibt es viele Zuchtformen, darunter ganz schwarze Skalare, Rauchskalare, Schecken, Albinos, Schleier- und Fächerschwänze (siehe Seite 18).

ARTBESCHREIBUNG
Länge 110 mm
Heimat Südamerika
Geschlechtsmerkmale Kaum sichtbar
Haltung Leicht
Futter Alle Arten
Fortpflanzung Substratlaicher
Zucht Ziemlich einfach

AQUARIUM
Wasser Weich, mittelhart
Temperatur 24 °C
Behältertyp Gesellschaftsbecken, aber nur mit mittelgroßen Fischen
Schwimmhöhe Alle Schichten
Besondere Ansprüche Pflanzen

Ein Männchen des Segelflossers

Symphysodon discus
Diskusfisch, Diskusbarsch

Die Art zeigt eine braune Körperfarbe mit hellblauem irisierendem Schimmer. Der Diskusbarsch ist kein Fisch für Anfänger, da er sehr empfindlich reagiert. Er überlebt nur in dauernd weichem, saurem, gut gefiltertem und 28 °C warmem Wasser.

ARTBESCHREIBUNG
Länge 150 mm
Heimat Südamerika
Geschlechtsmerkmale Kaum erkennbar
Haltung Schwierig
Futter Lebendfutter, Fleisch
Fortpflanzung Substratlaicher
Zucht Ziemlich schwierig

AQUARIUM
Wasser Sehr weich, sauer
Temperatur 28 °C
Behältertyp Artbecken
Schwimmhöhe Alle Schichten
Besondere Ansprüche Sehr empfindlich auf Veränderungen der Wasserqualität

Diskusfisch

Labyrinthfische
Anabantoidea

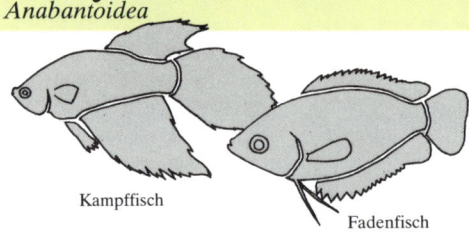

Kampffisch

Fadenfisch

Die Labyrinthfische (Überfamilie Anabantoidea) sind mittelgroß und kommen in süßen Gewässern Afrikas und Südasiens vor. Eine Art, der Schleierkampffisch, ist auf der ganzen Welt bekannt für seine Aggressivität gegenüber rivalisierenden Männchen. Besonders in Südasien werden richtige Wettkämpfe veranstaltet. Im Gegensatz dazu fallen viele andere Fische dieser Gruppe, vor allem die Fadenfische und die Guramis, durch ihr friedliches Verhalten auf. Doch auch selbst diese Arten werden während der Laichzeit sehr aggressiv.

Alle Labyrinthfische können atmosphärischen Luftsauerstoff aufnehmen, wenn ihre natürlichen Gewässer keinen Sauerstoff mehr aufweisen oder sonstwie verschmutzt sind. Für die Luftatmung haben sie ein besonderes Labyrinth-Organ, das im Kopf gerade hinter den Kiemen (siehe Seite 19) liegt. Dieses Organ verdient durchaus seinen Namen, denn es sieht aus wie ein Labyrinth. Luft wird in den vielen Lamellen des Organs festgehalten, und der darin enthaltene Sauerstoff tritt in den Blutkreislauf des Fisches über.

Während der Laichzeit bauen die meisten Männchen der Labyrinthfische Schaumnester. Die Paarung findet unter diesem schwimmenden Nest statt. Das Männchen sammelt die befruchteten Eier mit dem Maul auf und bringt sie in das Schaumnest. Von diesem Zeitpunkt an greift das Männchen alle Eindringlinge ungeachtet ihrer Größe an, selbst das eigene Weibchen oder viel größere Fische. Es ist nicht besonders schwierig, Labyrinthfische zum Laichen zu bewegen; mehr Probleme macht die Aufzucht der sehr kleinen Jungfische.

Belontia signata
Ceylon-Makropode

Ein junges Weibchen des Ceylon-Makropoden

Der golden gefärbte Körper dieser Art scheint eine Netzmusterung aufzuweisen, weil jede Schuppe einen dunkelrot gefärbten Hinterrand hat. Alle Flossen sind leicht bläulich überhaucht. Bei der Geschlechtsreife nimmt der Körper eine stärkere rötliche Färbung an. Das Männchen des Ceylon-Makropoden zeigt verlängerte Strahlen an der Schwanzflosse. Dieser Makropode gilt als eine kämpferische Art, und deswegen sollten gemeinschaftlich gehaltene Fische recht groß sein, damit sie nicht tyrannisiert werden.

ARTBESCHREIBUNG

Länge 125 mm

Heimat Sri Lanka

Geschlechtsmerkmale Männchen mit stärker zugespitzten Flossen mit Fortsätzen an der Schwanzflosse

Haltung Ziemlich einfach

Futter Alle Arten

Fortpflanzung Baut Schaumnester

Zucht Ziemlich einfach; diese Art baut das Schaumnest nicht so sorgfältig wie die Angehörigen anderer Gattungen

AQUARIUM

Wasser Alle Arten

Temperatur 24 °C

Behältertyp Artbecken

Schwimmhöhe Alle Schichten

Besondere Ansprüche Pflanzen

Betta splendens
Schleierkampffisch

Obwohl der hier abgebildete Fisch die klassische blaue und rote Färbung wie in der Natur zeigt, gibt es heute doch zahlreiche Farbvarianten. Die Flossen gezüchteter Tiere zeigen auffälligere Formen als die der wilden Exemplare. Der Schleierkampffisch ist für sein aggressives Verhalten und seine Rivalität gegenüber anderen Männchen derselben Art bekannt. Deswegen darf man in einem Aquarium nur ein einziges Männchen halten. Wenn sich ein männlicher Kampffisch einem Rivalen gegenübersieht, spreizt er seine Kiemendeckel ab und entfaltet die Flossen. Dann erfolgt oft ein derart erbitterter Kampf, daß auch der Sieger am Ende völlig erschöpft ist und stirbt. Wer diesen Fisch züchten will, braucht viele kleine Becken, um jedes Männchen einzeln aufziehen zu können.

Ein Männchen des Schleierkampffisches

ARTBESCHREIBUNG

Länge 60 mm
Heimat Thailand
Geschlechtsmerkmale Männchen mit langen fließenden Flossen
Haltung Leicht
Futter Alle Arten
Fortpflanzung Baut Schaumnester
Zucht Leicht, doch müssen die Männchen, sobald man sie als solche erkennt, jeweils in Einzelbecken gehalten werden

AQUARIUM

Wasser Alle Arten
Temperatur 24 °C
Behältertyp Gesellschaftsbecken, aber mit nur je einem Männchen
Schwimmhöhe Alle Schichten
Besondere Ansprüche Pflanzen

Colisa chuna
Honig-Gurami

Diese kleine Art zeigt im männlichen Geschlecht eine goldbraune Färbung mit hellgelben Rücken- und Bauchflossen. Es gibt auch eine rote Varietät mit türkisfarbenen Flossen. Das Weibchen ist weniger auffällig gefärbt und zeigt eine dunkle Längsbinde auf der Körperseite. Zur Laichzeit hat das Männchen unter der Kehle, auf der Bauchseite und einem Teil der Afterflosse ein tieftürkisfarbenes Gebiet. Die sehr kleinen Jungfische wachsen schneller als die Jungen des größeren Zwergfadenfisches Colisa lalia (siehe Seite 62).

Ein Männchen des Honig-Guramis

ARTBESCHREIBUNG

Länge 45 mm
Heimat Indien
Geschlechtsmerkmale Weibchen matter mit dunkler Linie auf den Körperseiten; Männchen zur Laichzeit mit tieftürkisfarbener Kehle
Haltung Leicht
Futter Alle Arten
Fortpflanzung Baut Schaumnester
Zucht Ziemlich einfach

AQUARIUM

Wasser Alle Arten
Temperatur 24 °C
Behältertyp Gesellschaftsbecken, aber nur mit ähnlich großen Tieren
Schwimmhöhe Alle Schichten
Besondere Ansprüche Pflanzen

Colisa labiosa
Dicklippiger Fadenfisch

Diese Art zeigt ein hellblaues Muster auf einer rötlichgrauen Grundfarbe, tiefrote Ränder der Rückenflosse und orangefarbene Brustflossen. Vor der Laichzeit verändert das Männchen seine Farbe zu einem tiefen Schokoladebraun. Diese mittelgroße Art hat eine verdickte Oberlippe, die auch zu ihrem Namen geführt hat. Das Schaumnest dieser Art ist weniger sorgfältig gebaut als das vieler Verwandten. Nach der Eiablage verhält sich das Männchen seinem Partner gegenüber oft aggressiv, und man sollte das Weibchen deswegen für diese Zeit in ein eigenes Becken setzen.

Ein Weibchen des Dicklippigen Fadenfisches

ARTBESCHREIBUNG

Länge 80 mm

Heimat Burma

Geschlechtsmerkmale Männchen mit zugespitzten Flossen, zur Laichzeit dunkelbraun; Weibchen kleiner

Haltung Leicht; Weibchen nach der Eiablage vom Männchen trennen

Futter Alle Arten

Fortpflanzung Baut Schaumnester

Zucht Leicht, sehr fruchtbar

AQUARIUM

Wasser Die meisten Arten

Temperatur 24 °C

Behältertyp Gesellschaftsbecken

Schwimmhöhe Alle Schichten

Colisa lalia
Zwergfadenfisch

Ein Pärchen des Zwergfadenfisches (Männchen oben)

Der Zwergfadenfisch ist einer der buntesten und leuchtendsten Aquarienfische überhaupt: Er zeigt schräge hellrote und türkisfarbene Streifen, rote Ränder an der Rückenflosse und hellorangefarbene Brustflossen. Zur Laichzeit verstärkt das Männchen diese Farben noch. Trotz seiner geringen Größe kann es sich sehr aggressiv gegenüber anderen Fischen im Aquarium verhalten. Es greift auch noch nicht laichbereite Weibchen und die eigene Partnerin an, nachdem die Eier abgelegt wurden. In diesem Fall bleibt nichts anderes übrig, als das Weibchen in ein eigenes Becken zu setzen.

ARTBESCHREIBUNG

Länge 60 mm

Heimat Nordostindien

Geschlechtsmerkmale Weibchen matter gefärbt und dicker

Haltung Leicht

Futter Alle Arten

Fortpflanzung Baut Schaumnester

Zucht Einigermaßen einfach; das Ablaichen erfolgt recht bereitwillig, doch ist die Aufzucht der sehr kleinen Jungfische schwierig

AQUARIUM

Wasser Die meisten Arten

Temperatur 24 °C

Behältertyp Gesellschaftsbecken

Schwimmhöhe Alle Schichten

Ctenopoma acutirostre
Gefleckter Buschfisch

Dieser attraktive Fisch zeigt unregelmäßige schwarze Flecken auf goldgelbem Grund. Er lebt räuberisch und ist an diese Lebensweise besonders angepaßt, denn er kann sein Maul röhrenförmig vorstrecken. Dabei erzeugt er einen Unterdruck, der alle Tiere in der Nähe einsaugt. Deswegen darf man den Gefleckten Buschfisch nicht zusammen mit kleineren Fischen halten. Er liebt eine schattige geschützte Umgebung, also ein Aquarium mit vielen Pflanzen, auch mit flutenden Arten, mit felsigen Verstecken und gedämpfter Beleuchtung.

Gefleckter Buntfisch

Ansicht des vorstreckbaren Mundes

ARTBESCHREIBUNG

Länge 150 mm
Heimat Afrika
Geschlechtsmerkmale Keine sichtbar
Haltung Leicht
Futter Alle Arten, Fleisch
Fortpflanzung Baut Schaumnester
Zucht Ziemlich leicht

AQUARIUM

Wasser Bevorzugt weiches Wasser
Temperatur 24 °C
Behältertyp Gesellschaftsbecken mit größeren Fischen
Schwimmhöhe Alle Schichten
Besondere Ansprüche Pflanzen, Verstecke

Ctenopoma ansorgei
Orange-Buschfisch

Die Zeichnung auf dem zylindrischen Körper dieser Fischart besteht aus abwechselnd hellen und dunklen, irisierenden, braunen und gelben Querbändern, die sich auf die Rücken- und Afterflosse erstrecken. Die Flossen des Männchens sind stärker zugespitzt als beim Weibchen, und dieses ist insgesamt auch matter gefärbt. Der Orange-Buschfisch ist nicht so aggressiv wie andere Labyrinthfische, aber auch er verteidigt sein Territorium zur Laichzeit besonders nachhaltig. Die Eiablage erfolgt wahrscheinlich nachts – ein unübliches Merkmal. Die Zucht ist nicht schwierig. Obwohl der Orange-Buschfisch schwer zu erhalten ist, lohnt sich die Suche doch, besonders für den, der Interesse an Labyrinthfischen hat.

Ein Männchen des Orange-Buschfisches

ARTBESCHREIBUNG

Länge 70 mm
Heimat Afrika
Geschlechtsmerkmale Männchen mit zugespitzten Flossen, Weibchen matter gefärbt
Haltung Leicht
Futter Fleischnahrung wie Rinderherz
Fortpflanzung Baut Schaumnester
Zucht Ziemlich einfach; die Jungfische sind zu Beginn sehr klein

AQUARIUM

Wasser Ziemlich weich
Temperatur 28 °C
Behältertyp Gesellschaftsbecken, aber nur mit Fischen entsprechender Größe
Schwimmhöhe Mittlere und untere Schichten

Helostoma temmincki
Küssender Gurami

Vom Küssenden Gurami gibt es zwei Farbvarianten: eine olivgrüne und eine zartrosafarbene, die auch hier abgebildet ist. Das auffallendste Merkmal dieses Fisches ist das »Küssen«. Dabei berühren sich Artgenossen gegenseitig mit vorgestülpten Lippen. Es handelt sich nicht um einen Liebesbeweis, sondern eher um die Bereitschaft zur Revierverteidigung und um ein Stärkemessen. Diese Lippen sind daran angepaßt, weiche Algen von Felsoberflächen oder vom Aquarienglas abzuraspeln. Gelegentlich saugt der Küssende Gurami auch an langsam vorbeischwimmenden Fischen.

Küssende Guramis

Das Kußverhalten von nahe

ARTBESCHREIBUNG

Länge 200 mm
Heimat Ferner Osten
Geschlechtsmerkmale Keine sichtbar
Haltung Ziemlich leicht
Futter Alle Arten, pflanzliche Nahrung
Fortpflanzung Legt Eier ab, die an der Oberfläche schwimmen; baut keine Schaumnester
Zucht Schwierig

AQUARIUM

Wasser Alle Typen
Temperatur 24 °C
Behältertyp Gesellschaftsbecken
Schwimmhöhe Alle Schichten
Besondere Ansprüche Schwimmpflanzen zur Beschattung

Macropodus opercularis
Paradiesfisch

Der Paradiesfisch hat auf den Körperseiten rote, blaue und braune Querbänder. Eine Zuchtform, die in der Natur nicht vorkommt, ist albinotisch. Das Männchen hat eine verlängerte Rücken-, After- und Schwanzflosse und zeigt diese auch vor, um Weibchen zu beeindrucken oder um rivalisierende Männchen zu bedrohen. Der Paradiesfisch erträgt niederere Temperaturen, als sie eigentlich für tropische Süßwasserfische üblich sind, und kann sogar in den Sommermonaten draußen in einem Teich gehalten werden (siehe Seite 279).

Ein Pärchen des Paradiesfisches (Männchen unten)

ARTBESCHREIBUNG

Länge 75 mm
Heimat Ferner Osten
Geschlechtsmerkmale Männchen mit längeren Flossen
Haltung Ziemlich einfach; aggressive Art
Futter Alle Arten
Fortpflanzung Baut Schaumnester
Zucht Ziemlich einfach; braucht dazu aber meistens höhere Temperaturen

AQUARIUM

Wasser Alle Arten
Temperatur 16−24 °C
Behältertyp Artbecken
Schwimmhöhe Alle Schichten

Trichogaster leeri
Mosaikfadenfisch

Ein Pärchen des Mosaikfadenfisches (Männchen oben)

Das Männchen dieser Art hat einen braunen Körper mit orangefarbener Unterseite, während der Bauch des Weibchens stärker silbrig gefärbt ist. Beide Geschlechter haben dasselbe Zeichnungsmuster: ein Mosaik silbriger Flecken, das sich auch auf die Flossen erstreckt, sowie eine schwarze Längsbinde auf der Mitte der Körperseiten. Die Rückenflosse des Männchens ist lang und reicht über die Schwanzflosse hinaus; die sehr langen fädigen Bauchflossen sind wie auch die Kehle und der vordere Teil der Afterflosse zur Laichzeit hellrotorange gefärbt. Bei gesunden Exemplaren ist die Rücken- und die Afterflosse fadenförmig verlängert. Der Mosaikfadenfisch braucht drei Jahre, bis er die endgültige Größe erreicht hat. Er wirkt am attraktivsten mit langsam schwimmenden Fischen in einem reichlich bepflanzten Aquarium.

ARTBESCHREIBUNG

Länge 110 mm
Heimat Ferner Osten
Geschlechtsmerkmale Männchen mit längeren Flossen und zur Laichzeit mit roter Kehlregion
Haltung Ziemlich einfach
Futter Alle Arten
Fortpflanzung Baut Schaumnester
Zucht Leicht; fruchtbar

AQUARIUM

Wasser Alle Typen
Temperatur 24 °C
Behältertyp Gesellschaftsbecken, aber nur zusammen mit langsam schwimmenden Fischen
Schwimmhöhe Alle Schichten

Trichopsis pumilus
Zwerggurami

Der braune Körper des Zwergguramis ist bedeckt mit blauen Flecken; die Flossen sind blau mit roten Rändern und roter Zeichnung. Auge hellblau mit rotem Rand. Diese Art zeigt eine ähnliche Körperform wie der Schleierkampffisch, hat aber kürzere Flossen. Die Flossen sind bei den Männchen zugespitzt, und an der Basis der langen Afterflosse erstreckt sich auf dem Körper eine dünne rote Linie. Zur Fortpflanzungszeit lassen beide Geschlechter knurrende Laute hören. Diese Art braucht höhere Wassertemperaturen als üblich.

Ein Weibchen des Zwergguramis

ARTBESCHREIBUNG

Länge 40 mm
Heimat Ferner Osten
Geschlechtsmerkmale Männchen mit stärker zugespitzten Flossen und einer roten Linie an der Basis der Afterflosse; Weibchen matter gefärbt
Haltung Ziemlich einfach
Futter Alle Arten
Fortpflanzung Baut Schaumnester oder legt die Eier in der Nähe des Bodens ab
Zucht Ziemlich einfach

AQUARIUM

Wasser Weich, bevorzugt saures Wasser
Temperatur 25 °C oder etwas darüber
Behältertyp Gesellschaftsbecken mit kleineren Arten oder Artbecken
Schwimmhöhe Alle Schichten

Lebendgebärende Zahnkarpfen, *Poeciliidae*

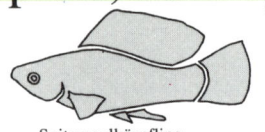
Spitzmaulkärpfling

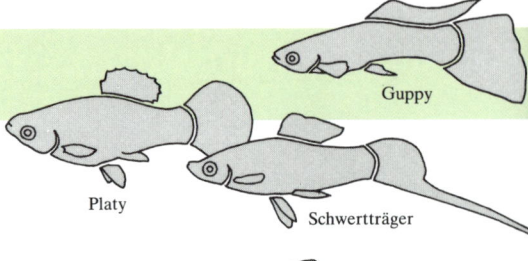
Guppy

Platy

Schwertträger

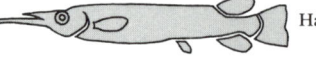
Halbschnäbler

Diese kleinen bunten Fische stammen zur Hauptsache aus Mittelamerika und sind sehr beliebt geworden, weil sie alle Wasserschichten bewohnen, sich bereitwillig fortpflanzen und lebende Junge zur Welt bringen, die sofort zu schwimmen beginnen.

Weil sich die Arten so bereitwillig fortpflanzen, muß man unbedingt die verschiedenen Zuchtformen getrennt aufziehen, wenn man sie rein erhalten will. Denn verschiedene Zuchtformen kreuzen sich gerne untereinander und bringen dann Hybriden hervor. Für die Zucht braucht man also eine Reihe von Becken: eines für Männchen, eines für Weibchen, ein Brutbecken für jedes ausgewählte Paar und schließlich noch ein

weiteres Becken für die Jungtiere. Ganz im Gegensatz zu den anderen Fischen erfolgt die Befruchtung im Innern des weiblichen Körpers. Das Männchen verwendet dazu die umgebaute Afterflosse, das Gonopodium, das den Samen überträgt. Zu dieser Familie zählen auch die Schwertträger, die ihren Namen von der schwertähnlichen Verlängerung der Schwanzflosse beim Männchen haben, sowie der Guppy, eine Art mit außerordentlich vielen Farbvarianten. Platys haben im allgemeinen abgerundete Schwanzflossen, während der Spitzmaulkärpfling eine segelartig verbreiterte Rückenflosse aufweist.

Dermogenys pusillus
Siam-Halbschnäbler

Der gelbgrüne Siam-Halbschnäbler läßt sich sofort an der außergewöhnlichen Form seiner Kiefer erkennen, denn der Unterkiefer ist viel länger als der Oberkiefer. Durch diese Mundstellen können die Halbschnäbler ihre Nahrung nur von der Wasseroberfläche aufnehmen. Deswegen müssen wir schwimmendes Futter oder einen Futtertrichter (siehe Seite 208) verwenden. Das Aquarium sollte ziemlich viele Pflanzen enthalten, dies aus zwei Gründen: Jungfische brauchen sofort Schutz. Es besteht auch die Gefahr, daß dieser Fisch seinen hervortretenden Unterkiefer durch Kollision mit den unsichtbaren Aquarienscheiben verletzt, sofern diese nicht von Pflanzen markiert werden.

Ein Männchen des Siam-Halbschnäblers

ARTBESCHREIBUNG
Länge 65 mm
Heimat Ferner Osten
Geschlechtsmerkmale Männchen mit eingeschnittener Afterflosse
Haltung Ziemlich schwierig
Futter Insekten, Würmer
Fortpflanzung Lebendgebärend

Zucht Ziemlich schwierig

AQUARIUM
Wasser Alle Typen, ein Teelöffel Salz auf 5 Liter Wasser
Temperatur 24 °C
Behältertyp Artbecken
Schwimmhöhe Obere Schichten
Besondere Ansprüche Pflanzen

Poecilia sphenops
Spitzmaulkärpfling, Black Molly

Die Wildform dieser Art ist silbergrün gefärbt, doch die bei weitem häufigste Aquarienform ist pechschwarz mit samtartigem Glanz. Wenn der Spitzmaulkärpfling viel Platz zur Verfügung hat, entwickelt das Männchen eine große Rückenflosse. Dieser aktive Fisch braucht reichlich pflanzliche Nahrung. Der Spitzmaulkärpfling ist besonders empfindlich auf Schwankungen der Wassertemperatur.

Ein Männchen des Spitzmaulkärpflings

ARTBESCHREIBUNG

Länge 70 mm
Heimat Mexiko
Geschlechtsmerkmale Männchen mit Gonopodium und oft großer Rückenflosse, Weibchen größer
Haltung Ziemlich einfach
Futter Alle Arten, viel Grünfutter, Algen
Fortpflanzung Lebendgebärend
Zucht Leicht

AQUARIUM

Wasser Mittelhart, ein Eßlöffel Salz auf 5 Liter Wasser
Temperatur 24 °C
Behältertyp Gesellschaftsbecken
Schwimmhöhe Alle Schichten

Poecilia reticulata
Guppy, Millionenfisch

Diese Art ist einer der variabelsten Aquarienfische überhaupt; es gibt sehr viele Farbschläge, und kein Fisch gleicht genau dem andern. Das Weibchen ist viel weniger leuchtend gefärbt, obwohl die Schwanzflosse durchaus bunte Farben aufweisen kann. Sie kann auch die unterschiedlichsten Formen annehmen, zum Beispiel Schleierschwanz, Fächerschwanz (siehe Seite 18), Leierschwanz oder Nadelschwanz. Trächtige Weibchen brauchen ein Aquarium mit dichtem Pflanzenbewuchs. Dieser schützt auch die Jungfische davor, von ihren Eltern gefressen zu werden.

AQUARIUM

Wasser Mittelhart
Temperatur 24 °C

Behältertyp Gesellschaftsbecken
Schwimmhöhe Alle Schichten

ARTBESCHREIBUNG

Länge 30 mm
Heimat Trinidad
Geschlechtsmerkmale Männchen mit Gonopodium, Weibchen matter gefärbt und größer
Haltung Leicht
Futter Alle Arten, Grünfutter
Fortpflanzung Lebendgebärend
Zucht Leicht; sehr fruchtbar, braucht Aquarium mit dichtem Pflanzenwuchs

Ein Männchen des Guppys

Poecilia velifera
Segelkärpfling

Die Wildform dieser Art ist dunkelgrün gefärbt, es gibt aber auch eine hellere, goldfarbene oder albinotische Variante, die hier abgebildet ist. Jede Schuppe trägt einen Fleck. Der Segelkärpfling hat seinen Namen von der beeindruckenden Rückenflosse des Männchens. Sie wird aufgestellt, um Weibchen zu umwerben oder um rivalisierende Männchen abzuschrecken.

ARTBESCHREIBUNG

Länge 120 mm
Heimat Mittelamerika
Geschlechtsmerkmale Männchen mit Gonopodium und großer Rückenflosse
Haltung Ziemlich leicht
Futter Alle Arten, Algen
Fortpflanzung Lebendgebärend
Zucht Leicht

AQUARIUM

Wasser Hart, ein Eßlöffel Meersalz auf 5 Liter Wasser
Temperatur 24 °C
Behältertyp Gesellschaftsbecken
Schwimmhöhe Alle Schichten

Ein Männchen des Segelkärpflings

Xiphophorus sp.
Schwertträger

Unter den Schwertträgern gibt es eine Vielzahl von Farbschlägen, doch am bekanntesten ist die rote Form. Es gibt auch Varianten mit übertriebenen Flossenformen und einem doppelten Schwert. Die untere Ecke der männlichen Schwanzflosse ist zu einem langen „Schwert" ausgezogen. Noch bevor dieses Schwert ausgebildet ist, kann man Jungfische an der Form der Afterflosse nach ihrem Geschlecht bestimmen: Beim Weibchen ist sie fächerartig, beim Männchen stabartig. Bei Schwertträgern kommen Geschlechtsumwandlungen vor: Alte oder von Parasiten befallene Weibchen können sich in Männchen umwandeln.

ARTBESCHREIBUNG

Länge 100 mm
Heimat Mittelamerika
Geschlechtsmerkmale Männchen mit Schwert und Gonopodium; Weibchen hochrückiger mit fächerartiger Afterflosse
Haltung Leicht
Futter Alle Arten, Grünfutter
Fortpflanzung Lebendgebärend
Zucht Leicht; fruchtbar

AQUARIUM

Wasser Mittelhart
Temperatur 24 °C
Behältertyp Gesellschaftsbecken
Schwimmhöhe Alle Schichten

Ein Männchen eines Schwertträgerhybriden

Xiphophorus maculatus
Platy

Fischzüchter und Aquarienfreunde haben eine riesige Zahl
von Farbschlägen dieser Art gezüchtet. In einigen Fällen sind
die Flossen und der Körper
gleich gefärbt, in anderen ist
der Körper einfarbig und die
Flossen sind schwarz, und wiederum andere Schläge sind
richtig bunt. Der Platy zeigt einen ziemlich kurzen gedrunge-
nen Körperbau und hat kein
Schwert. Die Strahlen der
Rückenflosse sind deutlich erkennbar. Der Platy ist ein
friedliebender widerstandsfähiger Aquarienfisch.

Ein Weibchen eines Platy-Hybriden

ARTBESCHREIBUNG

Länge 50 mm
Heimat Mittelamerika

Geschlechtsmerkmale Männ-
chen mit Gonopodium
Haltung Leicht
Futter Alle Arten
Fortpflanzung Lebend-
gebärend
Zucht Leicht; sehr fruchtbar

AQUARIUM

Wasser Mittelhart
Temperatur 24 °C
Behältertyp Gesellschafts-
becken
Schwimmhöhe Alle Schichten

Xiphophorus variatus
Veränderlicher Spiegelkärpfling

Auch von dieser Xiphophorus-
Art gibt es eine große Zahl von
Zuchtformen und von Hybriden mit anderen Arten. Die
meisten Fische aus dieser Gruppe zeigen senkrechte dunkel
umrandete Markierungen auf
dem Körper und eine orangerote Schwanzflosse. Es gibt
aber auch manche Varietäten
mit heller Grundfarbe, besonders wenn es sich um die Hybriden mit der Art X. helleri handelt. In Körperform und Größe
steht der veränderliche Spiegel-
kärpfling zwischen Schwertträger und Platy. Obwohl die Arten dieser Gattung einen oberständigen Mund haben, suchen
sie ihre Nahrung überall.

AQUARIUM

Wasser Mittelhart

Temperatur 24 °C
Behältertyp Gesellschafts-
becken
Schwimmhöhe Alle Schichten

ARTBESCHREIBUNG

Länge 62 mm
Heimat Mexiko

Geschlechtsmerkmale Männchen mit Gonopodium; Weibchen mit fächerförmiger Afterflosse, Färbung matter
Haltung Leicht
Futter Alle Arten, Grünfutter
Fortpflanzung Lebend-
gebärend
Zucht Leicht, fruchtbar

Ein Männchen eines Hybriden des Veränderlichen Spiegelkärpflings

Eierlegende Zahnkarpfen, Killifische

Cyprinodontidae

Hechtling

Einige besonders bemerkenswerte Angehörige der eierlegenden Zahnkarpfen sind »einjährig«. Sie haben gezwungenermaßen nur ein kurzes Leben, denn ihre natürlichen Lebensräume in Afrika, Asien und Südamerika verschwinden während der Trockenzeit. Um die Erhaltung der Art zu sichern, legen die Fische ihre Eier in den Schlamm, wo sie bis zur darauffolgenden Regenzeit ruhen. Wenn sich das Wasser wieder ansammelt, schlüpfen die jungen Fische aus.

Obwohl solche Zahnkarpfen nur kurze Zeit leben, sind sie doch als Aquarienfische sehr zu empfehlen. Sie zeigen bunte Farben und ein interessantes Fortpflanzungsverhalten. Wegen ihrer geringen Körpergröße können sie auch in kleinen Becken gehalten werden. Ihre auffälligen Farben erklären sich dadurch, daß sie in braunen, huminsäurehaltigen Gewässern leben und dort ihre bunten Muster zur Arterkennung einfach brauchen.

Da die befruchteten Eier einen fast völligen Wasserverlust ertragen und, je nach Art, unterschiedlich lang im Ruhezustand gehalten werden können, reicht es praktisch aus, wenn man Wasser zugibt, und man bekommt eine »Instant«-Fischzucht! Ein weiterer Vorteil besteht darin, daß man befruchtete Eier auch mit befreundeten Aquarienliebhabern austauschen kann. Viele Killifische geben ihre Eier einzeln und wahllos ab. In der Natur heften diese sich durch ihre klebrige Oberfläche oft an buschigen Pflanzen an. Im Aquarium verwendet man am besten Laichhilfen aus Nylonwolle (siehe Seite 250). Die meisten Killifische schwimmen in oberen Wasserschichten, und viele zeigen eine gewisse Aggressivität.

Aphyosemion gardneri

Stahlblauer Prachtkärpfling

Trotz des deutschen Namens gibt es von dieser Art mehrere Farbvarianten. Bei ihrer Entdeckung wurden sie als neue Arten angesehen, und es kam zu einer erheblichen Konfusion, als man feststellte, daß alle zur selben Art gehören. Die charakteristische Form hat einen blauen Körper mit hellroten senkrecht stehenden Flecken. Die Ränder der Rücken-, der After- und der Schwanzflosse sind gelb. Der stahlblaue Prachtkärpfling ist recht aggressiv und greift kleinere Fische an.

ARTBESCHREIBUNG

Länge 75 mm
Heimat Westafrika
Geschlechtsmerkmale Weibchen matter gefärbt
Haltung Leicht
Futter Alle Arten
Fortpflanzung Freilaicher
Zucht Leicht; man verwendet Laichhilfen aus Nylonwolle

AQUARIUM

Wasser Weich, mit Torf gefiltert
Temperatur 20 °C
Behältertyp Artbecken
Schwimmhöhe Obere Schichten
Besondere Ansprüche Schatten

Ein Männchen des Stahlblauen Prachtkärpflings

Aplocheilus dayi
Ceylonhechtling

Der Ceylonhechtling verdient seinen Namen zu Recht, denn er sieht wie die kleine Ausgabe eines Hechtes aus. Der Körper ist rot mit blaugrün irisierendem Schimmer, den man am besten erkennt, wenn das Licht durch die Frontscheibe einfällt. Dann ist jede irisierende Schuppe einzeln zu erkennen. Die Art zeigt auf den Flossen eine rötliche Zeichnung, die bei den Weibchen allerdings weniger ausgeprägt ist. Die Jungfische haben schwarze Flecken auf dem Körper, doch beim reifen Männchen verlieren sie sich. Der Ceylonhechtling legt seine Eier entweder in eine Torfschicht auf dem Aquarienboden oder in Laichhilfen aus Nylonwolle ab.

Ein Männchen des Ceylonhechtlings

ARTBESCHREIBUNG

Länge 70 mm
Heimat Sri Lanka
Geschlechtsmerkmale Weibchen matter gefärbt mit schwarzen Flecken
Haltung Ziemlich leicht
Futter Alle Arten
Fortpflanzung Vergräbt die Eier oder gibt sie frei ins Wasser ab

AQUARIUM

Wasser Weich, mit Torf gefiltert
Temperatur 24 °C
Behältertyp Gesellschaftsbecken mit größeren Fischen oder Artbecken
Schwimmhöhe Obere Schichten

Jordanella floridae
Floridakärpfling

In den angelsächsischen Ländern heißt dieser Fisch übersetzt »Amerikanischer Flaggenfisch«, und wie man sieht, zu Recht, denn auf olivgrünem Körper wechseln sich Reihen roter und irisierender blaugrüner Flecken ab. Obwohl sein gedrungenes Aussehen nicht typisch ist für die Eierlegenden Zahnkarpfen (siehe Seite 70), gehört er doch wegen anderer Merkmale zu dieser Familie. Angeblich legt der Floridakärpfling seine Eier in eine Grube im Kies, doch haben Aquarienfreunde schon beobachtet, daß er in buschigen Pflanzen laicht. Die Männchen verhalten sich recht aggressiv.

ARTBESCHREIBUNG

Länge 70 mm
Heimat Florida, Mexiko
Geschlechtsmerkmale Weibchen mit einem dunklen Fleck auf dem hinteren Teil der Rückenflosse
Haltung Ziemlich leicht, kann im Sommer draußen gehalten werden
Futter Alle Arten, Algen
Fortpflanzung Freilaicher oder Substratlaicher
Zucht Leicht; man verwende Laichhilfen aus Nylonwolle

AQUARIUM

Wasser Alle Typen
Temperatur 18–24 °C
Behältertyp Gesellschaftsbecken
Schwimmhöhe Alle Schichten

Ein Männchen des Floridakärpflings

Nothobranchius rachovi
Rachovs Prachtgrundkärpfling

Der orangefarbene Körper dieses attraktiven Zahnkarpfens ist rot und türkisfarben gestreift. Die Schwanzflosse zeigt rote, schwarze, türkis- und orangefarbene Querbänder. Rachovs Prachtgrundkärpfling neigt im Gesellschaftsbecken zur Aggressivität. Er vergräbt seine Eier, und diese sollte man 6 bis 8 Wochen lang in leicht angefeuchtetem Torf belassen, bevor man durch Wasserzugabe (siehe Seite 251) das Schlüpfen der Jungtiere auslöst.

ARTBESCHREIBUNG

Länge 50 mm
Heimat Ostafrika
Geschlechtsmerkmale Weibchen matter gefärbt
Haltung Ziemlich leicht
Futter Lebend- und Trockenfutter
Fortpflanzung Vergräbt seine Eier
Zucht Einigermaßen schwierig

AQUARIUM

Wasser Weich, mit Torf gefiltert
Temperatur 22−26 °C
Behälter Artbecken
Schwimmhöhe Obere und mittlere Schichten

Ein Männchen von Rachovs Prachtgrundkärpfling

Pachypanchax playfairi
Tüpfelhechtling

Diese Art ist am braunen Rükken, dem gelben Bauch sowie den grünen und roten Körperseiten leicht zu erkennen. Obwohl die Art nicht schwer zu züchten ist, macht sie dem Anfänger doch zuerst Sorgen, denn die Schuppen des Männchens richten sich während der Laichzeit auf. Bei anderen Fischarten ist dies oft ein Krankheitssymptom (siehe Seiten 204, 228). Hier handelt es sich um eine natürliche Verhaltensweise, die uns nicht beunruhigen sollte. Der Tüpfelhechtling pflanzt sich gern zwischen Schwimmpflanzen wie Najas oder Myriophyllum (siehe Seite 169) fort. Man kann zum Einsammeln der Eier auch Laichhilfen aus Nylonwolle verwenden.

ARTBESCHREIBUNG

Länge 75 mm
Heimat Ostafrika, Madagaskar, Sansibar
Geschlechtsmerkmale Weibchen matter gefärbt
Haltung Ziemlich leicht
Futter Alle Arten
Fortpflanzung Freilaicher
Zucht Leicht

AQUARIUM

Wasser Alle Typen
Temperatur 24 °C
Behältertyp Gesellschafts- oder Artbecken
Schwimmhöhe Obere Schichten
Besondere Ansprüche Pflanzen

Ein Männchen des Tüpfelhechtlings

Welse *Siluroidea*

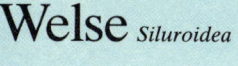

Glaswels

Rückenschwimmerwels

Panzerwels

Die meisten Welse haben ihre Heimat in Südamerika und Afrika, erreichen eine mittlere Größe und passen deswegen gut ins Aquarium.

Im Gegensatz zu den meisten anderen Fischen haben die Welse keine Schuppen im üblichen Sinn. Viele Arten tragen hingegen große überlappende Knochenplatten in der Haut, für die leider oft der Begriff »Schuppen« gebraucht wird. Andere Arten, etwa die Rückenschwimmerwelse, haben eine völlig schuppenlose nackte Haut ohne harte Schutzschicht darüber.

Viele Welse können atmosphärischen Sauerstoff aufnehmen, den sie bei einem blitzschnellen Auftauchen an der Wasseroberfläche mit dem Mund verschlucken. Die meisten Arten halten sich jedoch auf dem Gewässerboden auf, wo sie mit ihren schnurrbartähnlichen Barteln und dem deutlich unterständigen Maul auf Nahrungssuche gehen. Obwohl man annimmt, daß sie sich in der freien Natur als Aasfresser betätigen, sollte man nicht erwarten, daß sie sich im Aquarium über die Reste toter Fische hermachen. Einige Arten haben eine nächtliche Lebensweise und brauchen schnell absinkendes Futter, das in der Nacht gereicht wird. Bei solchen Fischen sind die Augen nur wenig entwickelt, und sie finden ihre Nahrung mit Hilfe der Barteln. Um diese zarten Organe zu schützen, sollte der Aquarienkies aus gut abgerundeten Stücken bestehen.

Brochis splendens
Smaragd-Panzerwels

Je nach Lichteinfall leuchtet dieser Fisch metallischblau oder smaragdgrün. Er wird oft mit Corydoras aeneus (Metall-Panzerwels, siehe Seite 74) verwechselt, doch wenn man beide Arten nebeneinander sieht, sieht man die Unterschiede deutlich. Bei Brochis ist die Rückenflosse viel länger, der Körper ist hochrückiger, der Kopf stärker zugespitzt.

ARTBESCHREIBUNG

Länge 75 mm
Heimat Südamerika
Geschlechtsmerkmale Weibchen größer und dicker
Haltung Leicht
Futter Alle Arten, pflanzliche Nahrung
Fortpflanzung Substratlaicher
Zucht Einigermaßen schwierig

AQUARIUM

Wasser Alle Typen
Temperatur 24 °C
Behältertyp Gesellschaftsbecken
Schwimmhöhe Untere Schichten
Besondere Ansprüche Abgerundeter Kies

Eine Gruppe Smaragd-Panzerwelse

Corydoras aeneus
Metall-Panzerwels

Wie der deutsche Name verrät, zeigt diese Art einen hellbraunen, grünlich-bronzefarben irisierenden Körper. Die beiden Reihen von Knochenplatten fallen besonders auf. Der Metall-Panzerwels hat die köstliche Angewohnheit, seine Augen in gänzlich unerwarteter Weise zu rollen. Die Art lebt in der Natur in Schwärmen und sollte deswegen nicht einzeln gehalten werden. Das Männchen befruchtet die Eier, welche das Weibchen mit seinen Bauchflossen festhält; dann legt es sie an einem bestimmten Platz ab.

ARTBESCHREIBUNG

Länge 75 mm
Heimat Südamerika
Geschlechtsmerkmale Weibchen am dicksten hinter den Brustflossen
Haltung Leicht
Futter Alle Arten
Fortpflanzung Substratlaicher
Zucht Einigermaßen schwierig

AQUARIUM

Wasser Alle Typen
Temperatur 24 °C
Behältertyp Gesellschaftsbecken
Schwimmhöhe Untere Schichten
Besondere Ansprüche Runde Kieselsteine

Ein Pärchen Metall-Panzerwelse

Corydoras julii
Leopard-Panzerwels

Die Grundfarbe dieser Welsart ist grau mit einem malvenfarbigen Schimmer. Es gibt verschiedene Corydoras-Arten mit ähnlicher Zeichnung wie diese Art. Meistens werden sie unter dem Namen Leopard-Panzerwels angeboten, doch ist oft ein Zweifel angebracht, ob diese Bestimmung zutrifft. Auf dem Kopf trägt diese Art deutliche schwarze Flecken, während andere verwandte Arten ein Netzmuster zeigen.

Ein junger Leopard-Panzerwels

ARTBESCHREIBUNG

Länge 65 mm
Heimat Südamerika
Geschlechtsmerkmale Weibchen am dicksten hinter den Brustflossen (für die leichte Geschlechtsbestimmung von oben gesehen)
Haltung Leicht
Futter Alle Arten
Fortpflanzung Substratlaicher
Zucht Ziemlich schwierig. Die Zugabe von kühlerem Wasser löst oft die Fortpflanzung aus

AQUARIUM

Wasser Alle Typen
Temperatur 20–24 °C
Behältertyp Gesellschaftsbecken
Schwimmhöhe Untere Schichten
Besondere Ansprüche Runde Kieselsteine

Corydoras melanistius
Schwarzbinden-Panzerwels

Es ist nicht leicht, den Schwarzbinden-Panzerwels von anderen Arten derselben Gattung zu
unterscheiden, besonders nicht
vom Leopard-Panzerwels (siehe gegenüberliegende Seite unten). Die Grundfarbe von C.
melanistius ist ein gelbliches
Beige, und die Zeichnung ist
nie so scharf. Der hier abgebildete Fisch ist noch jung und
zeigt noch nicht die endgültige
Färbung.

Ein junges Weibchen des Schwarzbinden-Panzerwelses

ARTBESCHREIBUNG
Länge 65 mm
Heimat Südamerika
Geschlechtsmerkmale Weib-
chen am dicksten hinter den
Brustflossen, Männchen am
dicksten auf der Höhe der
Brustflossen
Haltung Leicht
Futter Alle Arten
Fortpflanzung Substratlaicher
Zucht Ziemlich schwierig.
Die Zugabe von kühlerem
Wasser stimuliert oft die Fort-
pflanzung.

AQUARIUM
Wasser Alle Typen
Temperatur 24 °C
Behältertyp Gesellschafts-
becken
Schwimmhöhe Untere
Schichten
Besondere Ansprüche Rund-
liche Kieselsteine

Corydoras reticulatus
Netz-Panzerwels

Die dunkle Zeichnung, die dem
Netz-Panzerwels seinen Namen
verliehen hat, wird erst deutlich, wenn der Fisch völlig ausgewachsen ist. Die Weibchen
sind nie so hell und bunt gefärbt
wie die Männchen. Die Oberseite des Fisches zeigt ein irisierendes Blau, während der
Bauch viel bleicher ausfällt.
Diese Art hat wie andere Panzerwelse zwei Paar ziemlich
kurze Barteln. Man sollte die
Art regelmäßig füttern, um zu
verhindern, daß sie im Kies
nach Nahrung sucht.

ARTBESCHREIBUNG
Länge 60 mm
Heimat Südamerika
Geschlechtsmerkmale Weib-
chen am dicksten hinter den
Brustflossen
Haltung Leicht
Futter Alle Arten
Fortpflanzung Substratlaicher
Zucht Ziemlich schwierig

AQUARIUM
Wasser Alle Typen
Temperatur 24 °C
Behältertyp Gesellschafts-
becken
Schwimmhöhe Untere
Schichten
Besondere Ansprüche Rund-
liche Kieselsteine

Ein Weibchen des Netz-Panzerwelses

Dianema urostriata
Streifenschwanzwels

Die beiden Hauptmerkmale dieses braunen Fisches sind lange Barteln und eine schwarz-weiß gestreifte Schwanzflosse. Der Bauch ist im Vergleich zu anderen Welsen weniger abge-flacht, und die Art verbringt auch nicht die gesamte Zeit auf dem Gewässerboden.

Streifenschwanzwels

ARTBESCHREIBUNG

Länge 120 mm
Heimat Südamerika
Geschlechtsmerkmale Keine sichtbar
Haltung Leicht
Futter Alle Arten
Fortpflanzung Unbekannt
Zucht Bisher im Aquarium noch nicht gelungen

AQUARIUM

Wasser Alle Arten
Temperatur 24 °C
Behältertyp Gesellschafts-becken
Schwimmhöhe Mittlere und tiefere Schichten

Hypostomus sp.
Harnischwels

Diese sehr große Art hat einen länglichen gefleckten braunen Körper, einen breiten flachen Kopf und als Hauptmerkmal den unterständigen Saugmund. Die vorliegende Art war früher unter dem Namen Plecostomus plecostomus bekannt. Der Harnischwels hält uns die Algen im Aquarium kurz. Wenn er aber nicht genügend Grünfutter erhält, macht er sich durch Raspeln an weichblättrigen Aquarienpflanzen bemerkbar!

Harnischwels

ARTBESCHREIBUNG

Länge 250 mm
Heimat Südamerika
Geschlechtsmerkmale Keine sichtbar
Haltung Ziemlich leicht
Futter Pflanzliche Nahrung
Fortpflanzung Unbekannt
Zucht Bisher im Aquarium noch nicht gelungen

AQUARIUM

Wasser Alle Typen
Temperatur 24 °C
Behältertyp Gesellschafts-becken
Schwimmhöhe Untere Schichten

Kryptopterus bicirrhis
Indischer Glaswels

Ein Blick auf das Foto genügt, um zu erklären, wie der deutsche Name zustande gekommen ist: Der Fisch ist fast völlig durchsichtig. Die Rückenflosse ist auf einen einzigen Strahl reduziert. Man sollte den Indischen Glaswels in kleinen Gruppen halten. Er verlangt eine Wasserbewegung im Innern des Beckens, die man am leichtesten dadurch erreicht, daß man am einen Ende des Beckens Wasser ansaugt und am anderen gereinigtes wieder einleitet (siehe Seite 127).

Indischer Glaswels

ARTBESCHREIBUNG

Länge 90 mm
Heimat Ferner Osten
Geschlechtsmerkmale Keine sichtbar
Haltung Ziemlich schwierig
Futter Bevorzugt Lebendfutter
Fortpflanzung Unbekannt
Zucht Bisher im Aquarium noch nicht gelungen

AQUARIUM

Wasser Alle Arten
Temperatur 24 °C
Behältertyp Gesellschaftsbecken
Schwimmhöhe Mittlere Schichten
Besondere Ansprüche Wasserbewegung im Innern des Beckens

Synodontis nigriventris
Rückenschwimmender Kongowels

Dieser braune Fisch ist eine echte Kuriosität im Aquarium, denn er schwimmt mit dem Bauch nach oben, offensichtlich um sich vor Räubern zu schützen, die von oben her angreifen. Die übliche Färbung mit dunklem Rücken und hellem Bauch ist hier gerade umgekehrt. Der Rückenschwimmerwels ernährt sich von Futter, das an der Oberfläche treibt. Der Fisch hat an der Rückenflosse und an den Brustflossen aufstellbare spitze Stacheln, die ein Einfangen mit dem Netz nicht gerade erleichtern.

Rückenschwimmender Kongowels

ARTBESCHREIBUNG

Länge 60 mm
Heimat Zentralafrika
Geschlechtsmerkmale Keine sichtbar

Haltung Ziemlich leicht
Futter Alle Arten
Fortpflanzung Unbekannt
Zucht Bisher im Aquarium noch nicht gelungen

AQUARIUM

Wasser Alle Arten
Temperatur 24 °C
Behältertyp Gesellschaftsbecken
Schwimmhöhe Obere Schichten

Schmerlen
Cobitidae

Dornauge

Prachtschmerle

Die Schmerlen haben ihr Hauptverbreitungsgebiet in Eurasien und im Fernen Osten. Es handelt sich in der Hauptsache um kleine bis mittelgroße Fische, die sich für das Aquarium gut eignen.

Viele Arten, etwa der Gattung Botia, haben eine sehr flache Bauchseite, was einen engen Kontakt mit dem Gewässerboden erlaubt. Dadurch wird verhindert, daß die Wasserströmung unter den Bauch gelangt und den Fisch in reißenden Bächen mit sich wegträgt. Andere Arten zeigen eine wurmähnliche Körperform, die es ihnen erlaubt, auch die kleinsten Verstecke zwischen Pflanzen und in Felsen zu erkunden.

Einige Arten dieser Familie, etwa der Gattung Acanthophthalmus (wörtlich übersetzt »Dornauge«) haben unter den Augen einen aufrichtbaren Dorn. Im Gegensatz zu ähnlichen Bildungen bei Meeresfischen sind diese Dornen jedoch nicht giftig. Wie die Welse sind auch die Schmerlen mit tastempfindlichen Barteln ausgestattet, die ihnen eine zusätzliche Hilfe bei der sonst visuellen Orientierung bieten. Dies erlaubt es auch den Schmerlen, in schlammigem, fast undurchsichtigem Wasser in Bodennähe zu leben.

Mit Ausnahme der Zwergschmerle sind die Angehörigen dieser Familie ziemlich scheu und nur in der Dämmerung oder in der Nacht aktiv. Wenn man also seine Schmerlen sehen will, so empfiehlt es sich, die Aquarienbeleuchtung zu reduzieren, was die Fische zum Glauben veranlaßt, es sei nun Zeit hervorzukommen. Eine weitere Möglichkeit besteht darin, ihnen Würmer anzubieten, was sie wie ein Magnet anzieht. Wegen ihrer nächtlichen Lebensweise sind Schmerlen schwer zu studieren, und man weiß auch entsprechend wenig über ihr Fortpflanzungsverhalten.

Acanthophthalmus kuhli
Dornauge

Trotz der ungewöhnlichen Wurmform dieses schwarzgebänderten goldbraunen Fisches sind alle Flossen vorhanden, auch wenn die Rücken- und Afterflosse weit nach hinten verschoben sind. Am Kopf stehen vier Paare kurzer Barteln. Das Dornauge verbringt die meiste Zeit auf der Nahrungssuche an der Basis von Pflanzenstengeln.

Ein Paar Dornaugen

ARTBESCHREIBUNG

Länge 110 mm
Heimat Südostasien
Geschlechtsmerkmale Keine sichtbar
Haltung Ziemlich leicht
Futter Alle Arten, besonders Würmer
Fortpflanzung Freilaicher
Zucht Bisher nur in wenigen Fällen gelungen

AQUARIUM

Wasser Alle Arten
Temperatur 24 °C
Behältertyp Gesellschafts- oder Artbecken
Schwimmhöhe Untere Schichten
Besondere Ansprüche Verstecke, Pflanzen

Botia macracantha
Prachtschmerle

Prachtschmerle

Mit ihrem hellorangefarbenen Körper und den drei breiten schwarzen Querbändern, von denen eines durch das Auge zieht, ist die Prachtschmerle die auffälligste Art der Gattung Botia. Die Schuppen sind so klein, daß die Haut nackt erscheint. Dieser Fisch liebt die Gesellschaft von Artgenossen, und ein einzelnes Exemplar versteckt sich, wenn wir es isoliert in einem Gesellschaftsbecken halten.

ARTBESCHREIBUNG

Länge 125 mm
Heimat Südostasien
Geschlechtsmerkmale Keine sichtbar
Haltung Ziemlich leicht, neigt aber zur Cryptocaryon-Krankheit (siehe Seite 230)
Futter Alle Arten, besonders Würmer
Fortpflanzung Unbekannt
Zucht Bisher im Aquarium noch nicht gelungen

AQUARIUM

Wasser Alle Arten (nach Akklimatisierung)
Temperatur 24 °C
Behältertyp Gesellschafts- oder Artbecken
Schwimmhöhe Untere Schichten, begibt sich gelgentlich aber auch in mittlere Wasserschichten
Besondere Ansprüche Pflanzen, Verstecke

Botia sidthimunki
Zwergschmerle

Diese Art weist eine dunkelbraune kettenartige Zeichnung über der hellgoldenen Grundfärbung auf. Der Bauch ist nur wenig abgeflacht, was darauf hindeutet, daß diese Art nicht nur auf dem Gewässerboden lebt. Tatsächlich ist sie weniger scheu als andere Schmerlen und verbringt viel Zeit auch in mittleren Wasserschichten. Bei einer Bedrohung stellt die Zwergschmerle die scharfen Dornen vor dem Auge auf. Man hält die Art am besten in einer Gruppe. Obwohl es sich um einen aktiven Fisch handelt, hält er sich doch gern auf

Zwergschmerle

einem Blatt oder einem Stück Holz auf, wobei er sich mit den Brust- und Bauchflossen abstützt, wie hier im Bild.

ARTBESCHREIBUNG

Länge 55 mm
Heimat Südostasien
Geschlechtsmerkmale Keine sichtbar
Haltung Ziemlich leicht
Futter Alle Arten, besonders Würmer
Fortpflanzung Unbekannt
Zucht Bisher im Aquarium noch nicht gelungen

AQUARIUM

Wasser Weich, mittelhart
Temperatur 24 °C
Behältertyp Gesellschaftsbecken, aber nur zusammen mit kleinen Fischen, oder Artbecken
Schwimmhöhe Mittlere und untere Schichten
Besondere Ansprüche Pflanzen, Ruheplätze

Weitere eierlegende tropische Arten

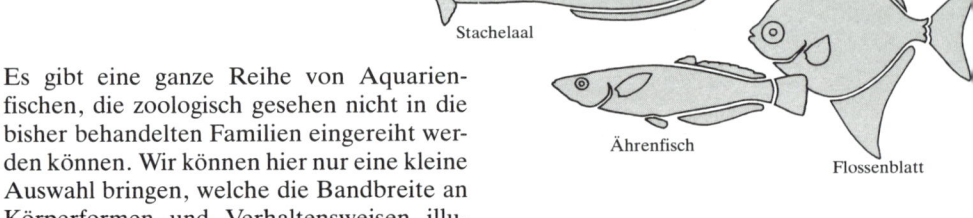

Stachelaal

Ährenfisch

Flossenblatt

Es gibt eine ganze Reihe von Aquarienfischen, die zoologisch gesehen nicht in die bisher behandelten Familien eingereiht werden können. Wir können hier nur eine kleine Auswahl bringen, welche die Bandbreite an Körperformen und Verhaltensweisen illustrieren soll. Solche Fische sind wegen ihrer abweichenden Merkmale etwas für den nonkonformistischen Aquarienfreund. Er sieht in diesen ungewöhnlichen Gestalten eine Herausforderung. Die fünf hier behandelten Arten gehören übrigens zu drei zoologischen Familien, den Ährenfischen (mit Regenbogenfisch), den Stachelaalen und den Flossenblättern.

Die Ährenfische erkennt man an der zweiteiligen Rückenflosse. Der hintere Teil wird aber im Gegensatz zur Fettflosse der Salmler von Strahlen gestützt.

Stachelaale graben sich gerne in Kies ein und strecken gerade noch ihre scharf zugespitzte Nase heraus.

Das Flossenblatt, das in Brack- oder Salzwasser des Fernen Osten vorkommt, erinnert uns sehr an den südamerikanischen Segelflosser (siehe Seite 5), doch es fehlen ihm die fädigen Bauchflossen, und gleichzeitig ist es nicht so graziös in seinen Bewegungen.

Bedotia geayi
Madagaskar-Ährenfisch

Die Körperfarbe schwankt von Gelbbraun bis Blaugrün, während die Umrisse ziemlich regelmäßig und fast symmetrisch ausfallen. Die lange Afterflosse und die ebenso lange zweite Rückenflosse sind rot mit schwarzem Rand. Der vordere Teil der Rückenflosse wird üblicherweise eingefaltet. Der oberständige Mund zeigt, daß dieser Fisch sich zur Hauptsache in den oberen Schichten aufhält und auch dort seine Nahrung sucht. Da junge Fische nur Nahrung akzeptieren, die sich bewegt, sollte man einen Ausströmer aufstecken (siehe Seite 123), um damit eine Wasserzirkulation zu schaffen.

Man muß den Madagaskar-Ährenfisch in kleinen Gruppen halten.

ARTBESCHREIBUNG

Länge 100 mm
Heimat Madagaskar
Geschlechtsmerkmale Weibchen matter gefärbt
Haltung Leicht
Futter Schwimmfutter
Fortpflanzung Freilaicher
Zucht Ziemlich leicht, doch muß sich das Futter für die Jungfische bewegen

AQUARIUM

Wasser Hart
Temperatur 24 °C
Behältertyp Gesellschafts- oder Artbecken
Schwimmhöhe Obere Schichten

Männchen des Madagaskar-Ährenfisches

Macrognathus aculeatus
Augenfleck-Stachelaal

Diese Art sieht wie ein Aal aus und hat einen schmalen Kopf und eine lange Nase. Die Grundfarbe ist Braun mit vier oder fünf braunen Augenflekken auf der Rückenflosse. Dieser Stachelaal ist nachts aktiv.

ARTBESCHREIBUNG

Länge 350 mm
Heimat Indien, Ferner Osten
Geschlechtsmerkmale Keine sichtbar
Haltung Ziemlich leicht
Futter Würmer
Fortpflanzung Freilaicher
Zucht Bisher im Auqarium noch nicht gelungen

AQUARIUM

Wasser Alle Arten; man gebe einen Eßlöffel Meersalz pro 5 Liter Wasser hinzu
Temperatur 24–26°C
Behältertyp Artbecken
Schwimmhöhe Mittlere und untere Schichten

Augenfleck-Stachelaal

Mastacembelus argus
Pfauenaugen-Stachelaal

Diese nachtaktive Art hat einen länglichen Körper mit brauner Zeichnung, die oft ein Augenmuster erkennen läßt. Die After-, Rücken- und Schwanzflosse sind oft miteinander verwachsen, was dem Fisch eine große Beweglichkeit im Wasser verleiht – sowohl vorwärts wie rückwärts.

ARTBESCHREIBUNG

Länge 250 mm
Heimat Ferner Osten
Geschlechtsmerkmale Keine sichtbar
Haltung Ziemlich leicht
Futter Würmer
Fortpflanzung Unbekannt
Zucht Bisher im Aquarium noch nicht gelungen

AQUARIUM

Wasser Hart; man gebe einen Eßlöffel Meersalz pro 5 Liter Wasser hinzu
Temperatur 26°C
Behältertyp Artbecken
Schwimmhöhe Untere Schichten

Pfauenaugen-Stachelaal

Melanotaenia fluviatilis
Perlmutter-Regenbogenfisch

Malvenblaue Schuppen mit dunkleren Rändern bewirken die netzartige Zeichnung auf diesem Regenbogenfisch. Alle Flossen sind rötlich gefärbt, die beiden Rückenflossen und die Afterflosse verlängert und oft weit über die Ansatzstelle der Schwanzflosse hinausreichend. Der Perlmutter-Regenbogenfisch bewohnt Brackwasser.

AQUARIUM
Wasser Hart; man füge einen Eßlöffel Meersalz zu je 5 Liter Wasser hinzu
Temperatur 24 °C
Behältertyp Gesellschaftsbecken
Schwimmhöhe Obere und mittlere Schichten

Besondere Ansprüche Viel Raum

ARTBESCHREIBUNG
Länge 100 mm
Heimat Australien
Geschlechtsmerkmale Männchen mit dunkleren Flossenrändern
Haltung Leicht
Futter Alle Arten
Fortpflanzung Freilaicher
Zucht Einigermaßen einfach

Männchen des Perlmutter-Regenbogenfisches

Monodactylus argenteus
Silberflossenblatt

Die Grundfarbe des Fisches ist silbern mit orangefarbenen Flossen. Ein schwarzes Querband zieht durch das Auge, das andere parallel über den Körper kurz vor der Rückenflosse. Reife Silberflossenblätter brauchen einen Zusatz von Meersalz zum Wasser.

ARTBESCHREIBUNG
Länge 150 mm
Heimat Küstengebiete des Indopazifiks
Geschlechtsmerkmale Keine sichtbar
Haltung Ziemlich einfach
Futter Alle Arten
Fortpflanzung Unbekannt
Zucht Bisher im Aquarium noch nicht gelungen

AQUARIUM
Wasser Hart; man gebe ein bis zwei Eßlöffel Meersalz auf 5 Liter Wasser
Temperatur 24 °C
Behältertyp Artbecken
Schwimmhöhe Alle Schichten

Silberflossenblatt

SÜSSWASSERFISCHE DER GEMÄSSIGTEN BREITEN

In diesem Kapitel fassen wir jene Formen zusammen, die in ungeheizten Becken gehalten werden können und die ihre Heimat in Bächen, Flüssen und Strömen Europas und des Fernen Ostens haben. Solche Fische waren auch die ersten, die der Mensch in Gefangenschaft hielt, zunächst allerdings nur als Nahrungslieferanten. Das Kaltwasseraquarium ist die älteste Form der Fischhaltung. Obwohl der Goldfisch noch immer der am häufigsten gehaltene Süßwasserfisch gemäßigter Breiten ist, gewinnt auch der Zierkarpfen oder Koi immer mehr an Beliebtheit. Manche Formen können es an Buntheit durchaus mit tropischen Arten aufnehmen.

Ein zusätzliches Interesse am Aquarium mit kaltem Süßwasser entsteht dadurch, daß man es sozusagen auf den Gartenteich (siehe Seite 279) ausdehnen kann. Einige Fische werden nämlich mit der Zeit zu groß, um noch in einem Aquarium gehalten werden zu können. Ein weiterer Vorteil liegt in der leichten Verfügbarkeit der Fische. Diese pflanzen sich auch ohne Schwierigkeiten fort und nehmen käufliches Futter gerne an.

Für ein Kaltwasseraquarium braucht man keine Heizung und keinen Thermostaten. Dennoch muß die Temperatur genau überprüft werden, besonders im Sommer, denn mit zunehmender Wassertemperatur geht der Sauerstoffgehalt des Wassers zurück, und dies beeinträchtigt die Gesundheit des Fisches. Wenn es soweit kommt, muß man die Belüftung verstärken, einen Teil des Wassers absaugen und durch neues kühles ersetzen.

Ein Nachteil dieses Systems besteht darin, daß die Fische des kalten Süßwassers mehr Raum brauchen als tropische Arten. Man muß deswegen entweder das Aquarium vergrößern oder kann weniger Individuen halten.

Goldfische

Gemeiner Goldfisch

Fächerschwanz

Ausgehend von der mattbraunen Karausche (wissenschaftlicher Name Carassius auratus) entwickelten chinesische Fischzüchter eine metallisch glänzende orangefarbene Varietät, die schon seit Jahrhunderten unter dem Namen Goldfisch bekannt ist. In China und Japan wurde die Züchtung weitergetrieben, und so entstanden viele Formen mit merkwürdig geformten Körpern und Flossen; später verbreiteten sie sich über die ganze Welt. Der Goldfisch hat auch der Konkurrenz durch die tropischen Süßwasserfische und die Meeresfische standgehalten. Ein großer Teil der ungebrochenen Beliebtheit der Goldfische beruht darauf, daß man die Jungtiere zu Hause in einem Aquarium halten und später im Lauf des Wachstums (Länge bis 200 mm) in einen Gartenteich einsetzen kann. Ganz im Gegensatz zu den tropischen Arten erträgt der Goldfisch eine sehr weite Temperaturspanne des Wassers.

Die Ordnung, in der hier die einzelnen Formen angeordnet sind, widerspiegelt die allmähliche Entwicklung, ausgehend von den einflossigen widerstandsfähigen Varietäten bis zu den viel empfindlicheren exotisch aussehenden Formen wie dem Fächerschwanz, dem Schleierschwanz, dem Löwenkopf und dem Himmelsgucker. Die Schuppen dieser Formen zeigen ganz unterschiedliche Ausprägungen: vom hochreflektierenden metallischen über den perlmuttartig schimmernden bis zum völlig matten Typ.

Goldfische suchen ihr Futter in allen Schwimmhöhen und nehmen fast alles an. Ihre Nahrung sollte allerdings viele Kohlenhydrate enthalten.

Gemeiner Goldfisch

Die beste Körperfarbe des gemeinen Goldfisches ist ein metallisches Orangerot ohne jeden silbernen Schimmer. Der Fisch ist kräftig gebaut mit langer Basis der Rückenflosse und leicht eingebuchteter, gerundeter Schwanzflosse. Eine Farbvarietät mit der Bezeichnung Shubunkin London-Typ hat weniger stark reflektierende Schuppen und einen blauen Körper.

Ein Pärchen gemeine Goldfische

ARTBESCHREIBUNG

Länge Bis 200 mm
Heimat China
Geschlechtsmerkmale Männchen mit Laichausschlag auf den Kiemendeckeln
Haltung Leicht
Futter Alle Arten
Fortpflanzung Freilaicher
Zucht Leicht

AQUARIUM

Wasser Alle Arten
Temperatur 0−20°C
Behältertyp Gesellschaftsbecken
Schwimmhöhe Alle Schichten

Shubunkin, Bristol-Typ

Diese Varietät zeigt perlmuttartig schimmernde Schuppen mit einer bunten Mischung von Blau, Purpur, Braun, Gelb, Rot, Orange und Schwarz. Obwohl diese Form kleiner ist als der Shubunkin des London-Typs (siehe Seite 84), sind die Flossen bei ihm doch stärker entwickelt. Die stark gelappte Schwanzflosse wird aufrecht getragen, die Rückenflosse ist so hoch wie der ganze Körper.

Eine Gruppe Shubunkins vom Bristol-Typ

ARTBESCHREIBUNG

Länge Bis 125 mm
Heimat China
Geschlechtsmerkmale Männchen mit Laichausschlag auf Kopf und Kiemendeckel
Haltung Leicht
Futter Alle Arten
Fortpflanzung Freilaicher
Zucht Leicht

AQUARIUM

Wasser Alle Arten
Temperatur 0−20°C
Behältertyp Gesellschaftsbecken
Schwimmhöhe Alle Schichten

Kometenschweif

Der orangerote Kometenschweif tritt üblicherweise in metallischer Form auf. Es gibt auch eine silbern schimmernde Form mit einer tiefroten Kappe auf dem Kopf. Der Kometenschweif ist kleiner als der gemeine Goldfisch und zeigt eine besonders attraktive, tief eingeschnittene Schwanzflosse, die fast so lang wie der gesamte Körper werden kann. Brust- und Bauchflossen lang, zugespitzt. Der Kometenschweif ist ein schneller Schwimmer, hält aber keine langen Distanzen durch.

Kometenschweif

ARTBESCHREIBUNG

Länge 110 mm
Heimat China
Geschlechtsmerkmale Männchen mit Laichausschlag auf Kopf und Kiemendeckel
Haltung Leicht
Futter Alle Arten
Fortpflanzung Freilaicher
Zucht Leicht

AQUARIUM

Wasser Alle Arten
Temperatur 8−20°C
Behältertyp Gesellschaftsbecken
Schwimmhöhe Alle Schichten

Fächerschwanz

Eine perlmuttartig oder metallisch schimmernde, orangefarbene, doppelflossige Form (siehe Seite 18) mit eiförmigem Körper. Bei guten Exemplaren wird der obere Schwanzlappen aufrecht getragen und sinkt nicht unter die Horizontale.

Fächerschwanz

ARTBESCHREIBUNG

Länge Bis 90 mm
Heimat China
Geschlechtsmerkmale Männchen mit Laichausschlag auf Kopf und Kiemendeckel
Haltung Leicht, im Winter im Hausinnern
Futter Alle Arten
Fortpflanzung Freilaicher
Zucht Leicht

AQUARIUM

Wasser Alle Arten, aber sehr sauer
Temperatur 8−20°C
Behältertyp Gesellschaftsbecken
Schwimmhöhe Alle Schichten

Schleierschwanz

Vom Schleierschwanz gibt es metallische wie perlmuttartig schimmernde Formen. Im Normalfall ist er orangerot gefärbt, doch gibt es auch eine silberne Variante mit rotem Kopf. Die Flossen sind vergrößert, und die Schwanzflosse bildet bei extremen Formen eine Art faltigen Überhang.

Schleierschwanz

ARTBESCHREIBUNG

Länge Bis 90 mm
Heimat China
Geschlechtsmerkmale Männchen mit Laichausschlag auf Kopf und Kiemendeckel
Haltung Leicht, im Winter im Hausinnern
Futter Alle Arten
Fortpflanzung Freilaicher
Zucht Leicht

AQUARIUM

Wasser Alle Arten, sehr sauber
Temperatur 8−20°C
Behältertyp Gesellschaftsbecken
Schwimmhöhe Alle Schichten

Teleskopfisch

Diese Form zeigt vor allem blasig aufgetriebene Teleskopaugen und einen samtigen, kohlschwarzen Körper. In der Form des Körpers und der Flossen ähnelt sie sonst einem Fächerschwanz (siehe Seite 86). Im Idealfall sollte durch die Grundfarbe kein Gold schimmern. Bei Jungfischen und nicht rassereinen Formen ist dies jedoch zu beobachten.

ARTBESCHREIBUNG

Länge Bis 120 mm
Heimat China
Geschlechtsmerkmale Männchen mit Laichausschlag auf Kopf und Kiemendeckel
Haltung Leicht; im Winter im Hausinnern
Futter Alle Arten
Fortpflanzung Freilaicher
Zucht Leicht

AQUARIUM

Wasser Alle Arten, sehr sauberes Wasser
Temperatur 8–20°C
Behältertyp Gesellschaftsbecken
Schwimmhöhe Alle Schichten

Teleskopfisch

Löwenkopf-Schleierschwanz, Oranda

Diese metallisch glänzende Varietät zeigt auf dem ganzen Kopf blasenartig heraustretende Wucherungen. Sie ist üblicherweise rot, gelegentlich mit weißen Flecken. Es gibt aber auch Formen mit weißem Körper und rotem Kopf.

ARTBESCHREIBUNG

Länge Bis 120 mm
Heimat China
Geschlechtsmerkmale Männchen mit Laichausschlag auf Kopf und Kiemendeckel
Haltung Leicht; im Winter im Hausinneren
Futter Alle Arten
Fortpflanzung Freilaicher
Zucht Leicht

AQUARIUM

Wasser Alle Arten, sehr sauberes Wasser
Temperatur 8–20°C
Behältertyp Gesellschaftsbecken
Schwimmhöhe Alle Schichten

Löwenkopf – Schleierschwanz

Löwenkopf

Der orangerote Kopf und der Körper sind gleich ausgebildet wie beim Löwenkopf-Schleierschwanz (siehe Seite 87), doch weist diese Form keine Rückenflosse auf. Die After- und Schwanzflosse sind kurz und werden steif gehalten.

Eine Gruppe junger Löwenköpfe

ARTBESCHREIBUNG

Länge Bis 120 mm
Heimat China
Geschlechtsmerkmale Männchen mit Laichausschlag auf Kopf und Kiemendeckel
Haltung Leicht; im Winter im Hausinneren
Futter Alle Arten
Fortpflanzung Freilaicher
Zucht Leicht

AQUARIUM

Wasser Alle Arten, Wasser sehr sauber
Temperatur 8−22 °C
Behältertyp Gesellschaftsbecken
Schwimmhöhe Alle Schichten

Himmelsgucker

Im Idealfall zeigt dieser orangemetallische Fisch zurückgebildete After- und Schwanzflosse, keine Rückenflosse und blasig aufgetriebene nach oben gerichtete Augen. Wegen seiner Kopfform hat es der Himmelsgucker schwer, Futter zu finden, und aus Konkurrenzgründen sollte er nur mit seinesgleichen gehalten werden.

Himmelsgucker

ARTBESCHREIBUNG

Länge Bis 110 mm
Heimat China
Geschlechtsmerkmale Männchen mit Laichausschlag auf Kopf und Kiemendeckel
Haltung Leicht; im Winter im Hausinneren
Futter Alle Arten
Fortpflanzung Freilaicher
Zucht Leicht

AQUARIUM

Wasser Alle Arten, Wasser sehr sauber
Temperatur 8−22 °C
Behältertyp Nur zusammen mit seinesgleichen
Schwimmhöhe Alle Schichten

Zierkarpfen

Zierkarpfen

Farbkarpfen, Koi

Wissenschaftlich gesehen ist der Zierkarpfen eine Spielform unseres gewöhnlichen Karpfens mit dem wissenschaftlichen Namen Cyprinus carpio. Der Zierkarpfen wurde von den Japanern gezüchtet.

Obwohl er äußerlich in der Körperform dem gemeinen Goldfisch sehr ähnlich sieht, wird der Zierkarpfen doch sehr viel größer und weist in jedem Mundwinkel nur eine einzige Bartel auf. Auch diese Fische wurden darauf gezüchtet, um von oben her bewundert zu werden, d. h., sie schwimmen in einem Becken, besonders in Gartenteichen, die bei den Japanern so beliebt sind. Man unterteilt die Zierkarpfen in drei Gruppen, in einfarbige, zweifarbige und bunte Formen. Eine weitere Unterteilung geschieht anhand der Ausbildung der Schuppen. Einige haben wenige große Schuppen (bekannt

unter dem japanischen Namen Doitsu), bei anderen sind sie fichtenzapfenartig (Matsuba), während wiederum andere besondere metallische Sprenkel zeigen (goldene beim Kin-rin, silberne beim Gin-rin). Preisgekrönte Exemplare sind bis einen Meter lang und kosten viele tausend Mark. Solche Fische kann man natürlich nicht im Aquarium halten. Das gelingt nur bei ganz kleinen jugendlichen Exemplaren. Wird der Zierkarpfen länger als ungefähr 120 mm, sollte man ihn in einen größeren Gartenteich einsetzen. Dabei ist allerdings zu beachten, daß dieser auch in strengen Wintern nicht zufrieren darf. Nur bei einer Wassertiefe von 1,5 bis 2 Meter ist dies gegeben.

Zierkarpfen pflanzen sich in Teichen bereitwillig fort. Einige Züchter halten es aber für besser, ihre Eier nach dem Ablaichen einzusammeln und in einem Aquarium zu Hause ausschlüpfen zu lassen.

Zweifarbiger Zierkarpfen
Kohaku und Hariwaki Koi

Die weiße Form mit der roten Zeichnung (oben) ist ein Kohaku, während der Fisch mit dem goldenen und silbernen Muster (unten) als Hariwaki bezeichnet wird. Beide Formen zeigen die typische Körperform des Wildkarpfens, wobei die größte Höhe gerade vor dem Beginn der Rückenflosse liegt. Der unterständige Mund zeigt, daß sich die Tiere eigentlich am Boden ernähren, doch akzeptieren sie auch treibendes, pelletiertes Futter.

Kohaku Koi (oben) und Hariwaki Koi (unten)

ARTBESCHREIBUNG
Länge Jungtiere bis 250 mm
Heimat Japan
Geschlechtsmerkmale Männchen mit Laichausschlag auf den Brustflossen, Weibchen dicker
Haltung Leicht
Futter Alle Arten
Fortpflanzung Freilaicher
Zucht Leicht

AQUARIUM
Wasser Alle Arten, gut filtriert
Temperatur 0–20°C
Behältertyp Artbecken
Schwimmhöhe Alle Schichten

Dreifarbiger Zierkarpfen
Asagi und Taisho Sanke

Der obere Fisch mit dem hell-
blauen Körper und der orangefarbenen und schwarzen Zeichnung gehört zur Varietät Asagi
und trägt Doitsu-Schuppen
(siehe Seite 89). Der Fisch unten hat die drei traditionellen
Farben der Varietät Sanke.
Hier handelt es sich um einen
Taisho Sanke: Rot und Blau auf
weißer Haut. Die Form mit roter und weißer Zeichnung auf
schwarzer Haut heißt Showa
Sanke.

Asagi Koi (oben) und Taisho Sanke Koi (unten)

ARTBESCHREIBUNG
Länge Bei Jungfischen bis
250 mm
Heimat Japan
Geschlechtsmerkmale Männ-
chen mit Laichausschlag auf
den Brustflossen, Weibchen
dicker
Haltung Leicht
Futter Alle Arten
Fortpflanzung Freilaicher
Zucht Leicht

AQUARIUM
Wasser Alle Arten, gut filtriert
Temperatur 0−20°C
Behältertyp Artbecken
Schwimmhöhe Alle Schichten
Besondere Ansprüche Raum

Zierkarpfenhybrid

Dieser gelb und orange gefärbte Fisch paßt in keinen der
Farbstandards, welche die Zier-
karpfenspezialisten aufgestellt
haben. Bei Rassenausstellun-
gen wird er deswegen nicht angenommen, aber das bedeutet
keinesfalls, daß er nicht doch
eine attraktive Bereicherung
für das Aquarium oder den
Gartenteich darstellt. Ein weiterer Punkt zu seinen Gunsten:
Im Vergleich zu Ausstellungs-
stücken ist er billig zu kaufen.

Zierkarpfenhybrid

ARTBESCHREIBUNG
Länge Bei Jungfischen bis
250 mm
Heimat Japan
Geschlechtsmerkmale Männ-
chen mit Laichausschlag auf
den Brustflossen, Weibchen
dicker
Haltung Leicht
Futter Alle Arten
Fortpflanzung Freilaicher
Zucht Leicht

AQUARIUM
Wasser Alle Arten, gut filtriert
Temperatur 0−20°C
Behältertyp Artbecken
Schwimmhöhe Alle Schichten
Besondere Ansprüche Viel
Raum

Weitere Kaltwasserfische

Bitterling

Sonnenbarsch

Die weitaus meisten Arten, die heute in Kaltwasseraquarien gehalten werden, stammen aus Nordamerika. Allerdings lohnen auch viele europäische Arten die Mühen der Haltung. Früher war die allgemeine Meinung verbreitet, Kaltwasserformen mit Ausnahme der Goldfische zeigten nur matte Farben. Und da viele nur als Angelfische bekannt waren, meinte man, besonders große Aquarien zu benötigen. Glücklicherweise sind diese Ansichten heute völlig überholt: Sonnenbarsche, Rotflossenorfen und Bitterlinge weisen die richtige Größe für ein Aquarium auf. Einige unter ihnen können es an Buntheit durchaus mit tropischen Arten aufnehmen, und auch ihr Fortpflanzungsverhalten ist nicht minder interessant. Die Tiere schwimmen und fressen in allen Wasserschichten.

Viele Kaltwasserfische, etwa die Sonnenbarsche und verwandte Arten, pflanzen sich bereitwillig fort. Andere hingegen machen mehr Probleme. Der Bitterling beispielsweise braucht für die Fortpflanzung Teichmuscheln, denn er legt seine Eier in die Weichtiere ab, wo auch die Jungfische schlüpfen. Es lohnt sich aber durchaus die Mühe, dem Bitterling diese überall vorkommende Muschel ins Aquarium zu setzen.

Einmal abgesehen davon, daß man weniger technische Ausrüstung braucht, ist die Haltung von Kaltwasserfischen etwas schwieriger als die tropischer Arten. Kaltwasserfische brauchen im Verhältnis größere Becken und äußerst sauerstoffreiches Wasser. Das macht besonders im Sommer Probleme, wenn das Wasser zu warm wird.

Elassoma evergladei
Zwergbarsch

Wie der deutsche Name vermuten läßt, handelt es sich um einen winzigen Fisch. Der Körper ist normalerweise gelbgrün mit schwarzem metallischem unregelmäßigem Muster. Zur Laichzeit nimmt das Männchen jedoch eine blau-schwarze Färbung mit irisierender Zeichnung an (siehe Bild unten). Der Zwergbarsch verteidigt sein Territorium und gedeiht am besten in einem Artbecken. Im Sommer kann man diesen Fisch auch in den Gartenteich (siehe Seite 279) verpflanzen.

ARTBESCHREIBUNG

Länge 37 mm
Heimat Florida
Geschlechtsmerkmale Männchen zur Laichzeit schwarz, Weibchen hochrückiger
Haltung Ziemlich einfach
Futter Alle Arten, Würmer
Fortpflanzung Substratlaicher
Zucht Ziemlich einfach

AQUARIUM

Wasser Hart
Temperatur 10−22 °C
Behältertyp Artbecken
Schwimmhöhe Alle Schichten
Besondere Ansprüche Pflanzen, Verstecke

Männchen des Zwergbarsches im Laichkleid

Enneacanthus chaetodon
Scheibenbarsch

Diese kleine Barschart war früher unter dem Namen Mesogonistius chaetodon bekannt. Die Strahlen an der Vorderseite der Rücken- und Bauchflossen sind auffällig orange gefärbt. Ungefähr vier schwarze Querbänder ziehen über den Körper. Das Weibchen legt seine Eier in eine flache Grube im Kies ab.

Ein Weibchen des Scheibenbarsches im Laichkleid

ARTBESCHREIBUNG
Länge 100 mm
Heimat Nordamerika
Geschlechtsmerkmale Weibchen zur Laichzeit heller gefärbt
Haltung Ziemlich einfach
Futter Alle Arten
Fortpflanzung Substratlaicher
Zucht Schwierig

AQUARIUM
Wasser Alle Arten
Temperatur 8−22°C
Behältertyp Artbecken
Schwimmhöhe Alle Schichten
Besondere Ansprüche Pflanzen, Verstecke

Lepomis gibbosus
Sonnenbarsch

Die bunten fröhlichen Farben – Körper gelbgrün mit blaugrünem Schimmer und rötlichen Flecken – erklären uns den volkstümlichen Namen dieses Fisches. Besonders schöne Exemplare sind an der Kehle und am Bauch hellrot gefärbt. Am Hinterrand des Kiemendeckels steht ein ohrenförmiger Lappen, der bei vielen anderen Arten dieser Familie auch vorhanden ist. Der Sonnenbarsch ist ein friedliebendes Tier, doch verteidigt das Männchen verbissen seine Eier.

AQUARIUM
Wasser Alle Arten, gut gefiltert
Temperatur 8−22°C
Behältertyp Artbecken
Schwimmhöhe Alle Schichten
Besondere Ansprüche Viel Raum

ARTBESCHREIBUNG
Länge 200 mm
Heimat Nordamerika
Geschlechtsmerkmale Weibchen matter gefärbt und dicker
Haltung Ziemlich einfach
Futter Alle Arten
Fortpflanzung Substratlaicher
Zucht Ziemlich schwierig

Ein Männchen des Sonnenbarsches

Notropis lutrensis

Amerikanische Rotflossenorfe

Ein Männchen der Amerikanischen Rotflossenorfe

ARTBESCHREIBUNG

Länge 80 mm
Heimat Nordamerika
Geschlechtsmerkmale Männchen mit weißem Laichausschlag auf dem Kopf
Haltung Ziemlich einfach
Futter Alle Arten
Fortpflanzung Freilaicher
Zucht Ziemlich schwierig

AQUARIUM

Wasser Alle Arten, gut gefiltert
Temperatur 10–22 °C
Behältertyp Gesellschaftsbecken
Schwimmhöhe Alle Schichten

Dieser schlanke Fisch zeigt eine blaue und purpurne Körperfarbe. Kopf und Flossen sind rot – daher auch der volkstümliche Name –, während hinter dem Kiemendeckel ein dunkler dreieckiger Fleck steht. Die Farben verstärken sich zur Laichzeit, und das Männchen entwickelt auf dem Kopf, den Seiten und den Flossen einen weißen Laichausschlag. Die Rotflossenorfe braucht sauerstoffreiches Wasser (siehe Seite 123) und viel Platz zum Schwimmen.

Rhodeus sericeus amarus

Bitterling

Fast das ganze Jahr über sind beide Geschlechter dieser Art silbergrau gefärbt. Nur zur Laichzeit zeigt das Männchen ein leuchtendes Violett und Grün. Die Jungfische schlüpfen im Innern einer Teichmuschel, denn das Weibchen legt seine Eier über eine verlängerte Legeröhre dorthinein ab. Das Männchen gießt seine Milch darüber, und die Muschel saugt sie beim Atmen ein.

ARTBESCHREIBUNG

Länge 90 mm
Heimat Europa
Geschlechtsmerkmale Männchen zur Laichzeit bunt, Weibchen mit langer Legeröhre
Haltung Ziemlich einfach
Futter Alle Arten
Fortpflanzung Substratlaicher
Zucht Schwierig, nur in Gegenwart von Teich- oder Malermuscheln möglich, die nicht leicht zu halten sind

AQUARIUM

Wasser Alle Arten
Temperatur 10–22 °C
Behältertyp Artbecken
Schwimmhöhe Alle Schichten

Ein Männchen des Bitterlings

Umbra pygmaea
Hundsfisch

Die Körperfarbe dieser Hundsfischart ist ein ziemlich schmutziges Braun mit dunkler Zeichnung; das Männchen ist dunkler als das Weibchen. Diese Art kann über die Schwimmblase (siehe Seite 21) atmosphärischen Luftsauerstoff aufnehmen, wenn das Wasser selbst keinen gelösten Sauerstoff mehr enthält. Das Weibchen legt seine Eier in Höhlen, Kies oder in pflanzliche Verstecke ab. Der Hundsfisch gräbt sich mit der Rückenflosse voran in den Bodenschlamm der Flüsse ein.

ARTBESCHREIBUNG

Länge 75 mm
Heimat Nordamerika
Geschlechtsmerkmale Weibchen heller
Haltung Ziemlich einfach
Futter Alle Arten, lebendige Würmer
Fortpflanzung Substratlaicher
Zucht Ziemlich einfach

AQUARIUM

Wasser Alle Arten
Temperatur 8–20°C
Behältertyp Artbecken
Schwimmhöhe Untere Schichten
Besondere Ansprüche Verstecke

Ein Männchen des Hundsfisches

Zacco platypus

Auf den Seiten dieses Fisches sind breite helle blaugrüne Streifen zu erkennen, die auf der unteren Hälfte, auf dem Bauch, deutlich heller werden. Die Männchen werden größer als die Weibchen und haben eine wohlentwickelte Afterflosse mit einem langen Lappen, der wohl bei der Eiablage und der Besamung eine Rolle spielt. Der Fisch liebt schnellfließende Gewässer und damit ein gut gelüftetes Aquarium mit wirksamem Filter. Eine Deckscheibe verhindert, daß die Fische aus dem Wasser springen.

ARTBESCHREIBUNG

Länge 180 mm
Heimat Ferner Osten
Geschlechtsmerkmale Männchen mit längerer Afterflosse, Laichausschlag auf Kiefer und Kiemendeckel
Haltung Ziemlich leicht
Futter Alle Arten, Algen
Fortpflanzung Unbekannt
Zucht Noch nicht gelungen

AQUARIUM

Wasser Alle Arten, gut gefiltert
Temperatur 8–20°C
Behälter Gesellschaftsbecken
Schwimmhöhe Alle Schichten

Ein Weibchen von Zacco platypus

TROPISCHE MEERESFISCHE

Unter diesen Begriff fallen vor allem Arten aus den Riffgebieten des Pazifiks, der Karibik und des Indischen Ozeans. Die Hauptattraktion dieses jüngsten Aquarientyps liegt in der großen Farb- und Formvielfalt der Bewohner. Die Größe schwankt beträchtlich, doch sind größere Individuen außerordentlich teuer. Obwohl nur wenige Lieferanten Meeresfische besorgen, sind die meisten Arten relativ leicht zu bekommen.

Die Haltung tropischer Meeresfische ist der anspruchsvollste Zweig der Aquarienkunde. Die Gründe liegen in der empfindlichen Natur dieser Fische und in der Schwierigkeit, ihnen die richtigen Umweltverhältnisse zu schaffen. Meeresfische sind viel schwieriger zur Fortpflanzung zu bringen als Süßwasserfische, sie sind teurer und neigen auch mehr zur Aggressivität. Die meisten reagieren empfindlich auf chemische Veränderungen im Wasser; deswegen muß der

Chemismus konstant gehalten werden. Eine leistungsstarke Belüftung (siehe Seite 123) und ein Unterflurfilter (siehe Seite 128–129) sind wesentlich, natürlich zusammen mit einer Heizvorrichtung (siehe Seite 131–132). Obwohl Pflanzen im Aquarium gehalten werden können, sind vielfältig geformte Felsen doch die beste Alternative. Aus Naturschutzgründen sollte man ganz auf Korallen verzichten.

Anmerkung: Die Bezeichnung »Standardmischung« in der Rubrik »Aquarium« bedeutet jenes synthetische Meerwasser, das nach den Vorschriften der betreffenden Firma mit Seesalzmischung hergestellt wird. Es empfiehlt sich, den Händler nach der Beschaffenheit seines Meerwassers zu fragen. Wo entsprechende Daten verfügbar sind, wurde das spezifische Gewicht (siehe Seite 147) des Wasser im natürlichen Lebensraum des Fisches angegeben.

Korallenbarsche
Pomacentridae

Die Fische in dieser Gruppe stammen aus den Korallenriffen des Indopazifiks; sie sind widerstandsfähig und sehr bunt. Da sie sich in allen Wasserschichten aufhalten, nutzen sie den verfügbaren Raum im Aquarium bestens aus. Die Fische sind durchwegs klein und verursachen keine hohen Frachtkosten. Deswegen zählen sie zu den am wenigsten teuren Meeresfischen.

Der Orangeringel- oder Clownfisch hält sich mit Vorliebe zwischen den Tentakeln von Seeanemonen (siehe auch Seite 110) auf und heißt deswegen auch Anemonenfisch. Im Gegensatz zu den übrigen Fischen bekommen sie aber die Nesselzellen ihrer Wirte nicht zu spüren, denn diese werden durch den Hautschleim des Anemonenfisches nicht aktiviert.

Die Riffbarsche halten sich nicht in Seeanemonen auf, doch sind sie oft an Korallen zu beobachten. Sie schwimmen ruckartig

Orangeringelfisch

Riffbarsch

und irgendwie keck, während die Anemonenfische bei ihrer Schwimmweise mehr watscheln. Riffbarsche sind im Jugendkleid sehr bunt, verlieren aber mit zunehmendem Alter ihre hellen Farben.

Leider können beide Gruppen sehr aggressiv sein, besonders gegen Artgenossen. Dies bedeutet, daß man in einem Aquarium nur einen, höchstens zwei Exemplare pro Art halten kann.

Die meisten Korallenbarsche zeigen ein ähnliches Fortpflanzungsverhalten wie die Buntbarsche des Süßwassers. Sie gehören zu den Substratlaichern, die ihre Eier an ausgewählte Stellen ablegen.

Abudefduf oxyodon
Neon-Riffbarsch, Smaragdbarsch

Auf den Körperseiten dieses samtig schwarzblauen Fisches steht eine weißlich-gelbe Querbinde zwischen der Rückenflosse und dem Kopf. Die leuchtendblauen Linien auf dem Kopf und dem hinteren Körper verschwinden mit dem Alter.

ARTBESCHREIBUNG

Länge 110 mm
Heimat Pazifik
Geschlechtsmerkmale Keine sichtbar
Haltung Leicht; aggressiv
Futter Alle Arten
Fortpflanzung Substratlaicher
Zucht Nur wenige Male gelungen

AQUARIUM

Wasser Standardmischung
Temperatur 25 °C
Behältertyp Gesellschaftsbecken, aber nur mit einem Exemplar dieser Art
Schwimmhöhe Alle Schichten
Besondere Ansprüche Verstecke

Neon-Riffbarsch

Amphiprion ocellaris
Orangeringelfisch, Clownfisch, Anemonenfisch

Der hellorangefarbene Körper mit den weißen Querbändern erklärt die deutsche Bezeichnung »Clownfisch«. Dazu zeigt er noch eine Art »watschelndes« Schwimmen. Im Idealfall sollte dieser Fisch zusammen mit einer Seeanemone gehalten werden, wobei ein größeres Exemplar mehrere kleine Fische beherbergen kann.

AQUARIUM
Wasser Standardmischung
Temperatur 25 °C
Behältertyp Gesellschaftsbecken
Schwimmhöhe Alle Schichten
Besondere Ansprüche Eine Seeanemone als Refugium

ARTBESCHREIBUNG
Länge 80 mm
Heimat Indopazifik
Geschlechtsmerkmale Keine sichtbar
Haltung Leicht

Futter Alle Arten
Fortpflanzung Substratlaicher
Zucht Nur wenige Male gelungen

Orangeringelfisch

Dascyllus albisella
Dreifleckenfisch

Diese Art hat einen sehr dunklen schwärzlichen Körper mit drei weißen Flecken, einen auf der Stirn und je einen mitten auf der Körperflanke. Bei jüngeren Fischen sind die Flecken größer. Der Dreifleckenfisch kann recht aggressiv sein.

ARTBESCHREIBUNG
Länge 120 mm
Heimat Hawaii
Geschlechtsmerkmale Keine sichtbar
Haltung Leicht; in der Laichzeit aggressiv
Futter Feingehacktes Fleisch
Fortpflanzung Substratlaicher
Zucht Nur wenige Male gelungen

AQUARIUM
Wasser Standardmischung
Temperatur 25 °C
Behältertyp Gesellschaftsbecken
Schwimmhöhe Alle Schichten
Besondere Ansprüche Verstecke in Korallen

Dreifleckenfisch

Kaiser- und Falterfische
Chaetodontidae

Diese Fischgruppe zeigt fast notgedrungenermaßen außerordentlich bunte, überraschende Farben, denn sie leben in den sonnenbeschienenen Korallenriffen des Indopazifiks. Manche auffallende Zeichnungsmuster dienen durch Auflösung der Körperumrisse erstaunlicherweise der Tarnung, und alle Muster spielen eine Rolle bei der Arterkennung. Die Kaiserfische und die Falterfische haben hochrückige, seitlich zusammengedrückte Körper. Sie suchen ihre Nahrung in allen Wasserschichten.

Die Körpergröße der Kaiserfische zeigt eine große Bandbreite, angefangen von den Zwergkaiserfischen der Gattung Centropyge bis zu den großen Pomacanthus-Arten, zu denen auch der majestätische Nikobaren-Kaiserfisch gehört. Alle aber haben im Vergleich zur Körpergröße einen kleinen Mund. Arten mit spezialisierter Ernährung, zum Beispiel Schwammfresser, sind besonders

Falterfisch

Kaiserfisch

schwierig in Gefangenschaft zu halten. Junge Kaiserfische können ganz anders gezeichnet sein als erwachsene; die meisten Jungtiere zeigen ein Dunkelblau mit weißen oder gelben Mustern (siehe Seite 16). Sie zeigen Territorialverhalten und sind aggressiv.

Den Falterfischen fehlt der scharfe Kiemendeckeldorn der Kaiserfische, doch sonst sind sie ebenso prächtig gezeichnet. Bei einigen ist die Schnauze verlängert und daran angepaßt, Nahrung aus den Höhlen und Spalten von Korallenstöcken herauszuholen. Falterfische sind ziemlich delikat und in der Haltung zu schwierig für absolute Anfänger.

Centropyge loriculus
Zwergkaiserfisch

Diese Art hat einen hellorange-roten Körper mit schwarzen Querbändern und schwarzen Spitzen an der After- und Rükkenflosse. Im Gegensatz zu den übrigen Kaiserfischen ändert sich dieses Muster mit dem Alter nicht. Von ähnlichen Korallenbarschen läßt sich diese Art durch den Dorn auf dem Kiemendeckel unterscheiden. Dieser Zwergkaiserfisch ist selten, aber widerstandsfähig.

Zwergkaiserfisch

ARTBESCHREIBUNG
Länge 100 mm
Heimat Mittlerer und Westlicher Pazifik
Geschlechtsmerkmale Keine sichtbar
Haltung Ziemlich einfach

Futter Alle feingehackte Nahrung, darunter auch viel Grünfutter
Fortpflanzung Unbekannt
Zucht Wohl noch nie gelungen

AQUARIUM
Wasser Standardmischung
Temperatur 25 °C
Behältertyp Gesellschaftsbecken mit ähnlich großen Fischen
Schwimmhöhe Alle Schichten

Euxiphipops navarchus

Man erkennt diese Fischart an den hellblau gesäumten dunklen Streifen, die über den gelben Körper verlaufen. Sie lösen die fischähnliche Silhouette auf und stellen deswegen eine hervorragende Tarnung dar. Besonders geschützt vor den Angriffen aggressiver Arten aus derselben Familie ist das Auge. Diese Art ist ziemlich scheu und braucht Verstecke.

ARTBESCHREIBUNG

Länge 200 mm
Heimat Pazifik
Geschlechtsmerkmale Keine sichtbar
Haltung Leicht; aggressiv
Futter Feingehackt, Grünfutter
Fortpflanzung Unbekannt
Zucht Wohl noch nie gelungen

AQUARIUM

Wasser Standardmischung
Temperatur 25 °C
Behältertyp Gesellschaftsbecken
Schwimmhöhe Alle Schichten
Besondere Ansprüche Verstecke

Euxiphipops navarchus

Holacanthus tricolor
Felsschönheit

Dieser außerordentlich große Fisch hat einen gelben Körper mit einem blau gesäumten großen schwarzen Fleck, der sich vom Kiemendeckel bis zur Schwanzflosse erstreckt. Rücken- und Afterflosse sind rot gesäumt. Leider ist die Felsschönheit empfindlich auf Erkrankungen der Haut (s. S. 227).

ARTBESCHREIBUNG

Länge 600 mm
Heimat Atlantik, Karibik
Geschlechtsmerkmale Keine sichtbar
Haltung Ziemlich schwierig; aggressiv
Futter Feingehackt, Grünfutter
Fortpflanzung Unbekannt
Zucht Wohl noch nie gelungen

AQUARIUM

Wasser Standardmischung
Temperatur 25 °C
Behältertyp Gesellschaftsbecken
Schwimmhöhe Alle Schichten
Besondere Ansprüche Verstecke

Felsschönheit

Pomacanthus imperator
Nikobaren-Kaiserfisch

Jungfische dieser Art haben einen blauen Körper mit weißer Zeichnung. Wenn der Fisch geschlechtsreif wird, verwandeln sich die Streifen in wellige, gelbe, horizontale Linien. Das Auge liegt völlig unauffällig, getarnt von einem dunklen Querband, während die untere Kopfhälfte auffällig hell ist. Diese Musterung soll die Körperumrisse auflösen. Die Schwanzflosse ist gelb, die Afterflosse blau. Der Nikobaren-Kaiserfisch zeigt ein Territorialverhalten.

Nikobaren-Kaiserfisch

ARTBESCHREIBUNG

Länge 400 mm
Heimat Indopazifik, Rotes Meer
Geschlechtsmerkmale Keine sichtbar

Haltung Leicht; aggressiv
Futter Feingehackt; Grünfutter
Fortpflanzung Unbekannt
Zucht Wohl noch nie gelungen

AQUARIUM

Wasser Standardmischung
Temperatur 25 °C
Behältertyp Gesellschaftsbecken
Schwimmhöhe Alle Schichten
Besondere Ansprüche Verstecke

Chaetodon lunula
Mondsichelgaukler

Auch bei dieser Art wird das Auge von einem schrägen rotbraunen Band auf dem gelben Körper getarnt. Ein weiterer dunkler Fleck steht über dem Kiemendeckel, und dazwischen befindet sich ein weißer Streifen. Die Flossen sind rotbraun gestreift mit schwarzen Rändern.

ARTBESCHREIBUNG

Länge 200 mm
Heimat Indopazifik, Rotes Meer
Geschlechtsmerkmale Keine sichtbar
Haltung Ziemlich einfach; aggressiv
Futter Feingehackt, Grünfutter
Fortpflanzung Unbekannt
Zucht Wohl noch nie gelungen

AQUARIUM

Wasser Standardmischung
Temperatur 25 °C
Behältertyp Gesellschaftsbecken
Schwimmhöhe Alle Schichten
Besondere Ansprüche Verstecke

Mondsichelgaukler

Chaetodon octofasciatus
Achtbindengaukler

Dieser weiße, silbrig schimmernde Fisch hat acht dunkle Querbänder auf dem Körper bzw. der Schwanzflosse. Die gelbe und weiße Afterflosse und die Rückenflosse mit ihren zugespitzten Strahlen sind schwarz gesäumt, die Bauchflossen hingegen hellgelb. Diese Falterfischart frißt Seeanemonen und Polypen von Korallen; man darf sie deswegen nicht zusammen mit lebenden Korallen oder anderen Wirbellosen halten.

AQUARIUM

Wasser Standardmischung
Temperatur 25°C
Behältertyp Gesellschaftsbecken
Schwimmhöhe Alle Schichten

ARTBESCHREIBUNG

Länge 200 mm
Heimat Indopazifik, Rotes Meer
Geschlechtsmerkmale Keine sichtbar

Haltung Ziemlich einfach
Futter Alle Arten, feingehackt
Fortpflanzung Unbekannt
Zucht Wohl noch nie gelungen

Achtbindengaukler

Chelmon rostratus
Pinzettfisch

Die vier oder fünf dunkel gesäumten, orangegelben Querbänder lösen die Körperumrisse dieses zierlichen weißlichen Fisches auf. An der Basis der Rückenflosse steht ein deutlicher Augenfleck, der mögliche Angreifer in die Irre führen soll, während das eigentliche Auge von einem Querband getarnt wird. Leider ist dieser wundervoll zarte Fisch nicht widerstandsfähig.

ARTBESCHREIBUNG

Länge 150 mm
Heimat Indopazifik
Geschlechtsmerkmale Männchen mit einem steileren Kopfprofil
Haltung Schwierig, aggressiv
Futter Kleines Lebendfutter
Fortpflanzung Unbekannt
Zucht Wohl noch nie gelungen

AQUARIUM

Wasser Standardmischung, stabile Bedingungen
Temperatur 25°C
Behältertyp Artbecken oder großes Gesellschaftsbecken
Schwimmhöhe Mittlere und untere Schichten

Pinzettfisch

Forcipiger longirostris
Langschnäuziger Pinzettfisch

In den Körperumrissen sieht diese Form der vorigen Art (siehe Seite 101) ähnlich, die Zeichnung ist allerdings anders: Körper leuchtendgelb, vordere obere Kopfhälfte schwarz, Augenfleck auf der Afterflosse. Mit dieser auffälligen Zeichnung ist der Fisch hervorragend getarnt. Mit seiner langen dünnen Schnauze holt er Krebstiere aus den unzugänglichsten Verstecken in den Korallenstöcken.

Langschnäuziger Pinzettfisch

ARTBESCHREIBUNG

Länge 180 mm
Heimat Indopazifik
Geschlechtsmerkmale Keine sichtbar
Haltung Schwierig; aggressiv
Futter Lebende Würmer
Fortpflanzung Unbekannt
Zucht Wohl noch nie gelungen

AQUARIUM

Wasser Standardmischung, stabile Bedingungen
Temperatur 24 °C
Behältertyp Artbecken oder großes Gesellschaftsbecken
Schwimmhöhe Mittlere und untere Schichten

Heniochus acuminatus
Gewöhnlicher Wimpelfisch

Der Körper dieses Fisches ist weiß mit drei schwarzen Bändern, wobei eines über das Auge zieht. Die Schwanzflosse ist hellgelb. Die Strahlen der Rückenflosse sind zu einem langen Wimpel verlängert.

Gewöhnlicher Wimpelfisch

ARTBESCHREIBUNG

Länge 250 mm
Heimat Indopazifik, Rotes Meer
Geschlechtsmerkmale Keine sichtbar
Haltung Ziemlich schwierig
Futter Lebendfutter, feingehacktes Grünfutter
Fortpflanzung Unbekannt
Zucht Wohl noch nie gelungen

AQUARIUM

Wasser Standardmischung
Temperatur 25 °C
Behältertyp Artbecken oder großes Gesellschaftsbecken
Schwimmhöhe Alle Schichten

Weitere tropische Meerfische

Drückerfisch

Rotfeuerfisch

Seepferdchen

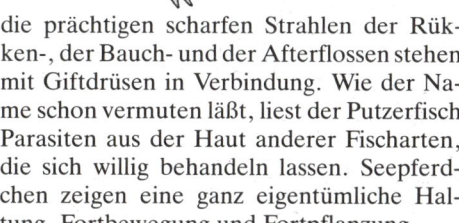

In diesem Abschnitt wird eine Auswahl aus den beliebtesten Bewohnern tropischer Meerwasseraquarien gegeben.

Die Doktorfische haben einen auffällig gezeichneten, seitlich zusammengedrückten Körper und tragen zu beiden Seiten des Schwanzstieles einen scharfen Dorn, den sie aufstellen können. Die Drückerfische haben ein ganz anderes familienspezifisches Merkmal: Der erste Strahl der Rückenflosse ist zu einem scharfen Stachel verdickt. Er kann aufgestellt werden und wird dann am zweiten eingerasteten Stachel fixiert. Mit Hilfe dieses Mechanismus können sich die Tiere in Verstecken unverrückbar festkeilen. Beim Rotfeuerfisch ist größe Vorsicht geboten, denn die prächtigen scharfen Strahlen der Rükken-, der Bauch- und der Afterflossen stehen mit Giftdrüsen in Verbindung. Wie der Name schon vermuten läßt, liest der Putzerfisch Parasiten aus der Haut anderer Fischarten, die sich willig behandeln lassen. Seepferdchen zeigen eine ganz eigentümliche Haltung, Fortbewegung und Fortpflanzung.

Nicht alle Fische, die in diesem Abschnitt behandelt sind, vertragen sich untereinander: Einige größere Arten fressen kleinere Artgenossen oder Wirbellose. Und Fische, die nur langsam schwimmen, ertragen keine aktiveren Arten im selben Becken.

Acanthurus leucosternon
Weißkehl-Doktorfisch

Weißkehl-Doktorfisch

Der ovale seitlich zusammengedrückte Körper dieses Doktorfisches ist zart hellblau gefärbt. Die obere Kopfhälfte ist blauschwarz, die Kehle hingegen weiß. Die Rückenflosse und die Brustflosse sind leuchtendgelb, teilweise mit dunklem Rand. Deutlich erkennt man am Schwanzstiel den aufrichtbaren Dorn, mit dem sich das Tier verteidigt.

ARTBESCHREIBUNG
Länge 300 mm
Heimat Indopazifik
Geschlechtsmerkmale Keine sichtbar

Haltung Ziemlich schwierig
Futter Alle Arten, Grünfutter
Fortpflanzung Unbekannt
Zucht Selten gelungen

AQUARIUM
Wasser Standardmischung, gut belüftet (spez. Gew. 1,020–1,024)
Temperatur 25 °C
Behältertyp Gesellschaftsbecken
Schwimmhöhe Alle Schichten
Besondere Ansprüche Raum

Apogon nematopterus
Pyjama-Kardinalbarsch, Kardinalfisch

Dieser Kardinalbarsch ist auch unter dem Namen Sphaeramia nematopterus bekannt. Der weißlich-gelbe Körper zeigt ein bräunliches Zeichnungsmuster. Der vordere Abschnitt der Rückenflosse ist gesprenkelt. Der Fisch ist nachts aktiv und lebt in Schwärmen.

ARTBESCHREIBUNG
Länge 75 mm
Heimat Indopazifik
Geschlechtsmerkmale Keine sichtbar
Haltung Leicht
Futter Alle Arten, feingehackt, Grünfutter
Fortpflanzung Maulbrüter
Zucht Nur wenige Male gelungen

AQUARIUM
Wasser Standardmischung (spez. Gew. 1,025)
Temperatur 25 °C
Behältertyp Gesellschaftsbecken mit friedliebenden Fischen
Schwimmhöhe Alle Schichten

Pyjama-Kardinalbarsch

Balistapus undulatus
Gebänderter Drückerfisch

Der bläulichgrüne Körper dieses Fisches zeigt ein Muster aus welligen, orangefarbenen Linien. Die Bauchflossen fehlen und sind zu kleinen Stümpfen reduziert. Wie alle Angehörigen dieser Familie kann auch dieser Drückerfisch den ersten Strahl der Rückenflosse aufstellen und durch den zweiten Strahl fixieren. Mit den starken Kiefern knackt der Fisch wirbellose Tiere auf. In Ruhestellung liegt der Fisch mit dem Kopf nach unten oder er legt sich auf den Sand.

ARTBESCHREIBUNG
Länge 350 mm
Heimat Indopazifik
Geschlechtsmerkmale Keine sichtbar
Haltung Leicht; aggressiv
Futter Feingehackt, Grünfutter
Fortpflanzung Substratlaicher
Zucht Nur wenige Male gelungen

AQUARIUM
Wasser Standardmischung (spez. Gew. 1,023)
Temperatur 25 °C
Behältertyp Gesellschaftsbecken
Schwimmhöhe Alle Schichten

Gebänderter Drückerfisch

Bodianus rufus
Schweinsfisch

Die obere Körperhälfte dieses Fisches ist rotviolett, der übrige Körper mit den unteren Flossen hellgelb gefärbt. Wie bei vielen anderen Lippfischen übernehmen auch die Jungtiere dieser Art Putzerdienste an anderen Fischen (siehe Seite 106). Diese Schweinsfischart frißt kleine Krebstiere und braucht Lebendfutter. Nachts liegt sie auf oder im Sand. Der Fisch schwimmt teilweise mit Hilfe der Brustflossen.

AQUARIUM

Wasser Standardmischung (spez. Gew. 1,020–1,023)
Temperatur 25 °C
Behältertyp Gesellschaftsbecken
Schwimmhöhe Alle Schichten

Besondere Ansprüche Weicher Sand

ARTBESCHREIBUNG

Länge 100 mm (in der Natur größer)
Heimat Karibik
Geschlechtsmerkmale Keine sichtbar

Haltung Leicht
Futter Bevorzugt Lebendfutter, feingehackt, Grünfutter
Fortpflanzung Freilaicher
Zucht Nur wenige Male gelungen

Schweinsfisch

Gramma loreto
Feenbarsch

Sehr auffällige Farben charakterisieren den Feenbarsch: Der Kopf und die vordere Hälfte des Körpers sind hellpurpurrot, die hintere Hälfte ist ebenso auffällig gelb. Vorne an der Rückenflosse steht ein dunkler Augenfleck, und ein schräges dunkles Band zieht über das Auge. Der Feenbarsch wohnt in Höhlen und zeigt ein Territorialverhalten; deswegen kann man nur wenige Exemplare im selben Aquarium halten.

AQUARIUM

Wasser Standardmischung (spez. Gew. 1,025)
Temperatur 25 °C
Behältertyp Gesellschaftsbecken
Schwimmhöhe Alle Schichten

Besondere Ansprüche Verstecke

ARTBESCHREIBUNG

Länge 75 mm
Heimat Karibik
Geschlechtsmerkmale Männchen größer, mit stärker zugespitzten Flossen

Haltung Ziemlich einfach, aber empfindlich auf Veränderungen der Wasserverhältnisse
Futter Lebendfutter, feingehackt
Fortpflanzung Legt die Eier am Höhlendach ab
Zucht Nur wenige Male gelungen

Weibchen des Feenbarsches

Hippocampus kuda
Kuda-Seepferdchen

Diese Art ist kurz nach dem Import oft schwarz und färbt sich dann im Aquarium gelb. Der Körper ist von harten Schildern bedeckt, Schwanz- und Afterflosse fehlen. Seepferdchen schwimmen in aufrechter Position und halten sich in Ruhe mit ihrem Greifschwanz fest.

ARTBESCHREIBUNG
Länge 50 mm
Heimat Indopazifik
Geschlechtsmerkmale Männchen mit Bruttasche
Haltung Schwierig
Futter Lebendfutter
Fortpflanzung Das Weibchen legt seine Eier in die Bruttasche des Männchens
Zucht Nur wenige Male gelungen

AQUARIUM
Wasser Standardmischung (spez. Gew. 1,023)
Temperatur 25°C
Behältertyp Artbecken
Schwimmhöhe Alle Schichten

Eine Gruppe Kuda-Seepferdchen

Labroides dimidiatus
Putzerfisch

Der schlanke Körper dieser Lippfischart wird von zwei leuchtendblauen horizontalen Bändern umrahmt. Der Mund befindet sich ganz vorne am Kopf. Weil diese Art anderen größeren Fischen Parasiten und Auswüchse von der Haut und oft auch von den Kiemen abliest, bezeichnen wir sie als Putzerfisch. Ihre »Kunden« kommen oft zu Besuch, neigen den Kopf und halten inne. Damit signalisieren sie dem Putzerfisch, daß er beginnen soll. Im Aquarium braucht der Putzerfisch zu den abgelesenen Parasiten eine Zusatznahrung.

Putzerfisch

ARTBESCHREIBUNG
Länge 100 mm
Heimat Indopazifik
Geschlechtsmerkmale Keine sichtbar
Haltung Ziemlich einfach
Futter Parasiten, Fleisch
Fortpflanzung Unbekannt
Zucht Nur wenige Male gelungen

AQUARIUM
Wasser Standardmischung (spez. Gew. 1,023−1,025)
Temperatur 25°C
Behältertyp Gesellschaftsbecken
Schwimmhöhe Alle Schichten
Besondere Ansprüche Andere Fische

Opisthognathus aurifrons
Gelbstirn-Kieferfisch

Wie der deutsche Name vermuten läßt, ist der Kopf dieser Art gelb gefärbt, während der restliche Körper ein zartes Blau zeigt. Der Gelbstirn-Kieferfisch verbringt den Tag, indem er senkrecht in einer Höhle steht, die er sich in Sand oder in Korallenbruch selber gräbt. Nachts zieht er sich ganz zurück und verschließt den Eingang zu seiner Wohnung mit einem Kieselstein oder einer Muschel.

Gelbstirn-Kieferfisch

ARTBESCHREIBUNG
Länge 100 mm
Heimat Karibik
Geschlechtsmerkmale Keine sichtbar
Haltung Ziemlich einfach
Futter Feingehacktes Fleisch

Fortpflanzung Maulbrüter
Zucht Nur wenige Male gelungen

AQUARIUM
Wasser Standardmischung (spez. Gew. 1,020 – 1,023)
Temperatur 25 °C
Behältertyp Artbecken
Schwimmhöhe Untere Schichten

Pterois volitans
Rotfeuerfisch

Dieser bizarre Fisch hat einen rotbraunen Körper mit weißen Querbändern. Viele Flossenstrahlen sind stark verlängert und stehen mit Giftdrüsen in Verbindung. Man muß mit diesem Fisch deswegen sehr vorsichtig umgehen. Der Rotfeuerfisch lebt von lebenden Fischen und braucht pro Tag normalerweise sechs!

ARTBESCHREIBUNG
Länge 350 mm
Heimat Indopazifik, rotes Meer
Geschlechtsmerkmale Keine sichtbar
Haltung Ziemlich einfach
Futter Lebende Fische, Fleisch
Fortpflanzung Unbekannt
Zucht Nur wenige Male gelungen

AQUARIUM
Wasser Standardmischung (spez. Gew. 1,025)
Temperatur 25 °C
Behältertyp Gesellschaftsbecken, aber nur zusammen mit großen Fischen
Schwimmhöhe Alle Schichten

Rotfeuerfisch

Synchiropus splendidus
Mandarinfisch

Diese Art zeigt eine phantastische Körperzeichnung mit blaugrünen, verschlungenen Linien und Flecken auf goldfarbenem Körper. Auch die Flossen, darunter die zweiteilige Rückenflosse, sind ähnlich gefärbt und blau gesäumt. Der Kiemendekkel trägt goldene Punkte, die Augen treten leicht hervor. Mandarinfische vertragen keine anderen Fische und sollten deswegen in einem Artbecken gehalten werden.

Männchen des Mandarinfisches

ARTBESCHREIBUNG
Länge 75 mm
Heimat Indopazifik
Geschlechtsmerkmale Männchen mit längeren Strahlen auf der vorderen Rückenflosse
Haltung Schwierig

Futter Wird nur ungern angenommen; man versuche es mit lebenden Würmern
Fortpflanzung Unbekannt
Zucht Wohl noch nie gelungen

AQUARIUM
Wasser Standardmischung (spez. Gew. 1,020–1,023)
Temperatur 25 °C
Behältertyp Artbecken
Schwimmhöhe Untere Schichten

Zanclus cornutus
Halfterfisch

Diese Art wird sehr oft mit dem gewöhnlichen Wimpelfisch (siehe Seite 102) verwechselt. Man erkennt sie aber am stärker gezeichneten Gesicht. Auf dem gelben und weißen Körper stehen zwei schwarze Querbänder. Auch die Schwanzflosse ist schwarz. Die Rückenflosse hat einen sehr langen Fortsatz, den die Art hinter sich herzieht. Der Halfterfisch ist sehr empfindlich.

Halfterfisch

ARTBESCHREIBUNG
Länge 230 mm
Heimat Indopazifik
Geschlechtsmerkmale Keine sichtbar
Haltung Schwierig
Futter Frißt ungern, feingehacktes Futter, Algen
Fortpflanzung Unbekannt
Zucht Wohl noch nie gelungen

AQUARIUM
Wasser Standardmischung (spez. Gew. 1,020–1,023)
Temperatur 25 °C
Behältertyp Artbecken
Schwimmhöhe Alle Schichten

MEERESBEWOHNER DER GEMÄSSIGTEN BREITEN

Leider wurde die Haltung von Meeresbewohnern unserer gemäßigten Breiten, etwa von Schleimfischen, Seenanemonen und Röhrenwürmern, zu einem verachteten Stiefkind der Aquarienliebhaberei. Man muß allerdings zugestehen, daß sich die Farb- und Formvielfalt dieser Arten nicht mit der tropischer Formen messen kann. Dafür wird ein solches Aquarium auch viel billiger. Meerestiere der gemäßigten Breiten brauchen Temperaturen zwischen 8 und 20°C, und deswegen kann man auf eine Heizung ganz verzichten.

Da ein Kaltwasseraquarium für Meerestiere auch sonst nur eine geringe technische Ausrüstung verlangt, kann man es mit einem kleinen Budget betreiben (zum Beispiel indem man auch ein bereits gebrauchtes Becken zweiter Hand nimmt, siehe Seite 192–197). Die nötigen Tiere holen wir uns gratis von der Küste. Doch sollten wir darauf achten, daß wir den Sammelort nicht verwüsten und von selteneren Arten auch nicht zu viele Tiere mitnehmen. Am besten wählt man Fische, die zwischen 25 und 75 mm lang sind; sie sollten von demselben Sammelplatz stammen. Dies gilt besonders, wenn wir Fische und wirbellose Tiere sammeln, denn wenn sie in der Natur zusammen gedeihen, werden sie sich auch in einem Aquarium wohl kaum gegenseitig stören. Wenn das Meerwasser ganz sauber ist, kann man es durchaus im Aquarium verwenden. Oft besteht aber die Gefahr einer Verschmutzung, so empfiehlt es sich, Meerwasser mit einer käuflichen Seesalzmischung herzustellen (siehe Seite 144). Die meisten Meeresbewohner unserer gemäßigten Breiten fressen Fleischnahrung oder Algen.

Obwohl unsere einheimischen Arten sich in der Natur bereitwillig fortpflanzen, wird es im Aquarium längst nicht so oft der Fall sein.

Blennius gattorugine

Gestreifter Schleimfisch

Auf dem zylindrischen braunen Körper dieser Art stehen sechs dunklere Querbinden. Der Fisch trägt über den Augen Tentakel, und die Rückenflosse setzt sich aus harten wie weichen Strahlen zusammen. Diese Art trägt wie viele verwandte keine Schuppen, sondern ist von einer dicken Haut bedeckt.

ARTBESCHREIBUNG

Länge 200 mm
Heimat Mittelmeer, Nordostatlantik
Geschlechtsmerkmale Weibchen kleiner
Haltung Ziemlich einfach
Futter Alle Arten, Algen
Fortpflanzung Heimlicher Substratlaicher
Zucht Nicht einfach

AQUARIUM

Wasser Standardmischung
Temperatur 8−20 °C
Behältertyp Artbecken oder Gesellschaftsbecken mit gleichgroßen Arten
Schwimmhöhe Untere Schichten

Gestreifter Schleimfisch

Tealia felina

Dickhörnige Seerose

Dieses hauptsächlich rot und weiß gefärbte wirbellose Tier hat viele weiche fließende Tentakel und einen scheibenartigen Saugfuß. Die Art der Fortpflanzung hängt von den Umweltbedingungen ab.

ARTBESCHREIBUNG

Größe 20−150 mm Durchmesser
Heimat Nordsee, Atlantikküste
Geschlechtsmerkmale Keine
Haltung Leicht
Futter Fleischstückchen zwischen die Tentakel
Fortpflanzung Geschlechtlich oder durch Teilung
Zucht Nicht einfach

AQUARIUM

Wasser Standardmischung
Temperatur 8−20 °C
Behältertyp Wirbellosenbecken
Aufenthaltsort Festsitzend am Boden

Dickhörnige Seerose

Asterias rubens
Gemeiner Seestern

Gemeiner Seestern

von Weichtieren, Schwämmen, Krebstieren und toten sedimentierten Teilchen.

ARTBESCHREIBUNG

Größe Bis 200 mm Durchmesser

Heimat Nordatlantik, Mittelmeer

Geschlechtsmerkmale Keine

Haltung Leicht

Futter Fleisch, gehackte Muscheln

Fortpflanzung Gibt die Eier frei ab

Zucht Nicht einfach

AQUARIUM

Wasser Standardmischung

Temperatur 8−20°C

Behältertyp Artbecken

Aufenthaltsbereich Bodentier

Die fünf Arme des Gemeinen Seesterns sind gelb bis rötlichbraun gefärbt und tragen viele kleine Saugfüßchen, mit deren Hilfe sich das Tier auch langsam fortbewegt. Wird einer der Arme beschädigt, so kann er regeneriert werden. Der Gemeine Seestern lebt auf dem Meeresboden und ernährt sich

Serpula vermicularis
Kleiner Kalkröhrenwurm

Diese Art bewohnt eine grünliche Kalkröhre mit einem Durchmesser bis 5 mm. Bei Gefahr oder bei Nacht zieht der Röhrenwurm seine rosaroten Tentakelkränze ein und verschließt das Gehäuse mit einem gestielten Deckel. Röhrenwürmer sind widerstandsfähig, brauchen kaum Pflege und auch kein Futter. Das Aquarienwasser darf allerdings nicht zu gut gefiltert werden, weil es sonst zu wenige mikroskopische Nahrungsteilchen enthält.

AQUARIUM

Wasser Standardmischung

Temperatur 8−20°C

Behältertyp Gesellschaftsbecken, aber nicht zusammen mit Seesternen

Aufenthaltshöhe Untere Schichten

ARTBESCHREIBUNG

Länge 20 mm

Heimat Nordsee, Atlantik

Geschlechtsmerkmale Keine

Haltung Leicht

Futter Algenplankton

Fortpflanzung Gibt die Eier einzeln ab

Zucht Nicht einfach

Röhrenwurm

Die Ausrüstung

Es gibt eine gewisse Mindestausrüstung, ohne die kein Aquarium auskommen kann, enthalte es nun süßes oder salziges, kaltes oder warmes Wasser. Am wichtigsten ist natürlich der Behälter oder das Becken, doch sollte der angehende Aquarienfreund auch Bescheid wissen über Belüftung und Filterung, Heizung und Beleuchtung und über die chemische Zusammensetzung des Wassers. Das entsprechende Zubehör wird in diesem Kapitel behandelt. Diese Hilfsmittel beeinflussen die Umweltbedingungen des Aquariums, und da richtige Bedingungen wesentlich sind für die Gesundheit der Fische, sollte man einige Zeit und Überlegung darauf verwenden.

BECKEN UND BEHÄLTER

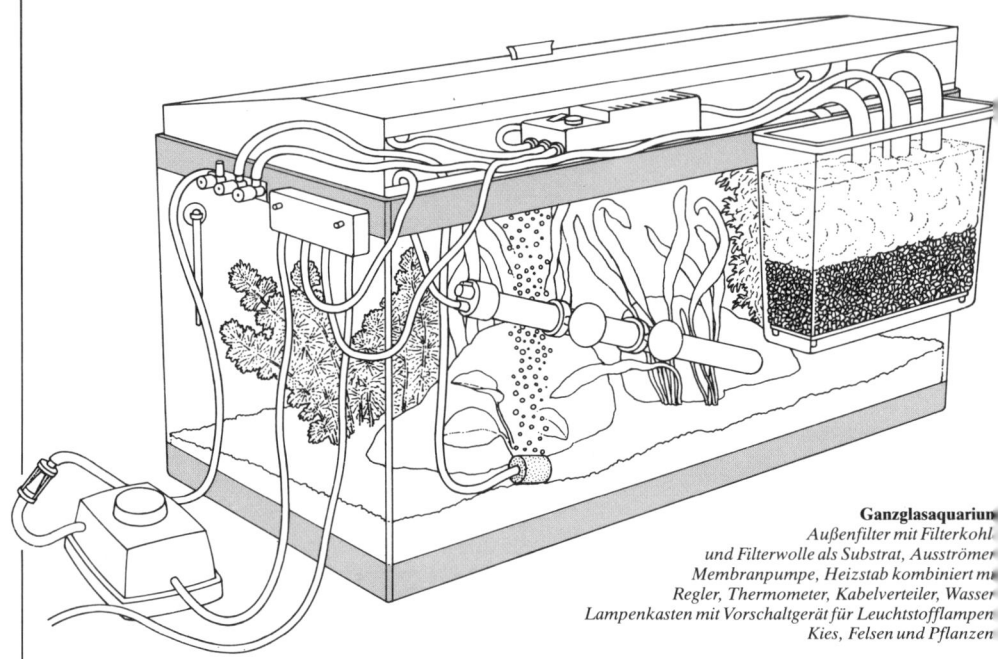

Ganzglasaquarium
*Außenfilter mit Filterkohle
und Filterwolle als Substrat, Ausströmer,
Membranpumpe, Heizstab kombiniert mit
Regler, Thermometer, Kabelverteiler, Wasser,
Lampenkasten mit Vorschaltgerät für Leuchtstofflampen,
Kies, Felsen und Pflanzen*

Das Becken ist der grundlegende Gegenstand der Aquarienausrüstung. Es gibt Behälter in einer großen Vielzahl von Größen und Materialien. Welches Becken man auswählt, hängt zunächst vom Typus und der Zahl der Fische ab, die man zu halten gedenkt.

Kaltwasserfische brauchen mehr Sauerstoff als tropische Arten, und da sich der Sauerstoff an der Oberfläche löst, muß diese groß sein. Man sollte deswegen erst die Zahl der Fische berechnen, die in einem Becken leben können, bevor man es kauft. Bei zu starkem Besatz fühlen sich die Fische unbehaglich und können sogar sterben. Im Zweifelsfall muß man also ein größeres Aquarium kaufen oder die Zahl der Fische reduzieren.

Die Ausmaße des Beckens beeinflussen nicht nur den Sauerstoffgehalt des Wassers, sondern entscheiden auch über den freien Raum, der den Fischen zur Verfügung steht: Je höher das Becken, um so mehr Raum zum Schwimmen ist vorhanden. Weil aber eine große Oberfläche zur Sauerstoffaufnahme wesentlicher ist für das Überleben der Fische als ein Extraraum zum Schwimmen, sollte man eher ein langes und breites statt eines möglichst hohen Behälters kaufen. Deswegen ist das traditionelle quaderförmige Aquarium so beliebt.

Es gilt auch das Material zu bedenken, aus dem das Becken gemacht ist: Ganzglasaquarium mit Rahmen, rahmenloses Ganzglasaquarium oder Kunststoffaquarium. Wer Meeresfische halten will, sollte kein Aquarium kaufen, das metallische Teile enthält, da diese unter dem Einfluß des Seewassers korrodieren.

Hat man sich einmal für die Größe, die Form und den Aufbau des Aquariums entschieden, so gilt es, eine weitere Wahl zu treffen – wo nämlich der geeignetste und sicherste Standort in der Wohnung ist.

Die Qual der Wahl

Das richtige Aquarium auszuwählen, bedeutet nicht, einfach jenes Modell zu nehmen, das im Wohnzimmer vielleicht am attraktivsten aussieht. Da das Becken die gesamte Umwelt des Fisches enthalten muß, sollte es groß genug sein und genügend Wasser für die Bewohner haben. Tatsächlich sind die Abmessungen des Behälters entscheidend für den Erfolg unserer Fischhaltung. Wenn man ein Becken kauft, das für die vorgesehenen Fische zu klein ist, werden diese darin buchstäblich ersticken.

Behältertyp und Sauerstoff

Das Überleben der Fische hängt von der Menge des Sauerstoffs ab, der im Aquarienwasser gelöst ist. Deswegen kann eine bestimmte Wassermenge nur einer bestimmten Zahl von Fischen Heimat bieten. Wir können einen überfüllten Raum verlassen, um frische Luft zu schnappen, oder wir öffnen ein Fenster. Die Welt außerhalb des Wassers ist für Fische aber in höchstem Maße ungesund. Deswegen hängen sie völlig von ihrem Besitzer ab. Er muß sozusagen die Interessen der Fische vertreten, zum Beispiel indem die Zahl der Bewohner ein vernünftiges Maß nicht übersteigt.

Sauerstoff und Behältergröße

Man könnte glauben, es hätten um so mehr Fische in einem Aquarium Platz, je größer dieses sei. Aber dies ist leider nicht der Fall. Der Hauptfaktor bei der Berechnung der Individuenzahl, die in einem bestimmten Aquarium Platz findet, ist die Wasseroberfläche, denn nur über sie wird das Wasser mit Sauerstoff versorgt (siehe Seite 122). Sobald ein Defizit an gelöstem Sauerstoff entsteht, tritt sofort frischer Luftsauerstoff ins Wasser über. Damit der Austausch so schnell wie möglich erfolgen kann, sollte das Aquarium eine große Wasseroberfläche aufweisen. Die Wasseroberfläche spielt auch deswegen für das Wohlergehen der Fische eine große Rolle, weil hier auch unerwünschte Gase das Wasser verlassen können.

Welche Form des Aquariums wählen wir?

Man kann einem Aquarium praktisch jede Form geben. Man muß nur daran denken, daß die Zahl der Fische von der Wasseroberfläche, nicht von der Höhe und auch nicht vom Gesamtvolumen des Aquariums abhängt. Hohe, schmale Aquarien sehen zwar sehr schick und vielleicht sogar dramatisch aus, doch können sie nicht mehr Fische beherbergen als ein Behälter, der nur halb so hoch ist.

Die Standardgröße der meisten Aquarien geht auf den Doppelwürfel zurück, wobei die längste Seite waagrecht liegt. Bei zunehmender Seitenlänge wächst normalerweise auch die Aquarienhöhe proportional. Die Tiefe, also der Abstand von der vorderen zur rückwärtigen Scheibe, beträgt beim Standardbehälter zwischen 30 und 38 cm. Die einzigen Ausnahmen bilden hier die Aufzuchtbecken für junge Fische, denn man zieht hier breitere und flachere Aquarien für eine optimale Sauerstoffaufnahme vor.

Wie groß muß das Becken für meine Fische sein?

Zwei Faktoren beeinflussen den Sauerstoffnachschub und den Sauerstoffbedarf und damit auch die Ausmaße des Beckens. An erster Stelle steht die Temperatur, denn kühles Wasser kann mehr Sauerstoff lösen als warmes. An zweiter Stelle brauchen unterschiedliche Lebensformen auch nicht gleich viel Sauerstoff: Kaltwasserfische des Süßwassers wie des Meeres brauchen mehr als tropische Süßwasserfische, und tropische Meeresfische haben einen noch höheren Bedarf.

Wie beeinflussen unterschiedliche Ansprüche der Fische die Wahl des Beckens?

Man kann auf eine sehr einfache Weise die Größe des Aquariums berechnen, das von den verschiedenen Lebensformen der Fische benötigt wird. Man bringt dazu die Anzahl der Quadratzentimeter Wasseroberfläche in

Beziehung zur Summe der Körperlängen aller Fische in Zentimeter. Die einzige Schwierigkeit dieser Methode liegt darin, daß man drei unterschiedliche Verhältnisse im Kopf haben muß: eines für tropische Süßwasserfische, eines für Süßwasserfische der gemäßigten Breiten und eines für tropische Meeresfische. Siehe dazu den Kasten rechts.

Wenn es darum geht, möglichst viele Fische in einem Aquarium mit einer bestimmten Größe unterzubringen, dann gewinnen bei weitem die tropischen Süßwasserfische. An zweiter Stelle stehen die Süßwasserfische gemäßigter Breiten, und am Ende folgen die tropischen Meeresfische. In der Praxis sollten die Aquarien für die drei verschiedenen Lebensformen nicht unter 60 bzw. 90 bzw. 120 cm lang sein, jeweils bei einer Höhe von ungefähr 40 cm. Als Begründung für diese Regel dient nicht nur die Größe der Wasseroberfläche für die optimale Sauerstoffaufnahme, sondern auch die allgemeinen Umweltbedingungen. Je größer das Wasservolumen, um so stabiler werden die Lebensbedingungen sein, und diese Stabilität ist gerade für tropische Meeresfische besonders wichtig.

Wie sollte das Becken aufgebaut sein?
Nicht nur die Behältergröße ist wichtig, auch die Konstruktion muß stimmen. Wasser übt auf die Glaswände einen beträchtlichen Druck aus. Wenn also Länge und Höhe des Aquariums zunehmen, sollten die Glasscheiben dicker werden. Bei Ganzglasaquarien muß das Glas so dick sein, daß es sich selbst tragen und den Wasserdruck aushalten kann. Für kleine Aquarien bis 45 cm Länge reicht 4 mm dickes Glas aus. Für einen 90-cm-Behälter sollte man 6,5 mm dickes Glas wählen. Wenn das Becken gar 120 cm lang ist, sollte das Glas 10 mm dick sein. Gleichzeitig sollte oben eine kreuzförmige Verstrebung verhindern, daß sich die Frontscheiben unter dem Wasserdruck zu sehr nach außen biegen.

Das Wasservolumen, das ein Behälter aufnehmen kann, hängt natürlich von dessen Ausmaßen ab. Berechnungsbeispiele für typische Größen findet man auf Seite 280.

BESATZDICHTE

Um die Größe des Aquariums zu berechnen, das für die gewünschten Fische nötig ist, multipliziert man die unten angegebenen Maße mit der Gesamtkörperlänge in Zentimeter. Ein Beispiel: Ein 90 cm langes und 30 cm tiefes Aquarium mit einer Wasseroberfläche von 2700 cm² kann 90 cm tropische Süßwasserfische, 36 cm Süßwasserfische der gemäßigten Breiten oder 22,5 cm tropische Meeresfische aufnehmen.

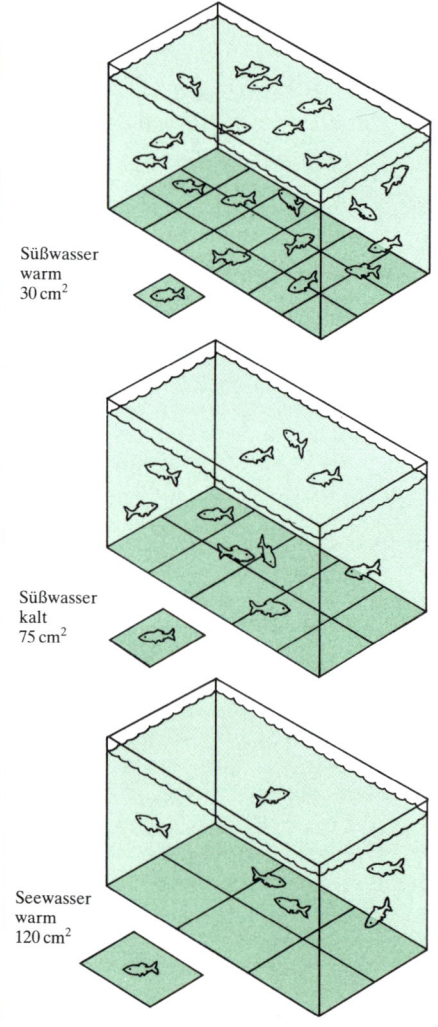

Süßwasser warm 30 cm²

Süßwasser kalt 75 cm²

Seewasser warm 120 cm²

Der Aufbau des Aquariums

Aquarien können aus den verschiedensten Materialien sein: aus Beton, Holz, Fiberglas, Glas mit Metallrahmen, Acrylglas (Plexiglas) und Ganzglas.

Glasaquarium mit Rahmen
Bis in die sechziger Jahre hinein hatten die meisten Aquarien einen Rahmen aus Walzstahl oder Winkeleisen. Dahinein wurden Glasscheiben gesetzt und mit Kitt befestigt. Diese Modelle gingen mit dem Aufkommen der geklebten rahmenlosen Ganzglasaquarien aber stark zurück.

Ganzglasaquarien
Die Erfindung von Silikonkautschukklebern in den sechziger Jahren bedeutete eine Revolution, denn sie erlaubten es, Glasscheiben Kante an Kante ohne Risiko eines Lecks aneinanderzukleben. Ohne die dicken Metallrahmen wurden die Aquarien zu attraktiven Einrichtungsgegenständen. Das Aufkommen der Ganzglasaquarien hatte eine weitere revolutionäre Auswirkung auf die Fischhaltung. Die alten Aquarien mit den Eisenrahmen waren nämlich nicht geeignet für die Haltung von Meeresfischen, denn das Salzwasser korrodierte das Metall sehr schnell. Silikonkautschuk hingegen ist völlig unangreifbar, und so nahm die Meerwasseraquaristik ihren Aufschwung.

Kunststoffaquarien
Frühere, aus einem Stück gezogene Kunststoffaquarien hatten mehrere Nachteile: Sie waren nur sehr klein, verfärbten sich und wurden leicht verkratzt. Und wenn die Beleuchtung in den Lampenkästen überdimensioniert ware, beulten sich die Seiten richtiggehend aus. Moderne Acryl- oder Plexiglasaquarien haben diese Nachteile fast vollständig überwunden.

1 Ganzglasaquarium
Der am weitesten verbreitete Typ, langlebig, ohne Korrosionsprobleme.

2 Ziermodell
Aus Holz oder Eternit gefertigt, mit Polyurethanfarbe versiegelt, Sichtscheibe aus Glas.

3 Rahmenaquarium
Früher weit verbreitet, seit dem Aufkommen der Silikonkautschukkleber aber stark am Zurückgehen.

4 Acrylglasaquarien
Aus einem Stück gezogene Plexiglasaquarien. Die nicht völlig geraden Seitenflächen ergeben ein verzerrtes Bild von den Fischen. Diese Aquarien eignen sich deswegen vor allem für die Aufzucht von Jungfischen.

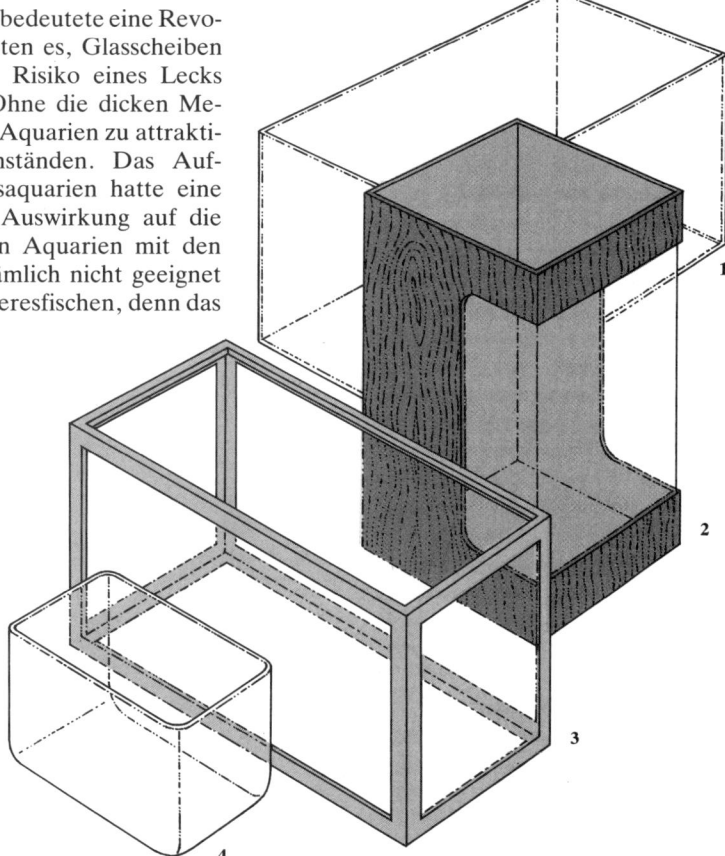

Kauf und Aufstellen des Beckens

Die meisten allgemeinen Zoohandlungen verkaufen Aquarien in einigen Standardgrößen. Die größte Auswahl findet man aber im spezialisierten Aquarienhandel. Daneben gibt es auch Firmen, die Aquarien im Direktvertrieb über die Post verkaufen.

Standardtypen

Angenommen, der zukünftige Standort zeigt eine gewisse Standardgröße, dann sollten wir keine Schwierigkeiten haben, ein geeignetes Becken zu bekommen. Aquarien von der Stange werden entweder der Länge nach (gewöhnlich in Vielfachen von 30 cm) oder nach ihrem Inhalt (normalerweise in Vielfachen von 100 l) verkauft. Ein Vorteil dieser Standardtypen liegt darin, daß es im allgemeinen dazu passende Lampenkästen gibt. Wer sich hingegen ein Aquarium nach Maß außerhalb der Standardgrößen bestellt, wird vielleicht Probleme haben, den entsprechenden Lampenkasten zu bekommen.

Aquarien nach Maß

Paßt keine der Standardgrößen in den vorgesehenen Standort, so muß man ein Becken nach Maß in Auftrag geben oder es selber bauen. Ein eigenes Aquarium zu planen und selbst zu bauen, kommt allerdings kaum billiger, denn die Ganzglasaquarien von der Stange sind sehr preiswert. Dennoch lohnt sich die Mühe, allein wegen der Befriedigung über das getane Werk.

Die Suche nach dem Standort

Die Frage des Standortes will gut überlegt sein: Keine Zugluft, keine direkte Sonnenbestrahlung und gleichzeitig eine attraktive und leicht zugängliche Stelle. Das Aquarium muß auf einer festen Unterlage stehen, und sein Gewicht sollte sich über mehrere Balken des Parketts verteilen. Hat das Untergestell Füße, so sollte man diese auf eine dicke Holz- oder Metallplatte stellen, um den Parkettboden zu schützen.

Die Auswahl des Glases

Die Dicke des Glases richtet sich nach der Größe und der Form des Beckens. Bei Ganzglasaquarien sollten die Scheiben mindestens 2 mm dicker sein als bei Rahmenaquarien. Mit zunehmender Aquariengröße muß auch das Glas dicker werden: 6 mm dickes Glas reicht für 60 cm Beckenlänge. Bei jeden zusätzlichen 30 cm Länge oder 10 cm Höhe

Zusätzlicher Raum Man braucht genügend Platz für alles Zubehör und für die gesamten Wartungsarbeiten.

Unterlage Man setzt das Aquarium auf eine dicke Styroporplatte, um alle Unregelmäßigkeiten der Oberfläche auszugleichen.

Freier Zugang zur Steckdose Ganz in der Nähe des Aquariums muß sich ein elektrischer Anschluß befinden, der die Energie für Pumpen und Filter liefert.

muß das Glas um 2 mm dicker werden. Man kann etwas Geld sparen, wenn die Seitenscheiben, das Bodenstück und die rückwärtige Scheibe aus einem Glas mit geringeren optischen Qualitäten sind, aber bei der Frontscheibe zu knausern, wäre wirklich ein Fehler.

Gebrauchte Aquarien
Es kann sich durchaus die Mühe lohnen, nach gebrauchten Aquarien Ausschau zu halten, besonders wenn das Hobby größere Ausmaße annimmt und das Aussehen der Aquarien folglich nur von zweiter Bedeutung ist. Gebrauchte Becken sollten allerdings solide gebaut sein. Ein leckes Aquarium kann man mit Silikonkautschuk dichten. Wer einen Hobbyraum mit mehreren nebeneinanderstehenden Aquarien zur Verfügung hat, kann auf Lampenkästen verzichten und mit langen Leuchtstofflampen mehrere Aquarien auf einmal beleuchten.

Achtung! Nahe am Fenster bekommt das Aquarium zuviel Sonne. Es wird überhitzt, und Algen wachsen übermäßig stark.

Achtung! Viele Möbelstücke wie dieses Tischchen sind zu leicht gebaut, um das Gewicht eines Aquariums tragen zu können.

Achtung! Man sollte kein Aquarium nahe bei der Tür aufstellen, wegen der Gefahr des kalten Durchzugs.

Die Auswahl des Standortes

Wir sollten unser Aquarium nicht auf eine Fensterbank oder an einen anderen Ort stellen, wo es viel direktes Sonnenlicht erhält. Ideal ist ein Standort mit etwas Morgensonne – das kann sich bei Zuchtversuchen günstig auswirken – und nicht zu starker Sonneneinstrahlung im Sommer. Der Standort kann jedoch ganz im Dunkeln liegen. Vielmehr können wir das zu einem Vorteil wenden, denn damit können wir die künstliche Beleuchtung ohne störende Einflüsse von außen ganz den Erfordernissen des Aquariums anpassen.

Als Standort ungeeignet sind Korridore und Passagen, denn durch das dauernde Öffnen und Schließen von Türen schwankt die Temperatur beträchtlich. Wenn wir eine Tür übrigens heftig zuknallen, können die Fische erschrecken, oder – schlimmer noch – eine Scheibe kann sogar springen.

Platz für die Wartung

Bei der Wahl des Standortes sind immer irgendwelche Kompromisse zu schließen: Aquarien stehen zum Beispiel fast nie gerade neben einem Wasserhahn. Einen Faktor dürfen wir aber nie vernachlässigen: In erreichbarer Nähe muß sich stets eine Steckdose für die Beleuchtung, die Filterung und die Heizung befinden.

Es hat keinen Sinn, das Aquarium in eine enge Stelle genau einzupassen, denn wir brauchen schließlich noch einigen Platz: Zur Fütterung müssen wir den Lampenkasten hochheben, oder wir müssen mit dem ganzen Arm ins Aquarium hineinfahren, um zum Beispiel Pflanzen neu zu befestigen. Auch an den Seiten und weiter unten muß Platz sein für die Luftpumpe, die Filter und das Futter. Wem der Anblick dieser »Hardware« nicht gefällt, deckt sie mit dekorativen Paneelen ab.

KEIN FENSTERPLATZ

Man darf ein Aquarium nicht auf eine Fensterbank stellen, denn dies hat mehrere nachteilige Einflüsse:
● Ein übermäßiges Wachstum der Grünalgen, die bald das ganze Aquarium überdecken.
● Im Sommer wird das Wasser zu warm, und es kommt zu einem Sauerstoffdefizit. Kaltwasserfische leiden ganz besonders darunter.
● Im Winter oder bei offenem Fenster kann das Aquarium zu schnell Wärme verlieren. Die Wassertemperatur sinkt rapid ab, und vor allem tropische Arten nehmen leicht Schaden.

TRANSPORT EINES AQUARIUMS

Niemals sollte man versuchen, ein volles Aquarium zu bewegen, nicht einmal um es etwas zurechtzurücken. Fertig aufgebaute Aquarien sind unglaublich schwer, und der Transport kann gefährlich werden: Unter einseitiger Belastung können Scheiben zu Bruch gehen, und es kann zu einer Riesenüberschwemmung kommen.

Wie man vorgeht
1 Alle Verbindungen zum Stromnetz ziehen.
2 Ungefähr ein Drittel des Wassers in einen Eimer mit Deckel gießen.
3 Pflanzen entfernen und in den Eimer bringen.
4 Die Fische fangen und in den Eimer mit den Pflanzen bringen.
5 Den Eimer mit dem Deckel fest verschließen.
6 Das zweite Drittel des Wassers in irgendeinen Behälter bringen.

7 Das restliche Wasser abgießen.
8 Beim Transport kleinerer Aquarien achte man darauf, daß die Felsen nicht wackeln oder umkippen. Aquarien über 60 cm Länge müssen völlig geleert werden.
9 Beim Wiederaufbau des Aquariums versuche man soviel von dem ursprünglichen Wasser wie möglich zu verwenden. Damit verhindert man, daß die Fische unter zu großen Streß geraten.

BELÜFTUNG UND FILTERUNG

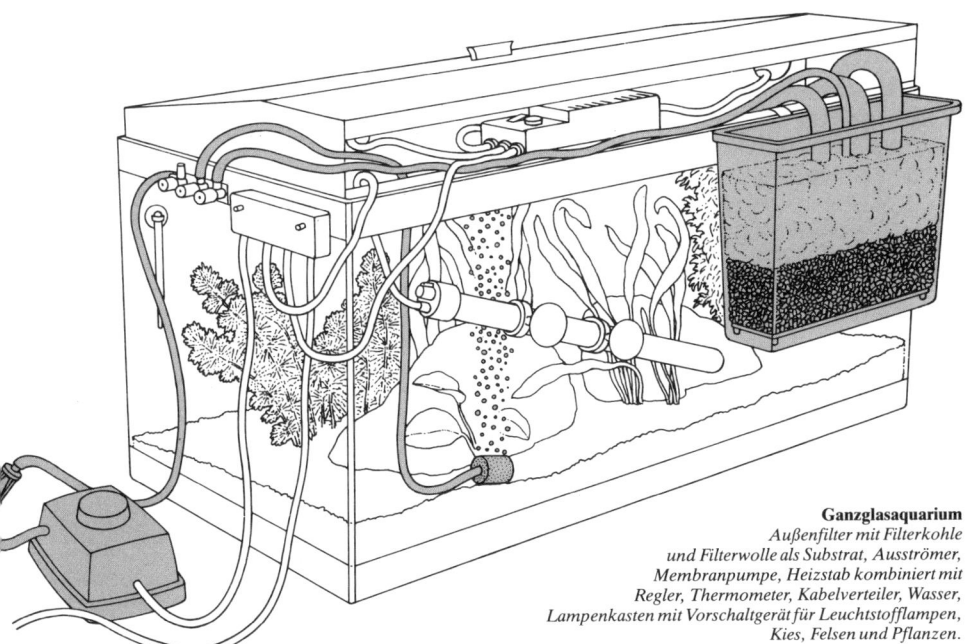

Ganzglasaquarium
*Außenfilter mit Filterkohle
und Filterwolle als Substrat, Ausströmer,
Membranpumpe, Heizstab kombiniert mit
Regler, Thermometer, Kabelverteiler, Wasser,
Lampenkasten mit Vorschaltgerät für Leuchtstofflampen,
Kies, Felsen und Pflanzen.*

Wenn wir unsere Fische gesund erhalten wollen, muß das Aquarienwasser zu jedem Zeitpunkt absolut frisch und sauber sein. Das bedeutet glücklicherweise nicht, daß es alle paar Tage völlig ersetzt werden muß. Statt dessen kann man es mit technischer Hilfe reinigen, mit Filtern und Luftpumpen.

Wie attraktiv Ihr Aquarium im Augenblick auch aussehen mag, in kurzer Zeit wird das Wasser trüb durch gelöste Abfallprodukte der Fische. Dieser Schmutz, mag er nun mit bloßem Auge erkennbar sein oder nicht, muß entfernt werden, und das ist die Aufgabe der Filteranlage.

Das Wasser muß nicht nur sauber sein, es muß auch genügend lebensnotwendigen Sauerstoff enthalten. Dies ist besonders wichtig in Kaltwasseraquarien während der Sommermonate, weil dann mit zunehmender Wassertemperatur die Menge des gelösten Sauerstoffes abnimmt. Eine künstliche Belüftung sorgt für mehr Sauerstoff im Wasser und treibt gleichzeitig gelöstes Kohlendioxid aus. Diesen Vorgang bezeichnen wir als Belüftung oder Durchlüftung.

Entgegen der allgemeinen Erwartung ist die Belüftung nicht unbedingt notwendig, und einige Aquarien kommen sehr wohl ohne sie aus. Solche Behälter enthalten im allgemeinen aber weniger Fische, als sie könnten; sie sind ferner mit vielen Pflanzen bestockt und befinden sich in bester Gesundheit. Ich würde deswegen allen Anfängern raten, Geld in eine Luftpumpe zu investieren. Selbst wenn man sie nicht für die Belüftung braucht (zum Beispiel wenn der Filter ohnehin mit einer Luftpumpe läuft), kann man sie doch für andere Zwecke verwenden, etwa um eine Salinenkrebszucht oder einen Abschäumer zu betreiben.

Wie funktionieren Belüftung und Filterung?

Belüftung

Die Belüftung oder Durchlüftung geschieht mit Hilfe einer Luftpumpe. Sie erzeugt im Aquarium einen dauernden Strom von Luftblasen, die auch für die Wasserzirkulation sorgen. Auf diese Weise gelangen die unteren Wasserschichten an der Wasseroberfläche in Kontakt mit der Luft. Dort nehmen sie mehr Sauerstoff auf und geben gleichzeitig Kohlendioxid ab.

Abgesehen von der Erhöhung des Sauerstoffgehalts im Wasser – allerdings nie über ein bestimmtes physikalisch vorgegebenes Maß hinaus –, hat die Belüftung noch einen weiteren Vorteil, denn sie sorgt dafür, daß überall die gleiche Temperatur herrscht.

Da durch die Belüftung die Sauerstoffaufnahme erleichtert wird, führt sie zu einer effektiven Vergrößerung der Wasseroberfläche. Man glaube aber deswegen nicht, man könne in einem belüfteten Aquarium mehr Fische halten als ursprünglich berechnet. Die Belüftung ist nur ein künstliches Hilfsmittel. Sollte das System einmal ausfallen, so kehrt der Behälter in den ursprünglichen unbelüfteten Zustand zurück. Dann sind aber deutlich zuviel Fische vorhanden, die schließlich nach Luft schnappen.

Filterung

Die Aufgabe des Filters besteht darin, Abfallstoffe aus dem Aquarium zu entfernen. Eine regelmäßige Wartung der Filteranlage ist deswegen so wichtig, weil ein vernachlässigter Filter viel konzentrierten Schmutz enthält, durch den dauernd das gesamte Aquarienwasser läuft. Filter arbeiten nach drei Arten:

● Bei der mechanischen Reinigung werden Schwebstoffe aus dem Wasser entfernt.
● Die chemische Filterung sorgt dafür, daß gelöste Stoffe aus dem Wasser verschwinden.
● Die biologische Filterung (siehe Seite 128) verwendet Bakterien, um schädliche oder giftige Substanzen in einfache und harmlosere abzubauen.

Mechanische und chemische Filterung

Das Material, durch welches das Wasser zieht, wird im allgemeinen als Substrat oder Filtermasse bezeichnet und liegt im Inneren einer Dose oder eines zylindrischen Topfes. Dieser Behälter kann innerhalb oder außerhalb des Aquariums liegen. Die meisten Filtersysteme verwenden mehrere Substrate.

Mechanische Filterung

Um Schwebeteilchen aus dem Wasser herauszuholen, braucht man beliebige enggepackte Materialien, zum Beispiel Filterwolle, Nylongewebe oder Schaumstoff. Man darf aber nur solche Schaumstoffe nehmen, die eigens für das Aquarium hergestellt wurden; andere können sich giftig auswirken.

Chemische Filterung

Das beste Material, um gelöste Stoffe aus dem Wasser zu entfernen, ist Aktiv- oder Filterkohle. Sie weist eine große innere Oberfläche auf und nimmt durch Adsorption vor allem größere organische Moleküle auf. Dabei können sich auch nützliche Substanzen anlagern. Wenn man zum Beispiel Medikamente ins Wasser gegeben hat, sollte man keine Filterkohle verwenden.

Nach einer gewissen Zeit verliert die Filterkohle ihre Wirksamkeit und adsorbiert keine Stoffe mehr. Dann muß sie ersetzt werden. Um herauszufinden, ob sie noch aktiv ist, geben wir einige Tropfen eines Farbstoffs, etwa Methylenblau, nahe an der Einströmöffnung des Filters ab. Wenn der Farbstoff an der Ausströmöffnung wieder erscheint, müssen wir die Filterkohle ersetzen.

Wasserzusammensetzung und Filter

Filter können dazu verwendet werden, die chemische Zusammensetzung des Aquarienwassers zu verändern (siehe Seite 146). Filtertorf setzt zum Beispiel den pH-Wert des Wassers herab und erhält es sauer, während Ionenaustauscher die Wasserhärte verringern.

Die Luftpumpe

Die Belüftung erfolgt über Druckluft, die in elektrisch angetriebenen Luftpumpen erzeugt wird. Es gibt davon zwei Typen: Membranpumpen und Kreiselpumpen.

Bei der Wahl einer Luftpumpe muß deren Größe nicht mit den Dimensionen des Aquariums in einem bestimmten Verhältnis stehen. Selbst das kleinste Modell liefert genug Luft für ein 60 cm langes Aquarium. Statt dessen sollte man sich eher überlegen, wieviel Druckluft man insgesamt braucht. Je größer die Pumpe, um so mehr Druckluft erzeugt sie. Wenn man sie also für den Betrieb von Filtern, für die Belüftung und für andere Zwecke verwenden will, etwa für die Zucht von Salinenkrebschen, dann ist eine verhältnismäßig große Pumpe wohl die beste Wahl. Solche Modelle haben eingebaute verstellbare Regler zur Kontrolle des Ausstoßes. Bei kleineren Pumpen muß man dazu Klemmschrauben an den Wasserschläuchen verwenden.

AUSSTRÖMER

Man sollte auf die Ausströmöffnung der Luftpumpe ein poröses Material stecken, zum Beispiel einen Sprudelstein, besonders gesintertes Glas oder ein Hartholz, so daß der Luftstrom in viele winzige Bläschen aufgeteilt wird. Solche Ausströmer können nach längerem Gebrauch verstopfen. Dann kann man versuchen, sie durch Kochen wieder freizukriegen.

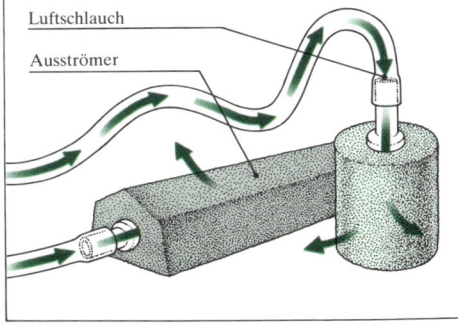

Luftschlauch

Ausströmer

Kreiselpumpe
Die Kreiselpumpen sind deutlich teurer, besonders die größeren mit höherer Leistung. Sie eignen sich besonders für Seewasseraquarien, die eine stärkere Belüftung und Filterung verlangen, und für Aquarienfreunde, die mehrere Süßwasserbecken in einem Hobbyraum haben.

Luft

Schwungrad

Ventil

Kolben

Stromversorgung

Membranpumpe
Diese Pumpen können ziemlich viel Lärm machen und verlangen eine regelmäßige Wartung. Die besten Modelle verfügen über einen Leistungsregler, mit dem man die Luftmenge variieren kann.

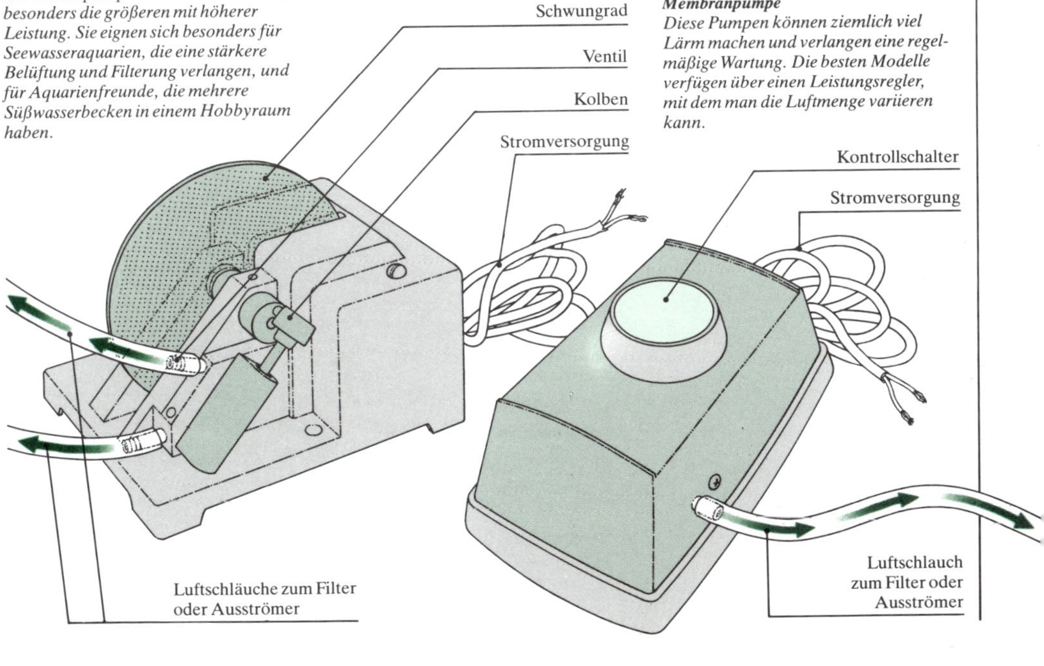

Kontrollschalter

Stromversorgung

Luftschläuche zum Filter oder Ausströmer

Luftschlauch zum Filter oder Ausströmer

Druckluftbetriebene Filter

Die einfachste Methode, um Wasser nach dem Passieren des Filtersubstrats in das Aquarium zurückzutransportieren, verwendet Druckluft aus einer Luftpumpe. Eine Röhre im Filter zieht aus dem Wasser nach oben. Ins untere Ende dieser halb eingetauchten Röhre wird Druckluft gepreßt. Luftblasen verbinden sich mit dem klaren gefilterten Wasser, und die Mischung steigt nach oben, wobei das Wasser zurück ins Aquarium gelangt. Diese Vorrichtung ist ideal für kleine Aquarien.

Außenfilter
Außenfilter können bei allen volleingerichteten Aquarien verwendet werden. Sie sind leicht zugänglich und ohne Schwierigkeiten zu reinigen, wobei man weder Pflanzen noch Tiere stört. Sie hängen an der Außenseite des Aquariums. Wahrscheinlich muß man den Lampenkasten einschneiden, um Platz zu machen für die beiden Schläuche. Um eine dauernde Wasserbewegung im Aquarium aufrechtzuerhalten, empfiehlt es sich, die Ausströmöffnung an der gegenüberliegenden Seite des Außenfilters anzubringen.

Das Füllen des Filters
Ein Außenfilter funktioniert erst, wenn er voller Wasser ist. Um ihn zu füllen, tauchen wir den Zuführschlauch in das Aquarium. Wenn er voller Wasser ist, verschließen wir das eine Ende mit einem Finger oder einem Stopfen, um zu verhindern, daß Luft eindringt. Dann bringen wir dieses Ende in den Außenfilter. Sobald wir die Schlauchöffnung freigeben, fließt Wasser in den Filter hinüber.

AUFBAU DRUCKLUFTBETRIEBENER FILTER

Wie ein Außenfilter funktioniert
Wenn der Filter außerhalb des Aquariums liegt, geschieht die Wasserzufuhr nach dem Prinzip der kommunizierenden Röhren einfach über einen Schlauch. Er hat die Form eines umgekehrten U, wobei ein Ende in das Aquarienwasser eintaucht und das andere im Filter liegt. Das Wasser wandert über den Schlauch in das Filtersubstrat (im allgemeinen Filterwatte, Filterkohle oder Torf, siehe Seite 222). Über einen zweiten Schlauch zieht das Wasser dann zurück in das Aquarium. Solche Außenfilter werden im allgemeinen an einer Seite oder der Rückenfläche des Aquariums befestigt.

Filterbox
Der druckluftbetriebene Außenfilter in der Box hat mehrere Vorteile: Er kostet wenig, ist effizient und wegen seines Aufbaus sehr einfach zu reinigen.

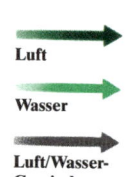

Luft

Wasser

Luft/Wasser-Gemisch

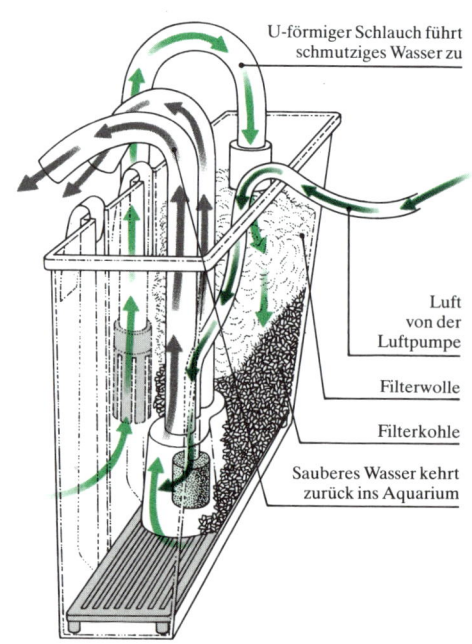

U-förmiger Schlauch führt schmutziges Wasser zu

Luft von der Luftpumpe

Filterwolle

Filterkohle

Sauberes Wasser kehrt zurück ins Aquarium

Kommunizierende Röhren

Man braucht sich keine Sorgen zu machen, selbst wenn das Filtersubstrat so verstopft ist, daß kein Wasser mehr hindurchtreten kann. Der Grund dafür liegt im physikalischen Gesetz der kommunizierenden Röhren. Sobald das Wasser im Außenfilter nämlich dieselbe Höhe wie im Aquarium erreicht, tritt kein Wasser mehr über, und der Gleichgewichtszustand ist erreicht. Wenn die Druckluft Wasser aus dem Außenfilter in das Aquarium transportiert, sinkt der Wasserspiegel, und sofort fließt wieder Wasser vom Aquarium nach.

Innenfilter

Im Aquarium befindliche Filter haben einen großen Nachteil: Reinigung und Instandhaltung sind schwierig, und beim Entfernen des Filters kann Schmutzwasser in das Aquarium zurückgelangen. Um dem vorzubeugen, sollte man versuchen, eine Plastikfolie unter den ganzen Filter zu legen. Innenfilter eignen sich aber sehr gut für Aufzuchtbecken, denn die Fischlein können nicht über den Zuführschlauch in das Filtersubstrat gezogen werden.

Innenfilter sind leicht zu installieren: Sie liegen einfach an einer günstigen Stelle auf dem Boden des Aquariums. Man muß nur darauf achten, daß rundherum etwas Platz frei ist, so daß Wasser auch wirklich zutreten kann. Um zu verhindern, daß der Filter nach oben steigt, sollte man vor dem Einbringen des Filtersubstrats einige Kieselsteine hineinlegen. Man kann ihn auch mit Saugnäpfen an der Aquarienscheibe befestigen.

Weitere Verwendungen für Filter

Man kann die Box eines Außenfilters auch für andere beliebige Zwecke einsetzen. Man hängt ihn zum Beispiel innen ins Aquarium und füllt ihn mit Wasser. Er kann als kurzfristiges Domizil für einen streitsüchtigen Fisch dienen.

Wie ein einfacher Innenfilter funktioniert

Ein einfacher Innenfilter besteht aus einem Schaumstoffstück, das auf den Schlauch einer Druckluftpumpe aufgesetzt wird. Schmutziges Wasser tritt durch die Löcher des Schaumstoffes ein, und feine Partikel bleiben darin hängen. Die Druckluft befördert dann das gereinigte Wasser durch eine zweite Röhre wieder in das Aquarium.

Einfacher Innenfilter
Dieser Filter ist ideal für kleine Behälter, die besonders der Aufzucht dienen, denn kleine Fische können damit nicht eingesogen werden.

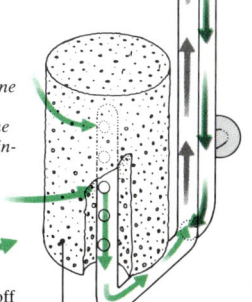

Druckluft

Sauberes Wasser kehrt zurück ins Aquarium

Filter aus Schaumstoff

ABSCHÄUMER

Dieses druckluftbetriebene System stellt eine Variante der chemischen Filterung dar. Man entfernt dabei gelöste Proteine und andere Abfallstoffe, die das Wasser verschmutzen und ihm eine unnatürliche Farbe verleihen. Man sollte den Abschäumer nur in Seewasseraquarien als Zusatz zum Unterflurfilter (siehe Seite 128–129) verwenden. Der Abschäumer arbeitet mit einem Druckluftheber und hat an der Spitze oben einen Schaumbecher. Wenn die aufsteigenden Luftblasen an die Oberfläche gelangen, lagern sich Schaumbildner und andere Verunreinigungen (Proteine und andere organische Substanzen) im Becher ab, wo sich langsam eine gelbliche Flüssigkeit ansammelt. Von Zeit zu Zeit gießt man sie ab.

Mit Wasserpumpen betriebene Filter

Anstelle der einfachen druckluftbetriebenen Filter (siehe Seite 124) haben heute viele Aquarien Filter mit Wasserpumpenantrieb. Sie gehören vor allem zu den geschlossenen Topffiltern. Doch gibt es noch einen weiteren Typ, einen offenen Filter, dessen Pumpe über Magneten angetrieben wird. Topffilter mit Kreiselpumpen sind sehr leistungsstark und eignen sich vor allem für größere Aquarien.

Der Hauptvorteil der Wasserpumpe gegenüber der Luftpumpe liegt in der Leistung, denn der Wasserdurchfluß ist viel höher. Das Aquarienwasser wird damit schneller gefiltert. Viele Aquarienliebhaber ziehen diese Pumpen vor, denn sie glauben, ihre Fische würden bei einer stärkeren Wasserbewegung im Aquarium auch besser wachsen.

Wasserpumpenbetriebene Filter sind von einer bestimmten Aquariengröße an obligatorisch, denn nur sie können schmutziges Wasser in kurzer Frist reinigen. Besonders empfohlen werden sie für Kaltwasseraquarien, deren Fische sauerstoffhaltiges Wasser benötigen.

Zu den neueren Entwicklungen auf dem Markt gehört ein Injektor, der mit dem Wasserstrom Luft ins Aquarium reißt und dieses belüftet.

Ein besonderer Typ ist der Diatomeenfilter. Sein Material ist das Kieselgur, ein weißes Pulver, das aus den mikroskopisch kleinen Skeletten fossiler Kieselalgen (Diatomeen) besteht. Der Diatomeenfilter ist ein rein mechanischer, sehr effizienter Filter mit sehr geringer Porenweite. Er braucht neben normalen Filtern, die immer laufen, nur stundenweise angeschlossen werden.

AUSSENFILTER MIT MAGNETISCH BETRIEBENER PUMPE

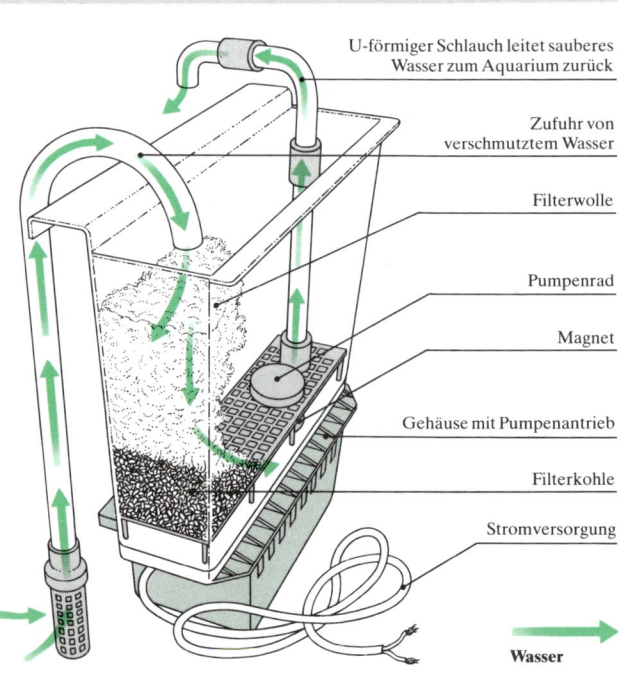

Magnetische Pumpen hängen an der Außenseite von Aquarien. Der Motor befindet sich unter dem Filtergefäß und versetzt einen Magneten in Drehung. Ein zweiter Magnet ist im Inneren der Filterbox mit einem Pumpenrad verbunden. Wenn sich der äußere Magnet dreht, versetzt er auch den inneren Magneten in Bewegung, und die Pumpe beginnt zu laufen. Um eine Wasserbewegung im Innern des Aquariums zu gewährleisten, empfiehlt es sich, die Einström- und die Ausströmöffnung an entgegengesetzten Enden des Aquariums zu befestigen.

Mit magnetischer Pumpe betriebener Außenfilter. Der Vorteil dieses Systems liegt darin, daß es eine größere Leistung als druckluftbetriebene Filter aufweist.

U-förmiger Schlauch leitet sauberes Wasser zum Aquarium zurück

Zufuhr von verschmutztem Wasser

Filterwolle

Pumpenrad

Magnet

Gehäuse mit Pumpenantrieb

Filterkohle

Stromversorgung

Wasser

WIE TOPFFILTER FUNKTIONIEREN

Bei diesem Filtertyp sorgt eine kleine Kreisel-pumpe mit einem Elektromotor für die Wasser-bewegung. Weil die Durchflußgeschwindigkeit groß ist, haben viele Topffiltermodelle, die es als Außen- wie als Innenfilter gibt, ein Ausström-rohr mit vielen Löchern, durch die das Wasser über die ganze Aquarienlänge hinweg austritt.

Außenfilter
Diese Filter werden über eine besonders kon-struierte Vorrichtung am Aquarium befestigt. Man kann sie auch weiter weg unterbringen und muß dann allerdings lange Schlauchzuführungen in Kauf nehmen. Dabei ist zu beachten, daß die Schlauchverbindungen absolut dicht sind, sonst läuft uns das ganze Aquarium innerhalb kurzer Zeit aus.

Innenfilter
Topfinnenfilter haben den Motor oben und das Filtersubstrat im unteren Teil. Manche verfügen über einen eingebauten Injektor, der das zurück-strömende Wasser mit Luft anreichert.

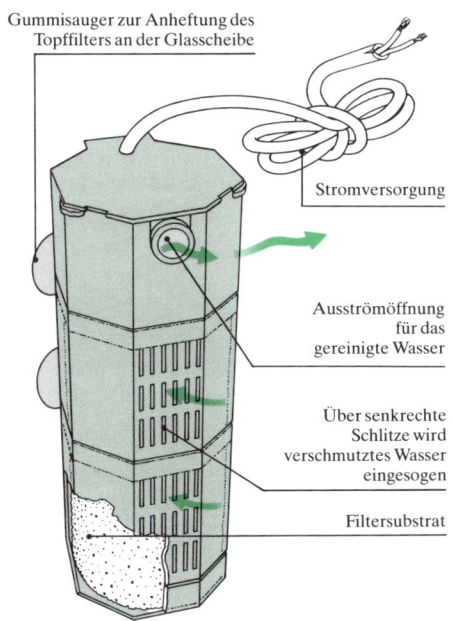

Gummisauger zur Anheftung des Topffilters an der Glasscheibe

Stromversorgung

Ausströmöffnung für das gereinigte Wasser

Über senkrechte Schlitze wird verschmutztes Wasser eingesogen

Filtersubstrat

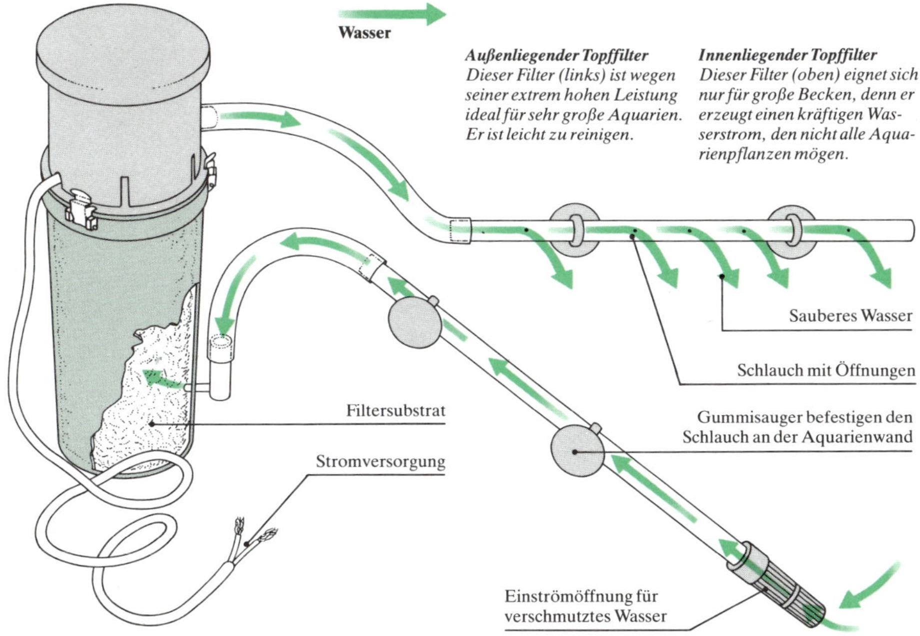

Wasser

Außenliegender Topffilter
Dieser Filter (links) ist wegen seiner extrem hohen Leistung ideal für sehr große Aquarien. Er ist leicht zu reinigen.

Innenliegender Topffilter
Dieser Filter (oben) eignet sich nur für große Becken, denn er erzeugt einen kräftigen Was-serstrom, den nicht alle Aqua-rienpflanzen mögen.

Sauberes Wasser

Schlauch mit Öffnungen

Gummisauger befestigen den Schlauch an der Aquarienwand

Filtersubstrat

Stromversorgung

Einströmöffnung für verschmutztes Wasser

Die biologische Reinigung

Zwischen der biologischen Reinigung einerseits und der chemischen und mechanischen Reinigung andererseits besteht ein deutlicher Unterschied: Die beiden letztgenannten Verfahren entfernen bestimmte Stoffe aus dem Wasser, während bei der biologischen Reinigung organische Stoffe abgebaut und dadurch unschädlich gemacht werden.

Ihre besondere Wirksamkeit zeigt die biologische Reinigung beim Ammoniak. Es wird von jenen Bakterien produziert, die organische Substanzen wie Fischkot und Futterreste abbauen. Auch die Fische scheiden bei der Atmung Ammoniak aus. Bakterien sorgen bei der biologischen Reinigung dafür, daß das Ammoniak in das viel harmlosere

WIE EIN UNTERFLURFILTER FUNKTIONIERT

Bei diesem System gibt es kein Filtersubstrat. Statt dessen bringen wir eine mit Schlitzen versehene Platte unter dem Aquarienkies an. Sie bildet dort ein großes aerobes Bett für Bakterien, weil eine Luftpumpe für einen dauernden Zustrom gut belüfteten Wassers sorgt. Ein Drucklufteber (siehe Seite 124) drückt entweder Wasser aus dem Kies heraus (das dann durch niederströmendes Wasser ersetzt wird) oder saugt Wasser durch den Kies hindurch an.

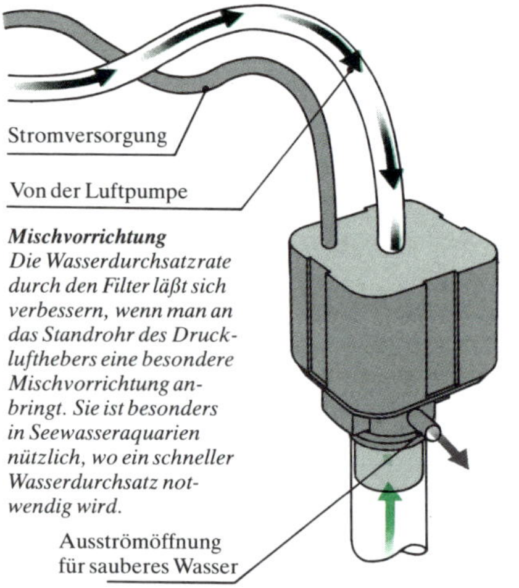

Stromversorgung

Von der Luftpumpe

Mischvorrichtung
Die Wasserdurchsatzrate durch den Filter läßt sich verbessern, wenn man an das Standrohr des Drucklufthebers eine besondere Mischvorrichtung anbringt. Sie ist besonders in Seewasseraquarien nützlich, wo ein schneller Wasserdurchsatz notwendig wird.

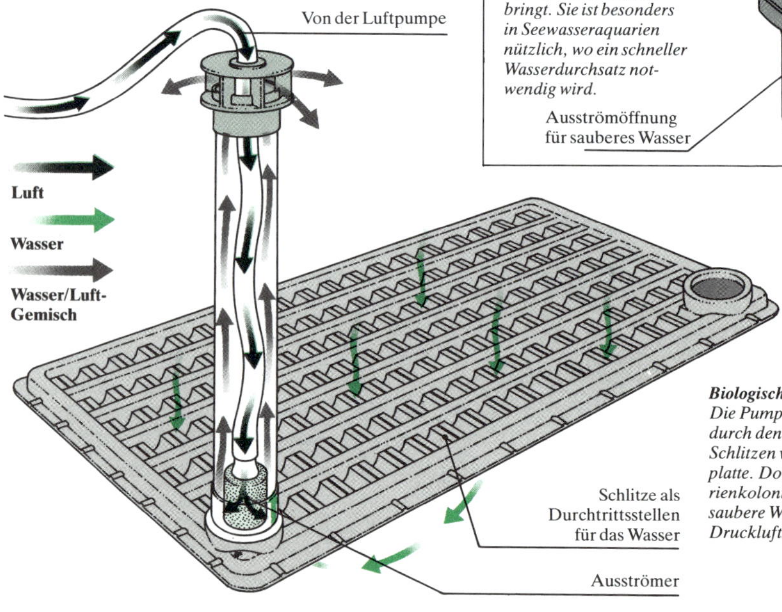

Ausströmöffnung für sauberes Wasser

Von der Luftpumpe

Luft

Wasser

Wasser/Luft-Gemisch

Schlitze als Durchtrittsstellen für das Wasser

Biologischer Unterflurfilter
Die Pumpe treibt Wasser durch den Kies und die mit Schlitzen versehene Bodenplatte. Dort wird es von Bakterienkolonien gefiltert. Das saubere Wasser befördert der Drucklufteber nach oben.

Ausströmer

Nitrat umgesetzt wird. Diese Bakterien breiten sich von selbst auf der Oberseite des Aquarienkieses aus. Wenn ihr Lebensraum viel Sauerstoff bekommt (aerobe Bakterien), pflanzen sie sich kräftig fort und breiten sich auch im Inneren des Kieses aus. Wir legen dazu einen Unterflurfilter an. Durch eine mit Schlitzen versehene Platte auf dem Aquarienboden und den Kies darüber zieht sauerstoffhaltiges Wasser. Wenn ammoniakhaltiges Wasser auf die Bakterien trifft, wird dieser giftige Stoff in zwei Stufen umgewandelt. Zunächst verwandeln Bakterien der Gattung Nitrosomonas das Ammoniak in Nitrit, und Nitrobacter sorgt dann dafür, daß daraus Nitrat wird. Obwohl Nitrate in größeren Mengen das Wachstum der Fische behindern, sind sie weniger giftig als Ammoniak.

Dieser Filtertyp hat gegenüber anderen Systemen mehrere Vorteile. Er fällt nicht auf, braucht keine langen Schläuche und ist geräuscharm im Betrieb. Man kann ihn für alle Aquarien verwenden, und in Meeresaquarien ist er sogar obligatorisch.

Die Einrichtung eines Unterflurfilters

Die Filterplatte sollte möglichst die Ausmaße des Aquarienbodens haben, damit auch die größtmögliche Oberfläche genutzt wird. Wer eine käufliche Filterplatte verwendet, muß sie vielleicht beschneiden oder mehrere davon nebeneinander legen. Bastler können sich ihre eigene Platte bauen, indem sie Schlitze in ein gewelltes Plastikstück schneiden (siehe Seite 193).

1 Man legt die Filterplatte flach auf den Aquarienboden und fixiert sie gegebenenfalls mit einem Klebstoff.

2 Den Druckluftheber (oder deren zwei in größeren Aquarien) in einer Ecke befestigen und auf der Oberseite der Platte festkleben. Damit sich das Wasser schneller bewegt, stecken wir einen Ausströmer (siehe Seite 123) in das Standrohr. In Süßwasseraquarien funktioniert ein solcher Bodenfilter auch mit einer bescheidenen Membranpumpe (siehe Seite 123) zufriedenstellend. Seewasserbecken verlangen allerdings einen größeren Wasserdurchsatz, für den wir eine

PFLANZENFILTER

Eine weitere Filtermethode – gleichermaßen biologischer wie chemischer Art – verwendet Pflanzen oder Algen, um Ammoniak, Kohlendioxid und Nitrate aus dem Wasser zu entfernen. Es gibt Seewasseraquarien mit flachen Algenfiltern, doch nehmen diese über dem Aquarium sehr viel Platz in Anspruch und sind nur schwierig zu montieren.

Bei Süßwasseraquarien verwendet man ein separates bepflanztes Aquarium, das neben das Fischbecken zu stehen kommt. Wasser wird vom Aquarium in das Pflanzenbecken geleitet und gelangt wieder zurück. Das Pflanzenbecken sollte man hell erleuchten für eine maximale Photosyntheseleistung.

Die Filterung findet dann statt, wenn die Pflanzen Kohlendioxid und anorganische Moleküle aus dem Wasser aufnehmen, und an ihrer Stelle Sauerstoff und organische Verbindungen abgeben. Dieses Filtersystem ist besonders wirkungsvoll bei Aquarien mit pflanzenfressenden Fischen. Auf diese Weise kann man auch Lebendfutter gewinnen, ohne befürchten zu müssen, daß hungrige Fische gleich alle Aquarienpflanzen wegfressen. Wenn die Tiere des Hauptaquariums von einer Krankheit befallen werden, muß man auch das Becken mit den Pflanzen isolieren.

Kreiselpumpe (siehe Seite 126) zu Hilfe nehmen müssen.

3 Die Filterplatte wird 2 bis 3 cm hoch mit Kies bedeckt. Dann kommt ein Nylonnetz sowie eine weitere 4 bis 5 cm dicke Kiesschicht darüber. Die Kiesschicht muß so tief sein, damit die Pflanzen darin wurzeln können. Das Nylonnetz hindert die Fische daran, die Filterplatte völlig freizulegen.

4 Obwohl sich eine Bakterienkolonie in einem neuen Aquarium von selbst bildet, kann doch einige Zeit verstreichen, bis die Kolonie stark genug ist, um als biologischer Filter zu funktionieren. Um diesen Vorgang zu beschleunigen, nehmen wir Kies aus einem bereits bestehenden Aquarium und impfen damit den neuen Kies mit Bakterien ein. Mit einem Nitrittest stellen wir fest, wann die Kolonie voll funktionsfähig ist.

HEIZUNG

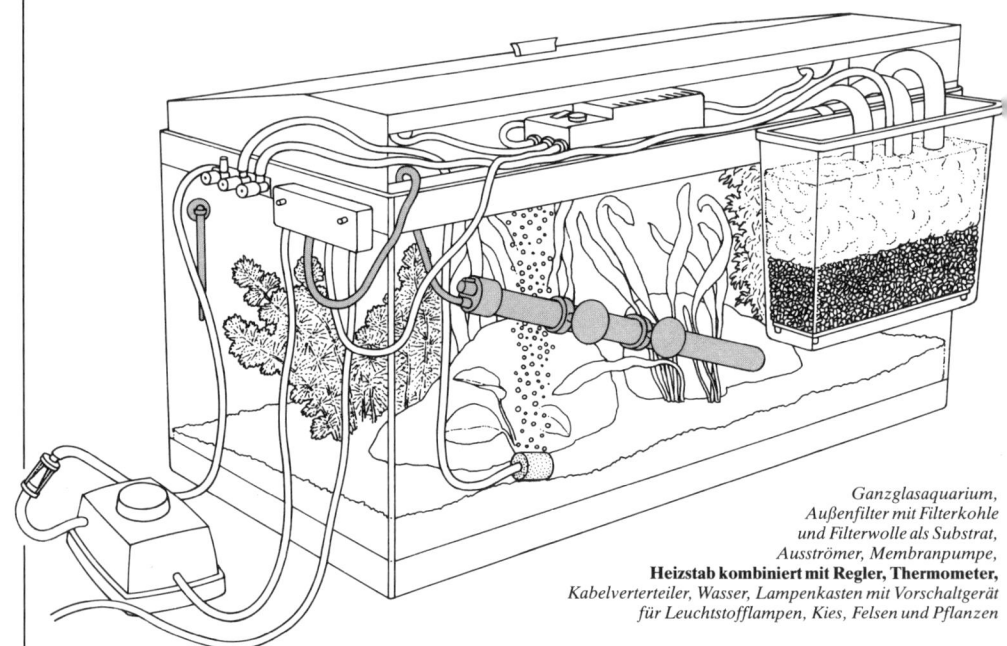

*Ganzglasaquarium,
Außenfilter mit Filterkohle
und Filterwolle als Substrat,
Ausströmer, Membranpumpe,
Heizstab kombiniert mit Regler, Thermometer,
Kabelverterteiler, Wasser, Lampenkasten mit Vorschaltgerät
für Leuchtstofflampen, Kies, Felsen und Pflanzen*

Im Gegensatz zur bisher behandelten Ausrüstung, nämlich dem Becken, der Belüftungsanlage und den Filtern, benötigen wir nur dann eine Heizung, wenn wir tropische Fische halten wollen. Die Heizung des Aquarienwassers kommt nicht besonders teuer zu stehen, da die Wassertemperatur in den Tropen mit rund 24 °C noch recht gering ist und einem lauwarmen Bad entspricht. Die Kosten für die Konstanthaltung der Wassertemperatur sind deswegen gering, denn es wird nur sehr wenig Energie benötigt, um die Temperatur auf dem gewählten Niveau zu halten.

Die meisten Aquarien enthalten jeweils einzelne Heizungen, die ihre Energie aus dem Stromnetz beziehen. Wer jedoch mehrere Aquarien in einem eigenen Hobbyraum sein eigen nennt, kann auch auf andere Energiequellen zurückgreifen und zum Beispiel den ganzen Raum mit einer Ölheizung wärmen (siehe Seite 135).

Heute kontrollieren Thermostate oder Regler die Wassertemperatur von Aquarien. Sie arbeiten völlig automatisch und sehr zuverlässig. Das bedeutet aber keinesfalls, daß man nicht selber eingreifen kann. Thermostate lassen sich auch um einige Grade über oder unter die Standardmarke von 24 °C einstellen. Eine Änderung der Wassertemperatur ist zum Beispiel angezeigt, wenn man Fischkrankheiten behandeln muß oder wenn man die Fische zum Ablaichen bewegen will.

Heizer für das Aquarium

Am häufigsten werden Stabheizer verwendet. Sie bestehen aus einem elektrischen Element (ähnlich wie bei einem Herd), das um einen Keramikkern gewickelt und in eine Sandschicht eingebettet ist. Als Hülle gegen außen dient eine wasserdichte, hitzeresistente Glasröhre. Ein elektrisches Kabel verbindet die Röhre über einen wasserdichten Stopfen mit dem Stromnetz. Solche Stabheizer können ganz ins Wasser eingetaucht werden und werden in Standardgrößen hergestellt: 50, 75, 100, 125, 150, 200 und 300 Watt.

Ein weiteres Heizersystem, das im Innern des Aquariums untergebracht wird, ist das Heizkabel. Es wird in den Kies des Aquariums eingegraben. Diese Art Heizung hat den Vorteil, daß sich die Fische nicht daran verbrennen können.

Die Heizmatte wird einfach unter das Aquarium gelegt. Diese Entwicklung ist neueren Datums, und man kann noch nicht richtig sagen, inwieweit sie brauchbar ist.

Eine weitere Möglichkeit besteht in Heizgeräten mit niederer Voltzahl. Sie sind sehr viel sicherer als die üblichen Heizersysteme, weisen aber mehrere Nachteile auf: Ein Transformator ist notwendig, die Heizspirale ist dicker und das Heizerelement deswegen auch größer als üblich.

Die richtige Leistung wählen
Der Heizer muß stark genug sein, um das Aquarium richtig zu wärmen. Als Faustregel gelten 0,2 bis 0,5 Watt Leistung pro Liter Wasser für ein Aquarium, das in normal beheizter Umgebung steht. Wenn das Becken zum Beispiel 90 cm lang, 30 cm tief und 38 cm hoch ist und somit ein Volumen von 100 l aufweist, so ist eine Heizung von höchstens 50 Watt angebracht. Ist das Becken 90 cm lang oder noch länger, so empfiehlt es sich vielleicht, zwei verschiedene Heizer zu verwenden (im Fall des 90-cm-Beckens zwei Heizer zu je 25 Watt), die an entgegengesetzten Enden anzubringen sind.

Ein starker Heizer in einem kleinen Becken arbeitet zwar normal, aber es besteht

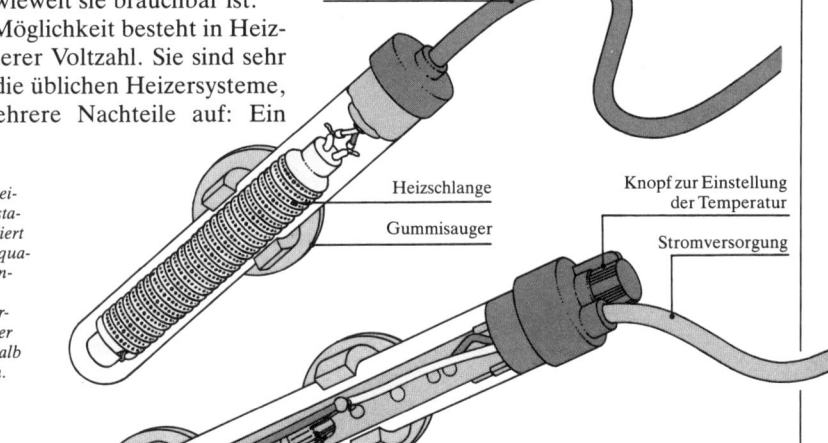

Stabheizer ohne Regler
Dieser Heizer muß von einem separaten Thermostaten oder Regler kontrolliert werden, der innen im Aquarium oder auf der Außenscheibe liegt (siehe Seite 113). Die elektrische Verbindung zwischen Heizer und Regler muß außerhalb des Aquariums erfolgen.

Zum Regler

Heizschlange

Gummisauger

Knopf zur Einstellung der Temperatur

Stromversorgung

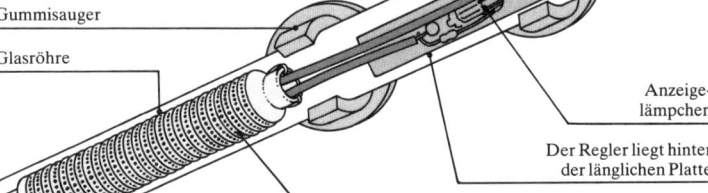

Gummisauger

Glasröhre

Anzeigelämpchen

Der Regler liegt hinter der länglichen Platte

Heizspirale, aufgewickelt um einen Keramikstab

Regelheizer, Heizer kombiniert mit Regler
Die Glasröhre enthält einen Heizer und in der oberen Hälfte den Regler oder Thermostaten. Einige Typen können völlig untergetaucht montiert werden, andere hingegen nicht. Man befolge die Anweisungen des Herstellers.

doch immer die Gefahr, daß der Thermostat einmal nicht richtig arbeitet oder gar ausfällt. Dann überhitzt sich das verhältnismäßig geringe Wasservolumen schnell. Die Fische werden getötet, und eine Scheibe kann springen. Da die Temperatur in einem kleinen Behälter auch stärker schwankt, kann ein zu groß dimensionierter Heizer den Thermostaten vorzeitig abnützen, weil er dauernd ein- und ausschaltet.

Umgekehrt schafft es ein zu klein dimensionierter Heizer vielleicht gerade, den Wärmeverlust unter normalen Bedingungen zu decken. Fällt die Temperatur im Raum aber stark ab, so kommt er mit der Wärmeerzeugung nicht mehr nach.

ACHTUNG
● Erst wenn der Heizer völlig im Wasser eingetaucht ist, darf er eingeschaltet werden. Heizer erwärmen sich sehr schnell außerhalb des Wassers, und wenn man ihn in der Hand hält, verbrennt man sich leicht. Wenn wir ihn dann noch ins Wasser fallen lassen, kann er explodieren und das Aquarium unter Strom setzen!
● Knöpfe für die Einstellung des Reglers reizen Kinder zum Ausprobieren. Wenn Ihr Modell über keinen Schutzdeckel verfügt, sollte man die Temperatur festlegen und dann den Knopf abschrauben oder fest fixieren.

DAS EINRICHTEN DES HEIZERS

Es gibt zwei Arten der Installation: die eine für einen Heizer mit kombiniertem Regler, die andere für den Heizer, der von einem außen gelegenen Thermostaten geregelt wird.

Kombinierte Regelheizer
Im allgemeinen bringt man diese Geräte senkrecht in einer Ecke des Aquariums an. Reicht die Wassertiefe aber nicht aus, so befestigen wir sie schräg an der Aquarienwand. Der Regler muß stets oberhalb des Heizelementes liegen.

Getrennte Systeme
Man achte darauf, daß der Temperaturfühler ganz von Wasser bedeckt ist oder die Sensorplatte flach auf dem Aquarienglas aufliegt. Dazu muß natürlich die Scheibe völlig flach und darf nicht gerippt sein.

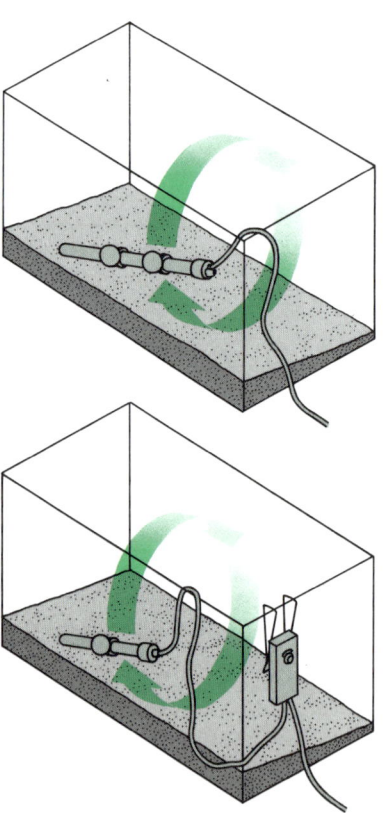

Die Einrichtung eines Regelheizers
Der Heizregler wird schräg an der rückseitigen Aquarienscheibe befestigt. Dazu nehmen wir zwei Gummisauger, die mit Kunststoffklammern den Heizregler festhalten. Besonders der untere Teil des Heizers muß frei von Wasser umspült werden und darf nicht im Kies stecken, sonst erhitzt er sich zu stark, springt vielleicht sogar und setzt das ganze Aquarium unter Strom.

Das Einrichten getrennter Einheiten
Man sollte den Heizstab so tief wie möglich im Aquarium befestigen, allerdings noch in deutlichem Abstand vom Kiesuntergrund. Dieser einfache Heizer wird von einem Regler oder Thermostaten kontrolliert (siehe Seite 133). Er muß keineswegs gerade in der Nähe des Heizers stehen. Wird der Regler mit Metallklammern an der Aquarienwand befestigt, so überziehen wir diese zum Schutz vor Korrosion mit einem Plastikschlauch.

Regler

Ein Regler oder Thermostat ist ein verhältnismäßig einfacher Apparat. Er schaltet die Heizung aus, wenn die gewünschte Temperatur erreicht ist, und schaltet sie wieder ein, wenn die Temperatur unter einen vorher bestimmten Wert fällt. Thermostaten für Aquarien sind von der Herstellerfirma so eingerichtet, daß sie eine Temperatur von ungefähr 24 °C gewährleisten. Innerhalb bestimmter Grenzen kann man sie jedoch noch selber einstellen.

Innenregler

Ein Innenregler besteht aus einem Bimetallstreifen, der in einer wasserdichten Glasröhre untergebracht ist. Wenn sich die Wassertemperatur verändert, verbiegt sich der Streifen und schaltet die Stromzufuhr entweder ein oder aus. Ein solcher Schalter enthält meistens einen eingebauten Magneten, so daß ein elektrischer Kontakt schnell erfolgt.

Heizer und Regler sind im allgemeinen zwei verschiedene Einheiten, doch heute bauen viele Firmen das Heizelement und den Regler in dieselbe Glasröhre ein. Solche kombinierte Regelheizer können ganz unterschiedlich gebaut sein; die einen kann man vollständig untertauchen, andere wiederum nicht.

Pflege des Reglers

Moderne Regler brauchen im allgemeinen nicht gepflegt zu werden. Dies gilt vor allem für Innenregler, die völlig wasserdicht sind

Standard-Außenregler
Dieser Thermostat wird mit einem getrennten Heizer (siehe Seite 131) verwendet. Den Knopf zur Temperaturwahl kann man abdekken oder entfernen, um Veränderungen durch Kinderhände zu vermeiden.

Plastikbeschichtete
Aufhängevorrichtung

Einstellknopf

Sensorplatte

Stromzufuhr

Zum Heizer

Stromzufuhr

Einhängevorrichtung

Einstellknopf

Anzeige

Leuchtdiodenanzeige

Temperaturfühler

Elektronischer Außenregler
Er wird mit einem getrennten Heizer (siehe Seite 131) verwendet und mißt die Wassertemperatur über einen eingetauchten Fühler.

Anzeigelämpchen

Zum Heizer

und unter Wasser befestigt werden. Entweder arbeiten sie richtig oder gar nicht. Man sollte allerdings regelmäßig ihre Verschlußkappen überprüfen, weil sie gelegentlich von Schnecken beschädigt werden.

Bei Außenreglern achte man darauf, daß die Sensorplatte gut auf der Aquarienscheibe aufliegt. Bei elektronisch arbeitenden Modellen muß der Temperaturfühler ganz im Wasser eingetaucht sein.

Da Temperaturregler auf elektromagnetischer Basis funktionieren, können sie von den sogenannten Algenmagneten negativ beeinflußt werden. Deswegen bewahren wir diese Scheibenreiniger in gebührender Entfernung von den Reglern auf.

Außenregler

Außenregler werden zusammen mit einer Innenheizung verwendet. Sie haben im allgemeinen eine flache rostfreie Bodenplatte aus Stahl, mit der sie die Temperaturschwankungen des Wassers über die Scheibe registrieren. Die neuesten Entwicklungen machen von der Mikrochiptechnologie Gebrauch und verwenden einen winzigen Temperaturfühler, der im Wasser hängt.

Solche Regler befestigen wir außen am Aquarium, z. B. durch eine Hängevorrichtung. In einem Seewasseraquarium muß man sie vor der korrodierenden Wirkung des Wassers schützen, die zu einer Vergiftung des Aquariums führen würde. Am besten überzieht man die Metallteile mit einem Plastikschlauch.

Das Einstellen des Reglers

Alle Thermostaten sind vom Hersteller normalerweise auf 24°C eingestellt, doch kann man diese Einstellung durchaus verändern. Vielleicht will man die Temperatur erhöhen und dadurch die Tiere zum Ablaichen bringen. Es gibt auch Fische, die niedrigere Temperaturen vorziehen. Bevor man am Thermostaten irgendwelche Veränderungen anbringt, zieht man den Stecker heraus.

TEMPERATURMESSUNG

Auf dem Markt gibt es viele billige und einfach zu handhabende Aquarienthermometer. Einige schwimmen senkrecht im Wasser, andere werden mit Gummisaugern an der Scheibe befestigt. Die meisten funktionieren wie das altbekannte Fieberthermometer, nämlich über eine Flüssigkeitssäule. Außenthermometer werden an der Außenseite des Aquariums befestigt und funktionieren mechanisch oder mit einer Flüssigkristallanzeige. Diese Thermometer sind bei Sonnenschein schwer abzulesen; man montiere sie deswegen an einer schattigen Stelle.

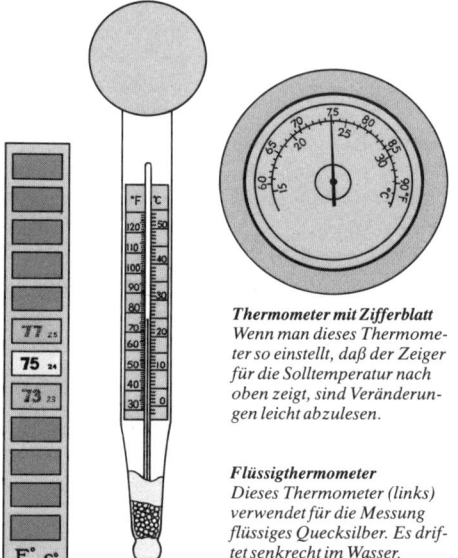

Thermometer mit Flüssigkristallanzeige
Meist in Form einer Selbstklebefolie (rechts), die man an der Außenseite des Aquariums befestigt. Das etwas stärker aufleuchtende Schild zeigt die korrekte Wassertemperatur an.

Thermometer mit Zifferblatt
Wenn man dieses Thermometer so einstellt, daß der Zeiger für die Solltemperatur nach oben zeigt, sind Veränderungen leicht abzulesen.

Flüssigthermometer
Dieses Thermometer (links) verwendet für die Messung flüssiges Quecksilber. Es driftet senkrecht im Wasser.

Wärme sparen

Wärme sparen ist nicht nur etwas für den Aquarienliebhaber mit kleinem Budget. Wer mehrere Becken besitzt, kann durchaus Geld sparen, wenn er den gesamten Raum und nicht die einzelnen Becken heizt. Heizwärme sparen hat auch etwas mit Isolation zu tun, und solche Maßnahmen braucht man unbedingt, wenn der Strom ausfällt.

Raumheizung

Einen Raum, der nicht an die Zentralheizung angeschlossen ist, kann man am einfachsten mit einem Ölbrenner heizen. Auf der Wasseroberfläche bildet sich dann allerdings mit der Zeit ein leichter Ölfilm. Man entfernt ihn, indem man ein Löschblatt über die Oberfläche zieht. Auch eine Gasheizung oder ein elektrisches Heizgerät mit eingebautem Regler kann man verwenden.

Vorteile
Einer der Vorteile der Raumheizung besteht darin, daß man Fische in einem beliebigen Wasserbecken in diesem Raum halten kann. Auch eine individuelle Kontrolle der Wassertemperatur ist möglich, denn nahe der Decke ist die Temperatur höher als am Boden. Um also die Wassertemperatur für bestimmte Fische zu erhöhen, verlegt man das Becken einfach um ein oder zwei Regalbretter nach oben. Dies empfiehlt sich vor allem, wenn man den Fischen einen Anreiz zum Ablaichen geben will. Sie brauchen dazu oft nur ein oder zwei Grad mehr Wärme.
Bei der Raumheizung laufen wir auch nicht die Gefahr, daß die Fische bei einem Wasserwechsel unterkühlt werden. Wir bewahren dazu einfach Wasser in einem großen fischlosen Becken auf, und beim nächsten Tausch hat es automatisch die richtige Temperatur. In ähnlicher Weise dringt auch keine Kälte ein, wenn wir die Abdeckung der Aquarien einmal hochheben.

Vorkehrungen für den Notfall
Geraten Sie nicht sofort in Panik, wenn entweder der Strom oder der Heizer 'ausfällt,

ISOLATION

Welches Heizsystem man auch für das Aquarium verwendet, in jedem Fall kann man Maßnahmen ergreifen, um möglichst wenig Wärme zu verlieren. Am besten geschieht dies durch Styroporplatten, die man hinten und an den Seiten des Aquariums anbringt. Doch geht dieses Verfahren nur bei Aquarien, die in Wandnischen oder ähnliches eingebaut sind. Bei freistehenden Aquarien wirken Styroporplatten doch sehr häßlich.

Wer über einen »Fischraum« mit Raumheizung verfügt, sollte die Wände ebenfalls mit dicken Styroporplatten isolieren. Hier spielt das Aussehen wohl keine so große Rolle. Man kann die Styroporplatten wie Tapeten an die Wand kleben.

denn in einem Becken, das über 60 cm lang ist, fällt die Temperatur sehr langsam, und bei der Dauer eines durchschnittlichen Stromausfalls wird sie wohl kaum mehr als um ein Grad sinken. Wahrscheinlich wird der Raum, in dem die Fische stehen, auch selbst recht warm sein, und vielleicht kann man auch ihn auf andere Weise heizen.

Fallen der Strom oder der Heizer allerdings für längere Zeit aus, so umgibt man den Behälter mit Leintüchern oder Zeitungen, um einen weiteren Wärmeverlust zu vermeiden. Gleichzeitig überwachen wir die Wassertemperatur. Viele Fische halten zeitweilig eine Temperatur bis 18°C aus, sofern der Abfall nur sehr langsam erfolgt. Sinkt sie hingegen drastisch, so müssen wir Wasser erhitzen, zum Beispiel auf einem Gaskocher oder überm offenen Feuer, in Flaschen abfüllen und diese ins Aquarium stellen. Auf keinen Fall dürfen wir große Mengen heißes Wasser ins Aquarium gießen. Die Fische ertragen solche Temperaturschwankungen nicht, und im schlimmsten Fall können sogar Glasscheiben springen.

WASSER

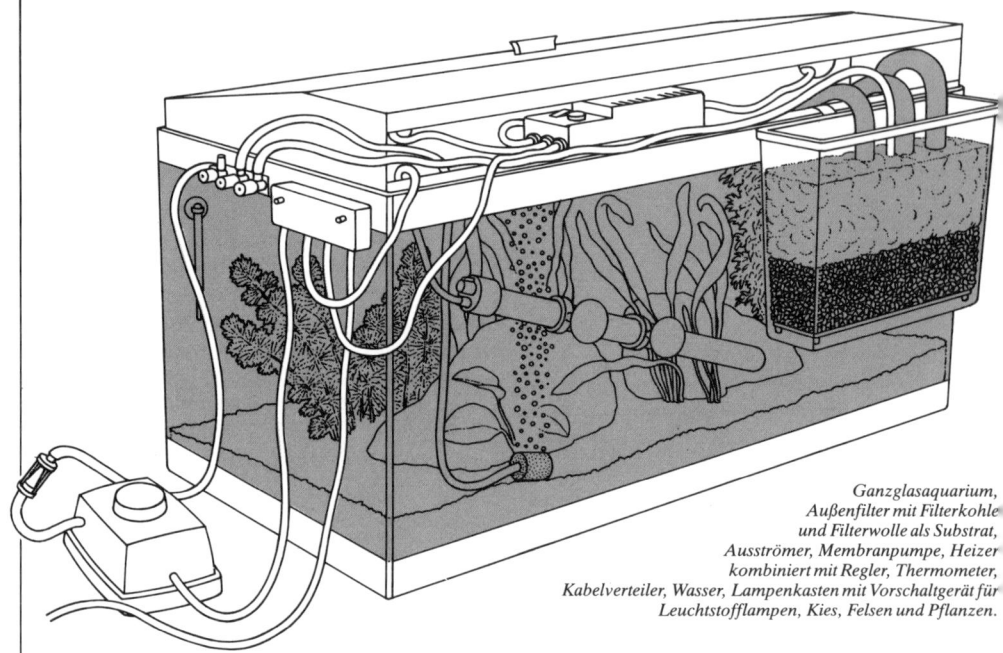

Ganzglasaquarium,
Außenfilter mit Filterkohle
und Filterwolle als Substrat,
Ausströmer, Membranpumpe, Heizer
kombiniert mit Regler, Thermometer,
Kabelverteiler, Wasser, Lampenkasten mit Vorschaltgerät für
Leuchtstofflampen, Kies, Felsen und Pflanzen.

Es ist eine ziemlich banale Feststellung, daß Wasser für alle Lebewesen des Aquariums das wichtigste Element darstellt. Es entscheidet oft über den Erfolg der Fischhaltung, wenn wir den Tieren genau das richtige Wasser bieten. Was uns die Luft, ist den Fischen das Wasser: Es enthält den gelösten Sauerstoff, den sie über die Kiemen aufnehmen, und trägt ihren Körper – und auch die Stengel der Wasserpflanzen. Um überleben zu können, müssen wasserbewohnende Organismen entweder Wasser aufnehmen und Salz ausscheiden oder Wasser ausscheiden und Salz aufnehmen (siehe Seite 19–21), je nachdem, ob es sich um Süßwasser- oder Meerwasserbewohner handelt.

Wasser bedeckt ungefähr 70 Prozent der Erdoberfläche. Weitaus der größte Teil davon ist aber Meerwasser. Das Süßwasser der Flüsse und Seen macht ungefähr 3 Prozent der gesamten Wassermassen der Erde aus.

75 Prozent davon liegen in fester Form als Schnee und Eis am Süd- und Nordpol.

Für unsere Zwecke reicht es nicht aus, einfach etwas Meerwasser oder Flußwasser ins Aquarium zu gießen. Vielleicht sagt die Wasserqualität den Fischen nicht zu, oder das Wasser ist sogar verschmutzt. Dieses Kapitel erklärt, wie das Aquarienwasser zusammengesetzt ist, wie die einzelnen Komponenten auf die Fische wirken und wie man die Qualität des Wassers im Hinblick auf die Fische beurteilen kann.

Was ist Wasser?

Für die meisten Menschen besteht Süßwasser aus H_2O, und Meerwasser ist für sie eine Kochsalz(NaCl)-Lösung in Wasser. Das gilt nur in der Theorie. Das auf der Erde vorkommende Wasser besteht eben nicht nur aus H_2O-Molekülen, sondern enthält auch verschiedene Mineralien und Spurenelemente. Wir müssen wissen, wie sie die Eigenschaften des Wassers beeinflussen. Schließlich müssen wir unseren Lieblingen die richtigen Wasserbedingungen bieten.

Salzhaltiges Meerwasser macht den weitaus größten Teil des gesamten Wasservorkommens auf der Erde aus. Das Meerwasser ist eine sehr stabile Umgebung, und der Salzgehalt (Salinität) variiert nur leicht von Ort zu Ort. Im Gegensatz dazu zeigt das Süßwasser große geographische Schwankungen der chemischen und physikalischen Beschaffenheit. Daraus ergeben sich zwei Folgerungen: Für alle Meeresfische gleich welcher Gebiete reicht ein Wassertyp aus, während Süßwasserfische ganz unterschiedliche Anforderungen an das Wasser stellen, die wir bei der Vorbereitung des Aquarienwassers auch berücksichtigen müssen. Um zu verstehen, warum die Zusammensetzung des Wassers so verschieden sein kann, muß man den Werdegang des Süßwassers kennen.

Heute hat sich die Lage noch weiter kompliziert, denn in unserem Wasser sind oft auch Chemierückstände zu finden, und Chemikalien wie Chlor und Fluor werden häufig dem Leitungswasser beigegeben.

WIE ENTSTEHT SÜSSWASSER?

Unter der Einwirkung der Sonne verdunstet Wasser von der Meeresoberfläche und gelangt als Dampf in die Atmosphäre. Dabei steigt nur reines Wasser auf, denn das gelöste Salz bleibt im Meer zurück. Gelangt der Wasserdampf über Land, so kondensiert er und fällt als Regen auf den Boden.

Zu Beginn stellen die Niederschläge reines Wasser dar, aber bereits in der Atmosphäre und noch mehr auf dem Boden nehmen sie die unterschiedlichsten Stoffe in sich auf, zum Beispiel Mineralien aus dem Untergrund, verrottende Pflanzenteile und leider auch Abfall aus Chemie und Haushalt.

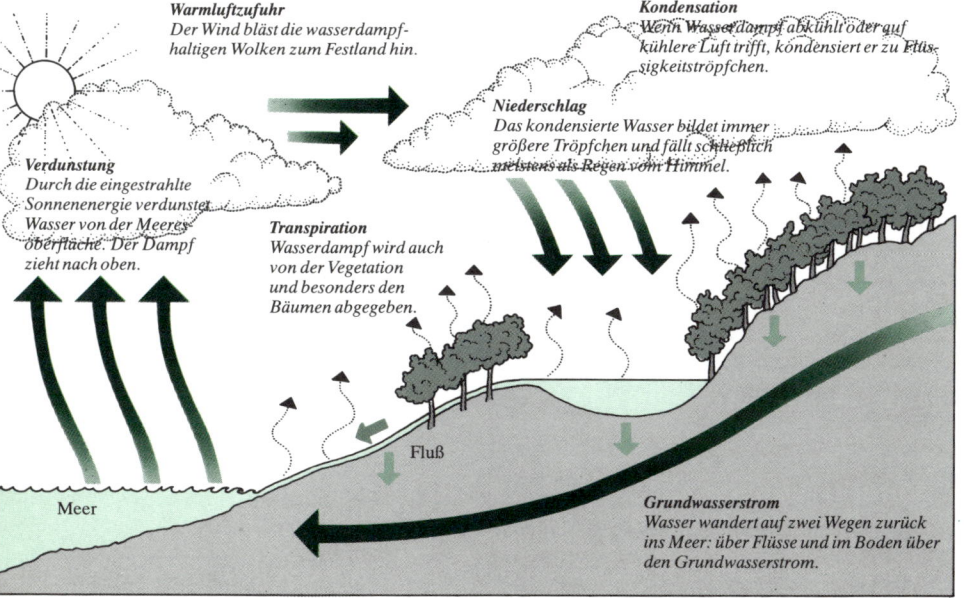

Warmluftzufuhr
Der Wind bläst die wasserdampfhaltigen Wolken zum Festland hin.

Kondensation
Wenn Wasserdampf abkühlt oder auf kühlere Luft trifft, kondensiert er zu Flüssigkeitströpfchen.

Niederschlag
Das kondensierte Wasser bildet immer größere Tröpfchen und fällt schließlich meistens als Regen vom Himmel.

Verdunstung
Durch die eingestrahlte Sonnenenergie verdunstet Wasser von der Meeresoberfläche. Der Dampf zieht nach oben.

Transpiration
Wasserdampf wird auch von der Vegetation und besonders den Bäumen abgegeben.

Fluß

Meer

Grundwasserstrom
Wasser wandert auf zwei Wegen zurück ins Meer: über Flüsse und im Boden über den Grundwasserstrom.

Wasser und Biotop

Am besten fährt man, wenn man den Aquarienfischen Wasser bietet, das dem ihrer natürlichen Lebensräume am ehesten nahekommt.

Süßwasserbiotope

Ganz im Gegensatz zum Meer schwanken die Umweltverhältnisse in den Biotopen des Süßwasser außerordentlich stark.

Bergbäche der Tropen
Bergbäche führen kaltes, bewegtes und sauerstoffhaltiges Wasser. Es nimmt nur wenige Mineralsalze vom unlöslichen Gestein auf und ist deswegen weich. Wenn das Wasser aber durch Moore und Heiden fließt, kann der Torfboden zu einer sauren Reaktion führen. Aus diesen Lebensräumen stammen vor allem Arten der Gattungen Brachydanio und Danio (siehe Seite 40–41).

Tropische Bäche, Flüsse und Sümpfe
Flüsse, die durch dichte tropische Regenwälder ziehen, haben im allgemeinen weiches und saures Wasser. Sie fließen langsamer als Bergbäche und enthalten deswegen auch weniger Sauerstoff. Aus diesen Lebensräumen stammt die Mehrzahl der tropischen Aquarienfische, zum Beispiel die Barben (siehe Seite 36–39), die Salmler (siehe Seite 45–52), die Buntbarsche (siehe Seite 53–59) sowie die Bärblinge der Gattung Rasbora (siehe Seite 42–43).

Flüsse, die nicht durch echte Regenwälder ziehen, etwa in Zentralamerika, fließen langsamer und haben härteres Wasser mit basischer Reaktion. Hier halten sich lebendgebärende Fische wie Schwertträger (siehe Seite 68), der Segelkärpfling (siehe Seite 68) und der Platy (siehe Seite 69) auf.

Periodische Gewässer der Tropen
Viele Weiher und Bäche sind in den Tropen nur in einer Jahreszeit vorhanden. Sie trocknen jedes Jahr aus und füllen sich in der nächsten Regenzeit wieder. Die Umweltbedingungen verändern sich dabei dramatisch.

Je nach der Zusammensetzung des Untergrundes kann das Wasser weich und sauer bleiben oder durch die Verdunstung zunehmend härter werden. Solche Gewässer bewegen sich im allgemeinen nur sehr langsam oder stehen still und haben deswegen einen niedrigen Sauerstoffgehalt. Periodische Gewässer sind der klassische Lebensraum für die Eierlegenden Zahnkarpfen (siehe Seite 70–72), die ihre befruchteten Eier im Boden vergraben. Dort überleben sie die Trockenzeit; die Jungtiere schlüpfen in der nächsten Regenzeit.

Seen in den Tropen
Große Seen wie etwa im afrikanischen Rift Valley haben nur sehr geringen Zufluß, und der einzige Wasserverlust geschieht über die Verdunstung. Das Wasser ist in der Folge sehr hart und basisch. Wind und Wellenschlag führen zu einem recht hohen Sauerstoffgehalt. Aus diesen Lebensräumen stammen unter den Aquarienfischen vor allem viele Buntbarsche (siehe Seite 53–59).

Lebensräume des Brackwassers

Wenn sich Flüsse dem Meer nähern, können sie unter den Einfluß der Gezeiten geraten. Die Fische müssen sich an den zunehmenden Salzgehalt im Wasser anpassen. Die Fließgeschwindigkeit kann ziemlich hoch sein. Das Wasser wird härter und basischer. Brackwasserarten leben gut in reinem Meerwasser oder in Süßwasser mit etwas Salzzusatz. Unter den Aquarienfischen sind vor allem das Silberflossenblatt (siehe Seite 82) sowie einige Kärpflinge (siehe Seite 67) zu nennen.

Lebensräume im Meer

Das Meer ist ein sehr stabiler Lebensraum mit nur geringen Schwankungen des Salzgehaltes. Das Rote Meer ist beispielsweise nur leicht salziger als der Indische Ozean. Die meisten Meeresbewohner unter den Aquarienfischen (siehe Seiten 96–108) stammen aus einem einzigen typischen Lebensraum, dem Korallenriff (siehe Seite 142).

TROPISCHE BÄCHE

Das Wasser tropischer Bäche bewegt sich schnell und hindert dadurch die Vegetation daran, dichte Bestände zu bilden. Die meisten Fische, die hier leben, haben einen torpedoähnlichen Körper, mit dem sie leichter gegen die Strömung ankämpfen können. Solche Flußbewohner finden wir in den Gattungen Brachydanio und Danio (siehe Seite 40–41), unter den Barben (siehe Seite 36–39) und unter den Angehörigen der Gattung Rasbora (siehe Seite 42–43). Sie leben zusammen mit Bodenbewohnern wie der Prachtschmerle (siehe Seite 79), die sich mit ihrem flachen Bauch dicht an den Gewässerboden anlegt, um nicht weggeschwemmt zu werden.

Epalzeorhynchus kallopterus
siehe Seite 44

Brachydanio albolineatus
siehe Seite 40

Rasbora trilineata
siehe Seite 43

Barbus tetrazona
siehe Seite 39

Botia macracantha
siehe Seite 79

TROPISCHE STRÖME

Im Gegensatz zu den Bächen schwemmen breite langsame tropische Ströme das Sediment nicht mehr weg, so daß viele Wasserpflanzen einen Halt finden. Aquarienfische aus diesem Lebensraum sind oft groß und hochrückig, zum Beispiel die Beilbauchfische (siehe Seite 46). Sie halten an der Wasseroberfläche Ausschau nach Insekten, die von den Wasserpflanzen angezogen werden. Die länglichen Wasserpflanzen an den Rändern des Stromes werden von Segelflossern (siehe Seite 59) und Ziersalmlern (siehe Seite 51) bewohnt. Weil das Flußbett geradezu ein Vorratslager für alle möglichen freßbaren Stoffe darstellt, sind hier auch die bodenbewohnenden Panzerwelse der Gattung Corydoras (siehe Seite 74–75) häufig.

Carnegiella
strigata
siehe Seite 46

Nannostomus
unifasciatus
siehe Seite 51

Chilodus punctatus
siehe Seite 47

Pterophyllum
scalare
siehe Seite 59

Paracheirodon innesi
siehe Seite 52

Corydoras julii
siehe Seite 74

SÜMPFE

Sümpfe entstehen in tropischen Gegenden durch jahreszeitliche Überschwemmungen. Bodentiere, die vor dem Wasser nicht mehr fliehen können, bilden eine willkommene Nahrung für die Fische. Gleichzeitig kann es aber auch Probleme mit dem Wasser geben, denn die vielen verrottenden Pflanzenteile können das Gewässer zum Umkippen bringen, so daß es keinerlei Sauerstoff mehr enthält. Die Fische sind daran angepaßt: Kampffische, Guramis und gewisse Welse (siehe Seite 60−65) können atmosphärischen Sauerstoff aufnehmen. Der zeitweiligen Austrocknung der Sumpfgewässer entfliehen manche Fische dadurch, daß sie sich im Schlamm eingraben.

Aphyosemion gardneri
siehe Seite 70

*Synodontis
nigriventris*
siehe Seite 77

Ctenopoma acutirostre
siehe Seite 63

Ctenopoma ansorgei
siehe Seite 63

*Pelvicachromis
pulcher*
siehe Seite 58

KORALLENRIFFE

Seewasser reagiert basisch. Die chemische Zusammensetzung des Korallenriffs, das im wesentlichen aus Kalziumkarbonat besteht, hat deswegen kaum Einfluß auf das umgebende Wasser. Korallenriffe wachsen nur in seichten Meeren mit warmem Wasser. Sedimente werden von filtrierenden wirbellosen Tieren wie Seeanemonen und Röhrenwürmern entfernt. Deswegen ist das Wasser in der Nähe von Korallenriffen so unglaublich klar. Das Sonnenlicht dringt leicht hinein. Die bunten Farben und Muster der Falter- und Clownfische sind also leicht zu sehen, dienen aber dennoch als Tarnung, weil sie die Körperumrisse auflösen.

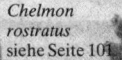

*Chelmon
rostratus*
siehe Seite 101

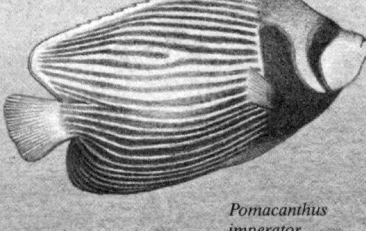

*Pomacanthus
imperator*
siehe Seite 100

*Labroides
dimidiatus*
siehe Seite 106

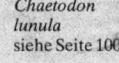

*Chaetodon
lunula*
siehe Seite 100

*Opisthognathus
aurifrons*
siehe Seite 107

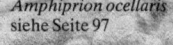

Amphiprion ocellaris
siehe Seite 97

LEBENSRAUM UND WASSERQUALITÄT

Die Tabelle beschreibt die Unterschiede in der Wasserqualität je nach Lebensraum. Wenn wir Wasser für die Aquarienfische besorgen, sollten wir darauf achten, daß dessen Qualität mit der ihres natürlichen Lebensraumes möglichst genau übereinstimmt.

LEBENSRÄUME DES SÜSSWASSERS

Lebensraum	Wasserqualität	Temperatur
Bergbäche der Tropen	Ziemlich sauber, besonders wenn das Bachbett aus unlöslichem Gestein wie Granit besteht.	Sehr unterschiedlich, selbst in tropischen Ländern. Die gebirgsnahen Zuflüsse des Amazonas zum Beispiel erhalten regelmäßig Schmelzwasser aus den Anden.
Bäche und kleine Flüsse im tropischen Urwald	Das Wasser enthält oft viel verrottendes Pflanzenmaterial.	Tagsüber ist die Temperatur ziemlich konstant, doch ist ein Temperaturabfall bis um 10 °C nach Sonnenuntergang und nachts möglich.
Größere Flüsse in den Tropen	Oft trüb und schlammig, gelegentlich von Industrieabwässern verschmutzt.	Natürlich viel stabiler als in kleineren Flüssen.
Große Seen der Tropen	Die Wasserqualität hängt weitgehend vom Untergrund ab.	Temperatur normalerweise recht stabil.

LEBENSRÄUME IM MEER

Lebensraum	Wasserqualität	Temperatur
Korallenriffe	Der Salzgehalt des Wassers schwankt nur leicht nach geographischen Gegebenheiten. Das Rote Meer und die Karibik beispielsweise sind etwas salzhaltiger als der offene Ozean.	Wegen des großen Wasservolumens ist die Temperatur ziemlich stabil.
Ästuare, flache Küstengebiete, Mündungsgebiete	Der Salzgehalt hängt davon ab, wieviel Süßwasser von Flüssen herantransportiert wird. Auch bei Regen sinkt der Salzgehalt, bei Flut hingegen steigt er wieder deutlich an.	Die Temperatur tropischer Ästuare ist im allgemeinen stabil. In unseren Kaltwassergebieten wie im Wattenmeer sind größere jahreszeitliche Schwankungen möglich.
Spritzwassertümpel (bei Ebbe)	In diesen eigenartigen Lebensräumen herrschen keine normalen Wasserbedingungen. Der Salzgehalt kann durch Verdunstung sehr stark ansteigen.	Bei starker Sonneneinstrahlung kann die Temperatur sehr schnell ansteigen.

Woher das Wasser nehmen?

Obwohl sich die meisten Aquarienfreunde darin einig sind, daß Wasser, wie es in der Natur vorkommt, das beste wäre, nehmen sie doch für Aquarienzwecke meistens Leitungswasser. Der Hauptgrund liegt darin, daß Stadtbewohner kaum mehr einen Zugang zu unverschmutztem natürlichem Wasser haben und die Kosten eines entsprechenden Transports viel zu hoch wären.

Frisches Regenwasser
Genügend Regenwasser für ein großes Aquarium zu sammeln, kann sich als schwierige Aufgabe erweisen. Leider besteht heute auch die echte Gefahr, daß schon dieses Regenwasser durch Industrieabgase verschmutzt ist. Mit Regenwasser kann man ein kleines Aquarium füllen oder ziemlich hartes Wasser in einem großen Behälter durch Zugabe etwas weicher machen. Man muß aber doch einige Vorsichtsmaßnahmen ergreifen, damit man nur sauberes unverschmutztes Regenwasser bekommt:
● Das Wasser, das in den ersten Minuten eines Regengusses fällt, verwenden wir nicht, weil es Schmutz und Staubteilchen von der Sammelfläche enthält.
● Man muß darauf achten, daß das Regenwasser nur mit ungiftigen und nichtmetallischen Materialien, etwa für Dachrinnen und Behälter, in Berührung kommen darf.

Leitungswasser
Leitungswasser ist für den Gebrauch und den Konsum durch den Menschen geeignet und enthält für die Aufbereitung heute wohl überall bestimmte Chemikalien. Einige unter ihnen sind giftig für Fische, doch lassen sich ihre schädlichen Auswirkungen beseitigen:
● Bevor man ein Aquarium füllt, läßt man das Leitungswasser einige Minuten laufen. Damit entfernt man Wasser, das längere Zeit in metallischen Leitungen gestanden und dabei Spuren davon gelöst hat.
● Das Chlor verläßt beim Füllen des Aquariums normalerweise das Wasser. Um aber sicher zu sein, daß wirklich alles abgedampft ist, sollte man das Becken 12 Stunden lang stark belüften.
● Für die Entfernung von Schwermetallen wie etwa Kupfer und Zink muß man Tabletten oder Flüssigkeiten zu Hilfe nehmen, die beim Zoohändler zu bekommen sind.

Meerwasser
Wer nahe am Meer wohnt, hat es leicht, sich natürliches Meerwasser zu besorgen. Doch er geht dabei auch einige Risiken ein. Man sollte nur Seewasser weitab von jeder Verschmutzungsquelle (größere Flüsse, Einleitungen von Industrien oder Kläranlagen) verwenden. Natürliches Seewasser enthält zwar für die Fische lebenswichtige Spurenelemente, doch läuft man auch Gefahr, daß man Krankheiten mit einschleppt. Aus all diesen Gründen ist es besser, eine standardisierte Seesalzmischung zu nehmen.

Seesalzmischung
Synthetische Seesalzmischungen bekommt man im Zoofachhandel, abgepackt in unterschiedlichen Mengen, je nach der Größe des Behälters. Man muß sich bei der Bereitung des künstlichen Seewassers genau an die Vorschriften des Herstellers halten. Am Ende überprüft man das spezifische Gewicht (siehe Seite 147). Bevor man Fische in das neue Becken überführt, sollte man das Wasser mehrere Stunden lang energisch belüften und dann noch einmal das spezifische Gewicht messen.

Wasserqualität

Es ist lebenswichtig für die Fische, daß man das Wasser so sauber und ausgeglichen wie möglich hält. Dazu braucht man zunächst ein effizientes Filtersystem; man muß auch in regelmäßigen Abständen das Wasser ersetzen (siehe Seite 218). Obwohl man die meisten Süßwasserfische in Wasser halten kann, das aus der Leitung kommt, sollte man doch wissen, wie man die Wasserqualität überprüft und wie man im Bedarfsfall dessen Chemismus verändert.

Ist das Wasser zu sauer oder zu basisch?
Der Gehalt an Wasserstoffionen entscheidet darüber, ob das Wasser sauer oder basisch ist. Dafür gibt es die sogenannte pH-Skala (Abkürzung für pondus hydrogenii). Die sauerste Reaktion hat einen pH von 0, die am stärksten basische oder alkalische einen pH von 14. Im chemischen Sinn neutrales Wasser zeigt einen pH von 7 – es ist weder basisch noch sauer. Die pH-Skala ist logarithmisch,

und der Übergang von einer pH-Einheit zur nächsten entspricht einer Verzehnfachung des Säure- bzw. Basenreichtums (Azidität bzw. Alkalinität).

Man schadet der Gesundheit der Fische, wenn man sie plötzlichen Änderungen des pH-Wertes aussetzt. Sie geraten dabei unter Streß (siehe Seite 214). In der Folge können ihre Farben verblassen, sie nehmen nicht genügend Sauerstoff auf, und auf der Haut kann sich dicker Schleim bilden.

Ist das Wasser zu hart oder zu weich?
Die Wasserhärte spielt nur für Süßwasserfische eine Rolle, denn Seewasser hat einen derart hohen Gehalt an Mineralsalzen, daß die Kalkhärte dabei keine Rolle spielt. Je näher Süßwasser an seiner natürlichen Quelle (siehe Seite 137) abgezapft wird, um so weicher wird es im allgemeinen sein. Auf seinem Weg zum Meer nimmt das Wasser unterschiedliche Mengen an Mineralstoffen

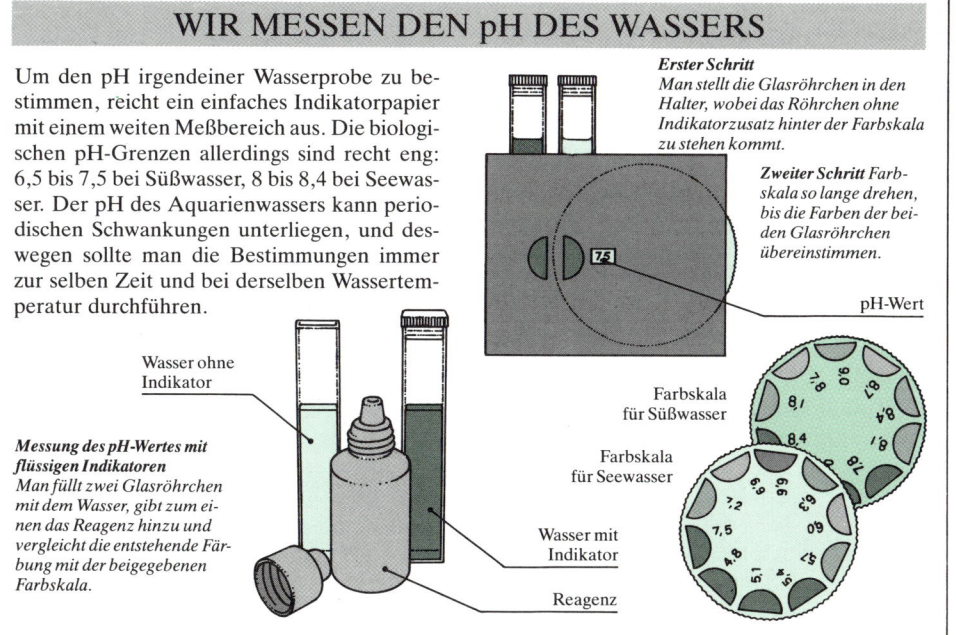

WIR MESSEN DEN pH DES WASSERS

Um den pH irgendeiner Wasserprobe zu bestimmen, reicht ein einfaches Indikatorpapier mit einem weiten Meßbereich aus. Die biologischen pH-Grenzen allerdings sind recht eng: 6,5 bis 7,5 bei Süßwasser, 8 bis 8,4 bei Seewasser. Der pH des Aquarienwassers kann periodischen Schwankungen unterliegen, und deswegen sollte man die Bestimmungen immer zur selben Zeit und bei derselben Wassertemperatur durchführen.

Erster Schritt
Man stellt die Glasröhrchen in den Halter, wobei das Röhrchen ohne Indikatorzusatz hinter der Farbskala zu stehen kommt.

Zweiter Schritt Farbskala so lange drehen, bis die Farben der beiden Glasröhrchen übereinstimmen.

pH-Wert

Wasser ohne Indikator

Messung des pH-Wertes mit flüssigen Indikatoren
Man füllt zwei Glasröhrchen mit dem Wasser, gibt zum einen das Reagenz hinzu und vergleicht die entstehende Färbung mit der beigegebenen Farbskala.

Farbskala für Süßwasser

Farbskala für Seewasser

Wasser mit Indikator

Reagenz

auf, und es wird dabei zunehmend härter.

Die Anforderungen der Fische an die Wasserhärte sind sehr unterschiedlich. Einige stammen aus hartem Wasser, andere aus weichem. Soweit es geht, sollte man im Aquarium diese Ansprüche befriedigen. Ähnlich wie beim pH ertragen die Fische ohne Gesundheitsstörungen keine größeren Schwankungen der Wasserhärte.

Veränderung der Wasserhärte
Es gibt zwei Arten von Wasserhärte, die temporäre und die permanente. Die temporäre Härte oder Karbonathärte läßt sich leicht entfernen. Man muß das Wasser nur kochen (bitte abkühlen lassen!), bevor man es ins Aquarium gießt. Um die permanente Härte oder Nichtkarbonathärte zu entfernen, braucht man ionenaustauschende Harze. Man bekommt sie im Aquarienhandel und baut sie ins Filtersystem ein. Beide Arten der Wasserhärte kann man natürlich auch durch Verdünnung reduzieren, ganz einfach indem man weicheres Wasser hinzugibt.

Wie den pH kann man auch die Wasserhärte mit einem leichten Test bestimmen, bei dem man eine Farbveränderung wahrnimmt. In den meisten Fällen genügt aber ein Anruf beim Wasserwerk. Richtig weiches Wasser kommt in Mitteleuropa allerdings fast nirgendwo aus der Leitung.

Bestimmung des Nitritgehalts
In Süßwasseraquarien mit ungenügender biologischer Reinigung (siehe Seite 128 bis 129) können die Fische an einer Vergiftung durch Ammoniak oder andere Stickstoffverbindungen leiden. Mechanische und chemische Filter entfernen zwar Sedimentmaterial oder Trübungen und absorbieren bestimmte gelöste Stoffe, aber mit allen Abfällen werden sie nicht fertig. Besonders kritisch ist hier das Nitrit. Zur Bestimmung des Nitritgehaltes gibt es Tests mit Meßreagenzien. Sie messen den Stickstoffgehalt (N) in mg pro Liter. Ein mg Stickstoff entspricht 3,3 mg Nitrit (NO_2), und das ist die kritische Grenze, jenseits derer eine Gesundheitsschädi-

ACHTUNG
● Keine plötzlichen Wechsel der Wasserbedingungen
● Wenn wir Wasser ersetzen, muß das neue Wasser immer die richtige Zusammensetzung und Temperatur haben.
● Keine Fische von einem Aquarium ins andere bringen, es sei denn, die Wasserbedingungen seien exakt dieselben.
● Wer weiches Regenwasser verwenden will, sollte es nicht von einem verschmutzten Dach sammeln und in Plastikbehältern aufbewahren. Bei einem Regenguß wartet man erst einige Minuten, bevor man das Wasser sammelt. Staub und Dreck werden dadurch abgewaschen.
● Wasser sollte man nicht in der Nähe von elektrischen Anlagen aufbewahren.
● Verdunstungsverluste in Seewasseraquarien ersetzt man nicht durch Salzwasser, sondern durch Süßwasser, denn die Salze gehen bei der Verdunstung nicht verloren.

gung zu befürchten ist. Ein Gehalt von 0,1 mg Stickstoff ist harmlos. Wenn er bis 0,5 mg steigt, so bedeutet dies, daß das organische Material nicht vollständig abgebaut wird.

Faktoren, die den Nitritgehalt erhöhen
Es gibt verschiedene Gründe für die Erhöhung des Nitritgehaltes in Süßwasseraquarien:
● Größere Ablagerungen organischer Herkunft auf dem Aquarienboden
● Stark verschmutzte und lange nicht mehr gereinigte Filter
● Zu großer Abstand zwischen einem Wasserwechsel und dem nächsten (siehe Seite 218)
● Überfütterung und damit Ansammlung nicht verwerteten Futters auf dem Aquarienboden
● Ein überfülltes Becken. Man vergewissere sich, daß man das richtige Verhältnis zwischen Behältergröße und Anzahl der Fische eingehalten hat.

Eliminierung überschüssiger Nitrite
Wenn man einen zu hohen Nitritgehalt im Aquarienwasser feststellt, muß man das Problem gleich anpacken. Man wechselt ungefähr 80 Prozent des Wassers (siehe Seite 218) und sorgt dafür, daß alle Abfälle auf dem Aquarienboden entfernt werden. Die Temperatur des neuen Wassers muß natürlich mit der des alten übereinstimmen.

Messung des spezifischen Gewichts
Den Salzgehalt einer Seesalzmischung kann man über die Messung des spezifischen Gewichts ermitteln. Am besten verwenden wir dazu ein Aräometer (siehe unten rechts). Dieses Meßinstrument schwimmt je nach dem spezifischen Gewicht etwas höher oder tiefer im Wasser. Man darf die Werte immer nur bei der gleichen Wassertemperatur ablesen, andernfalls muß man einen Umrechnungsfaktor miteinbeziehen.

Veränderung der Wasserbedingungen als Laichanreiz
Je näher die Wasserbedingungen jenen der natürlichen Lebensräume der Fische kommen, um so leichter kann man seine Lieblinge dazu bringen, sich im Aquarium fortzupflanzen. Die Mehrzahl der Süßwasserfische mag weicheres und saureres Wasser, als es in unseren Hartwassergebieten aus der Leitung kommt. Bei den meisten eierlegenden Arten

(siehe Seite 238) führt die Erhöhung der Temperatur um einige Grade (siehe Seite 249) zum Erfolg. Ein weiterer einfacher Trick, der besonders bei Panzerwelsen der Gattung Corydoras (siehe Seite 74–75) zum Erfolg führt, ist die Zugabe von neuem Wasser. Damit simuliert man jahreszeitliche Veränderungen in der Natur. Empfindlichere Arten wie der Diskusfisch (siehe Seite 59) und die Ziersalmler (siehe Seite 51) verlangen Wasserbedingungen, die sehr nahe an die ihrer natürlichen Lebensräume herankommen, bevor sie zu laichen beginnen.

Man muß den Fischen viel Zeit lassen, um sich an neue Wasserbedingungen zu akklimatisieren. Egal, ob die Fortpflanzung ein Erfolg oder ein Mißerfolg war, die Fische müssen nachher wieder an die Wasserbedingungen ihres Aquariums, aus dem sie stammen, gewöhnt werden.

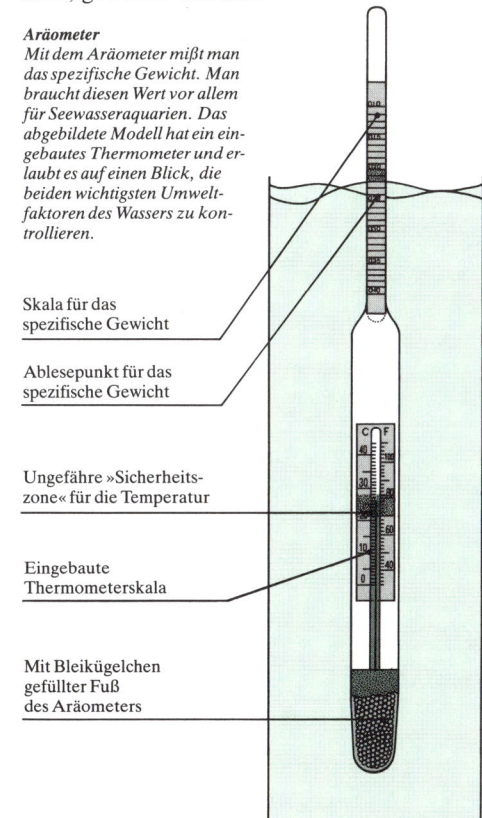

Aräometer
Mit dem Aräometer mißt man das spezifische Gewicht. Man braucht diesen Wert vor allem für Seewasseraquarien. Das abgebildete Modell hat ein eingebautes Thermometer und erlaubt es auf einen Blick, die beiden wichtigsten Umweltfaktoren des Wassers zu kontrollieren.

Skala für das spezifische Gewicht

Ablesepunkt für das spezifische Gewicht

Ungefähre »Sicherheitszone« für die Temperatur

Eingebaute Thermometerskala

Mit Bleikügelchen gefüllter Fuß des Aräometers

MATERIALIEN, WELCHE DIE WASSERQUALITÄT BEEINFLUSSEN
● Gewisse Metalle (siehe Seite 214) wie Magnesium, Kupfer und Zink
● Gewisse Gesteine (siehe Seite 157)
● Nicht aufgenommenes Futter, das im Aquarium abgebaut wird und den Nitritgehalt erhöht
● Einige Materialien des Bodengrundes (siehe Seite 155)
● Umweltgifte, die über die Atmosphäre ins Wasser gelangen
● Vernachlässigte Filter
● Vorgefertigte Dekorationen aus Beton
● Gefärbter Kies

BELEUCHTUNG

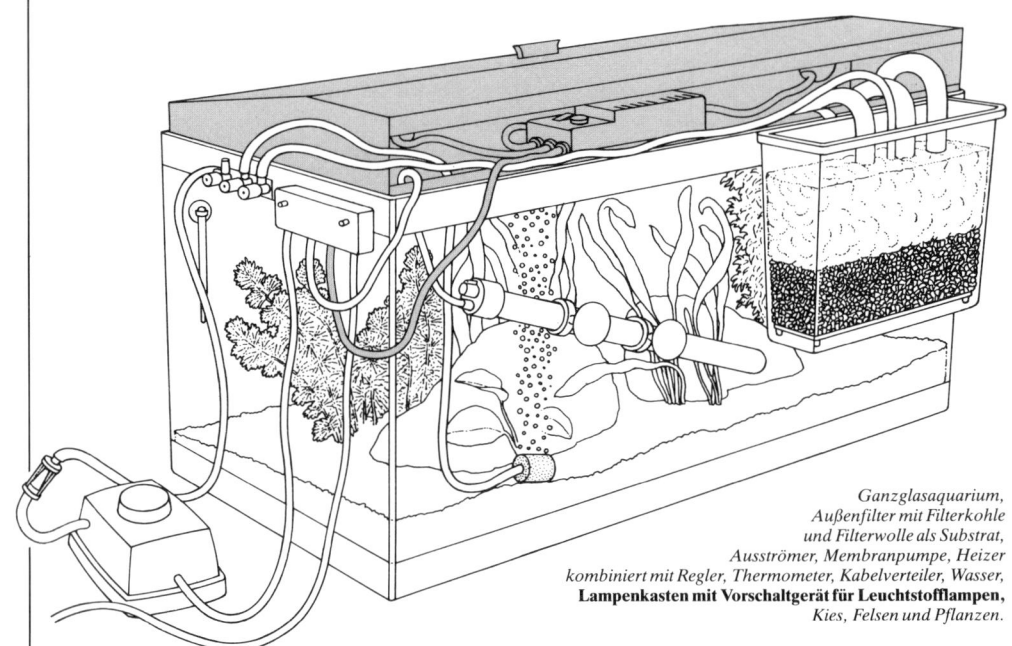

Ganzglasaquarium,
Außenfilter mit Filterkohle
und Filterwolle als Substrat,
Ausströmer, Membranpumpe, Heizer
kombiniert mit Regler, Thermometer, Kabelverteiler, Wasser,
Lampenkasten mit Vorschaltgerät für Leuchtstofflampen,
Kies, Felsen und Pflanzen.

Um den Inhalt des Aquariums überhaupt sehen zu können, brauchen wir Licht. Heute verwendet man durchwegs eine künstliche Beleuchtung, denn das natürliche Licht ist zu schwach und schwankt in der Intensität zu sehr. Die wichtigste Aufgabe der Beleuchtung besteht aber nicht einmal darin, die Unterwasserlandschaft ins rechte Licht zu setzen. Licht stimuliert die Lebewesen, die Fische wie die Pflanzen. Grüne Pflanzen brauchen Licht für die Photosynthese. Und dieser biochemische Vorgang ist für die Fische lebenswichtig, denn er erniedrigt den Kohlendioxidgehalt des Wassers und erhöht dessen Sauerstoffgehalt. Damit die Pflanzen ihre Aufgabe auch richtig erfüllen können, brauchen sie Licht in der richtigen Menge und Stärke.

Unterwasserpflanzen brauchen mehr Licht als Pflanzen auf dem Festland, denn das Wasser absorbiert große Lichtmengen.

Bekommen die Pflanzen nicht genügend Licht, so sterben sie ab oder wachsen nicht mehr weiter. Besonders tropische Pflanzen sind von ihrer Heimat her an viel Licht gewöhnt. Es gibt eine Faustregel: Aquarien mit einer Wassertiefe bis 38 cm sollten pro 30 cm Länge mindestens 60 Watt bei Glühlampen oder 20 Watt bei Leuchtstoffröhren bekommen, wobei man davon ausgeht, daß der Behälter 10 bis 15 Stunden am Tag beleuchtet wird.

Nach 8 bis 10 Stunden haben die Pflanzen genügend intensives Licht bekommen, und man kann die Lichtstärke reduzieren. Dies kann über einen Dimmer und eine Zeitschaltuhr geschehen. Wenn wir die Lichtstärke gegen Abend reduzieren, hat dies einen weiteren Vorteil: Die nachtaktiven Arten nehmen an, daß die Dämmerung hereinbricht, und verlassen langsam ihre Verstecke.

Das Einrichten der Beleuchtung

Um das Licht optimal auszunützen, sollte man möglichst viel davon ins Aquarium lenken. Die Lampen bringen wir natürlich so an, daß die Fische möglichst gut zur Geltung kommen. Eine Abdeckhaube dient nicht nur dazu, den Staub fernzuhalten und die Fische am Sprung in die vermeintliche Freiheit zu hindern, sondern sie sind auch der ideale Platz zur Aufnahme der Lampen. Informationen über die Wahl der Lampen findet man in der Tabelle auf Seite 151.

Bestmögliche Ausnutzung des Lichts

Um das Licht auch richtig nutzen zu können, muß der Lampenkasten als Reflektor dienen. Dazu streichen wir die Innenseite weiß an. Aquarienliebhaber kleiden sie oft mit Alufolie aus. Davon ist aber abzuraten, denn sie blockiert die notwendigen Lüftungslöcher, durch die unerwünschtes Kohlendioxid und überschüssige Wärme abziehen können.

Der Einbau der Lampen

Damit sich das Aquarium von seiner besten Seite zeigen kann, befestigen wir die Lampen so im Lampenkasten, daß das Licht leicht gegen den Aquarienhintergrund gerichtet ist. Dies bedeutet, daß alle Schatten hinter den Fischen liegen und vom Betrachter weggewandt sind. Eine Lampe, die genau in der Mitte liegt, wirft auch Schatten gegen den Betrachter und verbirgt dabei viel von den irisierenden Farben der Fische.

Lampenkasten mit Glühlampen
Glühlampen sind zwar billiger und leichter zu montieren als Leuchtstofflampen, doch haben sie eine viel geringere Lebensdauer. Weitere Nachteile sind die ungleichmäßige Verteilung des Lichtes und die hohe Wärmeproduktion.

Lampenkasten mit Leuchtstofflampen
Leuchtstofflampen (unten rechts) sind nicht immer in der richtigen Länge des Lampenkastens zu bekommen. In diesem Fall muß man zwei kürzere Röhren verwenden. Wie auch bei den Glühlampen sollten alle Fassungen und elektrischen Installationen wasserdicht sein und das GS-Zeichen aufweisen. Obwohl Leuchtstofflampen mehr kosten als Glühlampen, halten sie länger, produzieren weniger Wärme und gewährleisten eine gleichmäßige Verteilung des Lichtes.

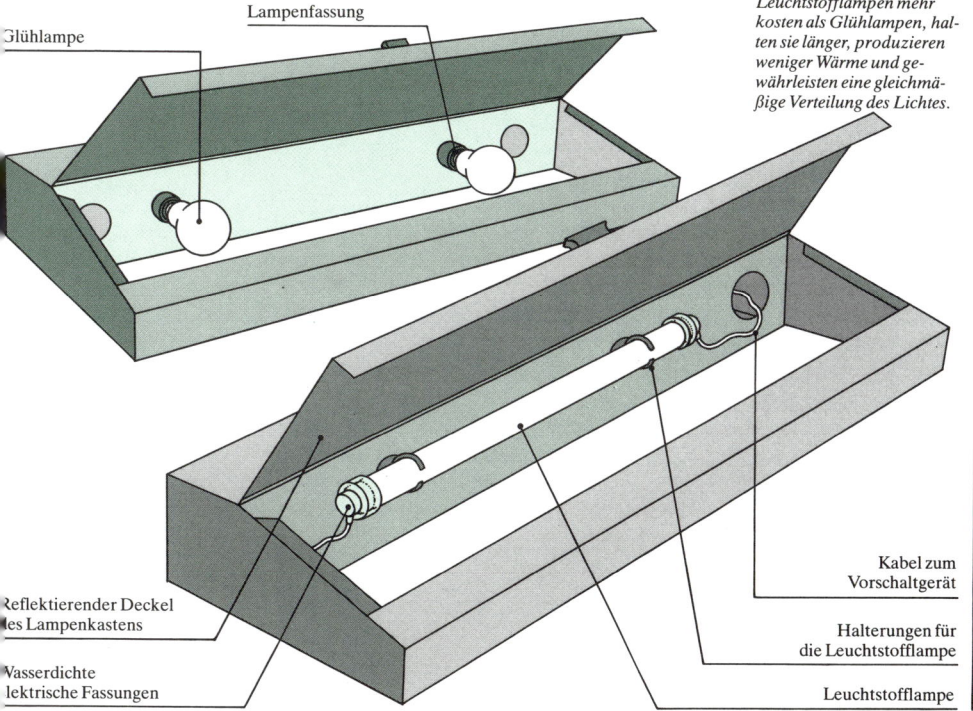

Glühlampe

Lampenfassung

Reflektierender Deckel des Lampenkastens

Wasserdichte elektrische Fassungen

Kabel zum Vorschaltgerät

Halterungen für die Leuchtstofflampe

Leuchtstofflampe

Der Einbau des Vorschaltgerätes

Leuchtstofflampen brauchen für den Betrieb einen Starter oder ein Vorschaltgerät. Anders als bei den normalen Haushaltslampen ist dieses Gerät nicht in die Fassung miteingebaut, sondern liegt separat, entweder in der Abdeckung oder obendrauf oder irgendwo anders in der Nähe des Aquariums. Wenn das Vorschaltgerät im Lampenkasten liegt, besteht die Gefahr, daß er zu schwer wird und im Gewicht nicht ausgeglichen ist. Da reicht eine Ungeschicklichkeit beim Abheben des Kastens, und er fällt uns aus den Händen, entweder auf die Deckscheibe, die dabei springen kann, oder sogar ins Wasser. Wer mehrere Leuchtstofflampen verwendet, braucht auch entsprechend viele Vorschaltgeräte. Dann empfiehlt es sich auf keinen Fall, sie in die Abdeckung einzubauen.

Sicherheit zuerst

Elektrizität und Wasser vertragen sich nicht miteinander, und gerade in Aquarien ist genügend Gelegenheit für diese tödliche Kombination geboten. Man lasse besondere Vorsicht walten. Weil die heißen Lampen direkt über der Wasseroberfläche liegen, können sie leicht mit Wasserspritzern von Fischen, Ausströmern oder Filtern in Kontakt kommen. Das kann zu einer Explosion führen. Man muß alle möglichen Vorsichtsmaßnahmen ergreifen, um die Fassungen vor Aquarien- oder Kondenswasser zu schützen. Am besten ist die Verwendung wasserdichter Leuchten und Fassungen. Auf jeden Fall empfiehlt es sich, nur Geräte mit dem GS-Zeichen (Geprüfte Sicherheit) zu verwenden. Elektrisch völlig sicher ist die teure Niedervolttechnik. Bei herkömmlichen Geräten mit 220 Volt sollte man auf jeden Fall einen Fehlerstromschutzschalter (FI-Schalter) verwenden.

Einen mechanischen Schutz bildet auch eine Deckscheibe, sie liegt über der Wasseroberfläche, aber oberhalb der Leuchten. Ganzglasaquarien haben eine schmale Glasleiste, auf die man die Deckscheibe legen kann. Sie sollte aus zwei Stücken bestehen. Es reicht aus, wenn man die eine Hälfte zur Seite schiebt, um die Fische zu füttern oder um Wartungsarbeiten durchzuführen. Als Durchlaß für die Schläuche schneiden wir ein Eck von der Glasscheibe weg.

DIE AUFGABEN DER DECKSCHEIBE

● Schützt die Lampen und die elektrische Installation vor Wasserschäden
● Schützt das Aquarium vor belasteter Innenluft wie Zigarettenrauch
● Hindert die Kinder daran, im Aquarium zu spielen
● Verhindert Verluste durch Verdunstung
● Hindert gewisse Fische daran, aus dem Wasser zu hüpfen
● Stellt für gewisse Fische und Schnecken einen Eiablageplatz dar

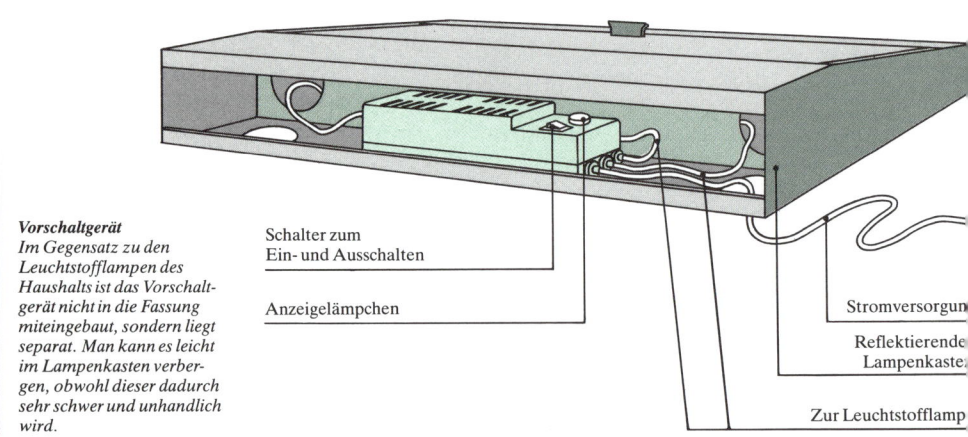

Vorschaltgerät
Im Gegensatz zu den Leuchtstofflampen des Haushalts ist das Vorschaltgerät nicht in die Fassung miteingebaut, sondern liegt separat. Man kann es leicht im Lampenkasten verbergen, obwohl dieser dadurch sehr schwer und unhandlich wird.

Schalter zum
Ein- und Ausschalten

Anzeigelämpchen

Stromversorgung

Reflektierende Lampenkaste

Zur Leuchtstofflamp

Der Einfluß der Beleuchtung auf das Algenwachstum

Im allgemeinen wird das durchschnittliche Aquarium zu wenig beleuchtet. Die Verdoppelung der Lichtstärke vollbringt da wahre Wunder, allerdings unter der Voraussetzung, daß man Algen möglichst fernhält. Mehr Licht bedeutet üblicherweise auch mehr Algen, doch wachsen Algen eben nur, wenn ihnen die Bedingungen besonders zusagen. Im Fall des Lichts nehmen Algen nur überhand, wenn ein Überschuß an Lichtenergie vorhanden ist, nachdem die Bedürfnisse der Aquarienpflanzen schon befriedigt sind. Die meisten Aquarienliebhaber raten dazu, die Lichtstärke und/oder die Beleuchtungsdauer zu verringern. Es gibt aber eine bessere Strategie: Mehr Aquarienpflanzen halten, die auch mehr Licht aufnehmen, so daß den Algen nichts mehr übrigbleibt.

ACHTUNG

● Eine schmutzige Deckscheibe kann die Bemühungen um eine gut installierte Beleuchtung zunichte machen, weil sie sehr viel Licht absorbiert.
● Wir schalten die Lampen nicht unvermittelt ein und aus, sonst geraten die Fische unter Streß. Um dies zu vermeiden, löscht man die Aquarienbeleuchtung und läßt die Raumbeleuchtung noch einige Minuten weiterbrennen. Umgekehrt schaltet man erst die Raumbeleuchtung und einige Minuten später die Aquarienbeleuchtung ein.
● Kein elektrisches Zubehör verwenden, das nicht wasserdicht ist und das GS-Zeichen nicht aufweist. Den Lampenkasten nicht mit Metallfolie auskleiden, weil dies eine Ventilation unmöglich macht.
● Die Lampen nicht so montieren, daß sie häßliche Schatten werfen.

LAMPENTYPEN

Im wesentlichen werden zwei Beleuchtungsarten verwendet, nämlich Glühlampen und Leuchtstofflampen. Daneben gibt es auch Quecksilberdampflampen, die gewöhnlich frei über dem Aquarium hängen. Sie sind in der Anschaffung teurer, auf die Dauer aber wirtschaftlicher.

	Glühlampen	Leuchtstofflampen
Aufbau	Birnenförmige Lampen mit Glühfäden	Stets röhrenförmig in unterschiedlicher Länge
Installation	Sehr einfache Montage durch Einschrauben in die Fassung oder über Bajonettverschluß	Komplizierte Installation. Der Lampenkasten muß möglicherweise zugeschnitten werden. Braucht ein spezielles Vorschaltgerät.
Anschaffungskosten	Gering	Deutlich teurer als Glühlampen
Helligkeit	Verschiedene Helligkeitsgrade möglich bei derselben Lampengröße	Helligkeit proportional zur Röhrenlänge
Laufende Kosten	Hoch	Niedrig
Lebensdauer	Kurze Lebensdauer der Lampe	Lange Lebensdauer der Lampe
Wärmeproduktion	Hoch	Viel geringer
Abstrahlung	Lichtabstrahlung von einem Punkt aus und zum Teil ungleichmäßig	Gleichmäßige Abstrahlung
Lichtfarbe	Imitiert das Spektrum des Tageslichtes	Es sind Lampen mit ganz unterschiedlicher spektraler Zusammensetzung des Lichts erhältlich. Am besten eignen sich vielleicht Warmtonlampen.

Die Einrichtung des Aquariums

Bei der Einrichtung eines Aquariums kann man seiner Phantasie freien Lauf lassen. Das Ziel ist, eine sichere gesunde Umgebung für Ihre Fische und gleichzeitig einen attraktiven Einrichtungsgegenstand für Ihr Heim zu schaffen. Pflanzen spielen dabei eine wichtige Rolle, besonders in Süßwasseraquarien, denn sie liefern Sauerstoff und Nahrung für die Fische, sorgen für die richtigen Umweltbedingungen und tragen sehr viel zur Schönheit des Aquariums bei. Auch Felsen machen das Becken interessanter; sie dienen als Verstecke für Fische, und gleichzeitig kann man hinter ihnen technische Ausrüstungsgegenstände verbergen. Dieses Kapitel zeigt Ihnen Schritt für Schritt, wie man die Unterwasserlandschaft eines Aquariums gestaltet.

DIE UNTERWASSERLANDSCHAFT

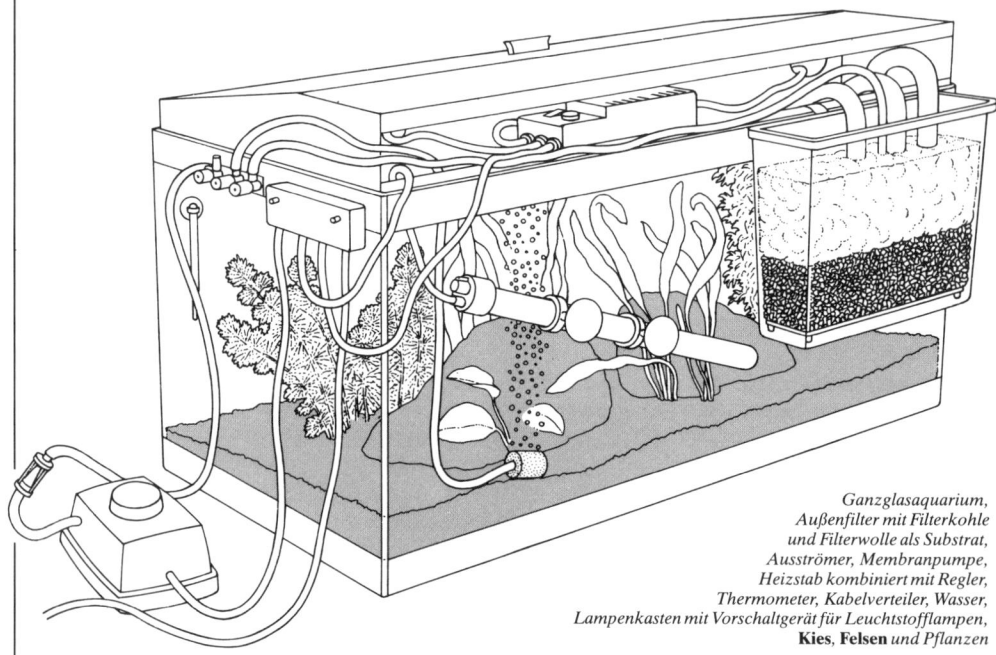

Ganzglasaquarium,
Außenfilter mit Filterkohle
und Filterwolle als Substrat,
Ausströmer, Membranpumpe,
Heizstab kombiniert mit Regler,
Thermometer, Kabelverteiler, Wasser,
Lampenkasten mit Vorschaltgerät für Leuchtstofflampen,
Kies, **Felsen** *und Pflanzen*

Mit der Gestaltung der Unterwasserlandschaft verfolgt man zwei Zwecke: Auf der einen Seite will man den kahlen Behälter attraktiver gestalten, und auf der anderen Seite fühlen sich auch die Fische wohler in einer gestalteten Landschaft. Unbelebte Materialien wie Kies und Felsen dienen den Fischen als Unterschlupf, geben ihnen Sicherheit und werden sogar als Laichunterlage verwendet. Viele Aquarienpflanzen brauchen den Kies, um darin wurzeln zu können. Eine dicke Kiesschicht auf dem Aquarienboden kann auch einen Teil des Filtersystems darstellen (Unterflurfilter, siehe Seite 128).

Bei der Einrichtung der Aquarien versuchen viele Liebhaber, die Unterwasserlandschaft so zu gestalten, daß sie dem Heimatgewässer der Fische möglichst ähnlich sieht. Das erreicht man durch den Einbau von Felsen, Pflanzen und Hölzern. Es gelingt ohne weiteres, die Lebensverhältnisse in einem Urwaldfluß mit weichem Wasser oder die Umweltbedingungen im Küstengebiet eines afrikanischen Sees mit hartem Wasser nachzuahmen, wenn man sich die Mühe nimmt, auf Einzelheiten zu achten. In Seewasseraquarien kann man keine Wasserpflanzen halten. Hier sorgen Felsen für eine abwechslungsreiche Umgebung – auf Korallen sollte man wegen des Raubbaus an den Riffen dieser Erde verzichten.

Ein großer Teil des Reizes liegt darin, daß das Aquarium kein statisches System ist. Die sorgfältig arrangierten Pflanzen können mit unterschiedlicher Geschwindigkeit wachsen und das Aussehen der Unterwasserlandschaft so verändern, daß man von Zeit zu Zeit korrigierend eingreifen muß.

Der Bodengrund

Aus drei Gründen sollte ein Bodengrund im Aquarium vorhanden sein: als Tarnuntergrund für die Fische (damit die Pflanzen im Boden wurzeln können), sowie als Teil eines Filtersystems. Es ist sehr wichtig, daß das Bodenmaterial die richtige Größe und die richtige Beschaffenheit für den betreffenden Aquarientyp aufweist.

Der Boden als Tarnuntergrund
Wenn der Bodengrund dieselbe Farbe wie der Fischrücken aufweist, dient er dem Fisch als Tarnung. In den meisten Fällen haben die Fische einen dunklen Rücken, den Räuber von außerhalb des Wassers auf dem ebenfalls dunklen Gewässerboden kaum erkennen können. Umgekehrt verschwindet der hellere Bauch von unten gesehen im hellen Licht, das von oben her einstrahlt.

Im Aquarium sehen Süßwasserfische attraktiver aus, wenn der Bodengrund eine dunkle Farbe aufweist. Helles Material, zum Beispiel silberfarbener Sand, würde das Licht von unten her reflektieren und den Fischen ein bleicheres Aussehen verleihen, denn ihre Farben entstehen zum größten Teil durch Reflexion an der Guaninschicht unter den Schuppen (siehe Seite 16). Die brillanten Farben der Meeresfische hingegen sind überwiegend Pigmentfarben, die von der Beschaffenheit des Untergrundes kaum verändert werden.

Manche Fische brauchen den Bodengrund
Viele Süßwasserfische sind während der Laichzeit auf Aquarienkies angewiesen. Rachovs Prachtgrundkärpfling (Nothobranchius rachovi) zum Beispiel baut sich Gruben in den Kies und legt die Eier hinein. Einige Meeresfische graben sich nachts in den Kies ein, während der Gelbstirn-Kieferfisch (Opisthognathus aurifrons) darin Röhren baut, in die er sich zurückzieht.

Im Bodengrund wurzeln Pflanzen
Obwohl echte Wasserpflanzen lebenswichtige Stoffe kaum über die Wurzeln aufnehmen, müssen sie sich doch verankern, wobei sich Kies am besten eignet.

Der Bodengrund als Filtersubstrat
Die biologische Filterung mit Hilfe eines Unterflurfilters (siehe Seite 128) verlangt ein Medium, in dem sich Nitratbakterien einnisten können. Ideal ist dafür der Untergrund aus Kies oder Korallensand.

Bodengrund für Süßwasseraquarien
Am häufigsten wird Kies verwendet. Man bekommt ihn beim Aquarienhändler, und er ist in den meisten Süßwasseraquarien problemlos anzuwenden. Allerdings sollte man Kies aus Kalkstein nicht in einem Aquarium mit weichem Wasser verwenden. Um den Kalziumgehalt eines Kieses abzuschätzen,

DIE RICHTIGE WAHL DES BODENGRUNDS

Alle Materialien, die zur Dekoration des Aquariums verwendet werden, müssen frei von Giftstoffen sein und dürfen die Wasserchemie nicht nachteilig beeinflussen. Einige Stoffe dürfen entweder nur im Süß- oder nur im Seewasseraquarium Aufnahme finden.

Material	Süßwasser	Seewasser
Kies	✓	✗
Korallensand	✗	✓
Korallen	✗	✓
Muschelschalen	✗	✓
Felsen	✓	✓
Holz	✓	✓
Sandstein	✗	✓

gibt man einige Tropfen Salzsäure oder Essig dazu. Wenn der Kalk aufschäumt, enthält er das wasserhärtende Kalziumkarbonat.

Kies ist normalerweise dunkel und gelbbraun gesprenkelt. Man kann auch gefärbten Kies bekommen, doch ist davon abzuraten. Die leuchtenden unnatürlichen Farben lenken von der Färbung der Fische ab, und die verwendeten künstlichen Farbstoffe können sich lösen, die Wasserchemie verändern und die Gesundheit der Fische beeinträchtigen.

Bodengrund für Seewasseraquarien

Kalziumreiche Sände und Kiese eignen sich gut für diesen Aquarientyp, denn sie helfen mit, die richtigen Umweltbedingungen aufrechtzuerhalten. Man kann auch Korallensand verwenden, doch ist er recht teuer. Billiger kommen zerstoßener Kalk, zerkleinerte Muschelschalen und Dolomit. Am billigsten kommt es natürlich, wenn man sich selber an der Küste mit Sand und Kies eindeckt.

Körnung des Bodengrundes

Eine Korngröße von 3 mm ist am besten. Sind die Körner des Bodengrundes zu groß oder zu fein, so kann das nachteilige Folgen haben:

● Zu groß: Nicht aufgenommene Futterreste verschwinden in unzugänglichen Spalten und verschmutzen das Wasser.

● Zu groß: Die Oberfläche für die Nitratbakterien ist zu gering, und die Selbstreinigung erfolgt nicht so effektiv.

● Zu klein: Pflanzenwurzeln haben Schwierigkeiten mit dem Eindringen.

● Zu klein: Der Wasserdurchfluß für den Unterflurfilter wird behindert.

Die Vorbereitung des Bodengrundes

Welches Material man auch verwendet, es muß sauber und frei von Fremdkörpern sein. Kies und die meisten anderen Materialien wäscht man in kleineren Portionen. Man füllt zum Beispiel einen halben Wassereimer damit, geht in den Garten und läßt so lange Wasser aus dem Gartenschlauch hindurchströmen, bis das Wasser ganz klar bleibt.

Wer selbstgesammelten Kies aus der Natur verwenden will, läßt eine Probe davon einige Tage in einem Wassereimer stehen und schaut, ob irgend etwas passiert. Wenn der Eimer dann einen erheblichen Gestank verströmt, bedeutet dies, daß die natürlichen Lebewesen zugrunde gegangen sind und nun verwesen. Dann wäscht man den Kies sorgfältig, bevor man ihn ins Aquarium bringt. Korallensand kann man durch Behandlung mit einem Haushaltsbleichmittel etwas aufhellen. Nach dieser Behandlung muß er gründlich gewaschen werden.

Das Einbringen

Wer einen Unterflurfilter einrichten will, setzt als erstes die Filterplatte ein und bedeckt sie dann mit genügend Bodengrund. Eine Faustregel sagt, daß man für 900 cm² Oberfläche ungefähr 10 Liter Kies braucht.

Die Kiesschicht sollte genügend hoch sein und nach hinten zu ansteigen. Wenn die Kiesschicht hinten doppelt so hoch ist wie vorne, ergibt das eine gute Perspektive und erlaubt gleichzeitig eine wirksame Filterung.

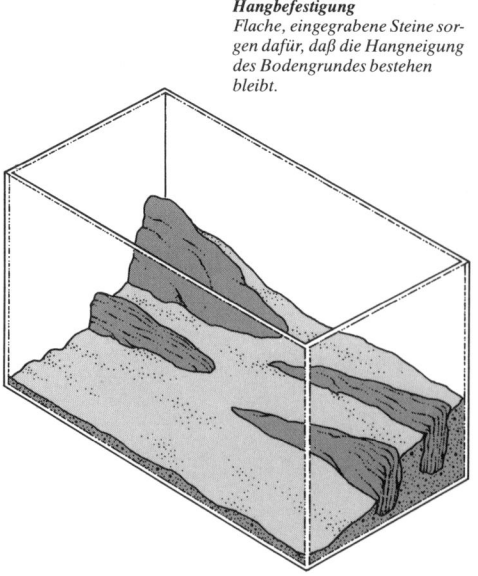

Hangbefestigung
Flache, eingegrabene Steine sorgen dafür, daß die Hangneigung des Bodengrundes bestehen bleibt.

Dekoration

Neben Pflanzen (siehe Seite 161) kann man auch Felsen, Muscheln oder Hölzer zur Dekoration des Aquariums und als Sichtschutz für Apparaturen verwenden.

Felsen

Alle Felsen sollte man wie den Kies (siehe Seite 156) vorbehandeln. Alleinstehende Exemplare sehen sehr gut aus, doch kann man sie mit Klebstoff auch zu ganzen Kliffs verbinden. Damit große Felsen nicht umfallen, muß man sie direkt auf den Aquarienboden stellen. Sie dürfen aber die Schläuche für die Filteranlage nicht verschließen. Um der Fische willen sollten wir keine Felsen mit scharfen Kanten verwenden, und die Anordnung sollte stets so erfolgen, daß man jeden Teil des Aquariums einsehen kann und Zugang zu ihm hat.

Weitere Aquariendekorationen

Baumwurzeln lassen sich durch Äste nachahmen. Weil diese aber Harze enthalten können, welche das Aquarienwasser vergiften, muß man das Holz vor dem Gebrauch mehrmals in sauberem Süßwasser kochen. Um ganz sicherzugehen, kann man die Oberfläche mit einem Polyurethanlack versiegeln.

Weitere geeignete Materialien sind vor allem Kork und Schnecken sowie Muschelschalen. Dieses Zubehör bekommt man im Zoohandel.

NATÜRLICHE DEKORATION

Ast- oder Korkstücke sehen wie gesunkene Baumstämme aus, wenn wir sie richtig anordnen. Leider steigen sie nach oben, so daß wir sie am Boden fixieren müssen.

Befestigung
Um zu verhindern, daß das Holzstück aufsteigt, befestigen wir es mit Silikonkautschuk oder einer Plastikschraube an einer Schiefer- oder Kunststoffplatte.

Beschwerung
Ein schönes Dekorationsstück erhalten wir auch, wenn wir eine Korkplatte um eine kiesgefüllte Plastikröhre wickeln.

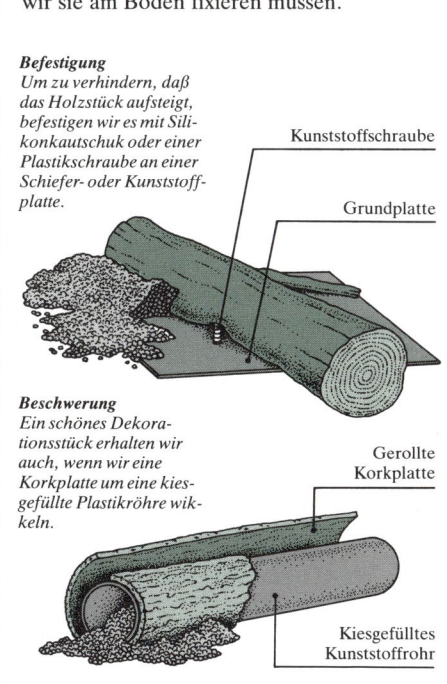

Kunststoffschraube

Grundplatte

Gerollte Korkplatte

Kiesgefülltes Kunststoffrohr

DIE RICHTIGE WAHL DES FELSGESTEINS

Süßwasseraquarien, weiches bis mittelhartes Wasser
Geeignet
- Basalt
- Granit
- Quarz
- Schiefer
- Harte Sandsteine

Ungeeignet
- Gesteine mit löslichen Mineralien
- Kalk
- Muschelschalen

- Künstliche Felsen aus unversiegeltem Beton oder Kunststoff

Süßwasseraquarium, hartes Wasser
Geeignet
- Felsen mit löslichen Mineralien
- Kalk ohne Erzgänge

Ungeeignet
- Gesteine mit Erzgängen

Seewasseraquarien
Geeignet
- Sandstein
- Kalk ohne Erzgänge
- Muschelschalen
- Tote oder lebende Korallen
- Schiefer

Ungeeignet
- Gesteine mit Erzgängen
- Weiche, wasserlösliche Sandsteine

PFLANZEN

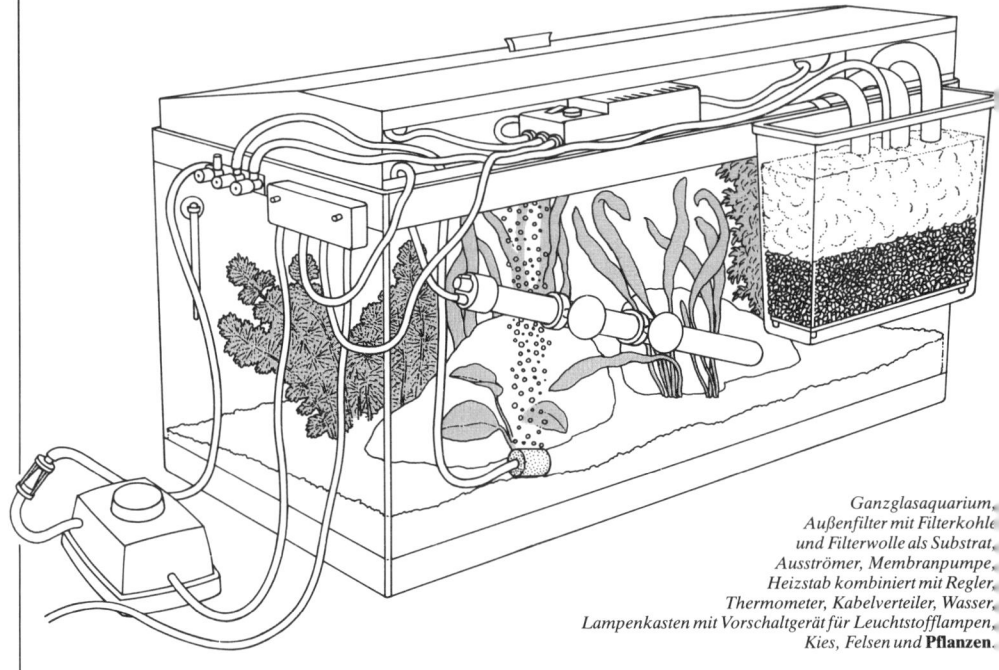

Ganzglasaquarium,
Außenfilter mit Filterkohle
und Filterwolle als Substrat,
Ausströmer, Membranpumpe,
Heizstab kombiniert mit Regler,
Thermometer, Kabelverteiler, Wasser,
Lampenkasten mit Vorschaltgerät für Leuchtstofflampen,
Kies, Felsen und **Pflanzen.**

Wasserpflanzen spielen eine wichtige Rolle bei der Haltung von Süßwasserfischen, denn sie helfen mit, die chemischen und physikalischen Bedingungen des Wassers konstant zu halten.

Pflanzen stellen unter Mitwirkung von Licht in ihren Zellen aus Kohlendioxid und Wasser Zucker und Stärke her. Diesen Vorgang nennt man Photosynthese. Dabei geben die Pflanzen Sauerstoff ab. Die Pflanzen reichern das Aquarienwasser also mit Sauerstoff an und entziehen ihm das Kohlendioxid. Die Photosynthese ist allerdings nur dann möglich, wenn die Beleuchtung eingeschaltet ist. Im Dunkeln verlaufen diese Prozesse rückwärts, und die Pflanzen geben wie die Fische Kohlendioxid ab und nehmen Sauerstoff auf. Deswegen muß man in einem

gesunden Aquarium dafür sorgen, daß die Pflanzen genügend Licht erhalten.

Die Pflanzen helfen uns auch bei der Beseitigung eines weiteren Abfallstoffs: des Nitrats. Wer in seinem Aquarium einen Unterflurfilter montiert, hält sich eine Bakterienzucht, die das von den Fischen ausgeschiedene Ammoniak in das weniger gefährliche Nitrat umwandelt. Dieses dient den grünen Pflanzen dann als Dünger.

Die Pflanzen haben noch ganz andere Aufgaben: Sie sorgen für Schatten und Verstecke und bieten den Fischen Nahrung und Eiablageplätze.

DIE WAHL DER PFLANZEN

Nachbauen kann man praktisch jeden Lebensraum. Man darf aber nicht vergessen, daß viele Pflanzen heute auch in andere Länder verschleppt wurden und sich dort ausgebreitet haben. Einige Pflanzengattungen enthalten Arten des Kalt- wie des Warmwassers. Das bedeutet aber nicht, daß man jede Art in beiden Systemen verwenden kann: Die meisten Arten sind an eine bestimmte Klimazone gebunden.

■ **Kaltwasser**　▨ **Tropisch**

Art	Heimat	Becken (Kaltwasser / Tropisch)		Gruppe und Verwendung
Acorus	Amerika	■	▨	Bodenwurzler, Vordergrund
Aponogeton	Afrika, Asien		▨	Bodenwurzler, einzeln
Bacopa	ganze Welt	■	▨	Bodenwurzler, Raumfüller
Cabomba	Amerika		▨	Setzlingspflanze, Raumfüller, Laichsubstrat
Ceratophyllum	ganze Welt	■	▨	Setzlingspflanze, Raumfüller, Schatten-spender, Laichsubstrat
Cryptocoryne	Asien		▨	Bodenwurzler, kleine Pflanzen im Vordergrund, große einzeln, Laichsubstrat
Echinodorus	Amerika	■	▨	Bodenwurzler, einzeln, Laichsubstrat
Egeria	Amerika	■	▨	Setzlingspflanze, Raumfüller, Laichsubstrat
Eleocharis	ganze Welt	■	▨	Bodenwurzler, Vordergrund
Elodea	Amerika	■	▨	Setzlingspflanze, Raumfüller, Laichsubstrat
Fontinalis	Nordhalbkugel und Südafrika	■		Festgeheftet, Raumfüller, Laichsubstrat
Hydrilla	ganze Welt	■	▨	Setzlingspflanze, Raumfüller
Hygrophila	Asien		▨	Setzlingspflanze, Raumfüller
Lagarosiphon	Afrika	■	▨	Setzlingspflanze, Raumfüller, Laichsubstrat
Lemna	ganze Welt	■	▨	Schwimmpflanze, Schattenspender
Limnophila	Asien, Afrika		▨	Setzlingspflanze, Raumfüller, Laichsubstrat
Ludwigia	Amerika	■	▨	Setzlingspflanze, Raumfüller
Microsorium	Asien		▨	Festgeheftet, Vordergrund
Myriophyllum	ganze Welt	■	▨	Setzlingspflanze, Raumfüller, Laichsubstrat
Najas	Amerika		▨	Bodenwurzler oder Schwimmpflanze in mittleren Wasserschichten, Raumfüller, Laichsubstrat
Nomaphila	Asien, Afrika		▨	Setzlingspflanze, Raumfüller
Pistia	ganze Welt		▨	Schwimmpflanze, Schattenspender
Potamogeton	Nordhalbkugel	■		Setzlingspflanze, Hintergrund
Sagittaria	ganze Welt	■	▨	Bodenwurzler, Hintergrund
Vallisneria	ganze Welt	■	▨	Bodenwurzler, Hintergrund
Vesicularia	Asien		▨	Festgeheftet, Raumfüller, Laichsubstrat

Pflege und Verwendung von Pflanzen

Wenn Aquarienpflanzen gedeihen wollen, brauchen sie gerade soviel Aufmerksamkeit und Pflege wie die Fische. Sie haben vor allem drei Hauptbedürfnisse: Licht, Nährstoffe und sauberes Wasser.

Licht

Damit eine grüne Pflanze Zucker oder Stärke aus Kohlendioxid und Wasser herstellen kann, braucht sie Licht. Zu starke Beleuchtung fördert aber das Algenwachstum, und zuwenig Licht behindert das Wachstum der höheren Pflanzen. Zu alledem brauchen nicht alle Pflanzen gleich viel Licht. Um diese unterschiedlichen Ansprüche zu erfüllen, beschatten wir kleinere Arten, die meist mit weniger Licht auskommen, mit Hilfe größerer Pflanzen, deren Ansprüche an die Lichtmenge oft viel höher sind. Für die Stärke und die Dauer der Beleuchtung gibt es eine Faustregel: Ein Aquarium mit bis 38 cm tiefem Wasser sollte für je 30 cm Länge eine Beleuchtung von 60 Watt (Glühlampe) bzw. 20 Watt (Leuchtstofflampe) bekommen, und dies für 10 bis 15 Stunden pro Tag.

Wie Pflanzen ihre Nährstoffe bekommen

Die eigentlichen Nährstoffe baut sich die Pflanze selbst durch Photosynthese auf. Sie braucht aber dazu noch anorganische Stoffe und vor allem Nitrat. Wasserpflanzen nehmen dieses meistens über die Blätter auf, wenige auch über die Wurzeln.

Wasserbedingungen

Sauberes Wasser ist für eine erfolgreiche Haltung von Pflanzen aus zwei Gründen wesentlich: Schmutzteilchen im Wasser setzen sich auf den Blättern ab und ersticken buchstäblich die Pflanzen; gleichzeitig reduzieren sie durch Absorption den Lichteinfall auf drastische Weise.

Es gibt einige Pflanzen, die einen Wechsel der Wasserbedingungen nicht ertragen und bei einem Umpflanzen in ein neues Aquarium die Blätter abwerfen. Üblicherweise ist dies nur eine einmalige Reaktion, denn die Blätter wachsen rasch wieder nach. Um gerade solche Pflanzen zu schützen, sollte sich ein Wasserwechsel über mehrere Tage hinziehen (siehe Seite 218).

Die Wirkung des Unterflurfilters

Über den Unterflurfilter (siehe Seite 128) streiten sich die Aquarienfreunde schon seit langem. Einige sind der Ansicht, er behindere das Pflanzenwachstum. Sie behaupten, das Wasser, das durch die Kiesschicht zieht, würde die benötigten Mineralstoffe zu schnell von den Pflanzenwurzeln entfernen. Der Ausgleich der Wassertemperatur über das ganze Becken wirke sich auch auf Pflanzen aus, denn viele Arten seien es gewohnt, die Wurzeln in kühlerem Wasser zu haben als die Blätter. Im Gegensatz dazu meinen die Befürworter, die Unterflurfilterung behindere das Pflanzenwachstum nicht, solange das Kiesbett tief genug sei, die Körnung stimme und das Wasser nicht zu schnell fließe. Tatsächlich hilft dieses Filtersystem, Abfallprodukte in Nährstoffe für Pflanzen umzuwandeln.

Das Einpflanzen

Man kann das Aquarium entweder »trocken« oder »naß« bepflanzen. Das Bepflanzen im trockenen Zustand ist leichter, da die Pflanzen nicht an die Oberfläche treiben, an den Armen kleben bleiben oder sich miteinander verheddern. Dabei kann man allerdings nicht beurteilen, wie das Aquarium nach dem Einfüllen des Wassers aussehen wird. Wenn man das bereits gefüllte Aquarium bepflanzt, sieht man das Endergebnis sofort.

Man beginne damit, daß man die großen Pflanzen an den Seiten und nahe der Rückwand einsetzt. Dann kommen die buschigen, eher niedrigen Pflanzen, beginnend von den Seiten bis ins Zentrum. Man darf die Pflanzen nicht zu tief in den Kies einsetzen. Die Ansatzstellen der Blätter sollten oberhalb oder gerade auf der Höhe des Kiesgrundes liegen.

Pflanzen für den Hintergrund
Ein Hauptgrund für die Bepflanzung des Aquariums besteht darin, daß man dessen Künstlichkeit verschleiern und es größer erscheinen lassen will, indem man die Seitenscheiben und die rückwärtige Scheibe verdeckt. Man sollte aber das Glas nicht vollkommen verdecken: Wenn die Lücken zu klein sind, wird das Auge getäuscht und erwartet, daß dahinter noch mehr Raum liegt. Große, schnellwüchsige Pflanzen eignen sich am besten für den Hintergrund. Und wenn man sie wirklich nahe an den Scheiben pflanzt, verdecken sie auch keine kleineren Pflanzen oder beschränken ungebührlich den Lebensraum der Fische.

Raumfüller
Ist der Hintergrund des Aquariums einmal bepflanzt, so kann man mit buschigen Pflanzen die Ecken des Aquariums sowie Apparate im Aquarium selbst maskieren und Leerräume zwischen Felsen füllen.

Pflanzen für den Vordergrund
Mit niedrigwüchsigen Pflanzen kann man so etwas wie einen Rasen im Aquarium schaffen. Dies macht sich besonders gut vor Felsen oder Höhlen. Einige eierlegende Fische verwenden solche Pflanzen mit steifen Blättern zum Ablaichen.

Highlights
Die prächtigen Blätter dieser »Stars« unter den Pflanzen heben sich deutlich von der Umgebung ab. Leider sind manche dieser Arten nicht leicht zu halten, und man sollte sie deswegen einzeln in Blumentöpfe pflanzen, um die Pflege zu erleichtern.

Pflanzen zur Beschattung
Bodenwurzelnde Arten mit langen Blättern, die auf der Wasseroberfläche aufliegen, sorgen für Schatten.

DIE ERNÄHRUNG DER PFLANZEN

Wer seine Pflanzen düngen will, dem sei zu einem handelsüblichen Präparat in flüssiger Form oder Tablettenform geraten. Gewöhnliche Gartendünger eignen sich nicht. Man bringt den Dünger in die Nähe der Pflanzenwurzeln. Man kann statt dessen auch nährstoffreiche vorgefertigte »Blumentöpfe« oder ein faseriges Substrat in Maschentöpfen verwenden. Für die CO$_2$-Düngung siehe Seite 279.

Einzelne Pflanzen wachsen üppiger, wenn man ihnen mehr Aufmerksamkeit schenkt. Man kann sie in nährstoffhaltiges vorgefertigtes Substrat pflanzen und dieses dann im Kies vergraben.

Blumentopf
Um das anfängliche Wachstum von Stecklingen zu beschleunigen, verwendet man winzige, an den Seiten durchbrochene Maschentöpfe, die mit einem nährstoffhaltigen faserigen Substrat gefüllt sind. Der durchlöcherte Blumentopf hält das Substrat zusammen. In einem solchen Blumentopf kann man die Pflanzen auch leicht innerhalb des Aquariums umstellen.

Steckling

Maschentopf

Faseriges Substrat

Einzelpflanze

Vorgefertigtes nährstoffreiches Substrat

Einteilung der Pflanzen

Die Aquarienpflanzen kann man im wesentlichen in zwei Gruppen einteilen: in die bodenwurzelnden Pflanzen und die Schwimmpflanzen. Allein für den Praktiker unterscheiden wir hier eine dritte Gruppe, nämlich jene Pflanzen, von denen sich Stecklinge gewinnen lassen.

Bodenwurzler

Diese Pflanzen halten sich mit Wurzeln im Kies fest. Im Gegensatz zu den Landpflanzen haben aber die Wurzeln weitgehend die Aufgabe verloren, Nährsalze aufzunehmen. Echte Wasserpflanzen nehmen diese mit den Blättern auf. Die Wurzeln dienen nur noch zur Festheftung im Kies oder auf Felsen.

Fortpflanzung

Die meisten bodenwurzelnden Pflanzen vermehren sich vegetativ, indem sie Ausläufer entsenden. Diese bewurzeln sich wieder und bilden dadurch junge Pflanzen. Einige wenige lassen direkt auf den Blattoberflächen neue Tochterpflanzen entstehen. Man kann die Bodenwurzler auch durch Teilung vermehren.

Schwimmpflanzen

Diese Pflanzen halten sich mit ihren Wurzeln nirgendwo fest. Im Aquarium können sie sich explosiv vermehren, so daß es von Zeit zu Zeit nötig wird, sie auszudünnen, damit auch Licht zu den darunterliegenden Pflanzen gelangt. Eine andere Möglichkeit besteht darin, pflanzenfressende Fische zu halten. Schwimmpflanzen erfüllen mehrere Funktionen im Aquarium: Sie werfen Schatten; sie stellen eine Laichunterlage für eierlegende Fische dar; mit ihren langen Wurzeln dienen sie als Versteck für Jungfische. Schwimmpflanzen werden leicht von den Aquarienlampen verbrannt. Deswegen sollte man immer eine Deckscheibe anbringen.

Fortpflanzung

Schwimmpflanzen vermehren sich schnell, oft viel zu schnell für den Geschmack des

KÜNSTLICHE PFLANZEN

Die Grundplatte fest im Kies verankern

Wer keine lebenden Pflanzen halten will oder kann, begnügt sich mit Nachahmungen aus künstlichem Material, etwa weichem Kunststoff. Solche Aquarien sehen allerdings irgendwie trostlos aus.

Aquarienliebhabers. Sie teilen sich oder bilden Tochterpflanzen aus.

Stecklingspflanzen

Diese Gruppe ist rein künstlich und nur für die Praxis des Aquarienfreundes gedacht, denn Stecklingspflanzen finden wir sowohl unter den Bodenwurzlern wie unter den Schwimmpflanzen. Weil sie sehr schnell wachsen, stellen sie gute Raumfüller dar.

Fortpflanzung

Wie der Name sagt, gewinnt man Tochterpflanzen durch Schneiden von Stecklingen. Durch diesen Schnitt wird auch die Mutterpflanze buschiger und entwickelt weitere Neubentriebe. Einige Arten sind derart schnellwüchsig, daß man mit einem anfänglichen Stengelstück ein ganzes Aquarium füllen kann: Mehrere Stecklinge zu einem Büschel zusammenfassen, mit einem Streifen aus Blei umwickeln und diesen in den Boden einsetzen, damit sich die Pflanzen bewurzeln.

Führer durch die Pflanzen

Größere Aquarienhandlungen und Garten-center führen heutzutage viele Pflanzenarten für das Aquarium. Man kann sich auch mit Maßen in natürlichen Weihern bedienen, muß die Pflanzen allerdings sorgfältig reinigen, um ja keine Krankheiten ins Aquarium einzu-schleppen. Da die Pflanzen auch wachsen und sich vermehren, sollte man das Aquarium zu Beginn nicht bis zum Maximum bepflanzen. Eine Faustregel sagt, man solle eine Pflanze auf 25 cm² Grundfläche einsetzen. Für ein 63 cm langes und 30 cm breites Becken braucht man mithin ungefähr 72 Pflanzen.

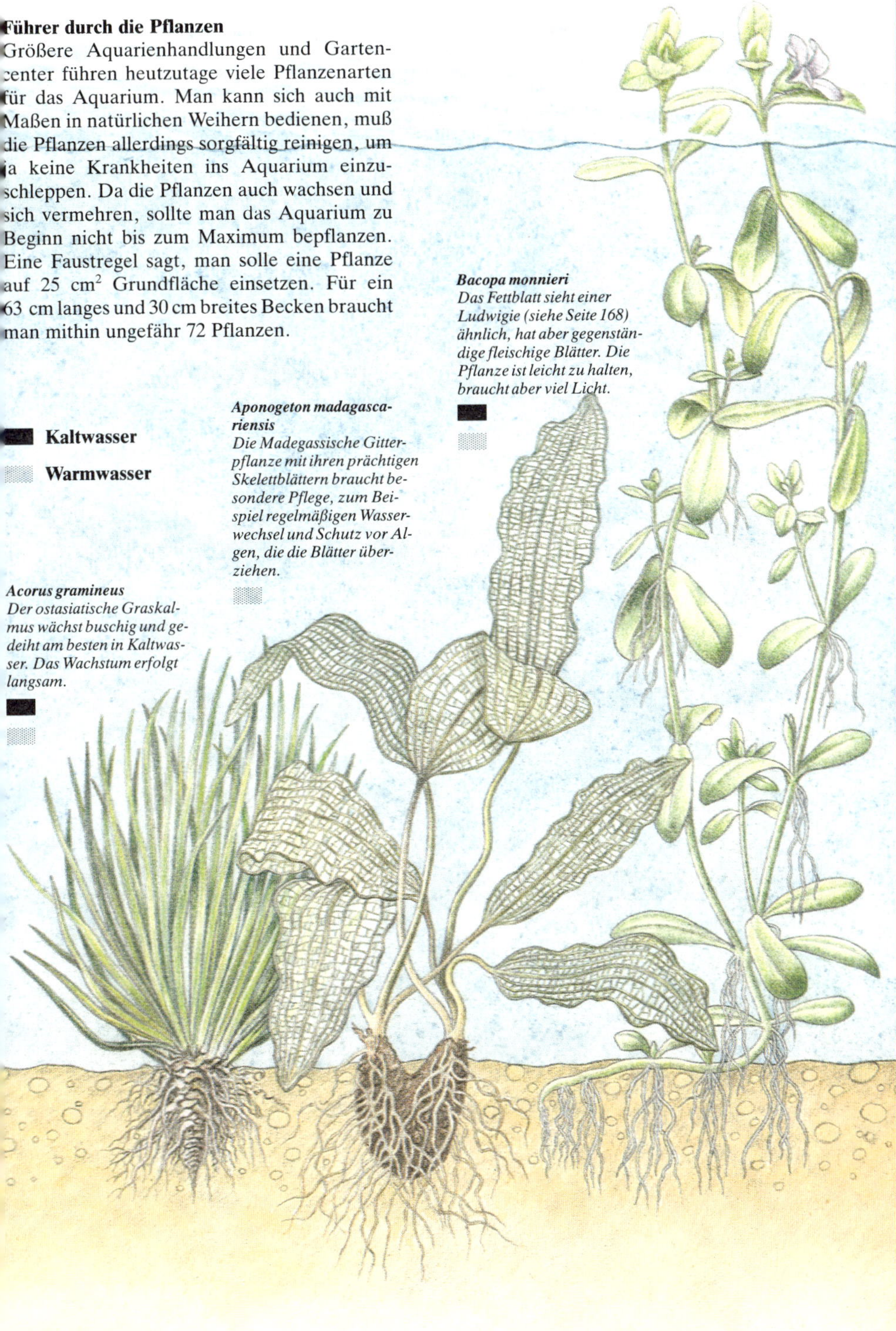

Kaltwasser

Warmwasser

Acorus gramineus
Der ostasiatische Graskal-mus wächst buschig und ge-deiht am besten in Kaltwas-ser. Das Wachstum erfolgt langsam.

Aponogeton madagasca-riensis
Die Madegassische Gitter-pflanze mit ihren prächtigen Skelettblättern braucht be-sondere Pflege, zum Bei-spiel regelmäßigen Wasser-wechsel und Schutz vor Al-gen, die die Blätter über-ziehen.

Bacopa monnieri
Das Fettblatt sieht einer Ludwigie (siehe Seite 168) ähnlich, hat aber gegenstän-dige fleischige Blätter. Die Pflanze ist leicht zu halten, braucht aber viel Licht.

Ceratophyllum demersum
*Das Gemeine Hornblatt hat sehr stei-
fe Blätter, die pflanzenfressende
Fische vom Knabbern abhalten. Es
läßt sich durch Stecklinge vermehren.*

Cabomba aquatica
*Obwohl die Wasserhaarnixe nicht
leicht zu ziehen ist, lohnt es sich doch,
sie wegen ihrer gefiederten Blätter als
Raumfüller einzusetzen. Das Wasser
muß sehr sauber sein, da sonst die
Blätter von Algen und Sediment verklebt werden.*

Cryptocoryne blassii
*Diese Wasserkelchart wird wie viele
andere verwandte Formen oft im Vordergrund oder einzeln angepflanzt.
Der Wasserkelch zieht geringe Beleuchtung vor und eignet sich desw-
gen am besten für tiefe Aquarien und
als Schattenpflanze unter großblättri-
gen Schwimmpflanzen.*

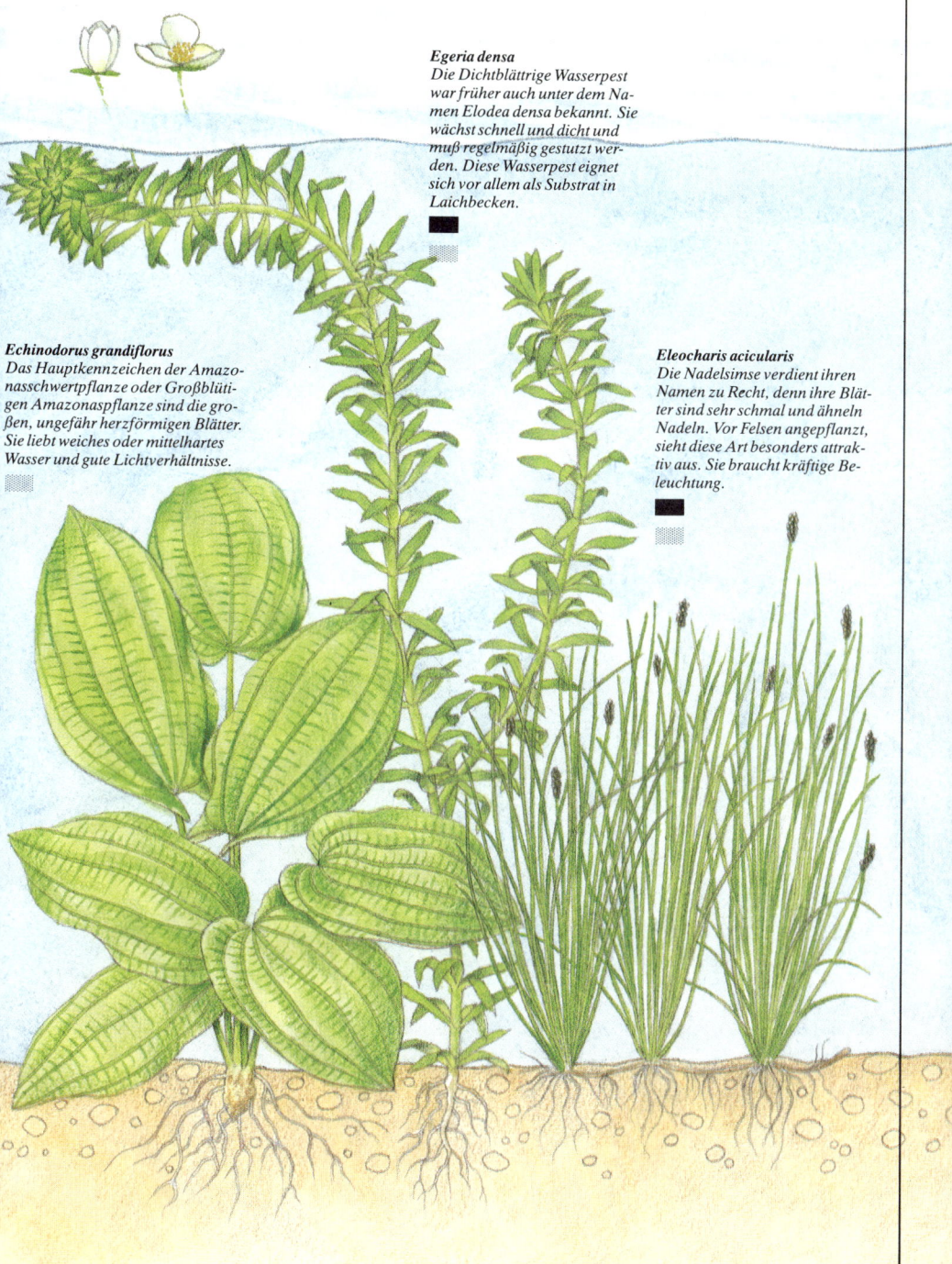

Egeria densa
Die Dichtblättrige Wasserpest
war früher auch unter dem Namen Elodea densa bekannt. Sie
wächst schnell und dicht und
muß regelmäßig gestutzt werden. Diese Wasserpest eignet
sich vor allem als Substrat in
Laichbecken.

Echinodorus grandiflorus
Das Hauptkennzeichen der Amazo-
nasschwertpflanze oder Großblüti-
gen Amazonaspflanze sind die großen, ungefähr herzförmigen Blätter.
Sie liebt weiches oder mittelhartes
Wasser und gute Lichtverhältnisse.

Eleocharis acicularis
Die Nadelsimse verdient ihren
Namen zu Recht, denn ihre Blätter sind sehr schmal und ähneln
Nadeln. Vor Felsen angepflanzt,
sieht diese Art besonders attraktiv aus. Sie braucht kräftige Beleuchtung.

Hydrilla verticillata
Die widerstandsfähige Grund-
nessel trägt viele schmale, quirl-
ständige Blättchen an einem langen Stengel. Sie wächst sehr
schnell und muß deswegen gelegentlich gestutzt werden.

Elodea canadensis
Die Kanadische Wasserpest
wächst außerordentlich schnell.
Man kann sie in Kalt- wie Warmwasseraquarien halten, doch unter kühlen Bedingungen wirkt sie
weniger stark beblättert.

Fontinalis antipyretica
Das Quellmoos stellt ein hervor-
ragendes Substrat für laichende
Kaltwasserfische dar. Die Pflanze heftet sich selbst an der Oberfläche von Felsen fest.

Hygrophila difformis
Die Indische Sternpflanze ist
auch unter dem Namen Synnema triflorum bekannt. Ihre Blätter sind stark zerschlitzt, die Unterseite fast weiß. Die Art ist sehr
widerstandsfähig.

**Lagarosiphon madagasca-
riensis**
Die Madegassische Wasser-
pest wird oft auch unter dem
Namen Elodea crispa angeboten. Sie liebt viel Licht und
mittelhartes Wasser.

Hygrophila polysperma
Der Indische Wasserfreund
wächst schnell und kann
sehr buschig werden. Er
zieht weiches Wasser vor
und hat ovale Blätter. Bei
starker Beleuchtung kommt
er zum Blühen.

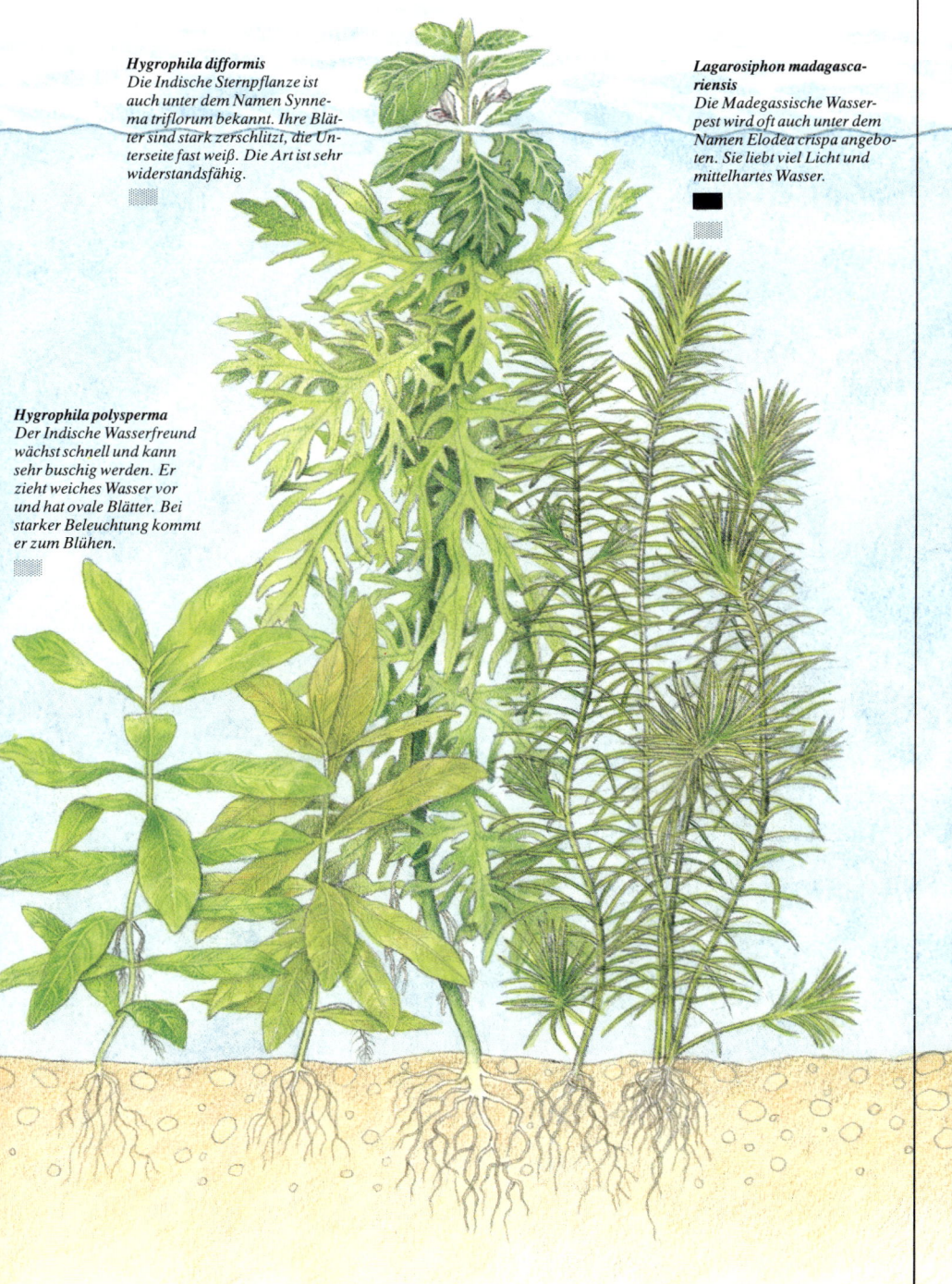

Limnophila aquatica
Die Unterwasserblätter des Wasser-
Sumpffreunds sind fein zerschlitzt.
Die Pflanze läßt sich leicht durch
Stecklinge vermehren, doch sollte
man darauf achten, beim Einpflanzen die zarten Stengel nicht zu zerquetschen. Der Sumpffreund blüht
rosa.

Lemna minor
Diese Schwimmpflanze ist unter dem Namen Kleine Was-
serlinse oder auch Entengrüt-
ze bekannt. Wenn man sie
wachsen läßt, bedeckt sie bald
die ganze Wasseroberfläche.
Die Wasserlinse stellt ein gutes
Futter für Pflanzenfresser dar.

Ludwigia repens
Die dicken fleischigen Blätter der Kriechenden Ludwigia sind auf der Unterseite
oft rot gefärbt. Die Pflanze
blüht nur bei viel Licht und
zieht kaltes Wasser vor.

Myriophyllum aquaticum
Das Tausendblatt sieht der Wasserhaarnixe (siehe Seite 164)
ähnlich. Die zerschlitzten Blätter
kommen nur in gut gefiltertem
Wasser zur Geltung.

Microsorium pteropus
Die Blätter des Schwarz-
wurzel- oder Stufenfarns
erinnern an die Hirschzun-
ge. Die Wurzeln liegen nicht
im Bodengrund, sondern
heften sich an der Oberfläche von Felsen oder Höl-
zern fest. Der Farn wächst
langsam und braucht nur
wenig Licht.

Najas guadelupensis
Diese zart aussehende Nix-
krautart hat überraschend
kräftige Stengel. Sie ist sehr
widerstandsfähig und wur-
zelt entweder im Boden
oder schwimmt frei im
Wasser.

Nomaphila stricta
Die großen Blätter des Steifen Wasserfreunds dienen vor allem Wasserschnecken als Nahrung. Oberhalb der Wasserlinie entwickelt die Pflanze haarige Blätter und kleine Blüten. Sie zieht hartes Wasser vor.

Pistia stratiotes
Die Blätter der freischwimmenden Muschelblume erinnern etwas an Endivie. Die langen Wurzeln dienen frisch geschlüpften Jungfischen als Unterschlupf.

Potamogeton crispus
Die schmalen welligen Blätter des Krausen Laichkrautes können auch leicht rot gefärbt sein. Die Pflanze wächst schnell und verlangt viel Licht.

Vallisneria gigantea
Die grasähnliche Riesenvallisnerie ist
leicht zu halten, braucht aber viel
Licht. Sie pflanzt sich durch Ausläufer fort.

Vesicularia dubyana
Das Javamoos heftet sich
selbst auf Felsoberflächen
fest und stellt ein hervorra-
gendes Substrat für laichende Fische dar. Nur in gut
gefiltertem Wasser werden
die feingefiederten Blättchen nicht von Algen und
Sediment verklebt.

agittaria graminea
ie bekannte Aquarien-
flanze trägt den deutschen
amen Gras-Pfeilblatt. Am
esten wächst es in leicht ba-
schem Wasser.

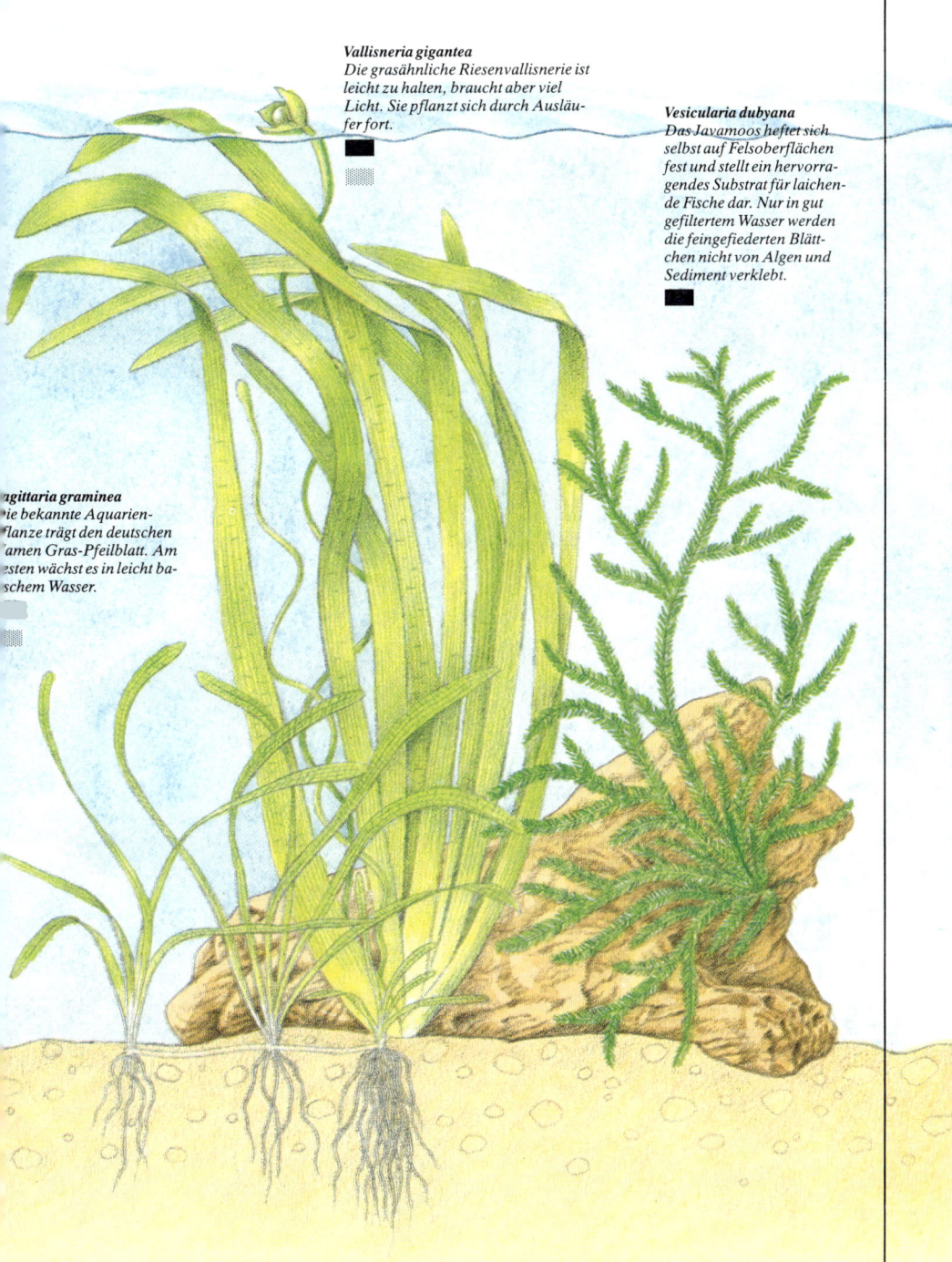

EINRICHTUNGSBEISPIELE

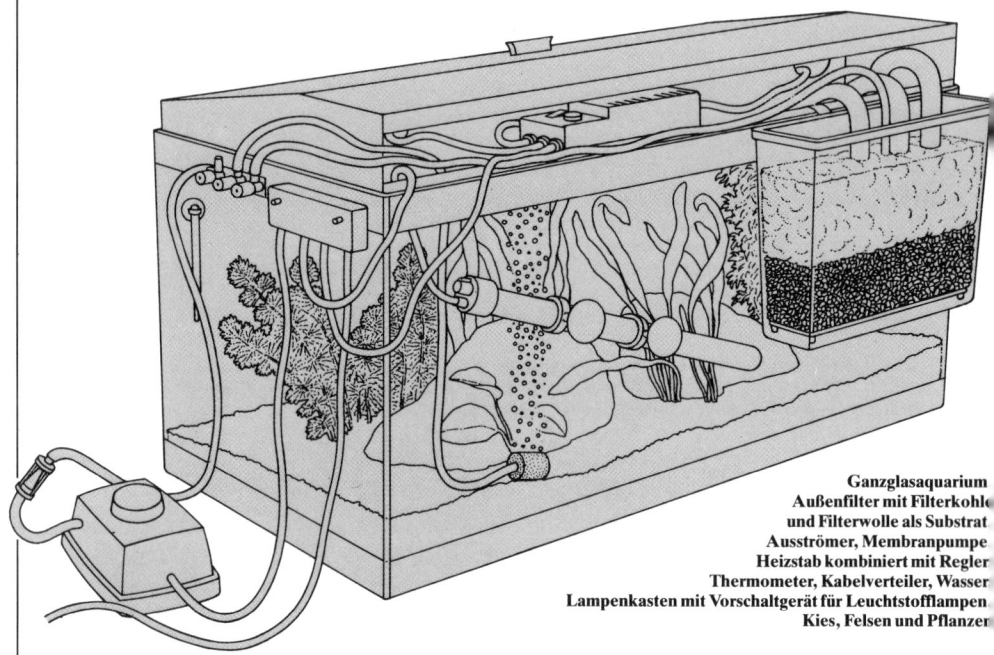

**Ganzglasaquarium
Außenfilter mit Filterkohle
und Filterwolle als Substrat
Ausströmer, Membranpumpe
Heizstab kombiniert mit Regler
Thermometer, Kabelverteiler, Wasser
Lampenkasten mit Vorschaltgerät für Leuchtstofflampen
Kies, Felsen und Pflanzen**

Der Schlüssel für die erfolgreiche Einrichtung eines Aquariums liegt in der durchgehenden guten Planung. Zuerst muß man sich für das System entscheiden (siehe Seite 24–25) und sich die nötige Ausrüstung und das Zubehör besorgen: das Becken in der richtigen Größe (siehe Seite 115–116), einen geeigneten Filter (siehe Seite 124–129), eine Luftpumpe (siehe Seite 123), für tropische Aquarien (siehe Seite 130–136) einen Heizer mit separatem oder eingebautem Regler, die richtige Beleuchtung (siehe Seite 148–151) und für Seewasseraquarien (siehe Seite 147) ein Aräometer. Viele Aquarienliebhaber versuchen, einen natürlichen Lebensraum so genau wie möglich nachzuahmen (siehe Seite 138–143). Dabei muß man sich eine Liste jener Arten aufstellen, die in dem betreffenden Lebensraum zu Hause sind. Bevor man die Tiere kauft, muß man unbedingt überprüfen, ob sie sich auch untereinander vertragen (siehe Seite 35–111).

Schnelle Schwimmer oder Fische mit Territorialverhalten können nämlich kleinere, nervösere Arten einschüchtern oder sogar schädigen. Man muß auch berücksichtigen, daß jede Art ihre eigenen Ansprüche stellt. Wenn man zum Beispiel pflanzenfressende Fische hält, hat es wenig Sinn, viel Geld für prächtige Pflanzen auszugeben, denn sie sind innert kurzem sowieso gefressen. Selbstverständlich müssen sich nicht nur die Fische untereinander vertragen, sondern der ganze Lebensraum muß in sich stimmig sein, angefangen von den Felsen (siehe Seite 157) bis zu den Pflanzen (siehe Seite 159).

Obwohl man während und beim Einrichten immer noch Korrekturen anbringt, empfiehlt es sich doch, das Aquarium erst mit Skizzen zu planen. Das spart Zeit. Seien Sie nicht entmutigt, wenn das endgültig bepflanzte Aquarium unnatürlich aussieht. Es vergehen einige Wochen, bis die Pflanzen sich an die Umgebung gewöhnt haben.

Einige Muster

Die sechs Beispiele wollen uns einige Ideen geben, wie man ein Aquarium einrichten kann. Für das tropische Süßwasseraquarium gibt es drei Muster: eines für weiches, eines für weiches bis mittelhartes und eines für hartes Wasser. In jedem Fall müssen die Ansprüche der betreffenden Fische befriedigt werden. Ebenso abgebildet sind Skizzen für das Süß- und Seewasseraquarium der gemäßigten Breiten sowie für das tropische Seewasseraquarium.

TROPISCHES SÜSSWASSERAQUARIUM
Weiches bis mittelhartes Wasser
- *A. madagascariensis* (S. 163)
- *C. blassii* (S. 164)
- *E. acicularis* (S. 165)
- *E. grandifloris* (S. 165)
- *L. aquatica* (S. 168)
- *P. stratiotes* (S. 170)
- *S. graminea* (S. 171)
- Kalkfreier Kies

SÜSSWASSERAQUARIUM KALTWASSER
- *B. monnieri* (S. 163)
- *L. repens* (S. 168)
- *V. gigantea* (S. 171)
- Geeignete Felsen (S. 157)
- Gewöhnlicher Kies

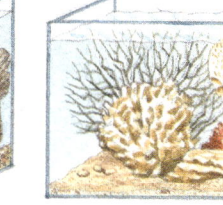

TROPISCHES SÜSSWASSERAQUARIUM
Weiches Wasser
- *C. demersum* (S. 164)
- *L. aquatica* (S. 168)
- *N. guadelupensis* (S. 169)
- Versteinertes Holz
- Bambusstengel
- Weiden- oder Erlenwurzeln
- Kalkfreier Kies

TROPISCHES SEEWASSERAQUARIUM
- Korallen
- Seefedern
- Gewachsene Felsen
- Korallensand

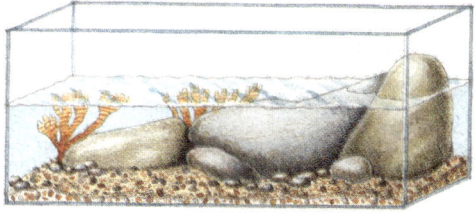

TROPISCHES SÜSSWASSERAQUARIUM
Hartes Wasser
- Schiefer
- Kalkgestein
- Gewöhnlicher Kies

SEEWASSERAQUARIUM DER GEMÄSSIGTEN BREITEN
- Blattlappentang (*Taonia atomaria*)
- Zerbrochene Muschelschalen
- Gerundete Felsen, Geröll
- Schill
- Kalkkies

Einrichtung eines tropischen Süßwasseraquariums

Das tropische Süßwasseraquarium eignet sich für den Anfänger wohl am besten, denn es kostet verhältnismäßig wenig Geld und verlangt weniger Erfahrung und technische Kenntnisse als die anderen Systeme.

Wenn Sie sich für ein tropisches Süßwasseraquarium entschieden haben, wenn Sie den Standort ausgewählt und das Zubehör gekauft haben, dann besteht der nächste Schritt darin, das Becken genau an die richtige Stelle zu bringen. Man muß an Ort und Stelle arbeiten, denn es ist fast unmöglich, ein schweres, mit Kies und Felsen gefülltes Becken im nachhinein zu bewegen. Wir stellen das Becken auf eine Styroporplatte, die Unebenheiten ausgleicht. Man muß zu allen vier Seiten leichten Zugang haben. Man braucht folgendes Zubehör:

- Gewaschenen Kies
- Gewaschene Pflanzen
- Werkzeuge wie Zangen, Schraubenzieher, Pflanzenpinzette, ein scharfes Messer, Scheren und Schläuche
- Technische Ausrüstung wie Filter, Luftdruckheber, Heizer, Regler, Luftpumpe, Luftverteiler, Rückschlagventile, Ausströmer, Kabelverteiler, Lampenkasten
- Materialien zur Dekoration wie gewaschene Felsen
- Deckscheibe
- Fische

Achtung: Wasser und Elektrizität ergeben eine tödliche Mischung! Man verwende nur Zubehör mit dem GS-Zeichen für geprüfte Sicherheit. Man schließt die Geräte erst dann an, wenn das Aquarium gefüllt ist.

1 Einpassen des Unterflurfilters Mit einem Messer schneidet man das Standrohr des Drucklufthebers nach der zukünftigen Wasserhöhe zu und steckt es in das entsprechende Loch der Filterplatte. Dann paßt man beides in das Becken ein, wobei das Standrohr an der rückwärtigen Seite liegen sollte. Die Filterplatte muß überall flach aufliegen und sollte möglichst genau in das Becken passen.

2 Einfüllen des Kieses Man verwende einen Feinkies mit einer Körnung von 3 bis 5 mm, damit das Wasser gut zirkulieren kann und gleichzeitig die Pflanzen festen Halt finden. Damit der Unterflurfilter richtig funktionieren kann, muß die Kiesschicht an der Frontseite mindestens 5 cm tief sein. An der Rückseite sollte sie doppelt so hoch werden.

Heizer kombiniert mit Regler

Ausströmer

Luftverteiler

3 Einrichten der Luftpumpe
Man schließt einen Verteiler an den Förderschlauch der Luftpumpe an, um den Belüfter und den Druckluftheber gleichzeitig betreiben zu können. In den Förderschlauch kommt ein Rückschlagventil, das ein Eindringen des Wassers verhindert. Den Ausströmer legen wir nahe an die rückwärtige Scheibe.

4 Einrichten des Heizreglers
Wir befestigen den Heizregler schräg an der rückwärtigen Scheibe und in einigem Abstand vom Kiesuntergrund.

Kabel zum Heizer

Förderschlauch

Luftpumpe

Rückschlagventil

5 Felsen
Erst vergewissere man sich, daß sich das vorgesehene Material auch für das Aquarium eignet (siehe Seite 157). Größe Felsen müssen dem Boden gut aufliegen, damit sie nicht kippen. Felsen sollten unter anderem das Aquarienzubehör möglichst verbergen. Wer einen Innenfilter vorzieht, muß darauf achten, daß die Felsen den Wasserfluß nicht behindern.

6 Anordnung der Felsen
Die Felsen sollten natürlich aussehen, zum Beispiel indem Schichtungen von Stein zu Stein parallel verlaufen. Wer eine Höhle wünscht, klebt mehrere Felsstücke mit einem Silikonkleber aneinander. Kleine flache Steine werden in Abständen und waagerecht eingegraben, um den Kiesabhang zu befestigen.

7 **Füllen des Beckens** Zwei wichtige Punkte sind zu berücksichtigen. Zunächst sollte man den Schlauch direkt auf einen Felsen zu halten, damit sich das Wasser verteilt und nicht den Kies aufwirbelt. Dann sollte man das Becken nicht vollständig füllen, sonst fließt es nämlich über, wenn man mit den Händen hineinfährt.

8 **Bepflanzen** Wir beginnen mit großen Pflanzen an den Seiten und im Hintergrund und füllen dann die Ecken mit buschigeren Arten. Wir vergraben die Wurzeln im Kies, aber keinesfalls die Stengel. Stecklinge müssen unter Umständen mit einem Band aus Blei beschwert werden. Dann füllt man das Becken endgültig mit Wasser.

9 **Einbringen des Thermometers** Wir befestigen das Thermometer an einer Stelle, wo es leicht zu überprüfen ist, ohne jedoch zu sehr ins Auge zu fallen. Das hier verwendete Modell wird mit einem Gummisauger an der Scheibe befestigt. Es gibt aber auch senkrecht im Wasser treibende Thermometer.

10 **Deckscheibe auflegen** Die Deckscheibe ist entweder ein- oder zweiteilig und besteht aus echtem Glas oder Kunststoff wie hier im Bild. Das abgebildete Modell hat bereits ausgesparte Stellen für Schläuche und Fütterung.

Zum Stecker

Zum Heizer

Zur Luftpumpe

Zu den Lampen

11 **Befestigung des Kabelverteilers** Der Verteiler erlaubt eine sichere Verbindung und Schaltung der elektrischen Versorgung für die technische Ausrüstung des Aquariums. Es gibt getrennte Schalter für die Beleuchtung und die Luftpumpe, wobei die Heizung natürlich immer angestellt sein muß. Die Kabel sind über eine Lüsterklemmenleiste miteinander verbunden, um Kurzschlüsse zu vermeiden.

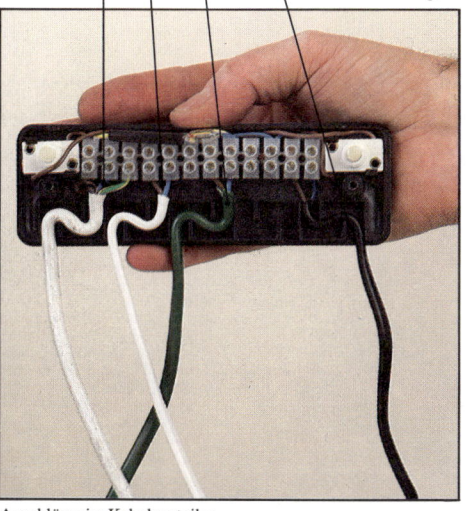

Anschlüsse im Kabelverteiler

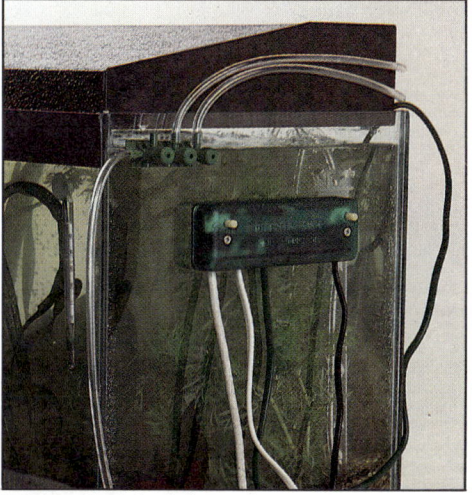

Kabelverteiler an der Außenwand

12 **Einrichtung des Lampenkastens und der Lampen** Dies ist das letzte Stadium vor dem Einsetzen der Fische. Einige Lampenkästen enthalten bereits das Vorschaltgerät und die Leuchtstofflampen. Dadurch wird die Abdeckung sehr schwer, und man muß viel Sorgfalt aufwenden, wenn man sie bewegt, besonders bei einer gläsernen Deckscheibe. Im allgemeinen werden Leuchtstofflampen verwendet, aber man kann auch Glühlampen einsetzen. Wir schalten jetzt die Heizung und die Luftpumpe ein.

13 **Einsetzen der Fische**
Wir lassen die Plastiktüte mit den neuerworbenen Fischen 10 bis 15 Minuten im Aquarienwasser treiben, um die Wassertemperaturen einander anzugleichen (siehe Seite 29) und lassen dann die Fische frei.

Barbus nigrofasciatus,
weibliche Purpurkopfbarbe,
s. S. 37

Vorschaltgerät für
Leuchtstofflampen
(siehe Schritt 12)

Aufklappbarer Lampenkasten
(siehe Schritt 12)

Deckscheibe (siehe Schritt 10)

Felsen aus Marmor
(siehe Schritte 5 und 6)

Rasbora heteromorpha,
weiblicher Keilfleckbärbling,
s. S. 42

Cabomba caroliniana Diese Wasserhaar-
nixenart ist ein guter Raumfüller, aber nicht
einfach zu halten

Barbus conchonius,
weibliche Prachtbarbe, s. S. 36

Pterophyllum scalare,
Segelflosser, s. S. 59

Colisa lalia,
weiblicher Zwergfaden-
fisch, s. S. 62

Xiphophorus maculatus,
männlicher Platy,
s. S. 69

Colisa lalia, männlicher
Zwergfadenfisch, s. S. 62

Bolbitis heudelotii
Der Kongo-Wasserfarn wächst
langsam und heftet sich
an Felsen fest

Barbus nigrofasciatus,
männliche Purpurkopfbarbe,
nicht im Laichkleid,
s. S. 37

Anubias lanceolata
Diese attraktive Speerblatt-Art
verdient einen Platz im
Vordergrund des Aquariums

Potamogeton crispus
Das Krause Laichkraut gehört
in den Vordergrund und
blüht gerne

3-mm-Kies (siehe Schritt 2)

Vallisneria spiralis
Die schnellwüchsige Gemeine
Vallisnerie eignet sich beson-
ders für den Hintergrund

Xiphophorus sp.,
männlicher Schwertträgerhybrid,
s. S. 68

Rasbora heteromorpha, männlicher
Keilfleckbärbling, s. S. 42

Thermometer (siehe Schritt 9)

Brachydanio rerio,
männlicher Zebrabärbling,
s. S. 41

Xiphophorus sp.,
weiblicher Schwertträger-
hybrid, s. S. 68

Die Schläuche müssen über den Wasserspiegel hinausragen, um zu verhindern,
daß Wasser in die Pumpe zurückfließt.

Poecilia reticulata,
männlicher Guppy, s. S. 67

Verteiler für Luftschläuche
(siehe Schritt 3)

Kabelverteiler (siehe Schritt 11)

Hygrophila difformis,
Indische Sternpflanze,
s. S. 167

*Aponogeton
madagascariensis,*
Gitterpflanze,
s. S. 163

Ein Ausströmer im
Druckluftheber verbessert
den Wasserdurchfluß

Corydoras julii,
Leopard-Panzerwels,
s. S. 74

Cryptocoryne blassii,
Wasserkelch,
s. S. 164

Xiphophorus maculatus,
männlicher Platy,
s. S. 69

Corydoras aeneus,
Metall-Panzerwels,
s. S. 74

Rückschlagventil
(siehe Schritt 3)

Luftpumpe (siehe Schritt 3)

Die Einrichtung eines Süßwasseraquariums der gemäßigten Breiten

Dieser Typ des Süßwasseraquariums erfordert nicht soviel technisches Zubehör wie das tropische Aquarium, denn Heizer und Regler sind überflüssig. Die Haltung eines solchen Aquariums ist allerdings schwieriger und verlangt mehr Verständnis und Erfahrung. Weil Kaltwasserfische auch mehr Sauerstoff brauchen als ihre tropischen Verwandten, muß das Becken größer oder die Anzahl der Fische geringer sein. Vor der Wahl lese man auf den Seiten 22 bis 31 nach.

Wenn Sie sich für ein Kaltwasseraquarium entschieden haben und wenn Sie den Standort gewählt und das Zubehör gekauft haben, dann besteht der nächste Schritt darin, das Becken genau an die richtige Stelle zu bringen. Man muß an Ort und Stelle arbeiten, denn es ist fast unmöglich, ein schweres mit Kies und Felsen gefülltes Becken im nachhinein zu bewegen. Man läuft dabei sogar Gefahr, daß etwas kaputtgeht. Wir stellen das Becken auf eine Styroporplatte, die Un-

ebenheiten ausgleicht. Man muß zu allen vier Seiten leichten Zugang haben. Man braucht folgendes Zubehör:
- Gewaschenen Kies
- Gewaschene Pflanzen, nach Gruppen geordnet
- Werkzeuge wie Zangen, Schraubenzieher, Pflanzenpinzette, scharfes Messer, Schere und Schläuche
- Technische Ausrüstung wie Filter, Strahlrohr, Lampenkasten, Leuchtstofflampen, Vorschaltgerät
- Materialien zur Dekoration wie gewaschene Felsen und Kieselsteine oder Geröll
- Deckscheibe
- Fische

Achtung: Wasser und Elektrizität ergeben eine tödliche Mischung! Man verwende nur Zubehör mit dem GS-Zeichen für geprüfte Sicherheit. Man schließt die Geräte erst dann an, wenn das Aquarium gefüllt ist.

1 **Einfüllen des Kieses** Wir verwenden Feinkies mit einer Korngröße von 3 bis 5 mm. Er erlaubt eine gute Wasserzirkulation und bietet den Pflanzen doch guten Halt. Die Kies-schicht sollte vorne 5 cm, hinten ungefähr 7 cm hoch sein. Damit diese Hangneigung sich nicht mit der Zeit ausgleicht, graben wir in regelmäßigen Abständen flache Steinchen waagrecht ein.

2 **Einrichten des Filters** Den Topffilter in die Nähe des Beckens bringen. Die Einströmöffnung nahe an der Kiesschicht befestigen, so daß abge- sunkene Schmutzteilchen eingesogen werden. Das Strahlrohr weit oben befestigen, so daß das gereinigte Wasser sich über die Oberfläche ausbreitet.

Förderleitung von der Pumpe zum Strahlrohr

Saugleitung

3 **Einrichten der Felsen und Pflanzen** Die Felsen gut auflegen und richtig im Kies verankern. Wenn möglich, legt man sie so an, daß sie die Schläuche des Filters verbergen. Beim Bepflanzen achtet man darauf, daß man nicht einen Teil der Sprosse mit eingräbt. Man kann die Pflanzen auch nach dem Füllen mit Wasser einsetzen.

4 **Mit Wasser füllen** Wir füllen das Becken mit einem Schlauch zu zwei Drittel. So können wir beurteilen, wie die Bepflanzung aussieht. Änderungen werden jetzt angebracht.

5 Vorbereitung des Filtersystems Man entfernt den Förderschlauch am Filter und saugt Wasser ein. Ist der Filter und die Pumpe voll Wasser, dann schaltet man das Gerät ein, nachdem man den Schlauch wieder befestigt hat. Kommt kein Wasser aus dem Strahlrohr, so befindet sich irgendwo im Filter eine Luftblase. Mit Schütteln bekommt man den Filter frei.

Förderleitung

Sauberes Wasser verteilt sich über die ganze Wasseroberfläche

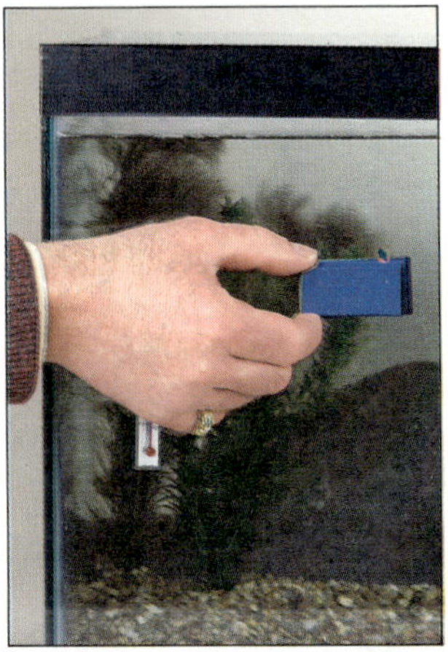

6 Thermometer und Scheibenreinigung Wir befestigen das Thermometer an der richtigen Stelle. Beim Füllen des Beckens können sich Gasblasen an der Frontscheibe ansammeln. Wenn wir sie rasch entfernen wollen, nehmen wir einen Scheibenreiniger gleich welcher Bauart.

7 Einsetzen der Fische im Plastikbeutel Der Zoohändler verpackt die Fische im allgemeinen in klare, zur Hälfte gefüllte Plastikbeutel. Bevor wir die Fische ins Aquarium entlassen, lassen wir die Beutel 15 bis 30 Minuten lang treiben, damit sich die Temperaturen angleichen können.

8 **Vermischen der beiden Wassertypen** Nach 15 bis 30 Minuten läßt man sorgfältig etwas Aquarienwasser in den Plastikbeutel fließen. Die Tiere können sich somit leichter akklimatisieren.

9 **Freigabe der Fische** Wenn sich die Wassertemperaturen ganz angeglichen haben, kann man die Fische freilassen. Man kippt den Beutel so, daß die Fische aus eigenem Antrieb in das Becken schwimmen.

Schalter des Vorschaltgeräts

Kontrollanzeige

Kabel zu den Lampen

Stromversorgung

10 **Aufsetzen des Lampenkastens** Einige Typen von Lampenkästen enthalten sowohl das Vorschaltgerät wie die Leuchtstofflampen. Der Starter liegt meistens hinten. Solche Lampenkästen sind recht schwer, und man muß

vorsichtig mit ihnen umgehen, besonders wenn die Deckscheibe aus Glas besteht.

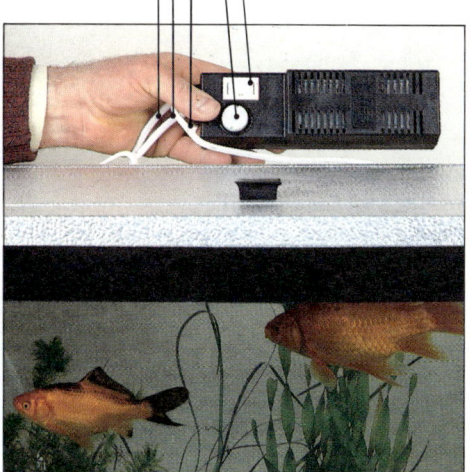

Vorschaltgerät im hinteren Teil des Lampenkastens

Vorschaltgerät an Ort und Stelle

11 Das fertige Aquarium
Die Fische brauchen mehrere Wochen, um sich an ihre Umgebung richtig anzupassen. Ebensolange dauert es, bis ein gewisses biologisches Gleichgewicht der Bakterien und Algen gefunden ist. Dann sieht das Aquarium auch von sich aus viel natürlicher aus.

Schiefer (siehe Schritt 3)

Goldfischvarietät
Der lachsrosa gefärbte Kometenschweif ist eine beliebte und leicht erhältliche Zuchtform.

Elodea canadensis,
Kanadische Wasserpest,
s. S. 166

Goldfischvarietät
Eine häufig gezüchtete metallische Form

Vallisneria gigantea,
Riesenvallisnerie,
s. S. 171

Vallisneria spiralis
Die Gemeine Vallisnerie eignet sich besonders als Hintergrundpflanze

Myriophyllum aquaticum,
Tausenblatt, s. S. 169

Gewöhnlicher Goldfisch, s. S. 84

Thermometer (siehe Schritt 6)

Egeria densa,
Dichtblättrige Wasserpest,
s. S. 165

Gemeiner Goldfisch, s. S. 84

imisauger zur Befestigung
trahlrohrs (siehe Schritt 2)

Strahlrohr (siehe Schritt 2)

Lampenkasten
(siehe Schritt 10)

Elodea canadensis,
Kanadische Wasserpest, s. S. 166

Saugleitung zum Filter
(siehe Schritt 2)

Förderleitung vom Filter

Filterkopf-Befestigungsklammer

Wasserpumpe

Schiefer (siehe Schritt 3)

Künstlicher Fels
(siehe Schritt 3)

Gewöhnlicher Goldfisch,
s. S. 84

Gewöhnlicher Goldfisch,
s. S. 84

Filterkohle
(siehe Schritt 2)

Topffilter
(siehe Schritt 2)

Filterwolle
(siehe Schritt 2)

Kies mit 3 mm Korngröße
(siehe Schritt 1)

Die Einrichtung eines Seewasseraquariums

Wie das tropische Süßwasseraquarium (siehe Seite 174) braucht auch dieses System einen Heizer sowie einen Regler, doch im Gegensatz dazu ist es für Anfänger ungeeignet. Man braucht viel Erfahrung, um die Wasserbedingungen innerhalb der geforderten engen Toleranzen zu halten. Man muß das Seewasser genau nach den Vorschriften herstellen und regelmäßig den Nitritgehalt bestimmen. Bevor man eine Wahl trifft, lese man auf den Seiten 24 bis 31 nach.

Wenn Sie sich für ein tropisches Seewasseraquarium entschieden haben und wenn Sie den Standort gewählt und das Zubehör gekauft haben, dann besteht der nächste Schritt darin, das Ganzglasbecken genau an die richtige Stelle zu bringen. Man muß an Ort und Stelle arbeiten, denn es ist fast unmöglich, ein schweres, mit Sand und Felsen gefülltes Becken im nachhinein zu bewegen. Man läuft dabei sogar Gefahr, daß etwas kaputtgeht. Wir stellen das Becken auf eine Styroporplatte, die Unebenheiten der Oberfläche ausgleicht. Man muß zu allen vier Seiten leichten Zugang haben. Steht das Aquarium, so braucht man folgendes Zubehör:

● Gewaschenen Korallensand
● Synthetisches Seewasser, hergestellt aus einer Seesalzmischung
● Werkzeuge wie Zangen, Schraubenzieher, Messer, Schere und Wassereimer
● Technische Ausrüstung wie Bodenplatten für den Unterflurfilter, Wasserpumpe, Filterwolle, Heizstab mit Regler, Aräometer, Lampenkasten, Leuchtstofflampen, Vorschaltgerät
● Materialien zur Dekoration wie gewaschene Felsen
● Deckscheibe
● Fische. Man beginne hier mit einigen wenigen widerstandsfähigen Arten und kaufe sich nach und nach empfindlichere Formen hinzu.

Achtung: Wasser und Elektrizität ergeben eine tödliche Mischung! Man verwende nur Zubehör mit dem GS-Zeichen für geprüfte Sicherheit. Man schließt die Geräte erst dann an, wenn das Aquarium gefüllt ist.

1 Einrichtung des Unterflurfilters In einem großen Becken wie dem abgebildeten braucht man wahrscheinlich zwei Filterplatten und Pumpen. Man schneidet zwei Ansaugrohre mit einem Messer auf die richtige Länge zu und steckt sie in die vorgesehenen Löcher der Filterplatten. Dann paßt man diese möglichst lückenlos ins Aquarium ein. Damit der Wasserdurchfluß schneller erfolgt, verwenden wir zwei Wasserpumpen, je eine an der Spitze eines Standrohres.

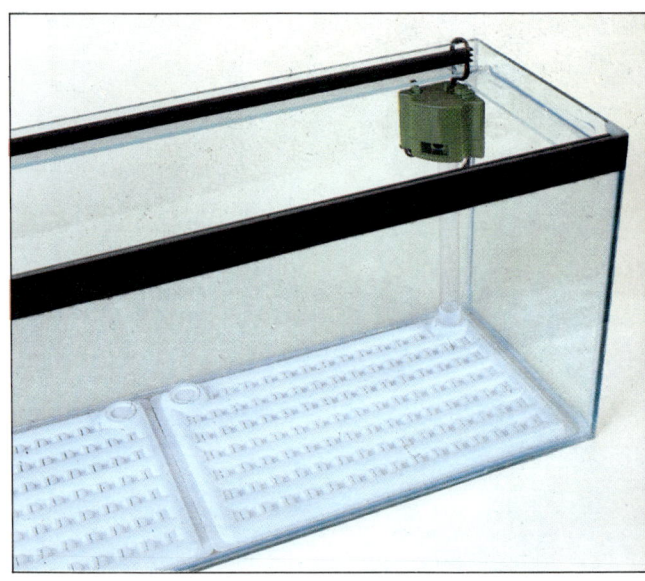

2 **Einlegen von Filterwolle** Wir legen eine Schicht Filterwolle über die gesamte Oberfläche der Filterplatten. Dies hindert feine Sandteilchen, die Schlitze der Filterplatten zu verstopfen und so die Wasserzirkulation zu behindern.

3 **Einfüllen des Bodengrundes** Damit der Unterflurfilter richtig funktioniert, muß man ihn mit einer ziemlich dicken Schicht bedecken. Sie sollte an der Frontscheibe mindestens 5 cm, hinten 7 bis 10 cm hoch sein.

Halterung aus Kunststoff

Heizer kombiniert mit Regler

Standrohr

Wasseraustritt

4 **Einrichten des Heizreglers** Wir montieren einen Heizer kombiniert mit einem Regler diagonal an der rückwärtigen Scheibe und verwenden dabei Halterungen aus Plastik, keinesfalls aus Metall, denn dieses würde im Salzwasser bald in Lösung gehen und die Fische vergiften. Der Heizstab darf nicht auf dem Bodengrund aufliegen.

5 **Einrichten von Felsen und Korallen** Man achte darauf, daß die vorgesehenen Felsen auch in Seewasseraquarien verwendet werden dürfen (siehe Seite 157). Auf Korallen sollte man aus naturschützerischen Gründen tunlichst verzichten. Wir müssen die Felsen so gut im Boden verankern, daß sie auch durch Grabtätigkeit der Fische nicht umkippen.

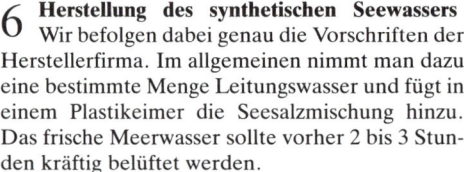

6 **Herstellung des synthetischen Seewassers** Wir befolgen dabei genau die Vorschriften der Herstellerfirma. Im allgemeinen nimmt man dazu eine bestimmte Menge Leitungswasser und fügt in einem Plastikeimer die Seesalzmischung hinzu. Das frische Meerwasser sollte vorher 2 bis 3 Stunden kräftig belüftet werden.

7 **Füllen des Aquariums mit der Seewassermischung** Wir gießen so viel Wasser hinzu, bis der Wasserspiegel 2 bis 5 cm unter dem vorgesehenen Niveau liegt. Wir schalten das Filter- und Heizsystem ein, geben das Aräometer hinzu und messen dann das spezifische Gewicht (siehe oben rechts).

DIE MESSUNG DES SPEZIFISCHEN GEWICHTS

Den Salzgehalt von künstlichem wie natürlichem Seewasser kann man leicht anhand des spezifischen Gewichts bestimmen. Dazu verwenden wir ein Aräometer.

Überprüfung und Stabilisierung des spezifischen Gewichts in einem neuen Aquarium

Hat sich die Wassertemperatur im Aquarium stabilisiert, so messen wir mit dem Aräometer das spezifische Gewicht. Man liest dabei an der untersten Stelle des Meniskus ab (siehe Seite 147). Ein schraffiertes Gebiet auf der Skala zeigt uns den korrekten

Bereich von ungefähr 1,020 bis 1,023. Stimmt der Wert, so geben wir das restliche künstliche Seewasser hinzu. Liegt der Wert zu hoch, so gießen wir Süßwasser hinzu und verdünnen damit das Salzwasser. Liegt der Wert zu niedrig, dann muß man noch stärker salzhaltiges Seewasser hinzugießen.

Regelmäßige Kontrolle

Man sollte das spezifische Gewicht des Seewassers alle 2 bis 3 Wochen überprüfen.

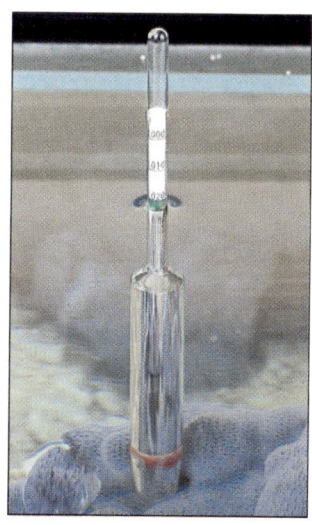

Ein Scharnierdeckel erlaubt den leichten Zugang für die Fütterung und andere Wartungsarbeiten, ohne daß man den ganzen Lampenkasten abnehmen muß.

Halterung aus Kunststoff

Wasserdichter elektrischer Stecker

Leuchtstofflampe

Öffnung für den Luftschlauch

8 Einbau des Lampenkastens und der Beleuchtung Das Seewasseraquarium muß unbedingt mit einer Deckscheibe abgedeckt werden. Es darf nämlich kein Kondenswasser von der Oberfläche des Lampenkastens in das Aquarium zurücktropfen, denn dadurch ergäbe sich eine Verschmutzung mit Metallionen. Wir bauen die Leuchtstofflampen in den Kasten ein und achten darauf, daß die Halterungen aus Kunststoff und die elektrischen Verbindungen wasserdicht sind. Einige Lampenkästen beherbergen auch das Vorschaltgerät (siehe Seite 183). Dadurch wird die ganze Abdeckhaube sehr schwer, und man muß beim Abnehmen und Auflegen Vorsicht walten lassen.

9 **Fixieren des Thermometers und Einsetzen der Fische** Das Thermometer befestigen wir an der Innenseite der Frontscheibe mit einem Gummisauger. Dann lassen wir die Plastikbeutel mit den neuen Fischen erst 10 bis 15 Minuten lang im Aquarienwasser schwimmen, damit sich die Wassertemperaturen angleichen können. Dann entlassen wir die Fische in das Aquarium.

Der verantwortungsbewußte Aquarienliebhaber verzichtet auf Korallen, denn die Riffe der ganzen Welt sind heute schon sehr gefährdet.

Wasserpumpe
(siehe Schritt 1)

Wasseraustritt

Millepora complanata
Eine Hydrozoen-Koralle,
ursprünglich aus
der Karibik

Ausgangrohr der Wasserpumpe
für den Unterflurfilter
(siehe Schritt 1)

Thermometer (siehe Schritt 9)

Pomacentrus caeruleus,
Gelbschwanz-Demoiselle, ein
bekannter Riffbarsch, s. S. 96

Dascyllus melanurus, Perl-Preußen-
fisch, ein naher Verwandter des
Dreifleckenfischs, s. S. 97

Pomacentrus caeruleus,
Gelbschwanz-Demoiselle,
ein bekannter Riffbarsch,
s. S. 96

Acropora pulchra
Eine Korallenart
aus dem Indopazifik

Kabel zum Heizregler

Wasserpumpe
(siehe Schritt 1)

Wasseraustritt

Lampenkasten
(siehe Schritt 8)

Ansaugrohr des
Unterflurfilters
(siehe Schritt 1)

Tubipora musica
Eine Orgelkoralle aus dem
Indopazifik, heute geschützt

Dascyllus aruanus,
Gewöhnlicher Preußenfisch,
ein beliebter Riffbarsch,
s. S. 96

Seeanemone

Korallenstückchen
(siehe Schritt 3)

Korallensand
(siehe Schritt 3)

Dascyllus trimaculatus
Domino, ein naher Verwandter
des Dreifleckenfisches
Dascyllus albisella,
s. S. 97

Jungtiere von
Amphiprion sebae,
des Dreibinden-Anemonen-
fisches, eines Verwandten
des Orangeringelfisches,
s. S. 97

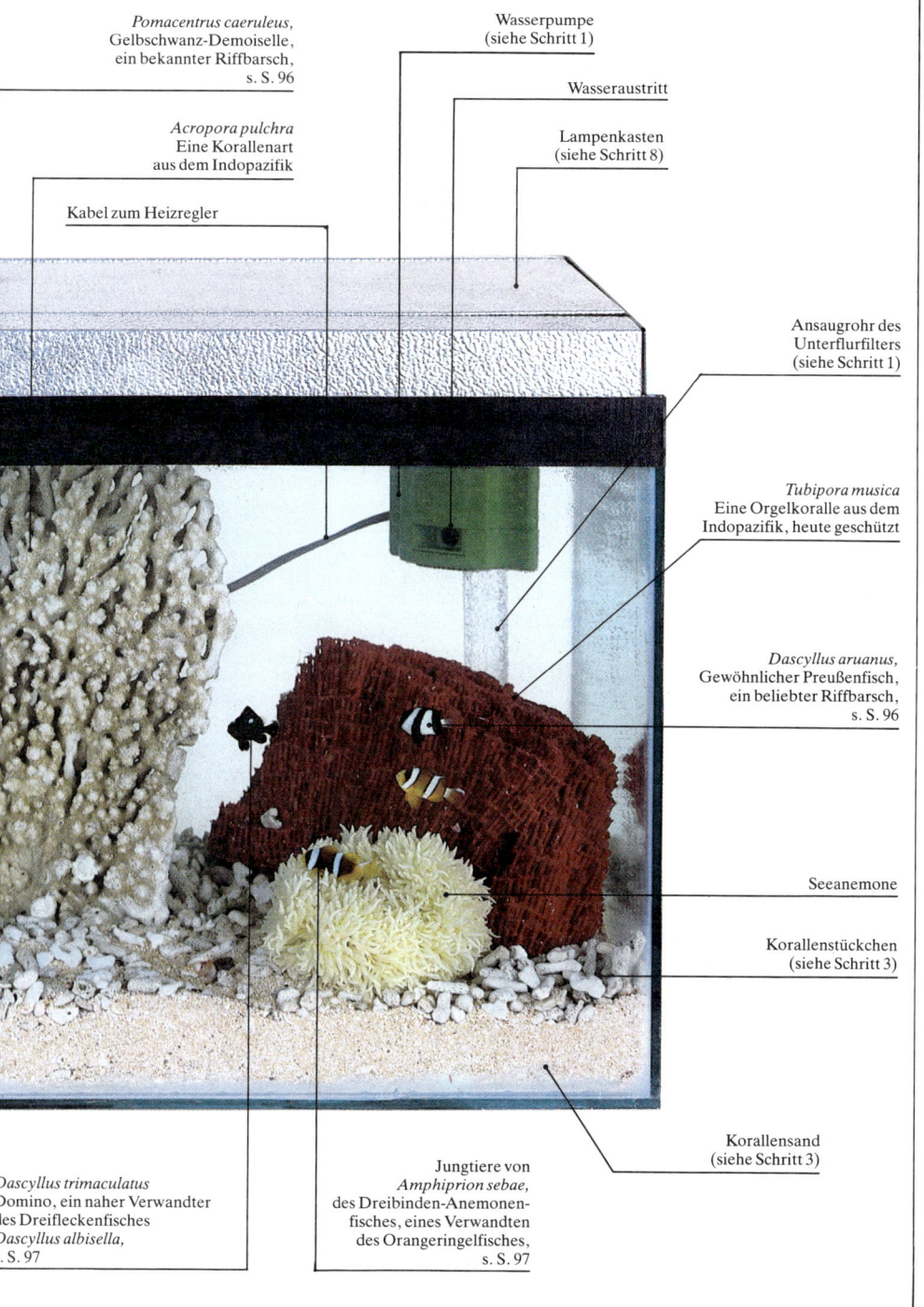

Seewasseraquarium der gemäßigten Breiten

Dieses System läßt sich mit sehr geringem finanziellem Aufwand einrichten: Die Fische kann man an der Küste sammeln, und man kommt auch mit selbstgebasteltem Zubehör aus. Man wähle den Standort des Beckens gut aus und bereite dann das Zubehör vor:

● Gewaschenen Kies
● Synthetisches Seewasser
● Werkzeug wie Zangen, Schraubenzieher, scharfes Messer, Säge, Schere, Wassereimer
● Technische Ausrüstung – Ein gewelltes Stück Plastik, Silikonkautschuk, Ausströmer, Rückschlagventil, Luftpumpe, Lampenfassungen, Reflektorfarbe, Lampen
● Materialien zur Dekoration wie Felsen, Kiesel, Geröll und leere Muschelschalen
● Selbstgesammelte Fische und wirbellose Tiere.

HÄUFIGE MEERESBEWOHNER

Die folgenden Arten kommen häufig im nördlichen Atlantik und in der Nordsee vor:
● *Blennius gattorugine* (Gestreifter Schleimfisch) siehe Seite 110
● *Blennius pholis* (Schan)
● *Pomatoschistus minutus* (Sandgrundel)
● *Tealia felina* (Dickhörnige Seerose, Seedahlie) siehe Seite 110
● *Actinia equina* (Purpurrose, Seeanemone)
● *Asterias rubens* (Gemeiner Seestern) Seite 111
● *Serpula* (Kalkröhrenwurm) siehe Seite 111
● *Leander serratus* (Sägegarnele)
● *Crangon crangon* (Nordseegarnele, Granat)

Sammeln in Spritzwassertümpeln

Man schaue genau hin: Schnelle Schwimmer unter den Fischen und Garnelen sind oft sehr gut getarnt. Beim Sammeln ergreife man einige Sicherheitsmaßnahmen:
● Algenbedeckte Felsen in der Nähe von Spritzwassertümpeln können außerordentlich glitschig sein, und man sollte sich gut festhalten.
● Man habe immer ein Auge auf den Gang der Gezeiten. Die Flut kann schneller eintreffen als erwartet.
Man sollte auch einige ökologische Regeln befolgen:
● Nicht mehr Exemplare sammeln, als man brauchen kann.
● Jede Veränderung im Lebensraum ist nachher rückgängig zu machen, zum Beispiel das Hochheben und Drehen von Steinen, die vielen Fischen als Unterschlupf dienen.

1 **Dichten eines gebrauchten Aquariums** Wir bringen in ununterbrochener Linie die Dichtmasse aus Silikonkautschuk an und verstreichen sie mit den Fingern.

2 **Herstellung eines Unterflurfilters** Mit einer Säge schneiden wir Schlitze in ein gewelltes Kunststoffstück. Beim Einpassen in das Aquarium sollten die Schlitze nach unten zu liegen kommen. In einer Ekke bohren wir ein Loch für das Standrohr des Drucklufthebers.

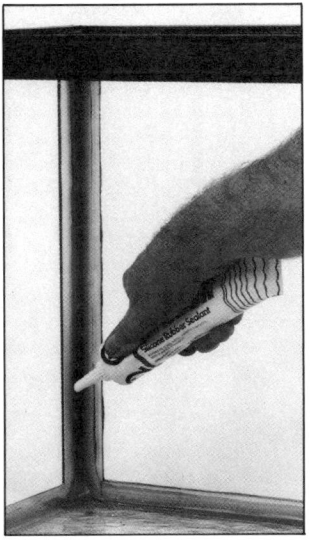

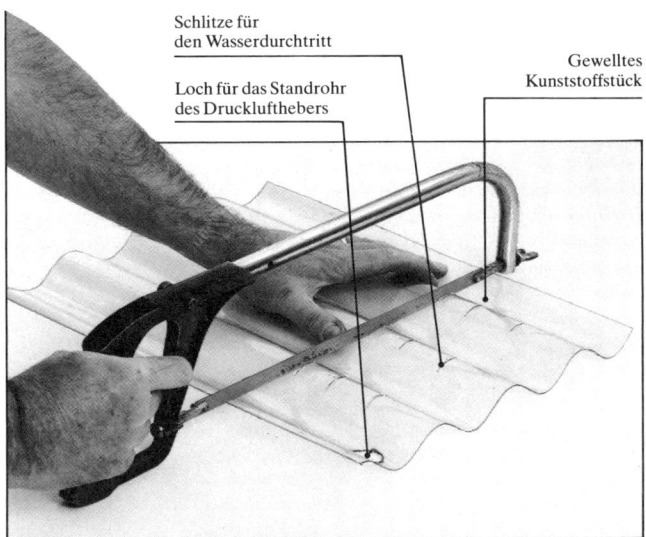

Schlitze für den Wasserdurchtritt

Loch für das Standrohr des Druckluftthebers

Gewelltes Kunststoffstück

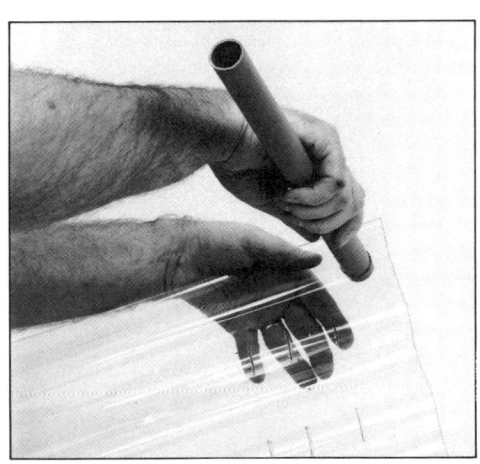

3 **Einpassen des Standrohrs für den Druckluftheber** Wir schneiden ein Plastikrohr möglichst mit einem Durchmesser von 25 mm so zu, daß das zukünftige Wasserniveau leicht darüber liegt, und passen es in das vorgebohrte Loch der Filterplatte ein. Die herausgesägten Schlitze sollten dabei auf den Boden zu liegen kommen. Wir können am Standrohre einen Schlauch befestigen, der das ausströmende Wasser verteilt.

4 **Einbringen des Bodengrunds** Wir bedecken die Filterplatte mit 3-mm-Kies, und darauf kommen Muschelbruchstücke. Für die richtige Funktion des Unterflurfilters muß die Bodenschicht an der Frontscheibe mind. 5 cm hoch sein.

5 **Einpassen der Felsen** Wir dürfen nur bestimmte Gesteine (siehe Seite 157) verwenden und müssen die Felsen gut in den Kies einpassen.

6 **Einrichten der Luftpumpe und des Ausströmers** Für einen hohen Wasserdurchsatz im Filter sorgt ein Ausströmer im Standrohr, der Druckluft von einer Luftpumpe erhält. Die Luftpumpe schützen wir durch Einbau eines Rückschlagventils.

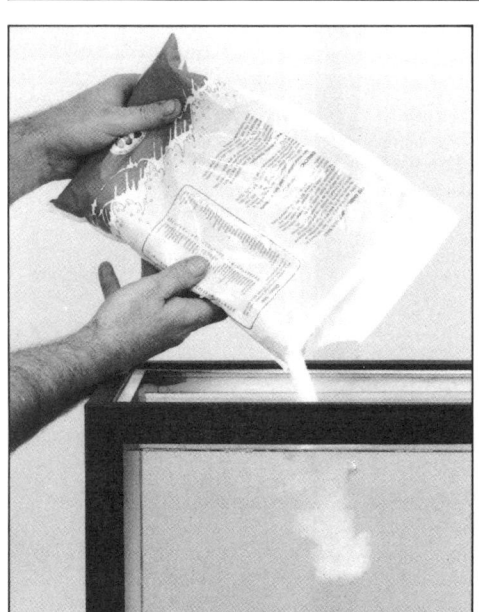

Eimer
mit Deckel

Eimer mit Kunststoffolie darüber

7 **Zugabe der Seesalzmischung** Wir füllen das Becken mit Leitungswasser, geben nach den Angaben des Herstellers die richtige Menge Seesalzmischung hinzu und schalten dann den Filter ein, damit die Lösung vollständig erfolgt. Das spezifische Gewicht sollte um 1,023 liegen. Das Wasser muß kräftig belüftet werden.

8 **Sammeln und Transportieren der Fische** Die nächste Phase besteht im Sammeln der Fische an der Küste (siehe Seite 192). Wir brauchen dazu mindestens zwei Eimer, denn wir können Fische und wirbellose Tiere wie Seeanemonen nicht im selben Eimer unterbringen. Die Seeanemonen würden die Fische nesseln und töten. Wenn die Seeanemonen noch an ihrer Felsunterlage festhefteten, sollte man die entsprechenden Stücke nicht aufeinanderstapeln. Denn während des Transports können sie umkippen und die Seeanemonen zerquetschen. Damit während der Rückfahrt von der Küste keine Tiere entkommen, legen wir einen Deckel oder eine Plastikfolie auf.

9 **Herstellung des Lampenkastens** Bevor wir die Fische in den Behälter einsetzen, stellen wir einen Lampenkasten her oder kaufen ihn. Als Ausgangsmaterial tut es zum Beispiel eine Dachrinne aus Kunststoff, die wir innen weiß oder silberfarben anstreichen.

10 **Einpassen der Lampenfassungen in den Kasten** Wir montieren je eine Lampenfassung in zwei Abschlußkappen und befestigen diese an den beiden Enden der Dachrinne.

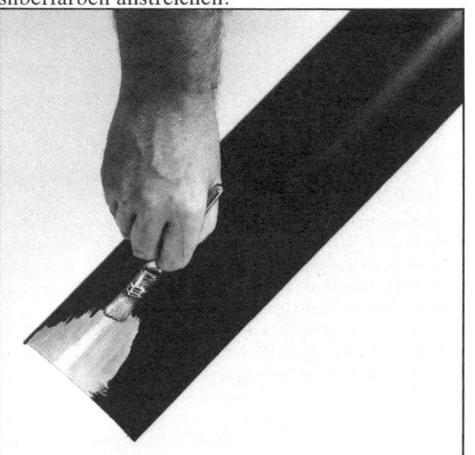

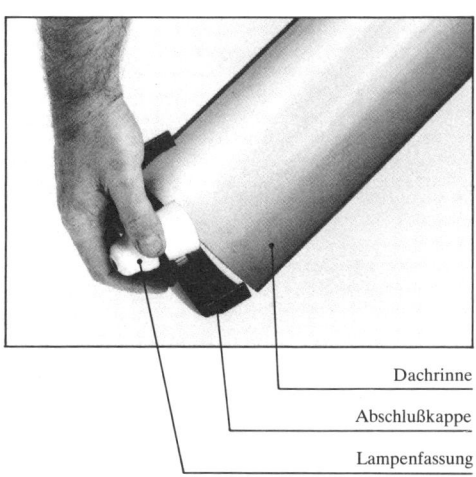

Dachrinne

Abschlußkappe

Lampenfassung

11 **Einrichten der Deckscheibe und der Beleuchtung** Wir legen eine Deckscheibe über das Aquarium. Sie schützt die Lampen vor Wasserspritzern. Eine zu starke Verdunstung kann nur im Sommer zum Problem werden. Den Lampenkasten legen wir flach auf die Deckscheibe auf. Als Beleuchtungskörper eignen sich schmale Kerzenlampen oder Leuchtstofflampen. Wahrscheinlich muß man in den Lampenkasten einige Lüftungslöcher für die Ventilation bohren.

12 **Einsetzen der Lebewesen** Mit einem Netz oder einem Plastikbeutel (siehe Seite 215) übertragen wir die gesammelten Fische und Wirbellosen einen nach dem anderen vom Eimer in das Aquarium.

Patella vulgata, Gemeine Napfschnecke, eine Schnecke, die sich überall an Felsen mit dem fleischigen Fuß festheftet

Actinia equina (Purpurrose, Seeanemone) Die dunkelrot oder grün gefärbte Seeanemone kommt zusammen mit der Dickhörnigen Seerose (s. S. 110) vor.

Patella vulgata, Gemeine Napfschnecke

Muschelbruchstücke (siehe Schritt 4)

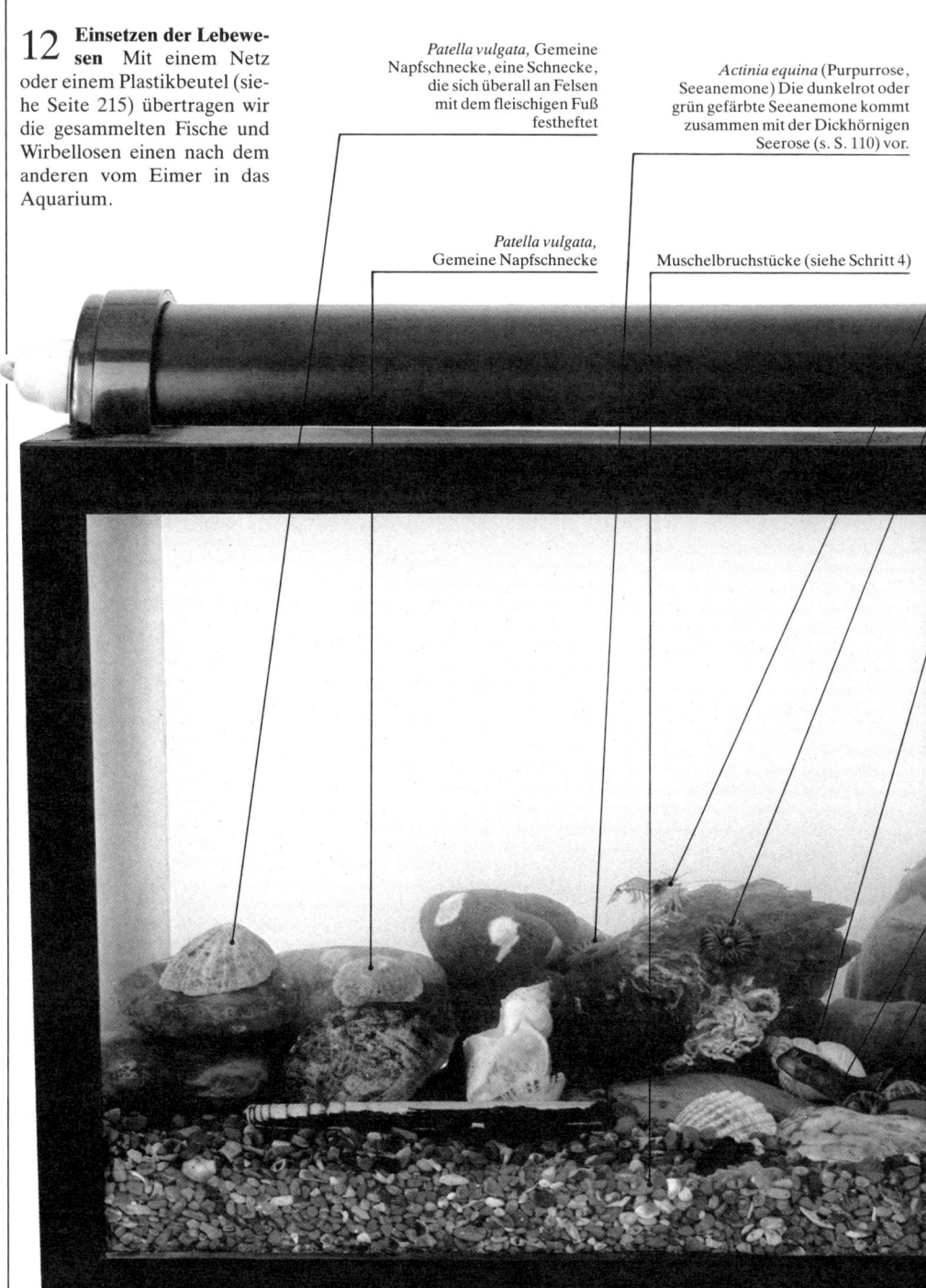

Leander serratus,
Sägegarnele

Actinia equina,
Purpurrose, Seeanemone

Buccinum undatum,
Wellhorn, leeres Schnecken-
gehäuse, überall zu finden

Blennius gattorugine,
Gestreifter Schleimfisch, s. S. 110

Littorina littorea,
Gemeine Strandschnecke,
häufig an allen europäi-
schen Küsten, ernährt
sich von organischen
Sedimenten und
hält das Aquarium sauber

Lampenkasten
(siehe Schritt 9)

Abschlußkappen
der Dachrinne
(siehe Schritt 10)

Standrohr des
Drucklufthebers
(siehe Schritt 3)

Lampenfassungen
(siehe Schritt 10)

Gut gerundetes Kalk-
geröll vom Strand.
Die Steine dürfen
keine Erzgänge ent-
halten und auch nicht
von Ölresten ver-
schmutzt sein.

Leander serratus,
Sägegarnele, häufig
in Spritztümpeln und
im Flachwasser an
allen Küsten Europas

Actinia equina,
Purpurrose, Seeanemone

Actinia equina,
Purpurrose, Seeanemone

Ensis ensis,
Taschenmessermuschel,
leere Muscheln
dieser Art
sind überall
zu finden

Luftpumpenregler
(siehe Schritt 6)

Luftpumpe
(siehe Schritt 6)

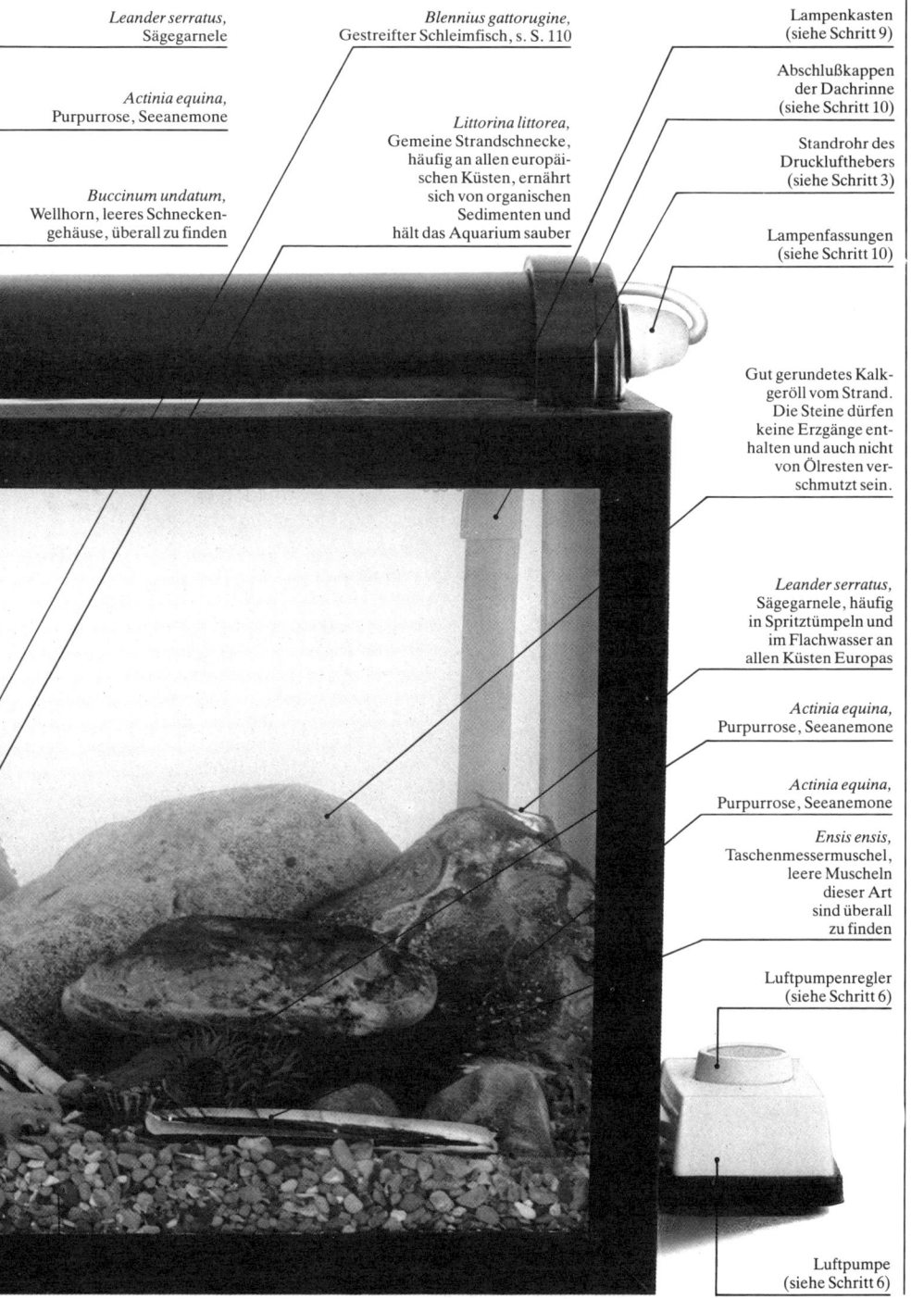

Fütterung

Ein hungriger Aquarienfisch kann sich seine Nahrung nicht selbst besorgen, es sei denn, er faßt kleinere Bewohner des Aquariums ins Auge. Es ist also für den Aquarienfreund sehr wichtig zu wissen, wie und womit man seine Lieblinge füttert, denn die Fische hängen vollständig vom Menschen ab. Durch schlechte Ernährung können Fische zugrunde gehen. Das bedeutet aber nicht, daß es etwa schwierig wäre, das richtige Futter zu beschaffen. Es gibt vielmehr zahlreiche Firmen und einen großen Markt mit einer reichen Vielfalt ausgeglichener und gebrauchsfertiger Futtersorten.

Die Ernährung

Man sollte darauf achten, daß die Darreichungsform und die Menge der Nahrung genau den Ansprüchen der gehaltenen Fische entspricht. Gibt man zuviel Futter oder Futter von der falschen Sorte, so werden es die Fische nicht beachten, und es wird faulen.

Die Ernährungsweise der Fische in der Natur
In der Natur kann das Futter für die Fische von außerhalb des Gewässers stammen. Gemeint sind zum Beispiel Insekten, Beeren oder andere Früchte, die ins Wasser fallen. Der größte Teil des Futters stammt aber wohl aus dem Wasser. Die Auswahl reicht von Würmern, Krebstieren, Insektenlarven, Polypen von Korallen, Weichtieren und kleineren Fischen bis zur pflanzlichen Nahrung, angefangen von den Algen bis zu den Blütenpflanzen.

Jahreszeitliche Schwankungen
Das Nahrungsangebot schwankt natürlich je nach der Jahreszeit. Das Insektenleben beispielsweise erreicht seinen Höhepunkt, wenn der Sommerregen in den Tropen Überschwemmungen von Flüssen verursacht. Dann werden Insekten zu einem wichtigen Nahrungsbestandteil der Fische. Da auch viel Nahrung vorhanden ist, pflanzen sich viele Fischarten in dieser Jahreszeit fort.

Schwimmhöhe und Futtersuche
Die Anatomie des Fischmauls (siehe Seite 15) und die Wasserschicht, in der sich die betreffenden Fische ernähren, hängen eng miteinander zusammen. Fische mit oberständigem Maul fressen im allgemeinen an der Wasseroberfläche und schnappen vor allem nach treibenden Insekten. In mittleren Wasserschichten leben vor allem Fische mit endständigem Maul; sie fressen Algen oder Nahrungsbrocken, die von der Strömung heran-

VITAMINE

Wenn Sie Ihren Fischen eine ausgeglichene Diät aus Trocken- und Lebendfutter anbieten, so müssen Sie sich keine Gedanken über die Vitaminversorgung machen. Vitamine sind für Fische zwar gerade so wichtig wie für den Menschen. Ja, wahrscheinlich brauchen sie, gemessen an ihrem Körpervolumen, größere Vitaminmengen als wir, nicht zuletzt, weil auch ihre biochemischen Vorgänge weniger effizient ablaufen.
Eine ausgeglichene Diät enthält alle wichtigeren Vitamine:

A Krebstiere, Eidotter, Grünfutter

B$_1$, **B$_2$**, **B$_6$**, **B$_{12}$** Algen, Grünfutter, Fischfleisch, Rindsleber, Rindfleisch, Eier, Hefen

C Grünfutter, Algen, Rindsleber, Fischeier

D Regenwürmer, Mehlwürmer, Algen, Tange, Schnecken, Wasserflöhe, Salinenkrebschen

E Algen, Grünfutter, Eidotter

H Eidotter, Leber, Hefe

K Rindsleber, Grünfutter, Wasserflöhe

Typ
Proteine
Trockenfutter (Pellets, Flock, Tabletten, gekörntes Futter)
Rotes Fleisch
Weißes Fleisch
Fisch
Insekten und Krebstiere
Würmer
Pflanzliches Futter
Stärkehaltiges Futter (Kartof, Getreide)

getragen werden. Fische mit unterständigem Maul fressen am Gewässerboden und graben oft kleine Beutetiere aus dem Schlamm.

Ersatznahrung für Aquarienfische
Da die Mehrzahl der tropischen Fische außerhalb ihrer Heimatländer gehalten werden, kann man ihnen ihr natürliches Futter nicht besorgen. Sie nehmen aber auch Ersatzfutter an. Selbst für eine nichttropische Art lohnt es sich im allgemeinen nicht, stets das natürliche Futter anzubieten. Man kann das Futter für Aquarienfische in drei Gruppen unterteilen: industriell hergestelltes Trockenfutter (siehe Seite 204−205), Lebendfutter aus der Natur oder der Zucht (siehe Seite 206−208) sowie Küchenabfälle (siehe Seite 208).

Was die Fische brauchen
Wie andere Wirbeltiere, darunter auch der Mensch, brauchen die Fische Proteine, Fette, Kohlenhydrate, Mineralsalze, Vitamine und Wasser. Die Proteine liefern die Aufbaustoffe für die Bildung von Zellen, Geweben und vor allem Muskeln. Die Kohlenhydrate sind Energielieferanten, während die Vitamine und die Mineralsalze für die Gesundheit sorgen, indem sie vor allem die Krankheitsanfälligkeit vermindern.

Nährstoffe im Trockenfutter
Vitamine und Mineralsalze sind natürlich in jedem Lebendfutter und in jedem natürlichen Futter vorhanden. Die Futterproduzenten mischen sie oft zusätzlich ihrem Trockenfutter bei. Die Mengen an Proteinen und Kohlenhydraten sind oft auf der Verpackung angegeben, doch kann uns das in die Irre führen. Der einfachste Weg, um die Fische mit genügend Proteinen, Kohlenhydraten, Vitaminen und Mineralsalzen zu versorgen, besteht darin, ihnen vielfältige Nahrung guter Qualität anzubieten.

DIE WICHTIGSTEN FUTTERTYPEN

Zubereitung	Nährwert	Bemerkungen
Gebrauchsfertig	Für eine ausgeglichene Ernährung, oft eigens für gewisse Fischarten hergestellt	Einfach im Gebrauch
Eine dünne Scheibe rohes Fleisch wird an einem Baumwollfaden aufgehängt	Proteinreich	Nur sehr geringe Mengen anbieten
Roh wie rotes Fleisch anbieten, sonst kochen	Proteinreich	Nur sehr geringe Mengen anbieten
Es können kleine lebende Fische oder Scheiben aus rohem Fischfleisch verfüttert werden	Proteinreich	Einige Fische sind Kannibalen
Gefriergetrocknete Ware kaufen, Lebendfutter selber fangen oder aufziehen	Ziemlich proteinreich	Selbstgefangenes Lebendfutter kann Krankheiten einschleppen
Lebende oder gefriergetrocknete Tiere kaufen oder selber fangen oder züchten	Proteinreich	Selbsgefangene Tiere können Krankheiten einschleppen
Größere Stücke feinschneiden	Enthält Vitamine	Einige Fische sind Vegetarier
Größere Stücke feinschneiden	Enthalten Kohlenhydrate	Besonders geeignet für vegetarische Fische

Die Wahl des Trockenfutters

Glücklicherweise sind die Zeiten endgültig vorbei, da viele Leute glaubten, Fische könne man mit einer ausschließlichen Diät von »Ameiseneiern« aufziehen. Physiologen haben sich eingehend mit der Ernährung der Fische beschäftigt, und heute bieten viele große Hersteller und Konzerne eine reiche Vielfalt ausgeglichenen, industriell hergestellten Trockenfutters an. Manche davon können an alle Fischformen verfüttert werden. Ist ein Futter nur für eine Art vorgesehen, so ist dies auf der Packung vermerkt.

TROCKENFUTTER
Trockenfutter für Aquarienfische wird in ganz unterschiedlicher Form angeboten, zum Beispiel als Pellets, Flocken, Tabletten oder gekörntes Futter. Jede dieser Typen verhält sich anders im Wasser und erfüllt damit bestimmte Bedürfnisse der Fische. Trockenfutter besteht aus zahlreichen Zutaten: Getreide, Fleisch, Fisch, pflanzlichen Stoffen, Vitaminen und Mineralsalzen.

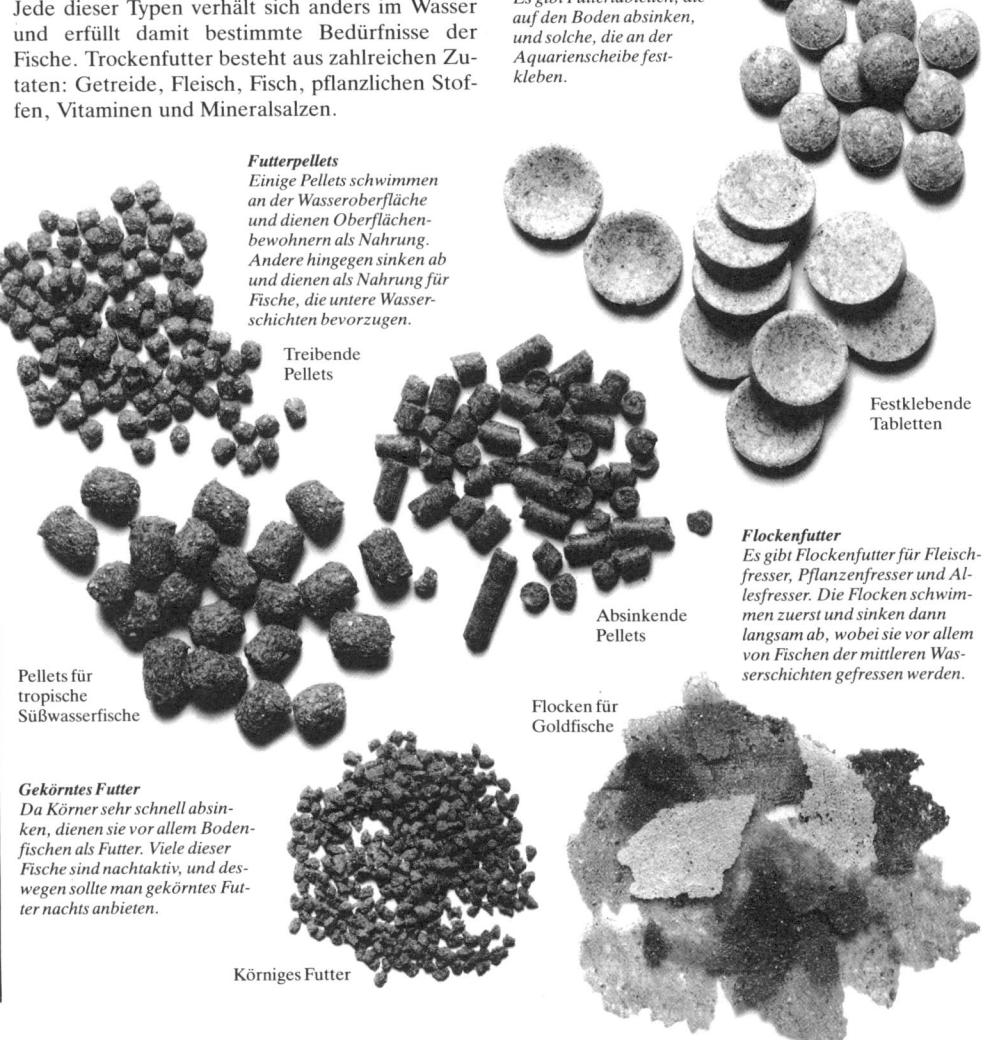

Futtertabletten
Es gibt Futtertabletten, die auf den Boden absinken, und solche, die an der Aquarienscheibe festkleben.

Absinkende Tabletten

Futterpellets
Einige Pellets schwimmen an der Wasseroberfläche und dienen Oberflächenbewohnern als Nahrung. Andere hingegen sinken ab und dienen als Nahrung für Fische, die untere Wasserschichten bevorzugen.

Treibende Pellets

Festklebende Tabletten

Flockenfutter
Es gibt Flockenfutter für Fleischfresser, Pflanzenfresser und Allesfresser. Die Flocken schwimmen zuerst und sinken dann langsam ab, wobei sie vor allem von Fischen der mittleren Wasserschichten gefressen werden.

Absinkende Pellets

Pellets für tropische Süßwasserfische

Flocken für Goldfische

Gekörntes Futter
Da Körner sehr schnell absinken, dienen sie vor allem Bodenfischen als Futter. Viele dieser Fische sind nachtaktiv, und deswegen sollte man gekörntes Futter nachts anbieten.

Körniges Futter

GEFRIERGETROCKNETES FUTTER

Frischgefangenes oder eigens gezüchtetes Futter wird gefroren, gleichzeitig entzieht man ihm Wasser. Solchermaßen behandeltes Futter büßt nichts von seinem Nährgehalt ein und kann später den Fischen gegeben werden. Wie manche Futtertabletten kann man auch tiefgefrorenes Futter an die Aquarienscheibe kleben oder im Wasser treiben lassen. Um es auch Bodenfischen anbieten zu können, muß man es allerdings in einem beschwerten Behälter anbieten.

Tubifex-Würmer
Gefriergetrocknete Tubifex gibt es in Würfeln oder anderen handlichen Formen, die gerade für eine Fütterung ausreichen.

Wasserflöhe
Die bekannten Wasserflöhe (Daphnia, siehe Seite 204) sind auch in gefriergetrockneter Form zu erhalten.

Tubifex-Würfel

Wasserflöhe

Schwarze Mückenlarven

Schwarze Mückenlarven
Dieses Futter ist gut für Fische, die vor der Fortpflanzung stehen, denn es verbessert ihr Allgemeinbefinden.

Rote Mückenlarven
Ein sehr nahrhaftes Futter, das auch aus stark verschmutztem Wasser kommen kann.

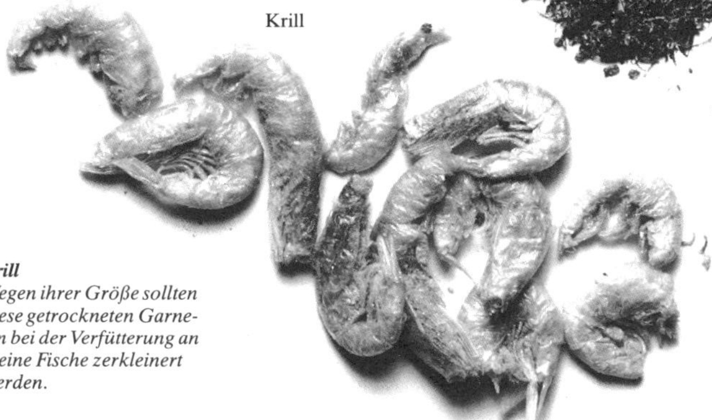

Krill

Krill
Wegen ihrer Größe sollten diese getrockneten Garnelen bei der Verfütterung an kleine Fische zerkleinert werden.

Pazifische Garnelen
Dem Krill sehr ähnlich, kann allen Fischen angeboten werden.

Rote Mückenlarven

Salinenkrebschen

Salz- oder Salinenkrebschen
Dieser Kleinkrebs (siehe Seite 206), der auch als Artemia salina bekannt ist, eignet sich für alle Fische, auch für Jungtiere.

Pazifische
Garnelen

Das Sammeln von Lebendfutter

Lebendfutter ist natürlich besonders nahrhaft für Aquarienfische. Es macht ihnen auch Spaß, lebende Tiere, die wir ins Aquarium bringen, selbst zu jagen und zu fangen. Solches Lebendfutter finden wir im Garten, in Tümpeln, Weihern, Flüssen und sogar in Regentonnen.

Man muß die selbstgesammelten Futtertiere ganz genau beobachten und sich vergewissern, daß man keine gefährlichen Räuber ins Aquarium einschleppt. Die Schlammröhrenwürmer oder Tubifex müssen wir erst sorgfältig säubern. Dann bewahren wir sie unter laufendem Wasser oder in einem Behälter im Kühlschrank auf. Nach der Fütterung sollten wir die nicht gefressenen Beutetiere wieder entfernen, da sie sonst zugrunde gehen und das Wasser verseuchen.

LEBENDFUTTER AUS DEM WASSER
Ein gesunder Weiher ist die beste Quelle für Lebendfutter. Man suche sich einen Weiher aus, der keine Fische enthält, denn damit wird die Chance viel geringer, Fischkrankheiten ins Aquarium einzuschleppen. Wir fangen die Tiere mit einem kleinen Netz und bringen sie in Glasflaschen nach Hause.

Mückenlarven
Mückenlarven kommen in jedem Weiher und sogar in Regentonnen vor. Zum Atmen hängen sich die Tiere mit ihren Schwänzen an die Wasseroberfläche.

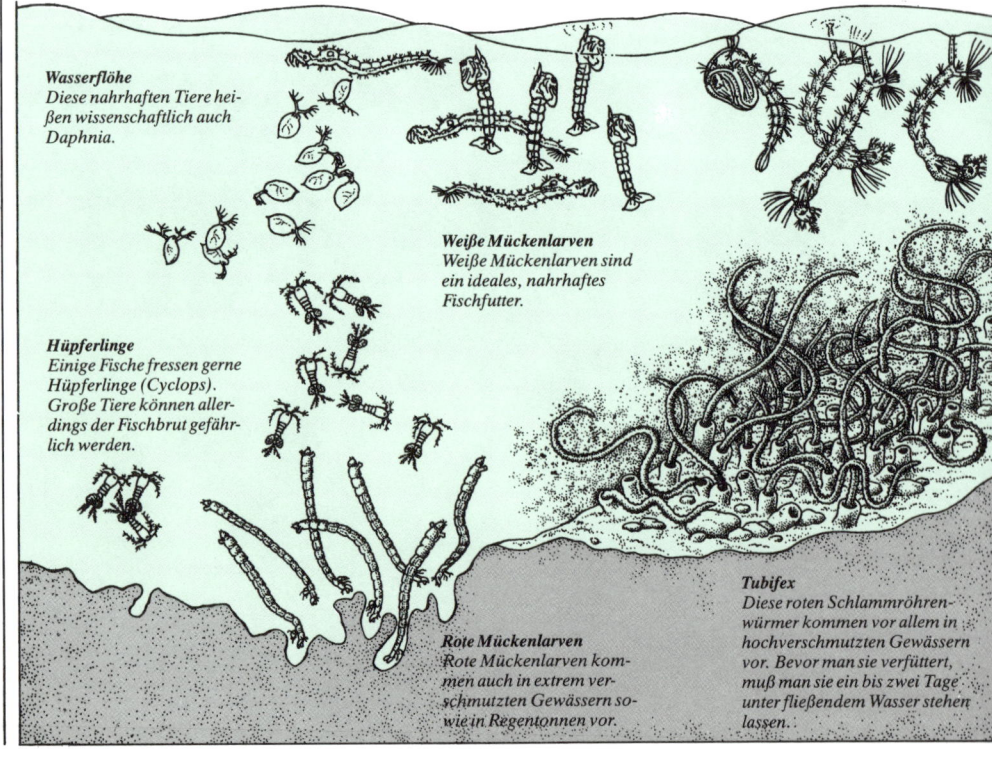

Wasserflöhe
Diese nahrhaften Tiere heißen wissenschaftlich auch Daphnia.

Weiße Mückenlarven
Weiße Mückenlarven sind ein ideales, nahrhaftes Fischfutter.

Hüpferlinge
Einige Fische fressen gerne Hüpferlinge (Cyclops). Große Tiere können allerdings der Fischbrut gefährlich werden.

Rote Mückenlarven
Rote Mückenlarven kommen auch in extrem verschmutzten Gewässern sowie in Regentonnen vor.

Tubifex
Diese roten Schlammröhrenwürmer kommen vor allem in hochverschmutzten Gewässern vor. Bevor man sie verfüttert, muß man sie ein bis zwei Tage unter fließendem Wasser stehen lassen.

LEBENDFUTTER VOM LAND

Auch auf dem festen Land können wir uns Lebendfutter für die Fische beschaffen. Am meisten liefern uns der eigene Garten, eine gesunde Wiese oder eine Flußbank. Als besonders ergiebig erweist sich der Komposthaufen. Für die Aufbewahrung des Fangs braucht man einige Metall- oder Holzschachteln mit Luftlöchern. Wenn im Garten Unkrautvernichtungsmittel oder andere chemische Stoffe verwendet wurden, kann man die Regenwürmer natürlich nicht gebrauchen. Größere Insekten und Würmer schneidet man vor dem Verfüttern in Stücke.

Grashüpfer
Große Fische schätzen gelegentlich kleine Grashüpfer.

Raupen
Kleine weiche Raupen werden feingehackt den Fischen angeboten. Haarige und gepanzerte Raupen läßt man am Leben.

Fliegen und Maden
Stubenfliegen sind mit der Hand oder mit dem Netz leicht zu fangen. Maden kann man vor allem unter faulendem Pflanzenmaterial finden.

Asseln
Die nahrhaften Asseln kommen vor allem unter verrottendem Holz und im Komposthaufen vor.

Regenwürmer
Die meisten Regenwürmer findet man in humusreicher Erde oder im Komposthaufen. Für kleinere Fische müssen wir sie in Stücke schneiden.

GEFÄHRLICHE RÄUBER

Es gibt in Weihern eine ganze Reihe von Tieren, die sich in der Natur von kleinen Fischen ernähren. Diese sollte man natürlich nicht als vermeintliches Futter in ein Aquarium geben.

- Libellenlarven
- Larven und erwachsene Tiere des Gelbrandkäfers
- Larven des Taumelkäfers sowie des Kolbenwasserkäfers
- Skorpionswanze, Rückenschwimmer
- Egel
- Süßwasserpolyp

Anderes Futter

Nicht alles Fischfutter muß aus einer Pakkung oder einem Weiher stammen. Es gibt auch noch andere Arten des Futters, und in der Tat sorgt eine möglichst vielfältige Ernährung für einen guten Gesundheitszustand. Viele Fische brauchen zum Beispiel grünes pflanzliches Material. Dazu verfüttern wir Küchenabfälle (siehe Kasten rechts) oder Algen, die im eigenen Becken wachsen oder die wir von den Scheiben eines anderen Aquariums abgeschabt haben.

Sonstige Tiernahrung für Fische

Einige Aquarienfreunde wollen sparen, indem sie Hunde- oder Katzenfutter auch ihren Fischen geben. Man sollte das aber erst tun, wenn man bereits Erfahrung mit industriell gefertigtem Trockenfutter hat. Zur Warnung muß aber gesagt sein, daß manches Hunde- und Katzenfutter viel Fett enthält, das unser Aquarium verschmutzt.

KÜCHENABFÄLLE

Vieles von dem, was wir essen, ist auch für Fische bekömmlich, wenn wir es nur in für sie mundgerechten Portionen anbieten.

- Kleine Fetzen rohen, fettarmen Fleisches (Rind, Herz, Leber)
- Kleine Fetzen gekochten weißen Fleisches, zum Beispiel vom Huhn
- Käsekrümel
- Feingeschnittene gekochte Kartoffeln
- Feine Scheiben rohes Fischfleisch
- Feingehackter Salat oder Spinat
- Erbsen aus der Dose
- Weizenkeimlinge
- Haferflocken

DIE ZUCHT VON LEBENDFUTTER

Kleine Krebschen und Würmer, vor allem Enchyträen und Grindalwürmchen, kann man leicht selber züchten. Sie liefern das ganze Jahr über regelmäßig Nahrung, ohne daß wir befürchten müssen, eine Krankheit einzuschleppen. Die Grindalwürmchen besorgen wir uns im Wald (siehe Seite 205). Die Zucht des Salinenkrebschens beginnen wir mit trockenen Eiern.

Feuchte Brotscheibe

Holzkasten mit Deckscheibe

Salinenkrebszucht
Die trockenen Eier schlüpfen in einer warmen Salzlösung (1 Eßlöffel auf 1 Liter Leitungswasser).

Luftrohr durch Gummistopfen

Kompost

Grindalwürmchenzucht
In der Dose befindet sich Erde oder Kompost. Gefüttert wird mit Getreide oder feuchtem Brot.

Ausschnitt aus der Grindalwürmchenzucht

Salinenkrebschen, vergrößert

Methoden der Fütterung

Eines der Geheimnisse der guten Fischhaltung liegt in einer sparsamen Fütterung. Die Fische hören auf zu fressen, wenn sie genug haben, und nicht aufgenommenes Futter beginnt sich im Aquarium zu zersetzen und ruft Verschmutzungsprobleme hervor.

Das Abschätzen der richtigen Nahrungsmenge

Man sollte den Fischen nicht mehr Futter geben, als sie in wenigen Minuten aufnehmen können. Die Versuchung besteht zwar, ihnen mehr anzubieten, besonders wenn sie an der Scheibe stehen und scheinbar nach Futter betteln. Aber man sollte nicht nachgeben. Es ist in der Tat ein sehr gutes Prinzip, die Fische so zu füttern, daß sie noch etwas Hunger haben, denn damit stürzen sie sich auf alle Reste und halten das Becken sauber. Als Maßeinheit verwenden wir am besten eine Futtermenge, die man mit dem Daumen und dem Zeigefinger aufnehmen kann. Mit dieser Einheit müssen wir herausfinden, welches die gerade richtige Futtermenge ist. In einem Gesellschaftsbecken mit unterschiedlichen Lebensformen lohnt es sich nicht, bei jeder Fütterung die richtige Nahrung für jede Art zuzugeben. Am besten füttert man einmal Tabletten, ein anderes Mal Flocken, dann Lebendfutter usw.

Wie oft füttern?

Es ist besser, man füttert die Fische mit wenig Nahrung und dafür öfter, anstatt ihnen pro Tag ein einziges reichliches Mahl zu bieten. Man gibt zwei- oder dreimal am Tag kleine Futtermengen hinzu und versucht auch jedesmal zu variieren, so daß die Fische Abwechslung bekommen. Wenn möglich, sollte man regelmäßig Lebendfutter auf den Diätplan setzen.

Wenn man sich mit anderen Familienmitgliedern in die Aquarienpflege teilt, sollte man bestimmte Fütterungszeiten festlegen. Jeder sollte dann wissen, ob die Fische bereits gefüttert wurden, so daß es nicht zu einer übermäßigen Nahrungszufuhr und damit Verschmutzung des Beckens kommt.

Fütterungsprobleme

Es kommt vor, daß die Fische einen Leckerbissen nicht annehmen, einfach weil sie ihn bisher noch nicht kennengelernt haben. In diesem Fall muß man die Fische dazu bringen, die neue Nahrung zu akzeptieren. Man läßt sie einen oder zwei Tage hungern und versucht sie dann nach und nach mit dem neuen Futter bekannt zu machen. Diese Methode ist besser als ein abrupter Übergang auf das neue Futter. Man sollte die Fische von nahem beobachten, ob sie das neue Futter wirklich fressen und nicht bloß versuchen und dann wieder ausspucken.

Fütterung während des Urlaubs

Im Gegensatz zu anderen Tierbesitzern haben Aquarienfreunde während des Urlaubs keine Probleme. Wenn die Fische in der Zeit

---

WAS MAN BEIM FÜTTERN BEACHTEN SOLLTE

- Bitte nicht überfüttern. Bevor man Futter zugibt, muß man in Erfahrung bringen, was die Fische in der freien Natur fressen.
- Keine Einseitigkeit. Es ist auf die Dauer nicht gut, stets nur ein Lebend- oder Trockenfutter zu geben.
- Selbstgefangene wasserbewohnende Tiere darf man erst verfüttern, wenn man den Fang nach möglichen räuberischen Insektenlarven durchgesehen hat (siehe Seite 205).
- Man darf nachtaktive Arten nicht vergessen. Deswegen reicht man ihnen gleich nach dem Auslöschen der Beleuchtung etwas Futter.
- Enchyträen und Grindalwürmchen dürfen nicht zu oft verfüttert werden, weil sie sehr viel Fett enthalten.
- Die Röhrenwürmer der Gattung Tubifex reinigt man erst einen bis zwei Tage unter langsam fließendem Wasser, bevor man sie verfüttert.

unmittelbar vor dem Urlaub gut gefüttert wurden, halten sie ein zweiwöchiges Fasten ohne Probleme aus. Das kommt billiger als der Kauf eines Fütterungsautomaten. Es ist auch sicherer, als die Verantwortung einem Nachbarn zu überlassen, der von Aquarien nichts versteht. Wenn man sich dennoch dazu entschließt, einen Nachbarn um Hilfe zu bitten, so sollte man mehrere kleine Fischfutterpäckchen in der richtigen Menge herrichten und genau bezeichnen.

Hilfsmittel für die Fütterung

Einige Fische werden gelegentlich eine Mahlzeit überspringen müssen, weil sie nicht in jeder Wasserschicht Nahrung aufnehmen können. Wenn man aber etwas vorausplant und die Diät variiert, kann man sicher sein, daß alle Fische gut ernährt werden. Es gibt dazu auch Fütterungsgeräte, so einen Futtertrichter (siehe unten), der Tubifex-Würmer an der Wasseroberfläche anbietet, ferner Futternetze oder Futterröhren.

FÜTTERUNG IN UNTERSCHIEDLICHER WASSERTIEFE

Manche Fische können durch ihren Körperbau und ihr Verhalten Futter nur aus einer ganz bestimmten Wasserschicht aufnehmen. Oberflächenschwimmer beispielsweise bekommen oft keine Würmer, weil diese oft schnell absinken. Bodenbewohner hingegen bekommen oft kein gefriergetrocknetes Futter, weil dieses im Wasser treibt. Diese Verhaltensweisen sollten bei der Futterwahl berücksichtigt werden.

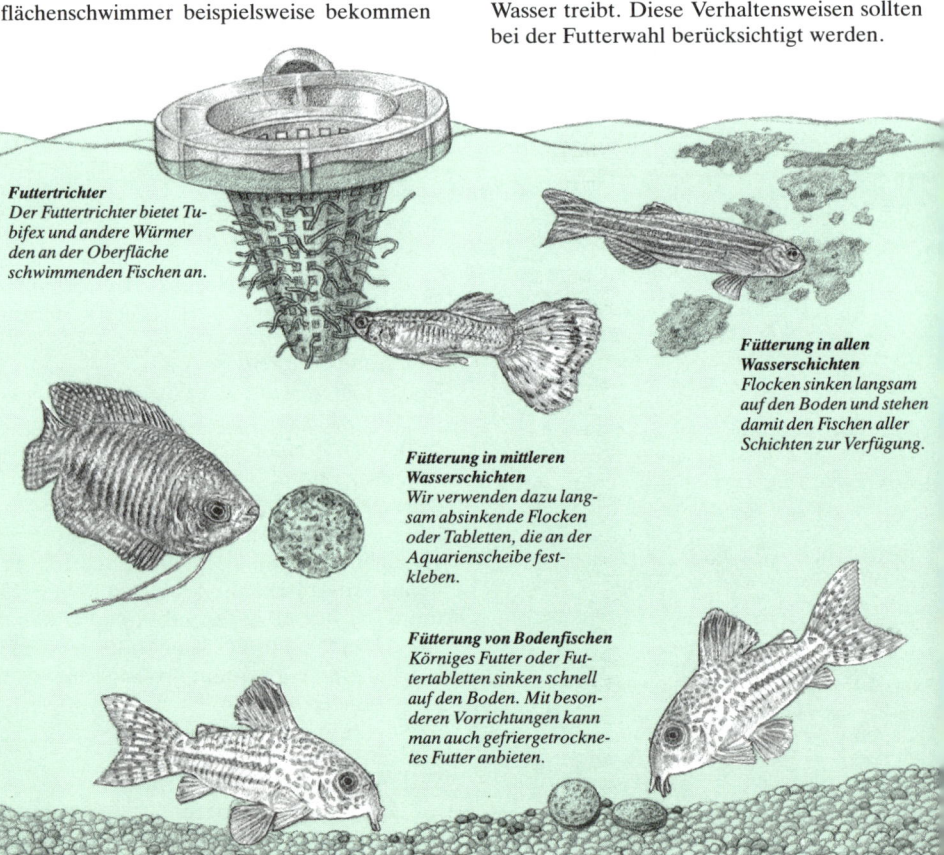

Futtertrichter
Der Futtertrichter bietet Tubifex und andere Würmer den an der Oberfläche schwimmenden Fischen an.

Fütterung in allen Wasserschichten
Flocken sinken langsam auf den Boden und stehen damit den Fischen aller Schichten zur Verfügung.

Fütterung in mittleren Wasserschichten
Wir verwenden dazu langsam absinkende Flocken oder Tabletten, die an der Aquarienscheibe festkleben.

Fütterung von Bodenfischen
Körniges Futter oder Futtertabletten sinken schnell auf den Boden. Mit besonderen Vorrichtungen kann man auch gefriergetrocknetes Futter anbieten.

Die Fütterung von Jungfischen

Jungfische benötigen die kleinsten und zartesten Bissen. Jungfische eierlegender Arten brauchen dabei noch kleineres Futter als die Jungfische von lebendgebärenden Formen.

Lebendfutter für Jungfische

Eine der besten Lebendfutterarten für eben geschlüpfte Jungfische bilden einzellige Wimpertierchen, vor allem das Pantoffeltierchen. Man kann sich dieses Aufzuchtfutter auf zwei Weisen beschaffen: Man fischt es mit einem feinen Planktonnetz aus einem bestehenden gesunden Weiher, muß aber seinen Fang genau nach räuberischen Arten durchmustern, damit die Jungfische ihnen nicht zum Opfer fallen. Besonders das Pantoffeltierchen kann man aber auch selber aufziehen. Man verwendet dazu besondere käufliche Tabletten. Die garantieren mehr Erfolg als die herkömmliche Methode, bei der man Heu mit gekochtem Wasser übergießt. Weiteres geeignetes Aufzuchtfutter sind Essig- oder Mikroälchen, die sich in Sirup oder abgestandenem Bier züchten lassen und die von Gärungsbakterien leben, oder Grindalwürmchen und feingehackte Tubifex. Starterkulturen bekommt man im Aquarienhandel.

Jungfische fressen auch gern frischgeschlüpfte Salz- oder Salinenkrebschen (Artemia salina). Dieses kleine Krebstier legt Eier ab, die man trocken mehrere Monate, ja sogar Jahre lagern kann. Wenn wir sie in eine Salzlösung bringen (1 Eßlöffel Meersalz auf einen Liter Leitungswasser), schlüpfen sie innerhalb von zwei Tagen.

Industriell zubereitetes Futter für Jungfische

Die bekannten Firmen bieten Jungfischfutter in einer flüssigen und einer pulverisierten Form an. Man unterscheidet zwei grundlegende Formeln: Das erste Futter dient der Aufzucht eierlegender Fische, mit dem anderen hingegen füttern wir die Jungen von lebendgebärenden Fischen, die einen höheren Anteil an pflanzlichem Futter verlangen.

Wann beginnt man mit der Fütterung?

Die Jungen von lebendgebärenden Fischen können Futter in Pulverform sofort aufnehmen. Sie lieben auch die Larven von Salinenkrebschen. Wann man mit der Fütterung von Jungtieren eierlegender Fische beginnen soll, ist nicht leicht zu beurteilen. Fängt man zu früh damit an, so brauchen sie es noch nicht, und das Aquarienwasser wird nur schmutzig. Wartet man zu lange Zeit, so leiden die Jungfische Hunger, was ihnen auch nicht bekommt. Am besten beobachtet man die Fische ganz genau: Sobald sie den Dottersack völlig aufgezehrt haben, gibt man das erste Futter bei.

Wie oft füttern?

Jungfische sollten stets Futter zur Verfügung haben. Mit einer Zucht von Pantoffeltierchen ist dies am leichtesten zu bewerkstelligen: Wir nehmen irgendein Glasgefäß und füllen es mit der Zuchtlösung, die Pantoffeltierchen enthält. Das Gefäß stellen wir höher als den Wasserspiegel im Aquarium. Ein wassergefüllter Schlauch verbindet das Zuchtgefäß mit dem Aquarium. Das Schlauchende, das gerade noch ins Aquarium eintaucht, binden wir mit einer Schlauchklemme ab und öffnen sie nur so weit, daß die Kulturflüssigkeit langsam und tropfenweise eindringt.

Man kann auch dafür sorgen, daß die Jungfische genug fressen. Am einfachsten geschieht dies, indem man Licht über dem Aufzuchtbecken brennen läßt.

Der Übergang zum Erwachsenenfutter

Nach einigen Tagen kann man damit beginnen, den Jungfischen auch fein zerkleinertes Trockenfutter anzubieten. Mit zunehmendem Alter der Jungfische können auch die Nahrungsteilchen größer werden. Am besten schätzen wir von Auge ab, welche Brocken die Fischchen noch verschlucken können. Man sollte im Aufzuchtbecken übrigens auch für regelmäßigen teilweisen Wasserwechsel sorgen.

Gesundheit

Bei der Auswahl der Fische haben Sie hoffentlich die Ratschläge des zweiten Kapitels (Die Auswahl der Fische, siehe Seite 24–31). befolgt und im Geschäft kräftige gesunde Exemplare ausgewählt. Die Isolation in der »Sicherheit« des Beckens schützt Ihre Fische allerdings nicht vor Krankheit. Die beiden Hauptgründe für Erkrankungen sind Streß und schlechte Lebensbedingungen. Der erste Abschnitt dieses Kapitels mit dem Titel »Verhütung von Krankheiten« gibt Ratschläge, wie man diese Krankheitsursachen eliminiert. Sollte trotz richtiger Pflege einmal eine Erkrankung auftreten, so findet man Diagnosetabellen und Ratschläge in der zweiten Hälfte dieses Kapitels (Tabellen für die Diagnose, Die Krankheiten).

Was bedeutet Gesundheit bei Fischen?

Die Beobachtung der Fische ist der erste Schritt zur Gesundheitspflege. Man sollte sich die regelmäßige Beobachtung zur Routine machen. Das hilft uns auf zweierlei Gebieten: Mit etwas Übung erkennt man sofort, wann ein Fisch krank ist, und gleichzeitig bemerkt man auch Störungen im Gleichgewicht des Aquariums und kann unverzüglich etwas dagegen unternehmen. Beispiele für die Verhaltensunterschiede findet man auf den Seiten 26 und 27 sowie 260 und 261.

Die Beobachtung von Fischen

Man beginnt damit, indem man regelmäßig überprüft, ob alle Fische vorhanden sind. Dieser »Appell« läßt sich leicht zur Fütterungszeit durchführen, und fehlende Fische wird man sofort bemerken. Fallen Sie nicht in Panik, wenn Sie auf einen Schlag nicht gleich alle Ihre Fische sehen. Wenn Sie Ihr Aquarium in allen Wasserschichten mit Fischen besetzt haben, kann es schon vorkommen, daß nachtaktive Arten sich tagsüber verstecken. Wenn Sie einen Fisch zwei bis drei Tage lang nicht sehen, dann sollten Sie Nachforschungen anstellen. Er könnte gestorben sein oder eingeklemmt hinter einem Felsen sitzen, als Beute für einen größeren Fisch gedient haben oder aus dem Wasser gesprungen sein. Auf jeden Fall müssen Sie den Grund für sein Verschwinden herausfinden.

Schädliche Verhaltensweisen bemerken

Halten Sie Ausschau nach aggressiven oder sonstwie unerwünschten Verhaltensweisen bei Ihren Fischen, zum Beispiel Flossenbeißen oder Raufen. Manche Fische neigen auch bei Einsamkeit oder Langeweile zu Aggressivität, wenn sie nämlich keine Artgenossen zur Gesellschaft haben. Ist dies der Grund, so verschafft man dem gelangweilten Fisch Artgenossen, bevor man ihn zu einem kurzfristigen Gefängnisaufenthalt verurteilt.

ZUM GEBRAUCH DIESES KAPITELS

Diagnose
Um herauszufinden, was die Symptome bedeuten, sollte man bei den Tabellen für die Diagnose beginnen:
● Visuelle Diagnose von Erkrankungen (siehe Seite 221)
● Probleme mit der Haut (siehe Seite 222−223)
● Probleme mit dem Schwimmen (siehe Seite 224−225)
Diese Tabellen führen zu den entsprechenden Texten im Unterkapitel »Die Krankheiten« (siehe Seiten 226−235).

Vorbeugung
Wer seine Fische gesund erhalten will, lese den Abschnitt »Verhütung von Krankheiten« (siehe Seiten 213−219). Informationen über die Pflege von Pflanzen findet man auf der Seite 219.

Siehe ferner:
● Probleme mit den Augen (siehe Seite 228)
● Vergiftungen (siehe Seite 214)
● Hilfe für kranke Fische (siehe Seite 234−235)

Parasiten
Copepoden (siehe Seite 232)
Korallenfischkrankheit (siehe Seite 231)

Fischlaus (siehe Seite 232)
Pünktchenkrankheit (siehe Seite 230)
Saugwürmer an Kiemen (siehe Seite 231)
Cryptocaryonkrankheit (siehe Seite 230)
Saugwürmer an der Haut (siehe Seite 231)
Hauttrübung (siehe Seite 232)
Samtkrankheit (siehe Seite 231)

Krankheiten
Flossenfäule (siehe Seite 233)
Columnariskrankheit (siehe Seite 233)
Septikämie (siehe Seite 229)
Tuberkulose (siehe Seite 229)
Pilzbefall (siehe Seite 233)

VERHÜTUNG VON KRANKHEITEN

Da Fischkrankheiten nicht immer leicht zu heilen sind, sind Vorbeugung und Verhütung die wichtigsten Elemente der Gesundheitspflege. Ist Ihr Fisch bereits krank, so sollten Sie mit Hilfe der Diagnosetabellen (siehe Seite 220–225) und der Krankheitstabellen (siehe Seite 226–235) die Krankheit bestimmen.

Die Gesundheit Ihrer Fische hängt sehr stark von der Umgebung ab: Schlechte Lebensbedingungen, Streß und falsche Ernährung können zu Krankheiten führen, die wir auch Schwächekrankheiten nennen. Da die Fische ihre eigenen Lebensbedingungen nicht aussuchen können, liegt es an Ihnen, das Aquarium richtig zu pflegen

und zu führen. Dazu gehören mehrere wichtige Vorsichtsmaßnahmen, mit denen man verhütet, daß Krankheiten eingeschleppt werden: Die Quarantäne neuer Exemplare, richtiger Umgang und richtige Ernährung der Fische, Achtung bei der Einschleppung möglicher Gifte und Räuber, richtige Funktion der Heizung, der Beleuchtung, der Belüftung und der Filterung. Mit diesen Maßnahmen erreicht man, daß das Aquarienwasser sauber, frisch und in seinen physikalischen und chemischen Merkmalen ausgeglichen ist. Und da Pflanzen im »Ökosystem« des Süßwasseraquariums eine wichtige Rolle spielen, muß man auch sie mit Sorgfalt pflegen.

Ein gesundes Aquarium

Um die Fische gesund zu erhalten, muß man darauf achten, daß sie keiner Art Streß ausgesetzt sind, daß ihr Aquarium sauber ist und die Innenbedingungen stabil bleiben.

Quarantäne

Alle Fische, woher sie auch stammen mögen, haben kleinere oder größere Entfernungen zurückgelegt, bevor sie beim Aquarienhändler eintreffen. Es ist deswegen wichtig, daß sie nach dieser Schwächung ihre Kraft wiedererlangen, bevor sie die endgültige Reise in Ihr Aquarium unternehmen. Dieser »Zwischenstop« findet in den Becken des Händlers statt. In dieser Zeit sollten die Fische sorgfältig nach dem Ausbrechen einer eventuellen Krankheit überprüft werden.

Wenn man ein Aquarium das erste Mal einrichtet, dann machen alle neugekauften Fische in den ersten paar Wochen in Ihrem Aquarium eine gemeinsame Quarantäne durch. Danach müssen Neuzugänge ohne jede Ausnahme erst einige Wochen in einem separaten Aquarium gehalten werden, bevor wir sie ins Hauptbecken entlassen.

Reduktion von Streß

Wenn wir mit den Fischen nicht sorgfältig umgehen, führt dies zu Streß. Es ist deswegen sehr wichtig, daß wir eine sanfte Technik im Umgang mit den Fischen entwickeln (siehe »Der richtige Gebrauch des Netzes«, gegenüberliegende Seite) und die Tiere sehr behutsam von einem Behälter in den anderen transportieren. Ein gestreßter Fisch ist ein geschwächter Fisch, und ein solcher kann leicht Krankheiten bekommen, die ihm sonst nichts anhaben können.

Transport und Behandlung von Fischen

Wenn wir einen kranken Fisch mit einem Netz gefangen und umgesetzt haben, so sollten wir dieses Werkzeug erst nach einer Desinfektion mit einem Mittel für Aquarien weiterverwenden. Es empfiehlt sich, für jedes Aquarium ein ganz bestimmtes Netz zu verwenden. Damit verhindert man weitgehend, daß sich Krankheiten auf andere Becken ausdehnen.

Ratschläge für den Transport von Fischen und das Einsetzen in ein neues Aquarium findet man im zweiten Kapitel »Die Auswahl der Fische« auf Seite 29.

Umwelteinflüsse und Gesundheit

Zahlreiche Faktoren, die unter der Kontrolle des Aquarienliebhabers stehen, beeinflussen die Gesundheit der Fische. Sie sind alle zu berücksichtigen.

Nahrung

Zu reichliches Füttern kann zu übermäßigem Algenwachstum (siehe Seite 219) und schließlich zur Verschmutzung des Aquarienwassers führen. Man muß den Fischen deswegen gerade die richtigen Nahrungsmengen zuteilen (siehe Seite 207).

VERGIFTUNGEN

Der einfachste Weg, um Vergiftungen zu verhüten, besteht in der rigorosen Kontrolle über alles, das ins Aquarium gelangt:

● Wir lassen keinerlei Metall im Aquarienwasser liegen, besonders in Seewasseraquarien nicht, wo selbst Kondenswassertropfen von einer metallischen Reflektorabdeckung das Wasser vergiftet.

● Alle metallischen Teile, zum Beispiel Aufhänger für Regler, müssen mit einem Plastikschlauch überzogen werden, um einen direkten Kontakt mit dem Wasser zu verhindern.

● Auch Heizregler und Pumpen dürfen keinerlei freies Metall zeigen.

Ein häufiger Grund für die geringe Widerstandskraft der Fische gegenüber Krankheiten ist Vitaminmangel (siehe Seite 200). Er entsteht durch falsche oder zu einseitige Fütterung. Auch wenn man nur industriell hergestelltes Trockenfutter verfüttern kann, empfiehlt es sich, die verschiedenen Marken in kurzen Zeitabständen zu wechseln. Damit sorgt man dafür, daß die Fische alle benötigten Vitamine bekommen. Überdies vermeidet man, daß den Fischen das einseitige Fressen verleidet, daß sie es liegenlassen und daß dieses dann das Wasser verschmutzt.

Wasserwechsel
Überraschenderweise bedeutet ein Wasserwechsel (siehe Seite 218) keinen großen Streß für die Fische. Viele scheinen im Gegenteil die Zugabe neuen Wassers zu genießen. Über die Temperatur des neuen Wassers gibt es zwei Meinungen. Viele Aquarienfreunde achten genau darauf, daß die Temperatur des neuen Wassers der des Aquarienwassers möglichst nahe kommt. Andere fügen einfach kaltes Wasser direkt aus der Leitung zu und meinen, ihre Fische freuten sich über die Stimulierung. Vielleicht empfiehlt sich hier ein mittlerer Weg: Wir geben den Fischen im Sommer eine »kalte Dusche«; doch im Winter vermeiden wir die Zugabe sehr kalten Leitungswassers, damit die Temperaturunterschiede zwischen den beiden Wasserkörpern nicht zu groß werden.

Beleuchtungsschwankungen
Da alle Aquarien täglich mehrere Stunden lang (siehe Seite 148) beleuchtet werden, kann der Übergang von Hell zu Dunkel und umgekehrt Streß für die Fische bedeuten. Die Auswirkungen eines plötzlichen Wechsels können schwerwiegen, zum Beispiel indem die Fische wild im Aquarium herumschießen und an den Scheiben anstoßen. Den Schock einer plötzlichen Beleuchtungsschwankung kann man folgendermaßen lindern: Wir schalten stets die

DER RICHTIGE GEBRAUCH DES NETZES

Mit dem Netz gefangen zu werden, kann eine schreckliche Erfahrung für Fische sein. Wir müssen deswegen sehr sanft vorgehen und ein Netz mit der richtigen Öffnungsweite verwenden. Statt eines Netzes kann man auch eine Plastiktüte verwenden. Dies hat zwei Vorteile:

Die Plastiktüte ist unter Wasser auch für den Fisch unsichtbar, und er läßt sich damit besser fangen. Ferner richtet das weiche Plastik weniger Schaden an den Flossen an als das doch ziemlich grobmaschige Netz.

Fang mit einem einzigen Netz
Ein einzelnes Netz muß dauernd in Bewegung gehalten werden. Mit dem hier abgebildeten Stiel kann man auch in Ecken und Verstecke fahren.

Fang mit zwei Netzen
Mit zwei Netzen fängt man die Fische schneller. Dabei wird eines bewegt und das andere in die Schwimmbahn des Fisches gehalten.

Aquarienbeleuchtung vor der Raumbeleuchtung aus, und an dunklen Morgen knipsen wir erst die Raumbeleuchtung und dann die Aquarienbeleuchtung an.

Vibrationen

An die Glasscheibe zu klopfen hat zur Folge, daß die Fische fürchterlich erschrecken und unter Streß geraten. Auch Kinder sollte man unbedingt davon abhalten. In ähnlicher Weise sollte man in Wohnungen mit einem Aquarium keine Türen zuknallen. Und wer sein Fernsehgerät oder die Lautsprecher der Hifi-Anlage nahe an das Aquarium stellt, leistet seinen Fischen auch keine guten Dienste.

Die Pflege des Aquariums

Eine saubere, stabile Umgebung ist wichtig für die Gesundheit der Fische.

Die richtige Wassertemperatur

In Warmwasseraquarien sollte der Regler dafür sorgen, daß die Temperatur konstant bleibt, doch empfiehlt es sich gelegentlich, ein Auge auf das Thermometer zu werfen, denn auch Regelheizer können kaputtgehen. In einem solchen Fall oder bei Stromausfall verliert das Aquarium nur nach und nach seine Wärme, und das geht um so langsamer, je größer das Becken ist. In einem solchen Fall isolieren wir das Aquarium mit Tüchern, Wolldecken oder dicken Schichten Zeitungspapier.

Bei Kaltwasseraquarien stellt sich im Sommer das umgekehrte Problem, wenn nämlich die Temperatur stärker ansteigt. Eine verstärkte Belüftung kann für einen erhöhten Sauerstoffgehalt sorgen, doch an sehr warmen Tagen muß man Eiswürfel in einer Plastiktüte im Aquarienwasser schwimmen lassen.

Saubere Luft

Da die Luftpumpe Raumluft in das Aquarium befördert, treten auch alle Verschmutzungen wie Zigarettenrauch, Aerosole aus Spraydosen oder Lösungsmittel-

dämpfe in das Aquarium ein und beeinflussen die Fische. Die Gefahr einer Verschmutzung besteht auch, wenn wir die Hände in das Aquarienwasser tauchen, denn daran können noch Schmutz oder Seifenpartikel oder Reste von Desinfektionsmitteln kleben.

Natürlich braucht der Aquarienliebhaber keine Atemschutzmasken und Chirurgenkittel, sondern nur etwas gesunden Menschenverstand. Wenn im Innenraum Dämpfe oder starke Gerüche sind, öffnen wir einfach das Fenster. Und wenn wir im Aquarium arbeiten, sollten unsere Hände sauber und nicht parfümiert sein.

Die Wasserqualität

Das Aquarienwasser muß sauber und frisch sein. Diese natürliche Forderung ist grundlegend für die Gesundheit der Fische. Die Filteranlage muß gut funktionieren, und das tut sie nur, wenn sie regelmäßig gereinigt wird. Dazu gehört auch die Reinigung des Filtersubstrats. Dieses kann nach sorgfältigem Waschen übrigens sehr oft wiederverwendet werden. Auch die Schläuche vom und zum Filter sollten algenfrei gehalten werden.

Die Motoren vieler Topffilter sind hermetisch verschlossen und können auch nicht geöffnet werden. Einige ältere Typen hingegen muß man noch von Zeit zu Zeit schmieren.

Wie oft man den Filter reinigen muß, hängt von der Art und der Zahl der Fische sowie der Größe und Leistungsfähigkeit des Filters ab. Kleine Filter in einem Aquarium, das Fische mit großem Appetit beherbergt, werden in kurzer Zeit blockiert, während umgekehrt große Filter für ein Becken mit wenigen Fischen lange Zeit laufen, ohne gereinigt werden zu müssen.

Unterflurfilter verlangen nicht viel Pflege. Von Zeit zu Zeit sollte man einen Absaugschlauch in ein Standrohr einführen und den Schlamm absaugen, der sich unter der Filterplatte angesammelt hat. Gleichzeitig harkt man den Kies etwas, um zu verhindern, daß er zu sehr zusammensackt.

Die richtige Beleuchtung

Bevor man Lampen oder Birnen ersetzt oder neu ausrichtet, muß man die Stromversorgung unterbrechen. Fehlerhafte Lampen müssen für die Gesundheit der Pflanzen und Fische sofort ersetzt werden. Auch der Reflektor sollte sauber sein. Eine Deckscheibe verhindert Schäden durch Kondenswasser. Sie muß aber dauernd saubergehalten werden, sonst läßt sie für die Pflanzen nicht genügend Licht durch.

Ein Zeitplan für die Aquarienpflege

Damit die Fische gesund bleiben und das Aquarium auch attraktiv aussieht, muß man regelmäßig gewisse Routinearbeiten durchführen. Einige fallen jeden Tag oder jede Woche an, während andere in größeren Zeitabständen durchzuführen sind.

Jeden Tag

● Wir überprüfen, ob alle Fische vorhanden und bei guter Gesundheit sind.
● Wir überprüfen die Wassertemperatur in Warmwasseraquarien und schauen zu, daß sie in Kaltwasseraquarien während der Sommerzeit nicht zu hoch ansteigt.
● In tropischen Seewasseraquarien überprüfen wir das spezifische Gewicht und den Nitritgehalt des Wassers.

Jede Woche

● Wir entfernen alle toten Pflanzenblätter.
● Wir schneiden alle schnellwüchsigen Pflanzen zurück und setzen die Stecklinge neu ein.
● Wir saugen allen Abfall vom Aquarienboden ab.

In größeren Zeitabständen

● Wir reinigen oder ersetzen das Filtersubstrat.
● Wir wechseln 20 bis 25 Prozent des Aquarienwassers (siehe Seite 218). Für Seewasseraquarien muß man dazu die richtige Menge Wasser mit Seesalzmischung vorbereiten.

● Wir schaben die Algen von der Front- und der Deckscheibe ab (siehe Seite 219).
● Wir harken die Oberfläche des Aquarienkieses, besonders in Behältern mit Unterflurfilter.
● In Meeresaquarien überprüfen wir den pH-Wert (siehe Seite 145). In Süßwasseraquarien ist dies nur dann notwendig, wenn wir versuchen, für einen bestimmten Zweck die Wasserbedingungen möglichst in engen Grenzen zu halten, zum Beispiel für die Fortpflanzung schwieriger Arten.
● Wir prüfen, ob Ausströmer blockiert sind, besonders in Seewasseraquarien.

PFLEGE DER LUFTPUMPE

Die Pumpe (siehe Seite 123) versorgt die Fische mit dem lebenswichtigen frischen Sauerstoff. Man sollte sie deswegen regelmäßig pflegen. Bevor wir die Abdeckung abnehmen, ziehen wir den Stecker. Wir reinigen den Luftfilter und die Ventile alle drei Monate. Der Filter liegt im allgemeinen unter dem Pumpenkörper, die Ventile hingegen innerhalb desselben.

Wenn die Pumpe geschmiert werden muß, sollte man regelmäßig dafür sorgen. Gleichzeitig muß man in den Förderschlauch einen Filter einsetzen, der verhindert, daß Öl ins Aquarium gelangt.

Wenn eine Membranpumpe zu klappern beginnt, ist die Membran kaputtgegangen und muß ersetzt werden. Eine neue Membran einzusetzen, ist nicht allzu schwer. Man befolgt dazu die Reparaturanleitung des Herstellers. Wenn die Pumpe schon offen daliegt, benützt man die Gelegenheit, um die Zufuhr- und Förderwege zu reinigen.

● Wir reinigen den Filter und die Ventile in der Luftpumpe (siehe unten).
● Wir überprüfen alle elektrischen Verbindungen, besonders die des Topffilters.
● Wir ersetzen schadhafte Lampen nach Bedarf und erneuern Leuchtstofflampen rechtzeitig.

Der Wasserwechsel

Obwohl ein leistungsfähiger Filter viel zur Erhaltung der Wasserqualität (siehe Seite 216) beiträgt, sollte man doch in regelmäßigem Abstand das Aquarienwasser teilweise ersetzen. In Süßwasseraquarien empfiehlt sich eine Erneuerung von ungefähr 20 Prozent des Wassers alle drei bis vier Wochen. In Seewasseraquarien sollte man alle zwei bis drei Wochen 25 Prozent des Wassers ersetzen. Man kann das alte Wasser über einen Schlauch in einen Eimer ableiten und neues Wasser von Hand zugeben. Für diese Arbeit gibt es aber auch automatische Vorrichtungen mit einem zuleitenden und einem ableitenden Schlauch. Durch den Wasserwechsel sinkt die Menge der gelösten Stoffe. Wasserwechsel in Seewasseraquarien sind etwas komplizierter, denn man muß natürlich mit Seesalzmischung zubereitetes Seewasser mit dem richtigen spezifischen Gewicht hinzugeben, so daß keine Verdünnung erfolgt. Bei all diesen Tätigkeiten sollten die Fische nicht unter Streß geraten (siehe Seite 214).

Ersatz für verdunstetes Wasser
In jedem Aquarium sinkt normalerweise der Wasserspiegel. Solche Wasserverluste müssen wir mit Süßwasser ausgleichen, selbst im Seewasseraquarium, denn Salz geht bei der Verdunstung ja nicht verloren.

Ausgleich der Wasserbedingungen
Süßwasser muß den richtigen pH-Wert (siehe Seite 145) aufweisen – weder zu sauer noch zu basisch. Seewasser hingegen muß die richtige Dichte und den richtigen pH-Wert (siehe Seite 189) haben.

Verfahren für den Wasserwechsel

Wenn wir regelmäßig einen Teil des Wassers ersetzen, entfernen wir damit gelöste Abfallstoffe aus dem Aquarium, ohne daß die Fische sehr darunter leiden. Man nimmt dazu einen einfachen Gummischlauch oder eine besondere Apparatur.

Erster Schritt
Man saugt mit einem Schlauch ungefähr 20 Prozent (Süßwasser) oder 25 Prozent (Salzwasser) des Aquarienwassers in einen Eimer.

Zweiter Schritt
Das Aquarium wird mit frischem Wasser oder mit frischer Standardmischung derselben Temperatur aufgefüllt.

Ein Apparat für den Wasserwechsel
Der abgebildete Apparat saugt automatisch schmutziges Wasser ab und ersetzt es durch frisches. Der Einströmschlauch wird an einem Leitungshahn befestigt. Die Ausströmöffnung muß tiefer als der Wasserspiegel im Aquarium liegen.

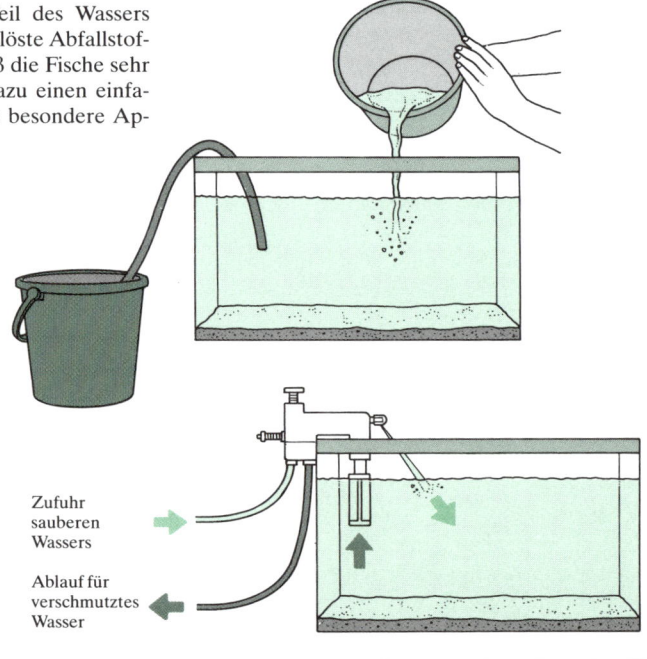

Zufuhr sauberen Wassers

Ablauf für verschmutztes Wasser

Gesundheitstips

● Wir kaufen nur Fische hoher Qualität, die sich auch untereinander vertragen (siehe Seite 24).

● Alle Neuzugänge kommen in Quarantäne (siehe Seite 214).

● Wir vermeiden Streßsituationen für die Fische (siehe Seite 214).

● Keine übermäßige Fütterung. Wenn wir Küchenabfälle oder anderes, eigentlich nicht für Aquarien bestimmtes Futter geben, müssen wir nicht gefressene Teile sogleich entfernen.

● Kranke Fische kommen zur Behandlung in ein anderes Becken (siehe Seite 235).

● Netze, die mit kranken Fischen in Berührung gekommen sind, werden desinfiziert.

● Wir sollten kein Wasser vom »Spitalbecken« ins Aquarium überführen.

● Das Wasser darf mit keinen Metallen in Berührung kommen (siehe Seite 214).

KONTROLLE DER ALGEN

Leichtes Algenwachstum ist in Seewasseraquarien erwünscht, und in Süßwasseraquarien bekommen pflanzenfressende Fische dadurch Nahrung. Wird das Algenwachstum aber zu stark, so entfernen wir den Belag mit einem Schaber von den Scheiben.

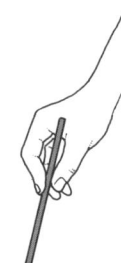

PFLEGE DER PFLANZEN

Neue Pflanzen sollte man sorgfältig untersuchen und waschen wie rechts beschrieben, bevor man sie ins Aquarium einsetzt.

Mindestens jeden Monat überprüfen wir alle vorhandenen Pflanzen, entfernen tote Stengel und Blätter (Überprüfung des gesamten Aquarienbodens) und pflanzen lose dahintreibende Exemplare wieder im Boden ein.

Wenn buschige Exemplare zu stark wachsen, stutzen wir sie zurück und verwenden die Stecklinge für weitere Aquarienbecken. Wir durchtrennen gleichermaßen auch die Ausläufer etwa von Arten der Gattungen Vallisneria oder Sagittaria und pflanzen die Schößlinge woanders wieder ein.

Eine sorgfältige Beobachtung verlangen treibende Pflanzen, denn sie wachsen sehr schnell und können die gesamte Wasseroberfläche bedecken, so daß tiefer wachsende Pflanzen nicht mehr genügend Licht erhalten und schließlich absterben.

Erster Schritt
Neue Pflanzen nach unwillkommenen blinden Passagieren wie Schneckeneiern absuchen, wobei man besonders auf die Unterseite der Blätter achtgibt.

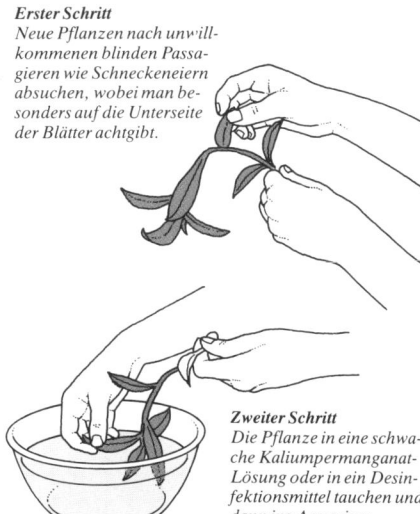

Zweiter Schritt
Die Pflanze in eine schwache Kaliumpermanganat-Lösung oder in ein Desinfektionsmittel tauchen und dann ins Aquarium bringen.

TABELLEN FÜR DIE DIAGNOSE

Es ist von größter Bedeutung, daß man Erkrankungen der Fische so früh wie möglich bemerkt, denn sofortige Behandlung kann den betroffenen Fisch retten und, was gleichermaßen wichtig ist, die Ausbreitung der Krankheit auf andere Fische des Aquariums verhindern. Leider lassen sich einige Fischkrankheiten überhaupt nicht diagnostizieren, da sie für uns keine sichtbaren Symptome hervorrufen. In solchen Fällen erscheint der Fisch erst bei vollkommener Gesundheit und schwimmt am anderen Tag doch tot im Wasser. Nur eine Sektion des toten Tieres kann uns die Todesursache verraten. Dennoch haben die meisten Fischkrankheiten charakteristische, von außen sichtbare Symptome, die eine Diagnose ermöglichen.

Die Fähigkeit, erste Krankheitsanzeichen zu erkennen, hängt davon ab, ob man die Fische regelmäßig beobachtet (siehe Seite 212) und sich mit dem normalen Aussehen und Verhalten jeder Art vertraut macht. Das verhindert zum Beispiel, daß wir uns unnötig Sorgen machen über Fische mit individuellen Merkmalen, die bei anderen Arten als Krankheitszeichen zu werten wären. Die Schuppen eines gesunden männlichen Tüpfelhechtlings (Pachypanchax playfairi, siehe Seite 72) richten sich während der Laichzeit zum Beispiel auf; bei anderen Arten ist dies hingegen ein deutliches Zeichen für Bauchwassersucht (siehe Seite 228) wie beim oben abgebildeten Fisch.

Man muß sich auch vor Augen halten, daß einige Arten für bestimmte Krankheiten besonders anfällig sind. Der Indische Buntbarsch (Etroplus maculatus, siehe Seite 56) leidet zum Beispiel stark unter Pilzen, während die Felsschönheit (Holacanthus tricolor, siehe Seite 99) leicht Hautkrankheiten (siehe Seite 227) bekommt.

Die Diagnose

Bei der Beobachtung Ihrer Fische sollten Sie auf alle Veränderungen des Körpers achten, etwa auf ungewöhnliches Wachstum, Veränderungen der Körpergestalt, der Schuppen, der Haut oder Schäden an den Flossen. Man sehe auch nach, ob der Fisch Parasiten oder Schwierigkeiten beim Schwimmen hat. Nicht alle Veränderungen gehen auf Gesundheitsprobleme zurück, denn nicht wenige Arten wechseln zum Beispiel die Farbe während der Laichzeit.

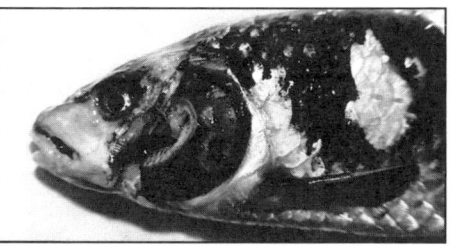

Saugwürmer an Kiemen In noch wenig fortgeschrittenen Fällen (siehe Seite 231) sind noch keine Schäden an den Kiemen zu erkennen, doch sind diese bereits von Schleim überzogen.

Pünktchenkrankheit Wird von einem parasitischen Wimpertierchen (siehe Seite 230) ausgelöst und ist leicht zu entdecken, denn feine weiße Pünktchen bedecken den Körper.

Bauchwassersucht Der Bauch ist angeschwollen, und die Schuppen stehen ab (Schuppensträube). Der abgebildete Fisch leidet klar an akuter Bauchwassersucht.

Copepodenbefall Der Parasit Lernaea (siehe Seite 232) vergräbt seinen Kopf im Fischkörper. Doch der hintere Körperteil mit den Eiersäcken ist deutlich sichtbar.

Glotzaugen Septikämie oder Tuberkulose (siehe Seite 229) sind die häufigste Ursache für stark hervortretende Augen (siehe Seite 228).

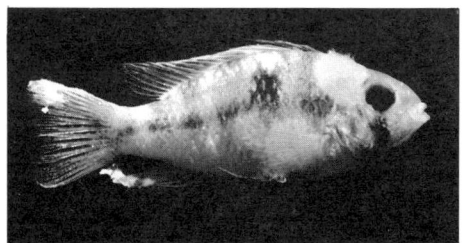

Pilzbefall Dieser Fisch zeigt die klassischen Anzeigen eines Pilzbefalls (siehe Seite 232) – einen schmutzigen büscheligen, watteähnlichen Belag auf dem Körper und den Flossen.

Probleme mit der Schwimmblase Ganz deutlich erkennt man, daß dieser Kärpfling Probleme mit der Schwimmblase (siehe Seite 228) hat, denn er schwimmt mit dem Bauch nach oben.

Probleme mit der Haut

Wenn ein Fisch Probleme mit der Haut hat, leidet er wahrscheinlich an einer heilbaren Erkrankung durch einen Parasiten. Im Zweifelsfall wende man sich an einen erfahrenen Aquarienliebhaber oder an einen spezialisierten Tierarzt.

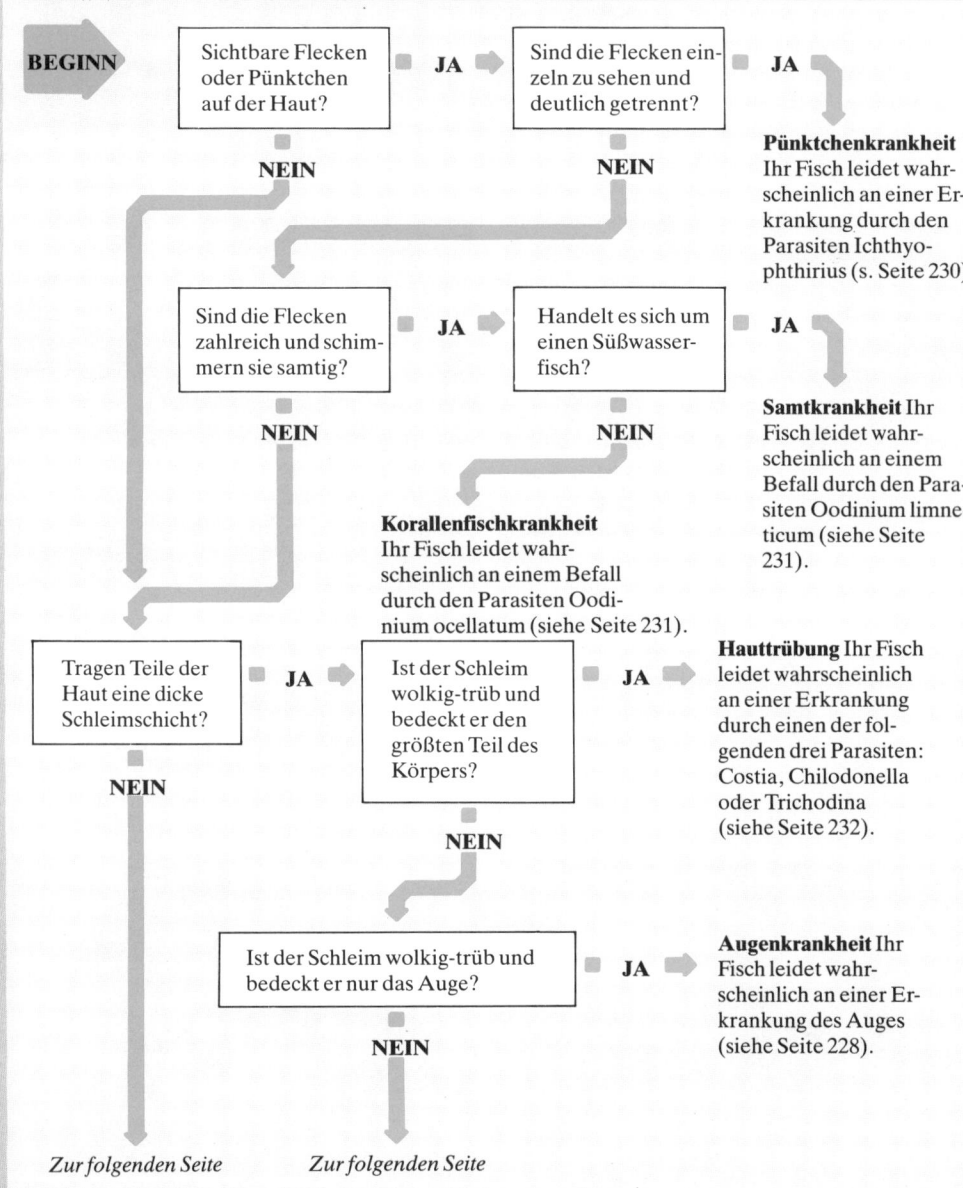

BEGINN

Sichtbare Flecken oder Pünktchen auf der Haut? **JA** → Sind die Flecken einzeln zu sehen und deutlich getrennt? **JA**

NEIN   **NEIN**

Pünktchenkrankheit Ihr Fisch leidet wahrscheinlich an einer Erkrankung durch den Parasiten Ichthyophthirius (s. Seite 230).

Sind die Flecken zahlreich und schimmern sie samtig? **JA** → Handelt es sich um einen Süßwasserfisch? **JA**

NEIN   **NEIN**

Samtkrankheit Ihr Fisch leidet wahrscheinlich an einem Befall durch den Parasiten Oodinium limneticum (siehe Seite 231).

Korallenfischkrankheit Ihr Fisch leidet wahrscheinlich an einem Befall durch den Parasiten Oodinium ocellatum (siehe Seite 231).

Tragen Teile der Haut eine dicke Schleimschicht? **JA** → Ist der Schleim wolkig-trüb und bedeckt er den größten Teil des Körpers? **JA** →

NEIN   **NEIN**

Hauttrübung Ihr Fisch leidet wahrscheinlich an einer Erkrankung durch einen der folgenden drei Parasiten: Costia, Chilodonella oder Trichodina (siehe Seite 232).

Ist der Schleim wolkig-trüb und bedeckt er nur das Auge? **JA** →

NEIN

Augenkrankheit Ihr Fisch leidet wahrscheinlich an einer Erkrankung des Auges (siehe Seite 228).

Zur folgenden Seite   *Zur folgenden Seite*

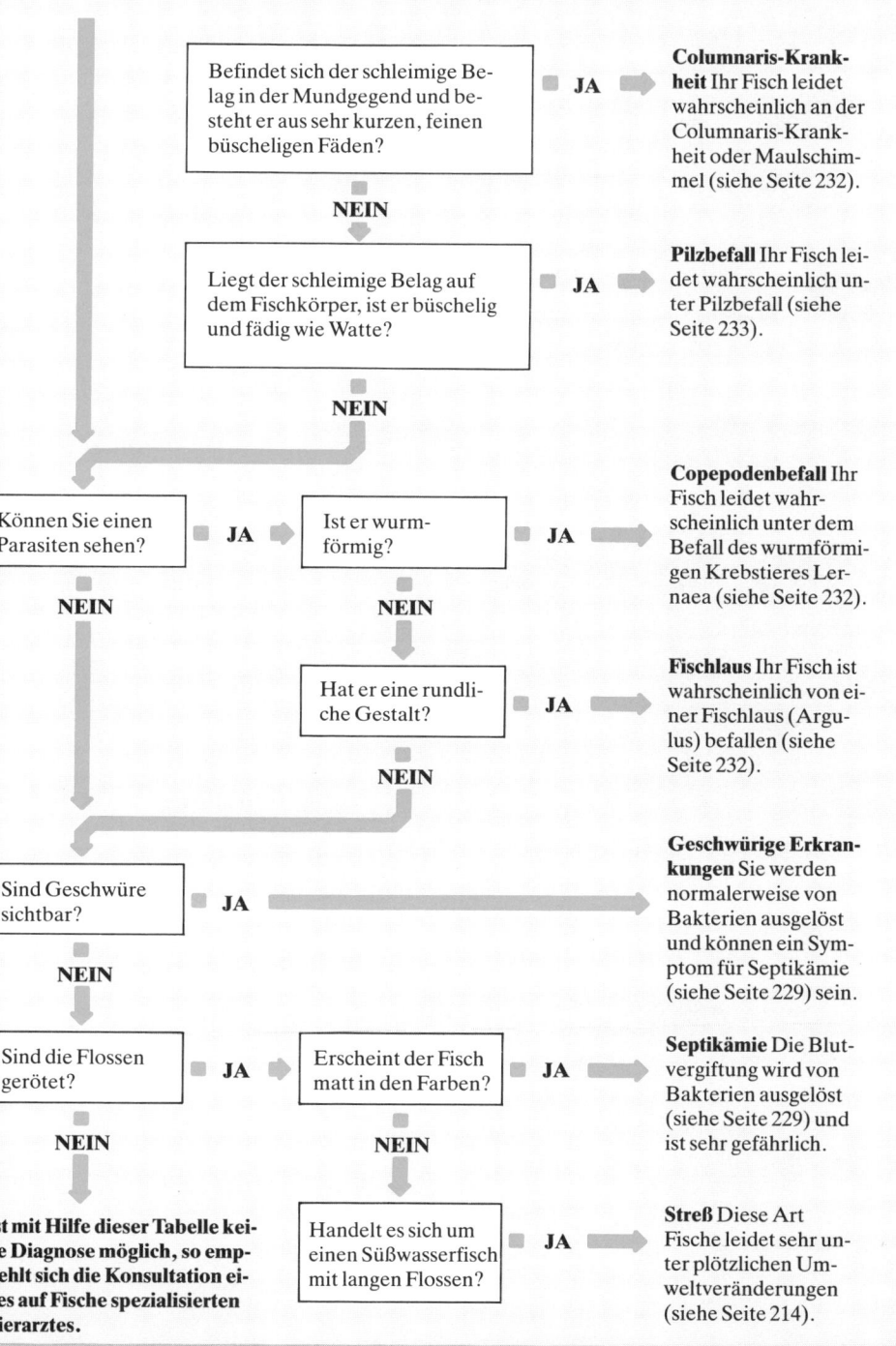

Befindet sich der schleimige Belag in der Mundgegend und besteht er aus sehr kurzen, feinen büscheligen Fäden? — JA → **Columnaris-Krankheit** Ihr Fisch leidet wahrscheinlich an der Columnaris-Krankheit oder Maulschimmel (siehe Seite 232).

NEIN

Liegt der schleimige Belag auf dem Fischkörper, ist er büschelig und fädig wie Watte? — JA → **Pilzbefall** Ihr Fisch leidet wahrscheinlich unter Pilzbefall (siehe Seite 233).

NEIN

Können Sie einen Parasiten sehen? — JA → Ist er wurmförmig? — JA → **Copepodenbefall** Ihr Fisch leidet wahrscheinlich unter dem Befall des wurmförmigen Krebstieres Lernaea (siehe Seite 232).

NEIN

NEIN

Hat er eine rundliche Gestalt? — JA → **Fischlaus** Ihr Fisch ist wahrscheinlich von einer Fischlaus (Argulus) befallen (siehe Seite 232).

NEIN

Sind Geschwüre sichtbar? — JA → **Geschwürige Erkrankungen** Sie werden normalerweise von Bakterien ausgelöst und können ein Symptom für Septikämie (siehe Seite 229) sein.

NEIN

Sind die Flossen gerötet? — JA → Erscheint der Fisch matt in den Farben? — JA → **Septikämie** Die Blutvergiftung wird von Bakterien ausgelöst (siehe Seite 229) und ist sehr gefährlich.

NEIN

NEIN

Ist mit Hilfe dieser Tabelle keine Diagnose möglich, so empfiehlt sich die Konsultation eines auf Fische spezialisierten Tierarztes.

Handelt es sich um einen Süßwasserfisch mit langen Flossen? — JA → **Streß** Diese Art Fische leidet sehr unter plötzlichen Umweltveränderungen (siehe Seite 214).

Probleme mit dem Schwimmen

Wenn Ihr Fisch offensichtlich Schwierig- keiten mit dem Schwimmen hat, so kann man dies als Symptom für eine Erkrankung oder für ungünstige Umweltbedingungen werten. Im Zweifelsfall wende man sich an einen erfahrenen Aquarienfreund oder an einen spezialisierten Tierarzt.

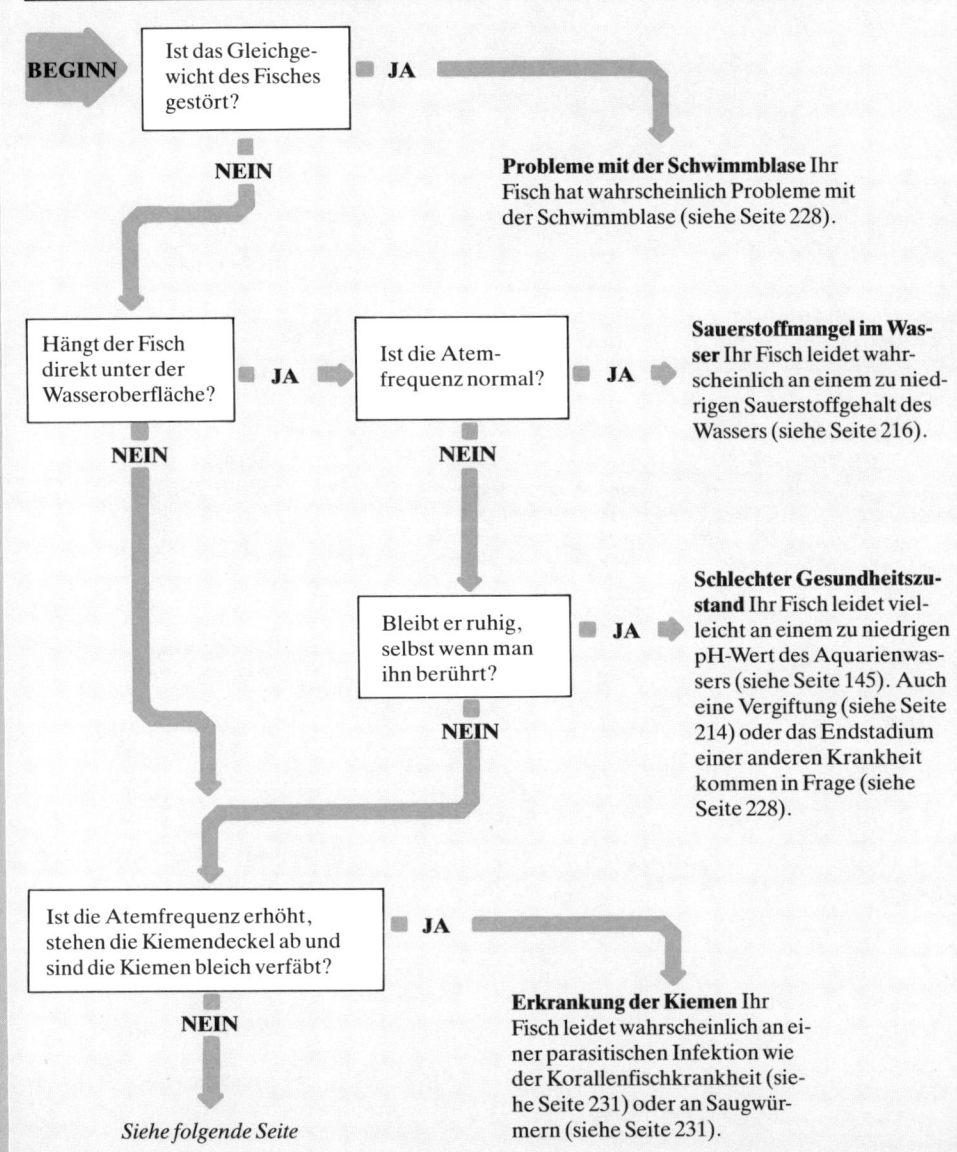

BEGINN

Ist das Gleichge- wicht des Fisches gestört? → **JA**

NEIN

Probleme mit der Schwimmblase Ihr Fisch hat wahrscheinlich Probleme mit der Schwimmblase (siehe Seite 228).

Hängt der Fisch direkt unter der Wasseroberfläche? → **JA** → Ist die Atem- frequenz normal? → **JA**

Sauerstoffmangel im Was- ser Ihr Fisch leidet wahr- scheinlich an einem zu nied- rigen Sauerstoffgehalt des Wassers (siehe Seite 216).

NEIN | **NEIN**

Bleibt er ruhig, selbst wenn man ihn berührt? → **JA**

Schlechter Gesundheitszu- stand Ihr Fisch leidet viel- leicht an einem zu niedrigen pH-Wert des Aquarienwas- sers (siehe Seite 145). Auch eine Vergiftung (siehe Seite 214) oder das Endstadium einer anderen Krankheit kommen in Frage (siehe Seite 228).

NEIN

Ist die Atemfrequenz erhöht, stehen die Kiemendeckel ab und sind die Kiemen bleich verfäbt? → **JA**

NEIN

Siehe folgende Seite

Erkrankung der Kiemen Ihr Fisch leidet wahrscheinlich an ei- ner parasitischen Infektion wie der Korallenfischkrankheit (sie- he Seite 231) oder an Saugwür- mern (siehe Seite 231).

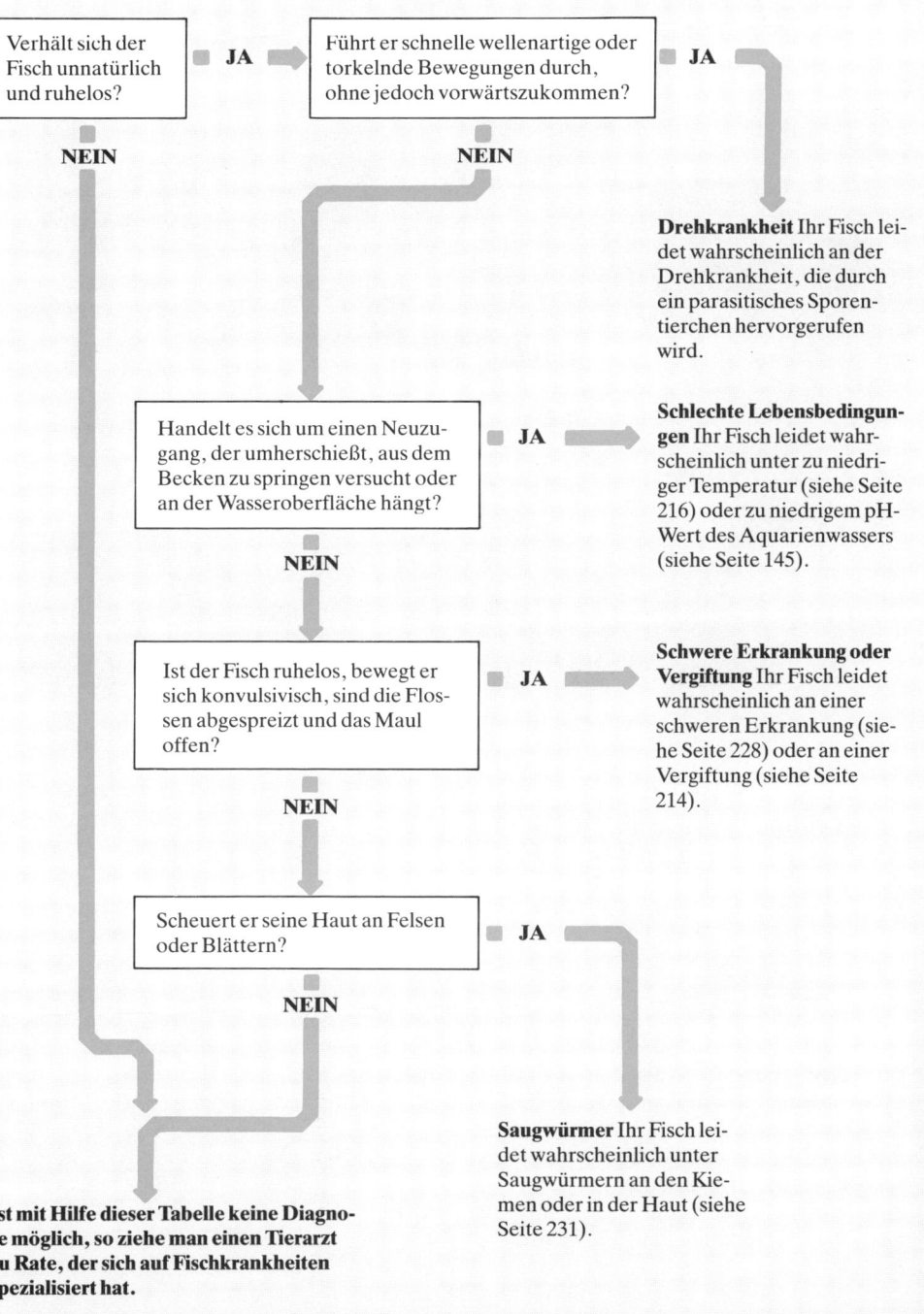

Verhält sich der Fisch unnatürlich und ruhelos?

JA ➡️

Führt er schnelle wellenartige oder torkelnde Bewegungen durch, ohne jedoch vorwärtszukommen?

JA

NEIN

NEIN

Drehkrankheit Ihr Fisch leidet wahrscheinlich an der Drehkrankheit, die durch ein parasitisches Sporentierchen hervorgerufen wird.

Handelt es sich um einen Neuzugang, der umherschießt, aus dem Becken zu springen versucht oder an der Wasseroberfläche hängt?

JA ➡️

Schlechte Lebensbedingungen Ihr Fisch leidet wahrscheinlich unter zu niedriger Temperatur (siehe Seite 216) oder zu niedrigem pH-Wert des Aquarienwassers (siehe Seite 145).

NEIN

Ist der Fisch ruhelos, bewegt er sich konvulsivisch, sind die Flossen abgespreizt und das Maul offen?

JA ➡️

Schwere Erkrankung oder Vergiftung Ihr Fisch leidet wahrscheinlich an einer schweren Erkrankung (siehe Seite 228) oder an einer Vergiftung (siehe Seite 214).

NEIN

Scheuert er seine Haut an Felsen oder Blättern?

JA

NEIN

Ist mit Hilfe dieser Tabelle keine Diagnose möglich, so ziehe man einen Tierarzt zu Rate, der sich auf Fischkrankheiten spezialisiert hat.

Saugwürmer Ihr Fisch leidet wahrscheinlich unter Saugwürmern an den Kiemen oder in der Haut (siehe Seite 231).

DIE KRANKHEITEN

Die Mehrzahl der Krankheiten unserer Aquarienfische sind leicht zu erkennen. Sie werden meist von Parasiten oder Bakterien hervorgerufen, und die Symptome werden auch äußerlich erkennbar. Die meisten Krankheiten lassen sich mit Erfolg behandeln. Es gibt aber auch eine Reihe innerer Erkrankungen, die wie bei den Säugetieren nur sehr schwer zu behandeln sind. Überdies zeigen die Fische die Symptome solcher Erkrankungen erst dann, wenn es für eine Behandlung ohnehin schon zu spät ist.

Je nach Art der Krankheit entfernt man den betreffenden Fisch aus dem Aquarium und behandelt ihn in einem isolierten Spitalbecken, oder man beläßt ihn bei den anderen Fischen und behandelt seine Genossen gleichzeitig mit. Dieses Verfahren empfiehlt sich vor allem beim Ausbruch ansteckender Krankheiten. Fische mit großen sichtbaren Parasiten, etwa Copepoden, behandelt man am besten individuell.

Wenn ein Fisch jedoch von Parasitenlarven befallen ist, sollte man vorsichtshalber auch alle seine Genossen behandeln.

Nur sehr wenige Tierärzte spezialisieren sich auf Fischkrankheiten, und eine Konsultation kann recht teuer kommen – teurer als ein einzelner tropischer Fisch, aber natürlich günstiger als die Kosten für einen wertvollen Zierkarpfen oder ein Becken voller tropischer Seewasserfische. Wenn der örtliche Tierarzt bei Fischkrankheiten nicht Bescheid weiß, so wird er Ihnen doch helfen, den nächstgelegenen Spezialisten ausfindig zu machen. Bei der Konsultation empfiehlt es sich, folgende Informationen zur Verfügung zu haben: Aquariengröße, Filtersystem, Wasserchemie, Temperatur, Futter und sonstige Behandlungen.

Achtung: Bei einigen Behandlungen werden nicht ungefährliche Chemikalien verwendet. Wir verschließen sie gut vor Kindern.

Was gibt es für Krankheiten?

Hauterkrankungen sind leicht zu sehen und zu behandeln. Innere Krankheiten jedoch lassen sich oft erst spät diagnostizieren, und eine Behandlung ist nicht einfach.

Parasiten

Die meisten Parasiten (siehe Seite 212) ernähren sich von der Schleimschicht auf der Haut und den Kiemen. Größere Formen dringen in die Gewebe ein und saugen Blut oder Gewebeflüssigkeit. Im allgemeinen sind mikroskopische Parasiten leicht mit ganz bestimmten Heilmitteln zu behandeln, die man einfach dem Wasser hinzufügt. Einige Parasiten haben allerdings einen recht komplizierten Entwicklungszyklus, und während einiger Phasen dieses Zyklus sind sie resistent gegen diese Heilmittel. Die meisten großen Parasiten entfernt man von Hand. Ihre Larven muß man aber auch mit chemischen Stoffen bekämpfen, die man ins Wasser gibt.

Bakterien und Pilze

Ein schlecht gepflegtes Aquarium mit totem Pflanzenmaterial, viel Abfall und nicht aufgenommenem Futter fördert das Wachstum von Bakterien und Pilzen. Die beste Vorbeugung dagegen besteht in sauberem, gut belüftetem Wasser. Dazu gehört auch eine korrekte Fütterung. Einige Bakterien (siehe Seite 212) werden mit ganz bestimmten Heilmitteln behandelt, für andere hingegen gibt es Breitbandantibiotika.

Hauterkrankungen

Sie stellen das Hauptproblem bei der Fischhaltung dar. Hauterkrankungen werden im allgemeinen von Bakterien oder Parasiten ausgelöst.

Die Symptome
Es gibt mehrere Symptome für Hauterkrankungen: ☐ Der Fisch kratzt sich an Felsen und am Aquarienkies ☐ Seine Farben sehen verwaschen und trübe aus ☐ Die Augen wirken matt und wolkig. Erfolgt keine Behandlung, so können weitere Symptome auftreten: ☐ Zerrissene und abgenutzt aussehende Flossen ☐ Appetitmangel ☐ Graue Färbung durch übermäßige Schleimproduktion ☐ Rötlich entzündete Körpergebiete.

Bakterielle Hautinfektionen bewirken zusätzliche Symptome: ☐ Deutliche weiße Flecken, bisweilen mit feinen weißlichen Fäden ☐ Geschwüre und Flossenfäule. Stark befallene Fische zeigen folgende Symptome: ☐ Ausgebreitete Geschwüre ☐ Blutergüsse um die Augen ☐ Gerötete Flossen ☐ Glotzaugen ☐ Schuppensträube

Erkrankungen der Kiemen

Ähnlich wie die Erkrankungen unserer Atemwege fallen auch Erkrankungen der Kiemen mild oder lebensbedrohend aus.

Die Symptome
Erkrankungen der Kiemen werden nicht immer sofort deutlich: ☐ Appetitmangel ☐ Der Fisch hängt an der Wasseroberfläche oder hält sich nahe beim Ausströmer oder beim Standrohr des Druckluftfilters auf, wo die Sauerstoffkonzentration am höchsten ist. ☐ Er bewegt seine Kiemendeckel schneller als normal ☐ Die Kiemenbögen sind oft sichtbar, geschwollen oder stärker grau als üblich ☐ Helle oder dunkle Flecken (einzelne Parasiten) zeigen sich auf den Kiemen ☐ Große geschwürige Gebiete werden sichtbar, wo Parasiten das Gewebe weggefressen haben ☐ Schleimfäden hängen von den Kiemen herunter.

Nach einer gewissen Zeit werden die Kiemen als Antwort auf die chronische Reizung dicker. Dadurch kann der Fisch langsam ersticken. Als Grund für einen solchen Tod kommen in Frage Hauttrübung (siehe Seite 232), Saugwürmer an den Kiemen (siehe Seite 231) oder eine Bakterieninfektion.

Erkrankungen der Augen

Viele Hauterkrankungen können auch auf die Augen übergreifen. Unsorgfältige Behandlung der Fische erlauben es oft, daß sich Bakterien oder Pilzinfektionen festsetzen.

Die Symptome
Es gibt drei Hauptsymptome für Augenerkrankungen: ☐ Schmutzige watteähnliche Überzüge – ein Zeichen für Pilzbefall (siehe Seite 232) ☐ Augentrübung; sie kann auf einen Wechsel in den Lebensbedingungen (Seite 215), eine Bakterieninfektion (Seite 212), eine allgemeine Hauttrübung (Seite 232) oder auf Saugwurmbefall (Seite 232) zurückgehen ☐ Glotzaugen, ein häufiges Symptom bei Septikämie oder Tuberkulose (Seite 229).

Bauchwassersucht

Der Begriff »Bauchwassersucht« bezieht sich eigentlich auf übermäßige Flüssigkeitsansammlungen im Bauch. Viele Aquarienliebhaber fassen darunter aber alle Krankheiten zusammen, die den Bauch ungewöhnlich anschwellen lassen. Man kann diese verschiedenen Krankheiten aber oft erst nach dem Tod durch eine Sektion diagnostizieren.

Chronische Bauchwassersucht
Wenn der Bauch eines Fisches langsam immer stärker anschwillt, kommen im allgemeinen zwei Ursachen in Frage: ein sich ausdehnender Krebs innerer Organe oder das Vorhandensein großer Parasiten, die allein durch ihre Größe, durch Schäden an Leber oder Nieren oder durch eine Bauchfellentzündung die Vergrößerung verursachen. In solchen Fällen entfernt man den kranken Fisch, braucht aber für seine Genossen nichts zu befürchten. Für eine genaue Diagnose muß der Tierarzt den Fisch sezieren.

Akute Bauchwassersucht
Eine plötzliche Anschwellung des Bauches bewirkt, daß sich die Schuppen des Fisches nach außen aufstellen (Schuppensträube).

Als häufigste Ursache kommt eine bakterielle Septikämie (siehe Seite 229) in Frage. Der betroffene Fisch und seine Aquariengenossen müssen behandelt werden. Der Tierarzt verschreibt dazu Antibiotika.
Unter der mysteriösen Krankheit mit dem englischen Namen Malawibloat leiden vor allem Buntbarsche. Sie äußert sich vor allem als Bauchwassersucht, doch sind die Ursachen dafür noch nicht recht klar; in Frage kommen Bakterien oder eine kanzeröse Entartung des Magens. Wir nehmen den Fisch aus dem Aquarium und bringen ihn zum Tierarzt (siehe Seite 235).

Auszehrung

Langsamer Gewichtsverlust führt zu einem unausgeglichenen Aussehen, denn der normalgroße Kopf sitzt dabei auf einem zu kleinen Körper. Es kommen dafür vor allem zwei Gründe in Frage: Unterernährung eines Fisches, der von seinen Aquariengenossen am Fressen gehindert wird, oder häufiger eine Krankheit wie Tuberkulose (siehe Seite 229).

Probleme mit der Schwimmblase

Ein ungewöhnliches Schwimmverhalten oder Schwierigkeiten beim Einhalten des Gleichgewichts können beruhen auf: ☐ Einer seit der Geburt verformten Schwimmblase ☐ Krebs oder Tuberkulose in Organen nahe der Schwimmblase ☐ Verstopfung ☐ Falscher Ernährung (siehe Seite 201) ☐ Unterkühlung (siehe Seite 215) ☐ Ernsthaftem Parasitenbefall (siehe Seite 212) ☐ Ernsthaften bakteriellen Infektionen (siehe Seite 212).

Wer eine Erkrankung der Schwimmblase vermutet, sollte den Fisch jedoch erst gegen andere mögliche Krankheiten behandeln. Man achte auf die richtige Ernährung (siehe Seite 200) und beobachte, ob der Fisch regelmäßig Kot abgibt. Im Zweifelsfall gibt man Lebendfutter mit Ballaststoffen (siehe Seite 204–205). Schließlich überprüft man, ob die Wassertemperatur konstant ist und auch den Fischen zusagt.

INNERE KRANKHEITEN

Da die Fische dazu neigen, keine Symptome innerer Krankheiten zu zeigen, kommt die Diagnose für eine Hilfe oft zu spät. Sie kann aber den Aquariengenossen etwas nützen. Bakterielle und virale Septikämien sind ein häufiger Grund für innere Erkrankungen. Sie schädigen die Gewebe und töten den Fisch sehr schnell, wenn keine Behandlung erfolgt. Die Auszehrung oder Tuberkulose (siehe Seite 229) spricht nicht gut auf die Behandlung an. Die Diagnose ist aber für die Fischgenossen und auch für die menschliche Gesundheitspflege wichtig.

SEPTIKÄMIE, BLUTVERGIFTUNG

Zur Blutvergiftung oder Septikämie kommt es in der Folge von Hautinfektionen wie der Flossenfäule (siehe Seite 232). Unabhängig davon tritt sie auch bei sehr schlechten Lebensbedingungen auf. Bakterien treten in das Blut ein, wandern durch alle Gewebe und bewirken eine Entzündung. Wenn Blutgefäße und Herzwände beschädigt sind, tritt Flüssigkeit in den Bauchraum über, was zur Bauchwassersucht (siehe Seite 228) führt. Entzündete Blutgefäße auf der Haut und an der Basis der Flossen treten hervor.

Symptome
● Rötungen an der Basis der Flossen
● Kleine Blutergüsse um die Augen
● Sehr gedämpftes, teilnahmsloses Verhalten
● Appetitmangel

Behandlung
Den Tierarzt aufsuchen. Er wird Antibiotika verschreiben. Nach Ursachen suchen und sie eliminieren.

TUBERKULOSE

Die Tuberkulose ist eine bakterielle Infektion, die immer häufiger wird. Befallene Exemplare müssen sofort aus dem Aquarium genommen werden, damit sie nicht auch andere Fische anstecken. Ein tuberkulöser Fisch ist im allgemeinen normal, verliert aber an Gewicht, da seine inneren Organe Schäden erleiden. Einige Fische entwickeln Knötchen unter der Haut, die unter Umständen geschwürig zerfallen. Andere haben Knötchen hinter dem Auge und bekommen dadurch Glotzaugen (siehe Seite 221).

Die Tuberkulosebakterien bevorzugen kühlere Temperaturen als die meisten anderen Bakterien, die den Menschen befallen. Dennoch kann die Fischtuberkulose auch auf den Menschen übergehen, normalerweise in der Form eines infizierten Knötchens auf der Haut. Es besteht allerdings wenig Gefahr, daß daraus eine ernsthafte Infektion wird. Ist die Diagnose gestellt, so muß man eine ganz strikte Hygiene befolgen. Eine abschließende Diagnose ist allerdings nur nach einer Sektion des Kadavers möglich.

Symptome
● Düstere Farben
● Gewichtsverlust
● Eingekniffene Flossen
● Geschwürige Hautwunden

Behandlung
Den Tierarzt aufsuchen. Befallene Fische sollte man sofort entfernen und töten (siehe Seite 234). Auf keinen Fall dürfen sie im Aquarium sterben, da sie sonst von den übrigen Fischen gefressen werden, wobei sich diese infizieren. Die Fische, mit denen der tuberkulöse Fisch Kontakt hatte, kommen in ein »Spitalbecken« und werden dort behandelt. Das Aquarium muß desinfiziert werden. Wenn andere Fische die Tuberkulose bekommen, verzichtet man sofort auf Neuzugänge, tötet alle befallenen Exemplare, säubert und desinfiziert das Aquarium und beginnt wieder von vorne.

ÄUSSERE SICHTBARE ERKRANKUNGEN

Die häufigsten Erkrankungen werden von Parasiten (siehe Seite 212) ausgelöst und äußern sich auf der Haut und den Kiemen. Sie sind im allgemeinen leicht zu diagnostizieren und zu behandeln. Große Parasiten sieht man mit bloßem Auge, kleinere erkennt man mit einem Vergrößerungsglas. Informationen über die Natur der Fischhaut findet man im Kapitel »Anatomie« (siehe Seite 16).

Parasiten werden oft durch Neuzugänge eingeführt. Deswegen ist eine Quarantäne (siehe Seite 214) eine wichtige vorbeugende Maßnahme.

PÜNKTCHEN-/GRIESSKÖRNCHENKRANKHEIT (Ichthyophthirius)

Irgendwann werden nahezu alle Süßwasseraquarien von dieser wohlbekannten Krankheit heimgesucht. Die Parasiten aus der Gruppe der Wimpertierchen sind mit bloßem Auge als weiße, bis ein Millimeter große Pünktchen auf der Fischhaut zu erkennen. Der Erreger Ichthyophthirius hat einen Entwicklungszyklus, wobei er zur Fortpflanzung den Fisch verläßt. Dabei hinterläßt er ein großes Loch in der Haut, an der sich sekundär eine Bakterien- oder Pilzinfektion festsetzen kann. Der Parasit sinkt auf den Aquarienboden und bedeckt sich mit einer schleimigen Hülle, der Zyste. Innerhalb dieser Zyste teilt er sich in zahlreiche Tochterindividuen. Dann bricht die Zyste auf, und die freischwimmenden jungen Schwärmer suchen sich einen neuen Wirt. Wie im Fall von Cryptocaryon (siehe unten) sind das Stadium in der Haut und die Zyste unempfindlich gegenüber Behandlung.

Symptome
● Die Haut und die Flossen sind von feinen weißen Pünktchen übersät
● Ein schwer befallener Fisch bewegt die Kiemendeckel schneller.

Behandlung
Die bisherigen Medikamente greifen nur die frei im Wasser lebenden Schwärmer und nicht die Parasiten oder die Zyste an. Man muß also das Medikament vor der Zystenbildung oder nach dem Aufplatzen der Zyste hinzugeben. Dazu Pflanzen und Filter aus Aktivkohle entfernen.

CRYPTOCARYON-KRANKHEIT (Cryptocaryon)

Von diesem Parasiten, einem nahen Verwandten des süßwasserbewohnenden Ichthyophthirius (siehe oben) werden nur Meeresfische befallen. Auch Cryptocaryon kennt einen Entwicklungszyklus und verläßt zur Fortpflanzung den Fisch. Da sich dieses Wimpertierchen aktiv in die Haut einbohrt, hinterläßt es ein Loch, durch welches der Einzeller nach Erreichen der Reife auch wieder austritt.

Symptome
● Körper und Flossen sind von kleinen, bis einen Millimeter großen weißen Flecken übersät
● Haut stark schleimig
● Der Fisch vollführt schnelle Bewegungen mit den Kiemendeckeln
● Die Augen wirken trübe

Behandlung
Wenn sich der Parasit in der Haut oder in der Zyste befindet, ist er unempfindlich gegen jede Behandlung. Die Cryptocaryon-Krankheit kann nur in der Zeit bekämpft werden, bevor die Parasiten eine Zyste bilden oder nachdem die Zyste die Schwärmer ins freie Wasser entlassen hat. Vor der Zugabe des Medikaments sind die Angaben des Herstellers genau zu lesen und zu befolgen. Wahrscheinlich muß man die Aquarienpflanzen, eventuelle wirbellose Tiere und auch Filter aus Aktivkohle entfernen.

SAMTKRANKHEIT (Oodinium limneticum, O. pillularis)

Diesen winzigen Parasiten erkennt man als feinen goldstaubartigen Überzug auf der Haut. Er durchdringt die Hautzellen mit Ausläufern der Zellen. Oodinium enthält wie die Pflanzen ein Pigment, mit denen der Parasit auch photosynthetisch aktiv wird.

Symptome
● Die Haut und die Flossen sind von einem feinen samtigen Goldschimmer überzogen. Es sieht aus, als trüge der Fisch ein Kleid aus Goldstaub.
● Der Fisch vollführt schnelle Bewegungen mit den Kiemendeckeln.

Behandlung
Zugabe eines Medikaments. Dabei muß man wahrscheinlich das Becken stark beschatten, um dem Parasiten die Möglichkeit zu nehmen, Photosynthese zu treiben. Gleichzeitig muß Aktivkohle aus dem Filter entfernt werden.

KORALLENFISCHKRANKHEIT (Oodinium ocellatum)

Das parasitische Wimpertierchen lebt auf den Kiemen.

Symptome
● Schnelle Bewegungen der Kiemendeckel

● Grelle Farbe der Kiemen
● Trübe Haut

Behandlung
Man behandelt das Aquarium mit einem Medikament, muß zuvor aber wirbellose Tiere entfernen. Eine Kupfersulfatbehandlung kann helfen, doch braucht man dazu ziemlich komplizierte chemische Tests. Deswegen gehört dieses Salz nur in die Hand erfahrener Aquarienfreunde.

SAUGWÜRMER AN KIEMEN (Trematoden, Dactylogyrus)

Diese kleinen parasitischen Würmer sind gerade noch mit dem unbewaffneten Auge zu erkennen. Sie befallen die Kiemenoberfläche.

Symptome
● Schnelle Bewegungen mit den Kiemendeckeln
● Der Fisch schnappt an der Wasseroberfläche nach Luft

● Die Kiemen sind von Schleim bedeckt und teilweise weggefressen
● Der Fisch scheuert sich an Gegenständen im Aquarium

Behandlung
Der Saugwurm legt Eier, die auf den Aquarienboden fallen und die der Behandlung nicht zugänglich sind. Für diese gibt es zwei Möglichkeiten: Man gibt ein Medikament in ein »Spitalbecken« und überführt alle Fische dorthin, oder man bringt die befallenen Exemplare in ein kurzzeitiges Formalinbad (siehe Seite 234). Das »Spitalbecken« muß jede Woche behandelt werden, bis alle Larven abgetötet sind. Das Hauptaquarium reinigen.

SAUGWÜRMER AUF DER HAUT (Trematoden, Gyrodactylus)

Diese Hautparasiten sind mit Dactylogyrus (siehe oben) verwandt, haben aber einen unterschiedlichen Entwicklungszyklus ohne resistente Stadien.

Symptome
● Der Fisch scheuert sich an Gegenständen im Aquarium
● Der Fisch bedeckt sich mit dickem Schleim, so daß die Farben verblassen
● Örtliche Hautrötungen
● Flossen reißen ein

Behandlung
Man gibt ein geeignetes Medikament ins Aquarium oder taucht die befallenen Fische in ein Kurzzeitbad mit einer Formalinlösung (siehe Seite 234).

HAUTTRÜBUNG Chilodonella, Costia (Ichthyobodo), Cyclochaeta (Trichodina)

Drei einzellige Parasiten, nämlich Chilodonella, Costia (Ichthyobodo) und Cyclochaeta (Trichodina) befallen die Haut von Fischen und lösen sehr ähnliche Symptome aus.

Symptome
● Überproduktion von Schleim und dadurch verblassende Farben
● Ausgefranste Flossen
● Allgemeine Schwäche
● Schäden an den Kiemen
● Tod

Behandlung
Wenn man die Krankheit bemerkt, bevor sie sich auf die Kiemen ausdehnt, gibt man ein Medikament zum Aquarienwasser. Hilft es nicht, so handelt es sich beim Parasiten wahrscheinlich um Chilodonella. Dann sollte man den Fisch kurzzeitig in ein Formalinbad (siehe Seite 234) bringen. Sind die Kiemen bereits befallen, so braucht der Fisch ein Kurzzeitbad in einer Salzlösung (siehe Seite 234), gefolgt von einem weiteren Kurzzeitbad in einer Formalinlösung, falls der Parasit salzresistent ist.

COPEPODENBEFALL (Lernaea)

Copepoden sind Krebstiere. Die parasitischen Formen unter ihnen sind außerordentlich stark reduziert. Lernaea zum Beispiel gräbt sich mit ihrem ankerartigen Vorderkörper ins Fischgewebe ein und zieht zwei Eisäcke hinter sich her. Man erkennt den Parasiten deutlich auf dem Fisch. Wenn er sich loslöst, kann er ein häßliches Geschwür hinterlassen.

Symptome
● Der Fisch kratzt sich an Gegenständen im Aquarium
● Grünlich-weiße Fäden hängen aus der Fischhaut, und die Anheftungsstelle ist rötlich entzündet.

Behandlung
Wir schlagen den Fisch in ein feuchtes Tuch ein und ziehen den Parasiten mit einer Pinzette heraus. Außerhalb des Wassers kann der Fisch eine bis zwei Minuten überleben. Die Wunde betupfen wir mit einem Wattebausch, den wir in ein antibakterielles Desinfektionsmittel wie Jodlösung oder Mercurochrom getaucht haben. Der Tierarzt kann diese Behandlung am besten durchführen, und er betäubt auch den Fisch zuvor. Wir setzen den Fisch in sehr sauberes Wasser zurück, das ein Medikament gegen Bakterien- oder Pilzinfektionen enthält.

FISCHLAUS, KARPFENLAUS (Argulus)

Die Fischlaus ist ein schildförmig abgeplattetes Krebstier, das von Fisch zu Fisch schwimmt und sich mit Hilfe kräftiger Saugnäpfe festheftet. Mit einem Giftstachel durchbohrt der Parasit die Fischhaut.

Symptome
● Der Fisch scheuert sich an Gegenständen im Aquarium
● Die Parasiten sind bis fünf Millimeter groß und damit klar erkennbar.

Behandlung
Wir holen den Fisch aus dem Aquarium, schlagen ihn in ein feuchtes Tuch ein und entfernen den Parasiten mit einer Pinzette. Außerhalb des Wassers kann der Fisch ein bis zwei Minuten überleben. Leistet die Fischlaus hartnäckigen Widerstand, so bringen wir einen Tropfen Salzlösung (15 bis 30 g Salz auf 1 Liter Wasser) mit einem Pinsel auf (ohne die Fischhaut zu berühren). Der Fisch kommt dann mit seinen Genossen in ein Spitalbecken (siehe Seite 235). Dann müssen wir das Aquarium mit einem Medikament behandeln, um alle vorhandenen Larven abzutöten. Nach dem Zurücksetzen der Fische beobachten wir genau, ob nicht weitere erwachsene Tiere oder noch nicht geschlüpfte Larven vorhanden sind, da das Medikament gegen diese Stadien nicht immer hilft. Wenn nötig, muß die Prozedur wiederholt werden.

FLOSSENFÄULE

Stark pigmentierte Fische wie Spitzmaulkärpflinge oder Fische mit langen wogenden Flossen wie viele Goldfischformen neigen besonders zu dieser Krankheit. Der Hauptgrund ist ein schmutziges Aquarium, doch können auch weitere Faktoren dazu beitragen:
☐ Vitaminarme Ernährung ☐ Überwintern im Freien (Schleierschwänze) ☐ Flossenbeißen ☐ Schäden durch den Netzfang ☐ Ungenügende Lebensbedingungen.

Symptome
● Kurze oder ausgefranste Flossen

Behandlung
Der befallene Fisch bekommt ein Kurzzeitbad (siehe Seite 234) mit einem Medikament. Vor allem muß man aber die Krankheitsursache eliminieren (siehe Seite 214–219). In schweren Fällen zieht man einen Tierarzt zu Rate, der den befallenen Teil möglicherweise unter Anästhesie abschneidet und dann den Fisch mit einem antibakteriellen Desinfektionsmittel behandelt.
Epidemische Flossenfäule in Seewasseraquarien verlangt spezielle Maßnahmen. Man muß einen Tierarzt, einen Aquarienhändler oder einen sonstigen befreundeten Fachmann zu Rate ziehen.

PILZBEFALL

Der häufigste Pilz in Aquarien ist der Wasserschimmel Saprolegnia. Er kann jeden Fisch befallen, ist aber auf Kaltwasserarten am häufigsten. Algen wachsen gern auf dem watteähnlichen Wasserschimmel und verleihen ihm ein schmutziges Aussehen.
Pilzbefall ist stets eine Schwächekrankheit und erfolgt sekundär auf irgendein anderes Problem, zum Beispiel Parasitenbefall.

Symptome
● Schmutzige, wattebauschähnliche Auswüchse auf der Haut, die bisweilen den ganzen Fisch bedecken.

Behandlung
Wir tauchen einen Wattebausch in Wasser, drücken ihn ganz fest aus und befeuchten ihn dann mit einem Desinfektionsmittel wie Mercurochrom. Wir nehmen den Fisch aus dem Aquarium, schlagen ihn in ein feuchtes Tuch ein und streifen mit dem Wattebausch den Pilzbelag ab. Der Fisch hält es ein bis zwei Minuten außerhalb des Wassers aus. Dann bringen wir den Fisch in ein »Spitalbecken« und behandeln ihn mit einem Breitbandmedikament. Vor allem muß man aber den Grund für diesen Schwächebefall des Fisches herausfinden und eliminieren.

COLUMNARIS-KRANKHEIT (Chondrococcus columnaris)

Die Columnaris-Krankheit heißt auch Maulschimmel. Trotz dieses Namens wird sie nicht von einem Pilz, sondern vom Bakterium Chondrococcus columnaris ausgelöst. Die einzelnen Bakterien hängen zusammen und bilden Fäden, die feiner und kürzer ausfallen als Pilzfäden. Lebendgebärende Fische werden besonders häufig von dieser Infektion befallen.

Symptome
● Weiße büschelige Beläge um das Maul
● Weiße Flecken auf der Haut

Behandlung
Man fügt ein Medikament zum Aquarienwasser dazu. Zeigt sich der Parasit hartnäckig, so überführen wir den Fisch in ein Spitalbecken und geben Antibiotika hinzu, die der Tierarzt verschreiben muß. Man sollte befallene Fische nicht mit dem Netz fangen. Vielmehr verwendet man das Netz, um den Fisch in eine Plastiktüte zu treiben. Als vorbeugende Maßnahme gibt man etwas Salz ins Aquarienwasser.

Isolation und Behandlung kranker Fische

Wenn wir ein ganzes Aquarium behandeln müssen, dann fällt es oft schwer, die richtige Menge des Heilmittels zu berechnen, weil die Felsen und die anderen Dekorationsstücke eine unbekannte Menge Wasser verdrängen. Wenn Sie es sich zur Gewohnheit gemacht haben, neu zugegangene Fische (siehe Seite 214) in Quarantäne zu setzen, dann verfügen Sie bereits über einen zweiten Behälter, der auch als Spital für kranke Tiere dienen kann. Eine Einzelbehandlung ist auch immer dann notwendig, wenn diese auch das biologische Filtersystem angreifen würde, zum Beispiel wenn man Methylenblau und die meisten antibakteriellen und antibiotischen Präparate einsetzt. In gewissen Fällen, etwa für die Entfernung eines großen Parasiten, sollte man zum Tierarzt gehen.

Rekonvaleszenz

Wenn ein Fisch mit Erfolg behandelt wurde, sollte man ihn nicht gleich ins Hauptaquarium zurücksetzen. Im Laufe mehrerer Tage ersetzen wir nach und nach das Wasser im Spitalbecken, um den Fisch an die früheren Wasserbedingungen wieder zu gewöhnen. Dann kann man das Tier wieder ins Aquarium zurücksetzen. Man nehme dazu eine Plastiktüte und nicht ein Netz.

Kurzzeitbäder

Für die Behandlung mit bestimmten Medikamenten muß man die Fische einem Kurzzeitbad aussetzen. Wir bringen das Heilmittel in Wasser von der gleichen Temperatur wie das Aquarium und gießen es in einen kleinen Behälter. Das Wasser sollte darin belüftet werden. Wir bringen den gefangenen Fisch für die vorgeschriebene Zeit in dieses Bad. Zeigt er Zeichen der Erschöpfung, so entfernen wir ihn sofort. Fische mit schwer mitgenommenen Kiemen überleben solche Kurzzeitbäder nur in wenigen Fällen.

Formalinlösung

Man nimmt 0,2 ml einer 35prozentigen Formalinlösung auf einen Liter Wasser. **Achtung:** Bei der Verwendung von Formalin empfiehlt sich das Tragen von Gummihandschuhen als Schutz für die Hände.

Hoffnungslose Fälle

Fische mit schweren unheilbaren Krankheiten sollte man schmerzlos töten, indem man sie zum Beispiel in eine Eis-Wasser-Mischung bringt. Man kann auch ein Betäubungsmittel hoher Dosis anwenden.

Sektion nach dem Tode

Wenn Zweifel an der Krankheitsursache bestehen, empfiehlt es sich, den lebendigen oder bereits toten Fisch zum Tierarzt zu bringen und sezieren zu lassen. Ist dies nicht sofort möglich, so konserviert man den Fisch in einer 80prozentigen Alkohollösung oder in Formalin (ein Teil 35prozentige Formaldehyd-Lösung in neun Teile Wasser) und übergibt ihn später dem Tierarzt, der für eine Weiterleitung in ein Labor sorgt. Man kann auch den Fisch direkt in ein solches Labor einsenden – entsprechende Adressen gibt der Tierarzt oder der nächste Aquarienclub gerne. Solche Untersuchungen sind natürlich nicht billig, können aber den Ausbruch der Krankheit bei anderen Fischen verhüten und damit Kosten für Neueinkäufe verhindern. Solche Fische können auch Forschungsmaterial für das Verständnis der Fischkrankheiten bieten.

Ein Krankentagebuch

Es kann sehr nützlich sein, für jeden Fisch ein Tagebuch zu führen. Darin halten wir alle Krankheitsanzeichen, gewöhnliche und ungewöhnliche Verhaltensweisen sowie alle Behandlungen fest. Mit einem solchen Tagebuch kann man feststellen, welche Medikamente am besten wirken.

DAS SPITALBECKEN

Nach jedem Gebrauch sollte man das Spitalbekken und die gesamte darin verwendete Ausrüstung gründlich desinfizieren. Das Spitalbecken sollte den Patienten eine halbwegs vertraute Umgebung bieten, etwa durch Pflanzen (ggf. aus Kunststoff) und Verstecke. Die ohnehin schon kranken Fische sollten nämlich möglichst geringem Streß ausgesetzt sein.

Tips für die Aufrechterhaltung günstiger Umweltbedingungen im Spitalbecken:

● Ausrüstung mit einem Heizer und einem Thermostaten für tropische Fische
● Besonders starke Belüftung, da viele Heilmittel den Sauerstoffgehalt im Wasser erniedrigen

● Keine Filter verwenden, die Aktivkohle enthalten, da sie das Medikament aus dem Wasser sofort entfernen.
● Nur schwache Beleuchtung des Beckens, denn manche Heilmittel werden von hellem Licht neutralisiert und wiederum andere machen die Fische lichtempfindlich, was Hauterkrankungen zur Folge haben kann.
● Das Wasser sollte dem im Hauptbecken so ähnlich wie möglich sein, um jeden unnötigen Streß für die Fische beim Überführen zu vermeiden.
● Für die Überführung verwenden wir keine Netze, da diese leicht infiziert werden.
● Ein Becken für Meeresfische sollte mindestens halb so groß wie das Hauptaquarium sein.

Der Aufbau eines Spitalbeckens
Da das hier abgebildete Aquarium keinen Heizer enthält, ist es nur für die Behandlung von Kaltwasserarten geeignet. Spitalbecken sollten keine lebenden Pflanzen enthalten. Als Ersatz verwendet man Pflanzen aus Plastik, die man in kiesgefüllte Maschentöpfe steckt.

Ein liegender Blumentopf bildet ein willkommenes Versteck für Fische

Pflanzen aus Kunststoff geben den Fischen ein Gefühl der Sicherheit. Echte Pflanzen würden von den meisten Medikamenten geschädigt.

Ein einfacher Filter aus Kunststoff hält das Wasser sauber, ohne gleichzeitig die Medikamente zu absorbieren.

Eine Druckluftpumpe sorgt für den lebenswichtigen Sauerstoff, dessen gelöste Menge sich unter dem Einfluß der Medikamente verringern kann.

Zucht

Um Aquarienfische erfolgreich zu züchten, braucht man vor allem zwei Arten von Informationen: Erstens muß man genauestens Bescheid wissen über das gesamte Fortpflanzungsverhalten der betreffenden Art, und zweitens muß man genau wissen, welche Umweltbedingungen die Art in der Laichzeit verlangt. In diesem Kapitel konzentrieren wir uns auf die Zucht von Süßwasserfischen. Der Grund dafür liegt auf der Hand: Man weiß heute schon ziemlich viel über die Verhaltensweisen und die Zucht dieser Fische, während die Meeresfische in dieser Beziehung noch weitgehend ein Rätsel darstellen. Nur von den allerwenigsten wissen wir, wie sie sich in der Natur fortpflanzen.

Die Fortpflanzung

Mit verschwindend geringen Ausnahmen pflanzen sich die Fische durch befruchtete Eier fort, aus denen schließlich die Jungfische schlüpfen. Die meisten Fischarten kennen eine äußere Befruchtung. Bei einigen findet jedoch die Befruchtung der Eizellen innerhalb des weiblichen Körpers statt (innere Befruchtung). Die Jungfische eierlegender Arten sind nach dem Schlüpfen hilflos und sehr klein, während lebendgebärende Fische Nachkommen auf die Welt bringen, die sofort nach der Geburt zielgerichtet umherschwimmen und für sich selber sorgen können.

Eierlegende Fische

Die Mehrzahl der Aquarienfische gehört zu den eierlegenden Formen. Das Weibchen gibt die Eier in die Umwelt ab, und das Männchen besamt sie dabei gleichzeitig (siehe Seite 246−247). Bei den eierlegenden Aquarienfischen kann man fünf verschiedene Kategorien je nach Laichverhalten unterscheiden: Freilaicher, Bodenlaicher, Substratlaicher, Maulbrüter und Nestbauer.

DIE FORTPFLANZUNG BEI EIERLEGENDEN FISCHEN

Die Männchen eierlegender Fische produzieren in ihren Hoden Sperma oder Milch. Der entsprechende Ausführgang mündet stets in der Nähe des Afters. Das Männchen spritzt seinen Samen über die weiblichen Eier. Die Samenzellen dringen in die Eizelle ein und verschmelzen mit ihr. Diesen Vorgang nennt man Befruchtung. Das Weibchen produziert seine Eier in den Eierstöcken und gibt sie ebenfalls mit der Urogenitalöffnung ab.

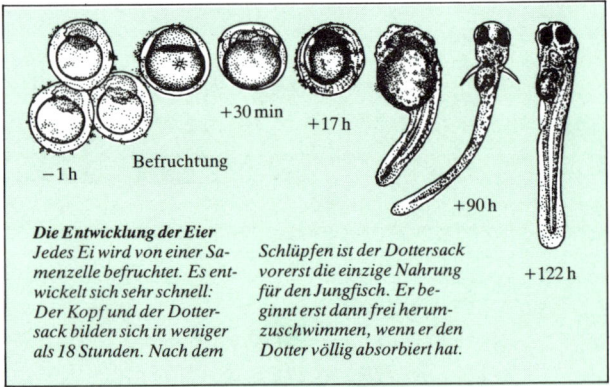

Die Entwicklung der Eier
Jedes Ei wird von einer Samenzelle befruchtet. Es entwickelt sich sehr schnell: Der Kopf und der Dottersack bilden sich in weniger als 18 Stunden. Nach dem

Schlüpfen ist der Dottersack vorerst die einzige Nahrung für den Jungfisch. Er beginnt erst dann frei herumzuschwimmen, wenn er den Dotter völlig absorbiert hat.

−1 h Befruchtung +30 min +17 h +90 h +122 h

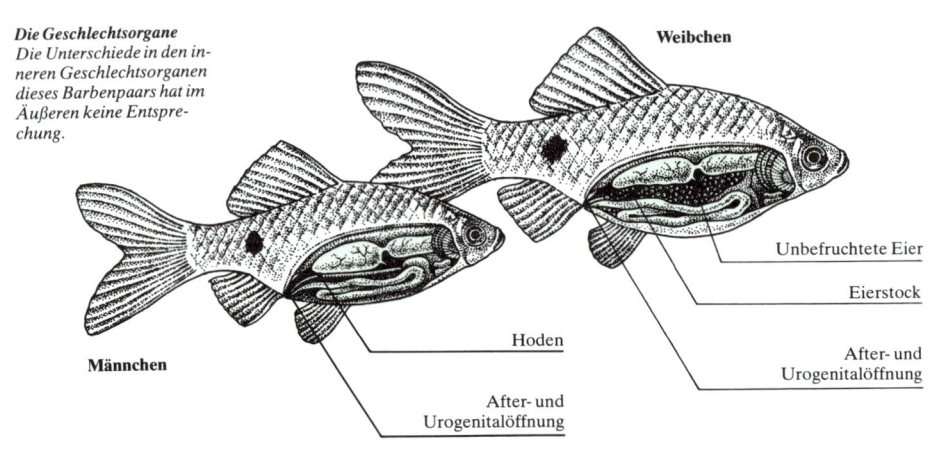

Die Geschlechtsorgane
Die Unterschiede in den inneren Geschlechtsorganen dieses Barbenpaars hat im Äußeren keine Entsprechung.

Weibchen

Unbefruchtete Eier

Eierstock

After- und Urogenitalöffnung

Männchen

Hoden

After- und Urogenitalöffnung

FREILAICHER

Freilaicher zeigen keine oder nur geringe Brutfürsorge. Wenn sie laichberit sind (oft einmal in der Woche), paaren sie sich ziemlich spontan und legen die Eier ab. Diese haben oft eine klebrige Oberfläche und heften sich an Wasserpflanzen fest. Andere Eier fallen direkt auf den Gewässerboden und bleiben dort nicht haften. In der Natur sind solche Eier im schlammigen Wasser gut versteckt, und deswegen ist auch keinerlei Brutfürsorge notwendig.

Im Aquarium hingegen genießen die Eier keinen solchen Schutz, und wir sollten deswegen einige Maßnahmen zur Rettung der Eier ergreifen, etwa indem wir runde Steine oder Murmeln auf dem Aquarienboden anbringen oder das Laichbecken ganz mit Pflanzen füllen (siehe Seite 248). Damit sind die Eier vor den Nachstellungen der erwachsenen Fische einigermaßen geschützt.

Freilaichende Fische
☐ Barben ☐ Bärblinge ☐ Danios ☐ Einige Salmler und verwandte Arten ☐ Goldfische

Schutz der Eier
Die Prachtbarben (siehe Seite 36) geben ihre Eier frei ab. Einige fangen sich in den fein zerschlitzten Blättern von Aquarienpflanzen und genießen dort Schutz vor hungrigen Fischen.

Männchen von Barbus conchonius

Cabomba aquatica (Wasserhaarnixe)

Weibchen von Barbus conchonius

BODENLAICHER

Die Bodenlaicher unternehmen einen ersten Schritt in Richtung auf die Brutfürsorge. Das tun auch jene Arten, die später ihre Nachkommen niemals sehen. Diese Verhaltensweisen haben sich deswegen entwickelt, weil die flachen Tümpel und Bäche, in denen sie leben, einmal im Jahr völlig austrocknen. Wenn die Art also weiterleben will, muß sie sich vor diesem Ereignis fortpflanzen. Die erwachsenen Fische laichen vor dem Beginn der Trockenzeit ab. Sie vergraben ihre Eier im Schlamm der Gewässer, so daß sie die herannahende Trockenzeit überleben, während ihre Eltern zugrunde gehen. Mit dem Einsetzen der Regenzeit nehmen die Eier wieder Wasser auf und schlüpfen. Die Jungfische haben dann nur wenige Monate zur Verfügung, um heranzuwachsen, zu reifen und sich ihrerseits wieder fortzupflanzen, bevor sie selber der nächsten Trockenzeit zum Opfer fallen. Die südamerikanischen Bodenlaicher tauchen im allgemei-nen tief in den Schlamm ein, so daß ihre Eier während der eigentlichen Laichhandlung einge-graben werden, während die afrikanischen Fische wie etwa der Gattung Nothobranchius anders vorgehen. Die Elterntiere stehen beim Ablaichen nebeneinander; das Weibchen rollt seine Afterflosse zur Röhre ein, mit der es die Eier in den Bodenschlamm ablegt.

Da das Aquarium natürlich nicht austrocknet, leben viele ursprünglich einjährige Fische länger als ein Jahr. Man kann ihre Eier in feuchtem Torf aufbewahren – ein Ersatz für den Schlamm auf dem Gewässerboden (siehe Seite 251).

Einige eierlegende Zahnkarpfen passen ihr Laichverhalten an das Leben im Aquarium an und legen ihre Eier in dichte Pflanzen oder in eine Laichhilfe aus Nylonwolle (zum Selbermachen siehe Seite 250).

Bodenlaichende Fische ☐ Eierlegende Zahnkarpfen.

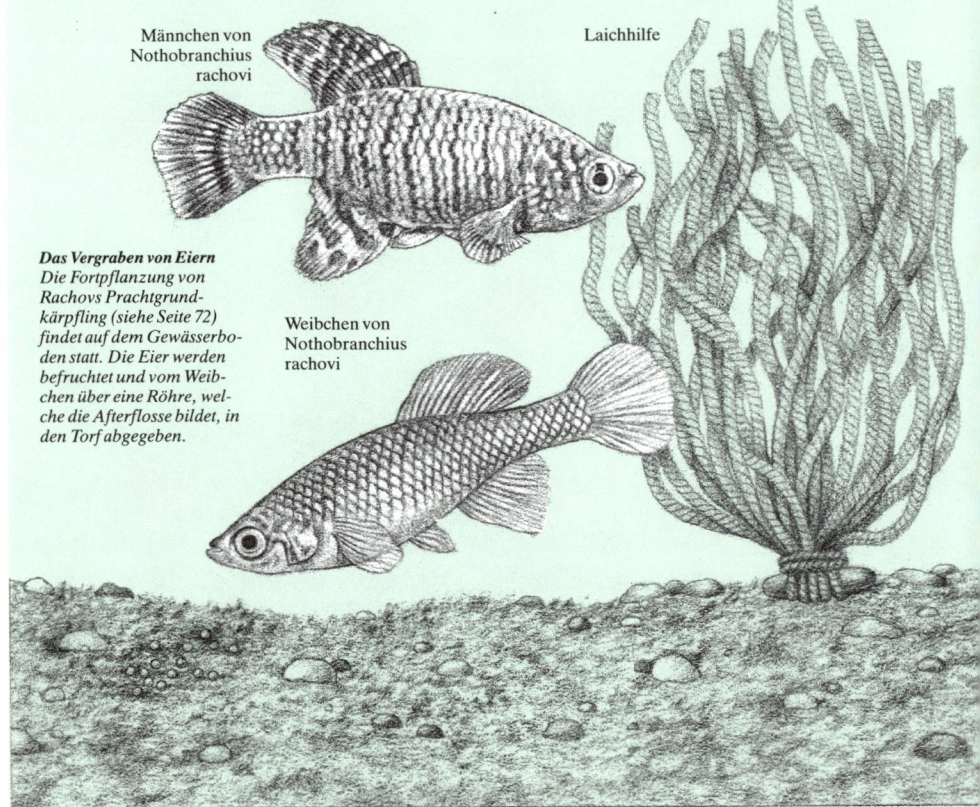

Männchen von Nothobranchius rachovi

Laichhilfe

Das Vergraben von Eiern
Die Fortpflanzung von Rachovs Prachtgrundkärpfling (siehe Seite 72) findet auf dem Gewässerboden statt. Die Eier werden befruchtet und vom Weibchen über eine Röhre, welche die Afterflosse bildet, in den Torf abgegeben.

Weibchen von Nothobranchius rachovi

SUBSTRATLAICHER

Die wichtigsten Fische in dieser Gruppe sind die Buntbarsche oder Cichliden. Sie zeigen ein sehr vielfältiges Laichverhalten mit hochausgebildeter Brutfürsorge. Sie wählen sich ihren Partner selber, entscheiden sich für einen Laichplatz und reinigen ihn dann gründlich, indem sie zum Beispiel alle Algen entfernen. Der Laichplatz kann im Freien, auf einem Pflanzenblatt, auf einer Felswand oder im Innern einer Höhle oder eines umgestürzten Blumentopfes liegen. Wenn andere Fische in die Nähe des Laichplatzes kommen, vertreiben die Eltern sie mit Gewalt.

Nach dem Ablaichen und der Besamung fächelt das Pärchen den Eiern dauernd Frischwasser zu. Recht oft bringen die Elternfische die Eier auch an einen anderen ebenfalls vorgereinigten Ort. Zwei bis drei Wochen nach dem Schlüpfen beginnen die Jungfische frei herumzuschwimmen. Ihre Eltern folgen ihnen im Becken und halten andauernd Ausschau nach Räubern.

Auch andere Fischarten legen ihre Eier auf Pflanzenblätter, auf Aquarienscheiben oder in Bodenmulden, aber längst nicht alle kennen eine derart ausgeklügelte Brutfürsorge und Brutpflege wie die Buntbarsche.

Eine Fischart in dieser Gruppe ergreift extreme Maßnahmen gegen Räuber. Der Spritzsalmler Copella arnoldi legt seine Eier außerhalb des Wassers auf die Unterseite eines überhängenden Blattes und besamt sie auch dort. Im Aquarium nehmen diese Fische oft die Deckscheibe als Ersatz dafür.

Substratlaichende Fische ☐ Panzerwelse und andere Welse ☐ Buntbarsche ☐ Einige Bärblinge der Gattung Rasbora ☐ Der Spritzsalmler Copella arnoldi ☐ Sonnenbarsch und verwandte Arten

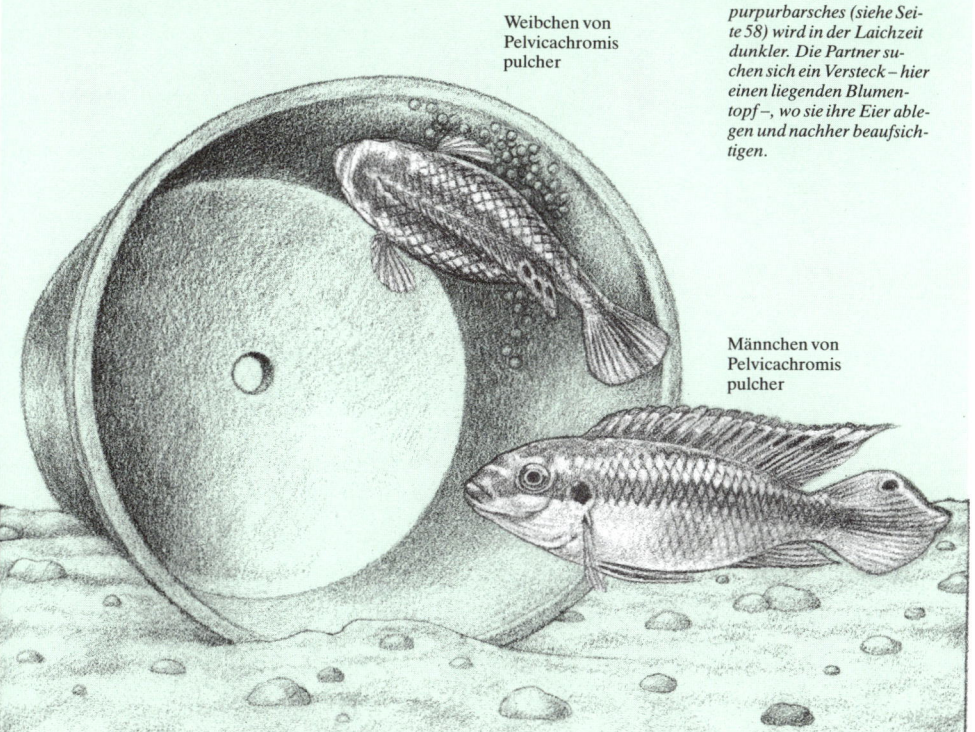

Eiablage
Das Weibchen des Pracht-
purpurbarsches (siehe Sei-
te 58) wird in der Laichzeit
dunkler. Die Partner su-
chen sich ein Versteck – hier
einen liegenden Blumen-
topf –, wo sie ihre Eier able-
gen und nachher beaufsich-
tigen.

Weibchen von
Pelvicachromis
pulcher

Männchen von
Pelvicachromis
pulcher

MAULBRÜTER

Maulbrüter tragen ihre Eier bis zum Ausschlüpfen in der Mundhöhle mit sich. In vielen Fällen finden auch die bereits geschlüpften Jungfische Zuflucht im Mund des Elterntiers. Maulbrüter bauen ein Nest, oft einen Krater im Kies, und legen die Eier dahinein ab. Dann nimmt das Weibchen (in wenigen Fällen das Männchen) die Eier auf und bewahrt sie in der Mundhöhle auf. Einige Maulbrüter nehmen die Eier nach der Befruchtung auf, andere hingegen besamen sie im Augenblick des Aufnehmens. Bei diesem Typ wird das Weibchen durch eine eiähnliche Zeichnung auf der Afterflosse des Männchens angelockt und nimmt dessen Milch zusammen mit den noch unbefruchteten Eiern auf. Das Ausbrüten dauert ungefähr zwei Wochen. In dieser Zeit nimmt das Weibchen keine Nahrung auf.
Maulbrüter ☐ Einige Buntbarsche ☐ Einige Kampffische (Betta)

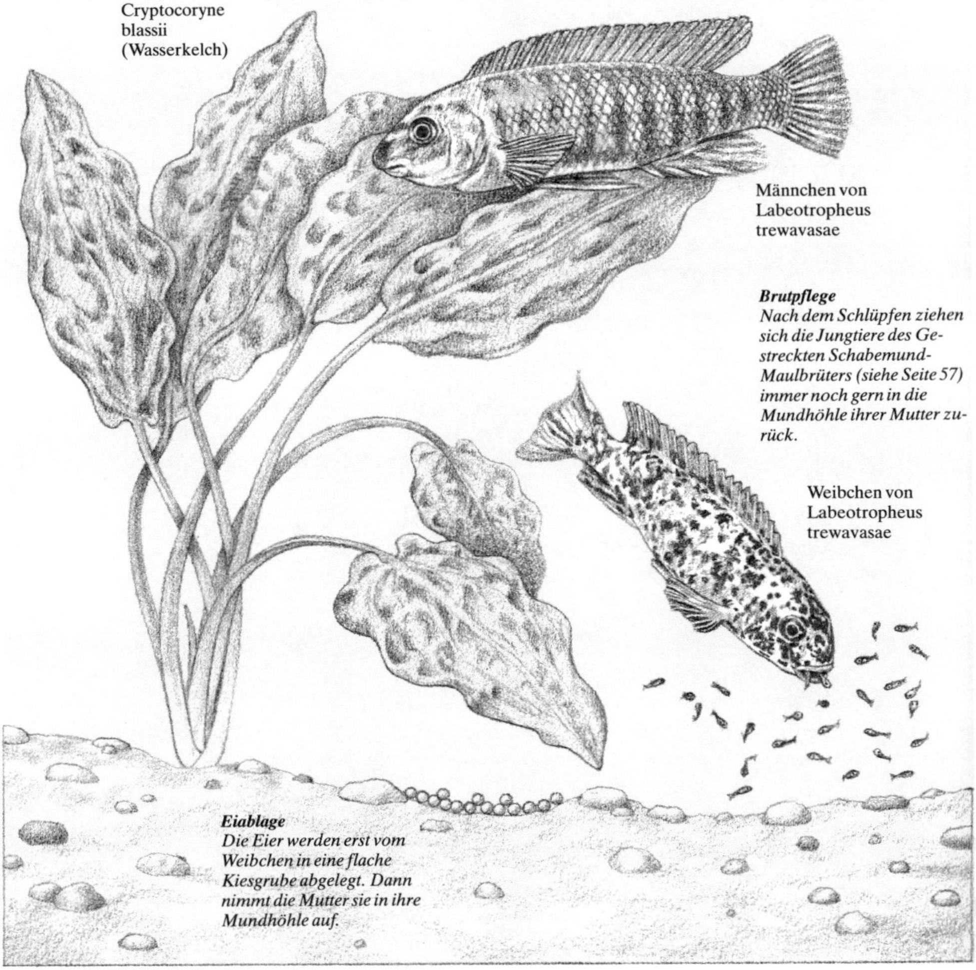

Cryptocoryne
blassii
(Wasserkelch)

Männchen von
Labeotropheus
trewavasae

Brutpflege
Nach dem Schlüpfen ziehen sich die Jungtiere des Gestreckten Schabemund-Maulbrüters (siehe Seite 57) immer noch gern in die Mundhöhle ihrer Mutter zurück.

Weibchen von
Labeotropheus
trewavasae

Eiablage
Die Eier werden erst vom Weibchen in eine flache Kiesgrube abgelegt. Dann nimmt die Mutter sie in ihre Mundhöhle auf.

NESTBAUER

Diese Fische bauen Nester, in denen sie ihre befruchteten Eier unterbringen und dort bis zum Schlüpftermin behüten. Im allgemeinen bauen die Männchen die Nester. Sie bestehen entweder aus speichelumschlossenen Luftblasen, die an der Wasseroberfläche treiben, oder einem eigens vorbereiteten Laichplatz auf dem Boden. Das Männchen neigt nach dem Ablaichen dem Weibchen gegenüber zur Aggressivität, so daß es sich empfiehlt, dieses zu entfernen. Das Männchen läßt kein Auge von seinen Eiern.

Nestbauende Fische □ Schleierkampffisch (Betta splendens) □ Guramis und Fadenfische □ Einige Verwandte des Sonnenbarsches □ Einige Buntbarsche □ Einige wenige Welse.

Pärchen von
Colisa lalia

Transport der Eier ins Schaumnest
Nach dem Ablaichen bläst der Zwergfadenfisch (siehe Seite 62) die befruchteten Eier vor sich her ins Schaumnest und wacht über sie. In diesem Stadium sollte der Züchter das Weibchen herausnehmen.

Echinodorus
grandiflorus
(Amazonas-
schwertpflanze)

Vallisneria
gigantea
(Riesenvallisnerie)

Weibchen von
Trichopsis
pumilus

Plazieren der Eier in das Unterwasserschaumnest
Dieses Zwerggurami-Pärchen (siehe Seite 65) hat ein Schaumnest auf der Unterseite eines Blattes gebaut.

Männchen von
Trichopsis pumilus

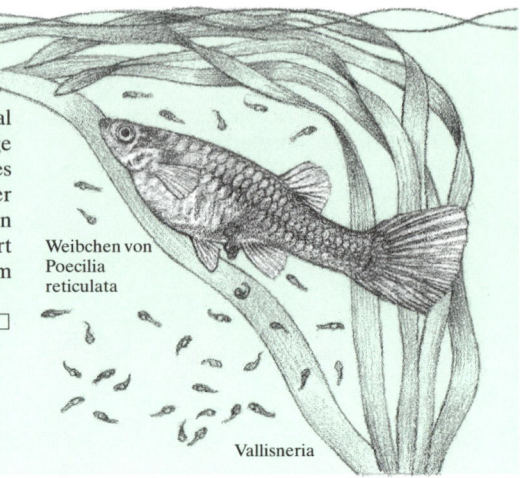

LEBENDGEBÄRENDE FISCHE

Lebendgebärende Fische bringen auf einmal dreißig bis zweihundert Junge zur Welt. Einige Weibchen können die Samenflüssigkeit des Männchens mehrere Monate lang im Körper aufbewahren, und aus einer Paarung können mehrere Bruten hervorgehen. Bei der Geburt treten die Jungfische in schneller Folge aus dem weiblichen Körper aus.

Lebendgebärende Fische ☐ Guppys ☐ Platys ☐ Schwertträger ☐ Kärpflinge ☐ Halbschnäbler

Weibchen von
Poecilia
reticulata

Freischwimmende Jungfische
Die Jungfische des Guppys (siehe Seite 67) kommen im allgemeinen mit dem Schwanz voran zur Welt. Um nicht gefressen zu werden, verbergen sie sich zwischen treibenden Wasserpflanzen.

Vallisneria

LEBENDGEBÄRENDE FISCHE

Sie unterscheiden sich von den eierlegenden dadurch, daß sich die Eier im Inneren des weiblichen Körpers entwickeln, nicht außerhalb. Die Afterflosse des Männchens ist zu einem Gonopodium umgebaut, das eine Samenübertragung in den weiblichen Körper ermöglicht. Es gibt zwei Typen lebendgebärender Fische: Echt vivipare Arten ernähren ihre Eier über den Blutstrom des Weibchens, während für die Ernährung ovoviviparer Arten nur der Dottersack sorgt.

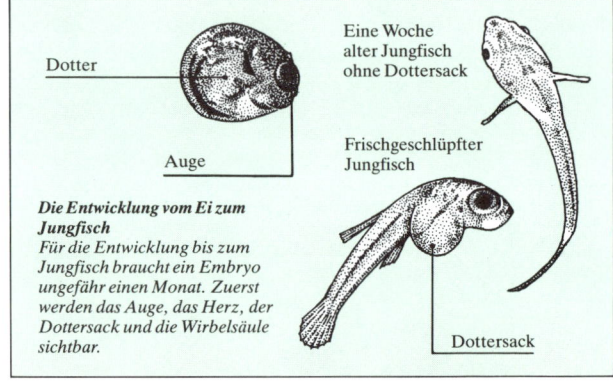

Dotter

Auge

Eine Woche
alter Jungfisch
ohne Dottersack

Frischgeschlüpfter
Jungfisch

Die Entwicklung vom Ei zum Jungfisch
Für die Entwicklung bis zum Jungfisch braucht ein Embryo ungefähr einen Monat. Zuerst werden das Auge, das Herz, der Dottersack und die Wirbelsäule sichtbar.

Dottersack

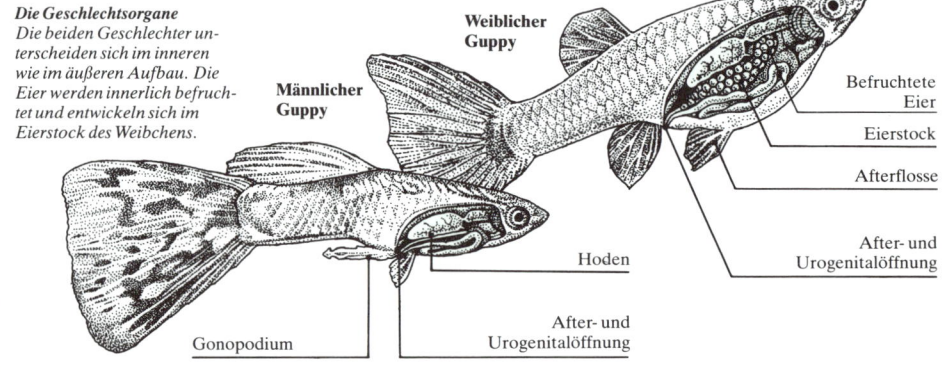

Die Geschlechtsorgane
Die beiden Geschlechter unterscheiden sich im inneren wie im äußeren Aufbau. Die Eier werden innerlich befruchtet und entwickeln sich im Eierstock des Weibchens.

Weiblicher
Guppy

Männlicher
Guppy

Befruchtete
Eier

Eierstock

Afterflosse

After- und
Urogenitalöffnung

Hoden

Gonopodium

After- und
Urogenitalöffnung

Die Vorbereitung für die Weiterzucht

Man beginnt damit, daß man von der Art, die man zur Fortpflanzung bringen will, ein geeignetes Männchen und Weibchen auswählt. Sie dürfen keinerlei Defekte weder der Körperform noch der Färbung aufweisen. Die zukünftigen Eltern müssen auch bei bester Gesundheit sein. Bei den meisten eierlegenden Fischen kann man die Laichpaare auswählen. Die Buntbarsche bilden hier aber eine Ausnahme, denn sie wählen sich ihre eigenen Partner.

Eierlegende Fische

Die Geschlechtsbestimmung kann schwierig werden bei eierlegenden Arten. Natürlich gibt es im urogenitalen Bereich Unterschiede, doch sieht man sie nur mit großer Erfahrung. Die Männchen sind oft schlanker, haben hellere Farben und längere Flossen als ihre Partner. Die Weibchen erscheinen von oben gesehen oft dicker, weil sich in ihrem Körper die Eier bilden. Einige männliche Karpfenfische, darunter auch der Goldfisch, entwickeln auf dem Kiemendeckel und dem Kopf zur Laichzeit einen knötchenartigen Laichausschlag. Andere Arten wiederum wechseln ihre Farbe. Das Bitterlingsmännchen (Rhodeus sericeus amarus) legt sich beispielsweise zur Laichzeit ein glänzend violettes und grünes Hochzeitskleid zu.

Auch Verhaltensbeobachtungen können einen Schlüssel zur Unterscheidung der Geschlechter bieten. Bei Fischen, die sich spontan paaren, muß man allerdings unter Umständen so lange warten, bis der Augenblick des Ablaichens gekommen ist, um eine Vermutung über die Geschlechtszugehörigkeit bestätigt zu bekommen.

Lebendgebärende Fische

Die Geschlechtsbestimmung der Lebendgebärenden Zahnkarpfen fällt leicht (siehe rechts oben). Während der Tragzeit vergrößert sich das Weibchen im Profil gesehen, das Bauchgebiet färbt sich dunkler, und seine Umrisse werden gegen Ende der Tragzeit stärker eckig.

GESCHLECHTSBESTIMMUNG

Bei den meisten Lebendgebärenden Zahnkarpfen ist die Afterflosse des Männchens zu einem stabförmigen Gonopodium umgebaut. Bei anderen Arten ist die Afterflosse eingeschnitten. Beim Weibchen hingegen sieht sie fächerförmig aus.

Männlicher Platy

*Geschlechtsunterschiede
Das Männchen des Platys
(Xiphophorus maculatus)
hat ein Gonopodium.*

Gonopodium

Weiblicher Platy

Afterflosse

Die Paarungsbereitschaft

Für eine erfolgreiche Nachzucht müssen die beiden Elterntiere absolut reif und laichbereit sein. Die Laichbereitschaft kann man auf zwei Arten verstärken: indem man die Tiere mit hochwertigem Futter, vorwiegend Lebendfutter, ernährt und indem man das zukünftige Paar zwei Wochen vor der eigentlichen Laichzeit voneinander trennt. Dies kann durch eine Scheibe in einem kleineren Becken geschehen, so daß sich die Partner doch noch gegenseitig sehen. Mit diesem Trick kann man auch die Vorverlegung der Laichzeit stimulieren. Nach ungefähr vierzehn Tagen entfernen wir einfach die Trennscheibe. Wenn wir allerdings eine Art mit einer ausgesprochenen Partnerwahl vor uns haben, ist diese Trennung nicht erforderlich. Dafür muß man die Gruppe der Fische, die man zur Fortpflanzung bringen will, einige Tage lang genau beobachten, um zu erkennen, ob zwei Fische ein bestimmtes Interesse aneinander zeigen. Diese bringen wir dann zusammen in ein Laichbecken.

Das Ablaichen

In der Natur haben die Fische eine bestimmte Laichzeit. Bei tropischen Fischen folgt sie im allgemeinen auf die Regenzeit, wenn viel Futter vorhanden ist, und kann drei Monate lang dauern. Im Aquarium hingegen sollte es zu jeder Jahreszeit möglich sein, Paare zu bilden und zur Fortpflanzung zu bringen. Man kann sie durch Zugabe hochwertigen Futters und durch Haltung bei den richtigen Temperaturen (siehe Seite 248–249) dazu stimulieren.

Die Fortpflanzungszyklen schwanken von Art zu Art. Bei guter Fütterung und richtigen Lebensbedingungen werden gesunde eierlegende Fische (siehe Seite 236) alle zehn bis vierzehn Tage laichbereit. In dieser Zeit füllt sich der Bauch des Weibchens mit Eiern. Bei lebendgebärenden Fischen (siehe Seite 244) dauert die Tragzeit von der Befruchtung bis zur Geburt ungefähr einen Monat. Das Weibchen braucht dann einige Tage Ruhe bis zum nächsten Fortpflanzungszyklus.

Einsetzen von Fischen

Wenn man eierlegende Arten in einem unterteilten Becken (siehe Seite 245) zur Laichbereitschaft gebracht hat, so ist die Wiedervereinigung der Partner eine einfache Sache, denn man muß nur die Trennscheibe entfernen. Wurden die zukünftigen Elterntiere aber völlig getrennt voneinander gehalten, so empfiehlt es sich, das Weibchen in das Laichbecken vor dem Männchen einzusetzen, am besten in der Nacht zuvor. Das gibt dem Weibchen Zeit, sich einzurichten und Verstecke zu finden, und bedeutet gleichzei-

Die Laichablage bei Schwimmnestbauern

Das Laichverhalten des Mosaik-Fadenfisches (Trichogaster leeri) ist typisch für die meisten Labyrinthfische und umfaßt zahlreiche merkwürdige Bewegungen. Das Männchen stimuliert das Weibchen und führt die Handlungskette fort.

Erster Schritt
Das Männchen interessiert sich für das Weibchen, schwimmt um dessen Körper herum und drängt es unter das Schaumnest.

Zweiter Schritt
Unter dem Schaumnest legt das Männchen seinen Körper um das Weibchen. Wenn dieses die Eier ausstößt, sorgt das Männchen für die Besamung und bringt die Eier dann in das Schaumnest.

tig, daß das Männchen sein Weibchen auf ihrem Territorium umwerben muß, und auf fremdem Territorium wird es sich weniger aggressiv verhalten.

Das eigentliche Ablaichen

Man sollte mindestens die Anfangsphasen des Ablaichens genau beobachten, da manche Männchen dabei sehr aggressiv werden. Wenn ein solches Männchen ein Weibchen angreift, entfernen wir dieses, trennen also das Paar und versuchen es mit einem anderen laichbereiten Weibchen. Gelegentlich ist es auch von Nutzen, zwei oder drei Weibchen beim Männchen zu belassen, so daß ein Weibchen nicht die gesamte Aufmerksamkeit des Männchens auf sich zieht. Freilaicher kann man auch in ganzen Gruppen und nicht nur in Paaren zur Fortpflanzung bringen.

Abstreifen von Hand

Einige Fische kann man zur Fortpflanzung bringen, ohne daß sich die Geschlechter begegnen. Goldfische und Zierkarpfen beispielsweise kann man von Hand abstreifen. Dabei gewinnt man ihre Eier und die Milch. Um die Reifung zu beschleunigen, erhöht man die Wassertemperatur innerhalb von sieben bis zehn Tagen auf die Höhe, die für die Fortpflanzung am günstigsten ist. Dann nimmt man die Fische aus dem Wasser und schlägt sie in ein feuchtes Tuch ein. Mit den Fingern fährt man dann sanft über die Bauchseiten, so daß Eier und Milch aus der Kloakenöffnung austreten. Man vermischt diese beiden Geschlechtsprodukte in einem Eimer und hält sie bis zum Schlüpfen unter besonderen Bedingungen. Das Verfahren ist ziemlich kompliziert, und nur erfahrene Aquarienfreunde oder Züchter sollten sich daranwagen.

Ablaichen auf senkrechten schmalen Blättern
Vor allem der Segelflosser (Pterophyllum scalare) pflanzt sich auf diese Weise fort.

Die beiden Partner bewegen sich langsam blattaufwärts. Das Weibchen (oben) gibt die Eier ab, und das Männchen besamt sie sogleich.

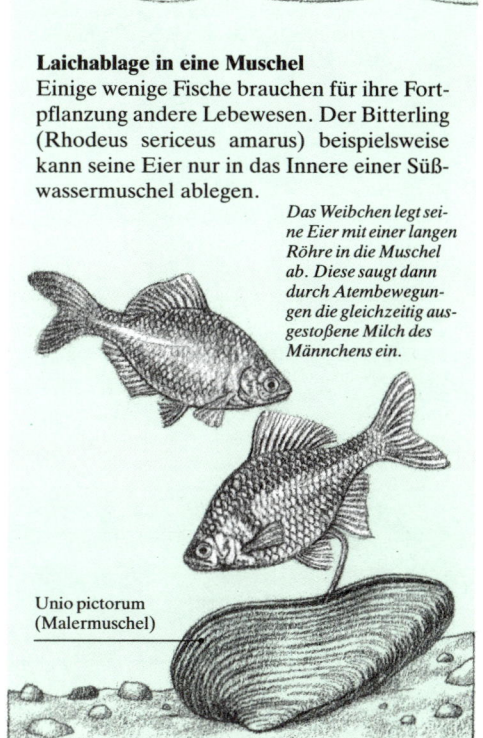

Laichablage in eine Muschel
Einige wenige Fische brauchen für ihre Fortpflanzung andere Lebewesen. Der Bitterling (Rhodeus sericeus amarus) beispielsweise kann seine Eier nur in das Innere einer Süßwassermuschel ablegen.

Das Weibchen legt seine Eier mit einer langen Röhre in die Muschel ab. Diese saugt dann durch Atembewegungen die gleichzeitig ausgestoßene Milch des Männchens ein.

Unio pictorum
(Malermuschel)

Das Einrichten von Laichbecken

Obwohl das Ablaichen durchaus im Hauptaquarium erfolgen kann, ist es doch besser, ein separates Laichbecken einzurichten. Die Fischen lieben dabei eine private Atmosphäre; Jungfische überleben besser, wenn sie von anderen Fischen getrennt sind, und ein separates Becken ist auch leichter zu kontrollieren.

Die richtigen Lebensbedingungen

Das Aufzuchtbecken sollte man natürlich vor dem Laichtermin herrichten. Man muß darauf achten, daß die Lebensbedingungen genau die richtigen sind.

Filterung

Es ist lebenswichtig, daß die richtigen Umweltbedingungen herrschen, und dazu muß die Filteranlage mit Sorgfalt ausgewählt werden. Ein kräftiger Wasserdurchsatz empfiehlt sich nicht, da die zarten Jungfischchen leicht eingesogen werden können. Auch ein

GRUNDLEGENDE ERFORDERNISSE

Beim Einrichten eines Laichbeckens müssen wir das Fortpflanzungsverhalten der betreffenden Fischart in Betracht ziehen. Wenn die Art dafür bekannt ist, daß sie ihre eigenen Eier oder Jungfische frißt, so müssen wir Gegenmaßnahmen ergreifen. Bodenlaicher brauchen einen Untergrund, in dem sie ihre Eier vergraben können. Einige nestbauende Arten schätzen Pflanzenmaterial, das sie beim Nestbau verwenden. Und gewisse Substratlaicher brauchen Verstecke für die Eiablage. Auch die Größe und die Form des Laichbeckens sind wichtig: Für sehr aktive oder große eierlegende Fische muß das Becken 60 bis 90 cm lang sein. 45 cm genügen für lebendgebärende oder kleinere eierlegende Fische.

Laichbecken für Freilaicher, Modell 2
Man kann die Eier auch schützen, indem man auf den Aquarienboden eine oder zwei Schichten Glasmurmeln legt. Die Eier fallen in die Zwischenräume und können von den hungrigen Eltern nicht mehr gefressen werden.
● *Barbus tetrazona*
● *Glasmurmeln*

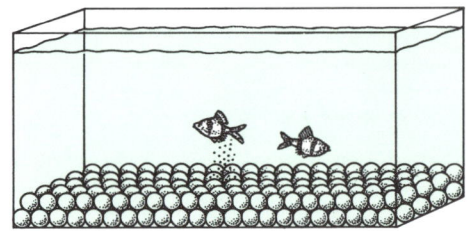

Laichbecken für Freilaicher, Modell 1
Ein Stück Nylonvorhang im Becken läßt die abgelaichten Eier hindurchfallen und schützt sie damit vor dem Gefressenwerden. Bei dieser Methode kann die Eiablage paarweise oder in größeren Gruppen erfolgen.
● *Barbus conchonius*
● *Nylonvorhang*

Laichbecken für Freilaicher, Modell 3
Als Auffangstellen oder Fallen für die Eier verwenden wir künstliche Laichhilfen (siehe Seite 248) oder einzelne Büschel feinblättriger Pflanzen, die wir in kleine kiesgefüllte Kästen pflanzen.
● *Brachydanio rerio*
● *Ceratophyllum*
● *Kiesgefüllte Pflanzkästen*

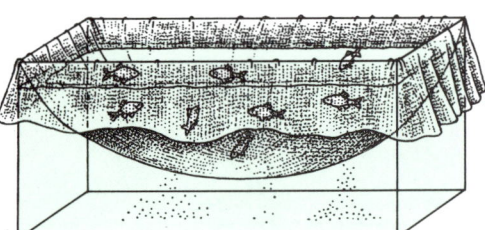

Unterflurfilter kann Probleme machen, da die Wasserströmung die kleinen Tiere in die Kiesschicht saugt. Ein einfacher druckluftbetriebener Filter mit einem Ausströmer aus Schaumstoff (siehe Seite 125) ist sicherer.

Belüftung
Wenn die Belüftung im Laichbecken zu stark ist, werden die Jungfische von den Turbulenzen hin und her geschüttelt, was ihnen nicht bekommt. Man braucht nur einen leichten Luftdurchsatz durch einen Ausströmer. Mit zunehmendem Wachstum sollte man allerdings die Belüftung verstärken.

Das Wasser
Man muß die Lebensbedingungen des Wassers (siehe Seite 147) variieren können, besonders die Temperatur. Eine leichte Temperaturerhöhung um, sagen wir, 2 °C bringt die meisten Fische in Fortpflanzungsstimmung. Nach dem Einsetzen der Fische sollte man die Temperatur langsam erhöhen.

Einige wenige Arten, wie etwa die Panzerwelse der Gattung Corydoras, werden hingegen stimuliert, indem man die obersten zwei Zentimeter Wasser absaugt und durch kaltes Wasser ersetzt.

...N EIN LAICHBECKEN

Laichbecken für Nestbauer
Pflanzen dienen als Verstecke oder als Nestbaumaterial.
- *Colisa lalia*
- *Ceratophyllum*
- *Hygrophila*
- *Untergrund*

Laichbecken für Maulbrüter
Diese Fische brauchen eine 5 cm hohe Kiesschicht.
- *Labeotropheus trewavasae*
- *Vallisneria*
- *5 cm Kies*

Laichbecken für Substratlaicher
Die Tiere brauchen Blumentöpfe, Äste und Pflanzen.
- *Etroplus maculatus*
- *Pelvicachromis pulcher*
- *Pterophyllum scalare*

- *Echinodorus*
- *Eleocharis*
- *Sagittaria*
- *Vallisneria*
- *Äste, Blumentöpfe*
- *Kiesgrund*

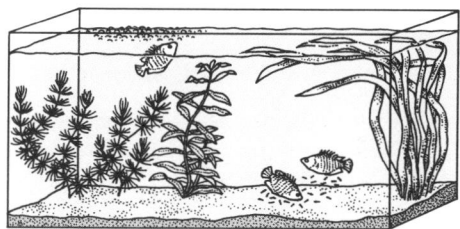

Laichbecken für Bodenlaicher
Für Bodenlaicher sollte man das Aquarium mit einer 5 cm tiefen Torfschicht versehen. Diesen Torf kochen wir vorher, um alle schädlichen Mikroorganismen abzutöten.

- *Nothobranchius rachovi*
- *Gartentorf*

Laichbecken für lebendgebärende Fische
Am besten ist es, wenn wir das trächtige Weibchen eines lebendgebärenden Zahnkarpfen in ein kleines mit Pflanzen besetztes Aquarium überführen.

Dort sind die Jungfische sicher vor Feinden.
- *Poecilia reticulata*
- *Cabomba*
- *Kiesuntergrund*

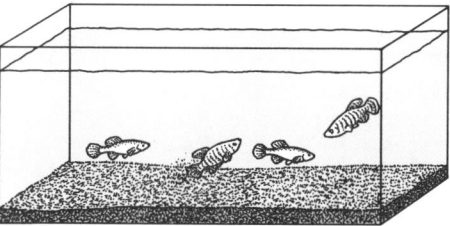

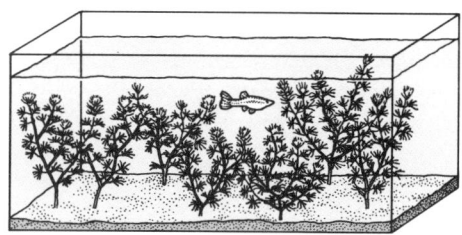

Pflanzen
Wo Pflanzen erforderlich sind, stellen wir sie in flache kiesgefüllte Kästen. Der Aquarienboden selbst muß nicht mit Kies bedeckt sein.

Die Lage des Laichbeckens

Obwohl man beim Hauptaquarium direkte Sonnenbestrahlung (siehe Seite 120) vermeiden sollte, können wir ein Laichbecken doch so aufstellen, daß es etwas Morgensonne bekommt. Das soll angeblich die Laichbereitschaft erhöhen und schadet sicher nichts.

Laichfallen für lebendgebärende Fische

Um zu verhindern, daß lebendgebärende Fische ihre Nachkommen auffressen, kann man eine Art Falle verwenden. Es handelt sich um kleine Becken, die man in das Hauptbecken legt. Das Weibchen kann daraus nicht entkommen, während dies den Jungfischen möglich ist. Ich möchte von solchen Becken abraten, da viele Weibchen gerade in der Laichzeit äußerst empfindlich auf eine solche Beschränkung reagieren und als Antwort darauf ihre Jungen zu früh zur Welt bringen.

DIE HERSTELLUNG VON LAICHHILFEN

In ihren natürlichen Lebensräumen heften sich die klebfähigen Eier vieler Fischarten an den Blättern buschförmiger Wasserpflanzen an und sind dadurch vor dem Gefressenwerden geschützt. Im Aquarium kann man Laichhilfen aus Nylonfäden oder Wolle verwenden. Sie haben den Vorteil, daß man die Eier darin leicht transportieren kann.

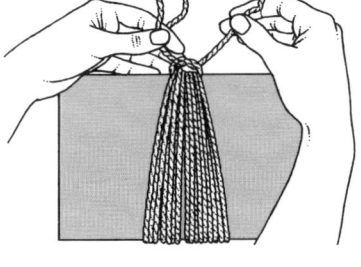

1 Man braucht etwas Nylonwolle, eine Schere, ein Taschenbuch oder ein entsprechend großes Kartonstück.

2 Wir wickeln die Wolle mehrere Male um das Buch und verknüpfen alle Windungen am Buchrücken mit einem einfachen Knoten.

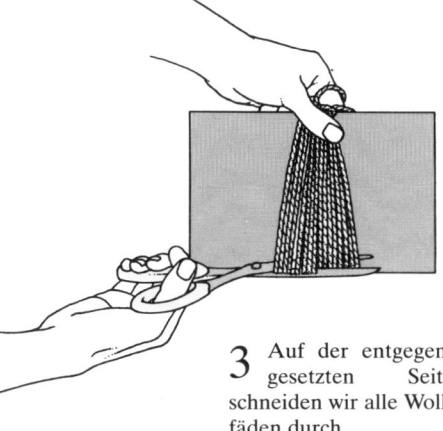

3 Auf der entgegengesetzten Seite schneiden wir alle Wollfäden durch.

4 Die Wollfäden zupfen wir zu einer flauschigen Masse. Die Laichhilfe hängen wir nahe einer Seitenscheibe oder an einem Korkstück schwimmend auf.

Nach dem Ablaichen

Manche Aquarienfische laichen innerhalb einer Stunde, nachdem man sie in das Laichbecken gebracht hat. Wir müssen nun darauf warten, daß die Jungfische schlüpfen. Im Falle von lebendgebärenden Fischen warten wir auf die Geburt. Wenn die Jungfische da sind, muß schon alles, was sie benötigen, bereitliegen.

Maßnahmen nach dem Ablaichen

Je nach Art kann es notwendig werden, einen Elternteil oder beide Eltern aus dem Laichbecken zu entfernen, um die Eier oder die Jungfische vor den Nachstellungen ihrer Erzeuger zu schützen. Wenn das Männchen zur Aggressivität neigt, entfernen wir das Weibchen. Selbstverständlich müssen die Bedingungen für das Schlüpfen richtig sein .

Freilaicher

Nach dem Ablaichen entfernen wir die Elterntiere und schützen das Laichbecken vor direkter Beleuchtung. Wir warten, bis die Eier schlüpfen.

Bodenlaicher

Auch die Eltern dieser Arten sollten wir aus dem Becken entfernen. Man kann die Eier auf verschiedene Weise sammeln und zum Schlüpfen bringen (siehe Kasten unten).

Nestbauer

Wir sollten das Weibchen sofort nach dem Ablaichen entfernen, da das Männchen üblicherweise die Fürsorge und die Pflege der Eier bzw. der Jungfische übernimmt und recht aggressiv werden kann.

WIR BRINGEN EIER VON BODENLAICHERN ZUM AUSSCHLÜPFEN

Nach dem Ablaichen sammeln wir die Eier ein. Die Eier aus Laichhilfen kommen in einen wassergefüllten Behälter, während wir im Torf abgelegte Eier in eine Plastiktüte tun. Das Schlüpfen stimulieren wir durch Zugabe von Wasser mit der richtigen Temperatur.

Eier aus Laichhilfen
Wenn die Augen sichtbar werden, ist der Schlüpftermin nicht mehr weit weg. Die hier abgebildeten Eier sind fünffach vergrößert.

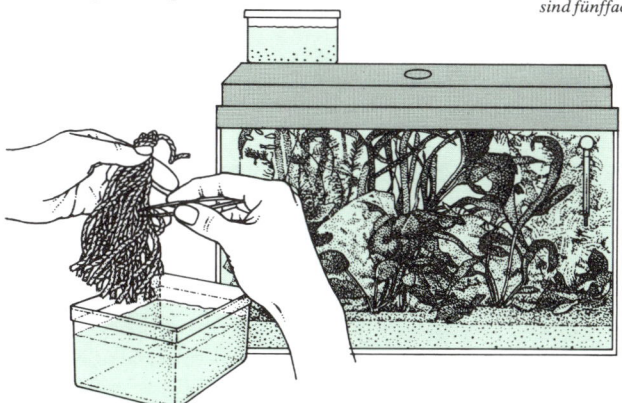

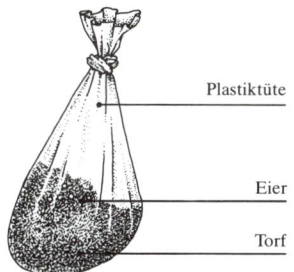

Plastiktüte

Eier

Torf

Wir bringen Eier aus Laichhilfen zum Ausschlüpfen
Mit einer Pinzette entfernen wir die Eier aus den Laichhilfen und legen sie in einen Plastikbehälter mit 2 bis 3 cm

Wasser. Diesen Behälter kann man entweder auf der Oberfläche des Aquariums treiben lassen oder auf die Abdeckhaube stellen. Normalerweise schlüpfen die Jungtiere nach zwei bis drei Tagen.

Eier in der Plastiktüte
Wir sammeln den Torf und die Eier ein und drücken die Feuchtigkeit heraus. Wir schließen alles in eine Plastiktüte und bewahren sie an einem warmen Ort auf. Nach zwei bis drei Monaten tauchen wir den Torf in Wasser und bringen damit die Eier zum Schlüpfen.

Buntbarsche

Es ist keinesfalls unüblich, daß Buntbarsche (Cichlidae) ihren ersten Laich auffressen. Kommt dies regelmäßig vor, so entfernt man die Elterntiere sofort nach dem Ablaichen und bringt die Eier auf künstlichem Wege zum Schlüpfen. Verläuft alles normal, so beläßt man die Eltern bei den Eiern, damit sie sich auch um sie kümmern können. Fallen Sie nicht in Panik, wenn Sie sehen, daß die Eltern die Eier in den Mund nehmen, denn viele Buntbarsche tun dies, um sie zu säubern, und spucken sie dann an derselben oder sogar einer anderen Stelle wieder aus.

Maulbrüter

Nach dem Schlüpfen kehren die Jungfische bei Nacht oder bei drohender Gefahr immer wieder ins Maul ihrer Mutter zurück. Leider kann das Weibchen ihre Nachkommen bei großer Aufregung auch selber fressen. Der Züchter sollte sich deswegen kurz nach dem Ausschlüpfen der Jungfische in der Nähe aufhalten, so daß sich das Weibchen an seine Präsenz gewöhnt und nicht nervös wird. Dasselbe gilt übrigens auch für die frischgeschlüpften Jungfische.

Lebendgebärende Fische

Wir bringen das Weibchen nach der Begattung in ein gut bepflanztes Becken und halten die Temperatur konstant bei ungefähr 24°C. Fällt sie darunter, so entwickeln sich die Embryonen langsamer, und das Schlüpfen erfolgt später. Der Züchter kann ungefähr die Zeit erkennen, wenn die Jungfische auf die Welt kommen, denn nahe bei der Urogenitalöffnung entwickelt sich zu jenem Zeitpunkt ein dunkler Trächtigkeitsfleck. Nach der Geburt läßt man das Weibchen einige Tage ruhen, bevor man es in das Hauptaquarium zurückgibt.

Schlüpfzeiten

Wie lange ein befruchtetes Ei zur Entwicklung braucht, hängt von der Art ab. Unter normalen Hälterungsbedingungen schlüpfen die Jungfische der meisten freilaichenden und nestbauenden Arten 18 bis 72 Stunden nach der Befruchtung. Die zarten Jungfische hängen sich an die Aquarienscheiben oder unter das Schaumnest und sehen wie kleine Glassplitter aus. Erst wenn sie den Dottersack ganz absorbiert haben, was einen oder zwei Tage in Anspruch nimmt, beginnen sie zu schwimmen.

Auch befruchtete Eier von substratlaichenden Arten brauchen ungefähr dieselbe Entwicklungszeit. Die Jungfische bleiben aber oft 7 bis 10 Tage inaktiv, bevor sie frei herumschwimmen. Die Jungfische heimlich laichender Fische zeigen sich sogar erst dann, wenn sie frei herumschwimmen. Bei Maulbrütern können bis zwei Wochen vergehen, bevor die Jungfische das Maul der Mutter zum erstenmal verlassen.

Eierlegende Zahnkarpfen brauchen zum Schlüpfen bis drei Monate; die Zeit hängt jedoch von der Art ab. Da man ihre Eier lange Zeit aufbewahren kann, läßt sich das Schlüpfdatum auch verändern. Der Züchter kann die Schlüpfdaten zum Beispiel weiter auseinanderlegen, um nicht zur selben Zeit zu viele Jungfische betreuen zu müssen.

TIPS FÜR DIE ZUCHT

● Man achte darauf, daß beide Eltern keine körperlichen Defekte aufweisen.

● Wir überprüfen, ob die Temperatur und die Einrichtung im Laichtank den Anforderungen der Art entsprechen.

● Man überführt nie einen Fisch in den Laichtank, ohne ihn zuvor langsam in die entsprechende Stimmung gebracht zu haben.

● Beim Ablaichen stören wir die Fische auf keinen Fall und decken ggf. die Frontscheibe zu.

● Eier und Jungfische müssen vor hungrigen Eltern und anderen räuberischen Fischen geschützt werden.

● Wenn eine Fischart verschiedene Farbschläge entwickelt hat wie etwa im Fall des Guppys, dann sollten wir eine Fortpflanzung auch nur innerhalb dieser Farbschläge zulassen.

● Man sollte regelmäßig den Filter überprüfen, denn befruchtete Eier aus unbemerkten Gelegen können in den Filter geraten und dort schlüpfen.

Die Aufzucht von Jungfischen

Die ersten Tage des Lebens sind für alle Jungfische am kritischsten. Wenn man sie dazu bringt, mit dem Fressen anzufangen (siehe Seite 209), dann haben sie eine gute Überlebenschance. Man erwarte aber keineswegs, daß man alle Jungfische durchbringt. Es ist viel besser, es überleben wenige gesunde Exemplare als viele, die eigentlich nicht dem Standard entsprechen. Der Züchter sollte eine erbarmungslose Auslese betreiben.

Beleuchtung

Wenn man die Aquarienlampen die ganze Zeit anläßt, sind die Jungfische aktiv, fressen dauernd und wachsen schneller. Es ist aber nicht nötig, die volle Beleuchtung dauernd eingeschaltet zu lassen – eine 25-Watt-Lampe tut es auch.

Die Geschlechtsbestimmung von jungen Fischen bei Lebendgebärenden

Die Jungtiere lebendgebärender Fische sollte man so früh wie möglich nach dem Geschlecht bestimmen (siehe Seite 243) und dann in getrennte Becken bringen.

Besondere Pflege für Guramis und Fadenfische

Die Jungtiere von Guramis und Fadenfischen sind sehr empfindlich auf Zugluft. Ein Tuch über der Aquarienabdeckung hält jeden kalten Luftzug fern. Diese Maßnahme erübrigt sich natürlich, wenn der Aquariumraum als ganzer und nicht nur das Becken beheizt wird.

Ein Züchtertagebuch

Man sollte sich stets über alle Zuchtversuche und Zuchterfolge Notizen machen, besonders wenn es sich um Arten handelt, die nur schwer zur Fortpflanzung zu bringen sind. Wenn die Fortpflanzung zum ersten Mal bei einer Fischart gelingt, kann man darüber in Fachzeitschriften berichten.

Brutpflege
Wie viele Cichliden zeigt auch dieser Prachtbuntbarsch (siehe Seite 58) eine vorbildliche Brutpflege.

Die Aquarienschau

Es mag merkwürdig anmuten, daß es Menschen gibt, die ihre Fische aus den sorgfältig gehegten Aquarien herausnehmen, sie in isolierte Boxen packen, im Land herumfahren und sie dann in irgendwelchen kleinen nackten Becken vorzeigen, damit ihnen irgendeine Jury sagt, wie hübsch ihre Fische sind. Dieses Hobby der Aquarien- oder Leistungsschau ist zur Zeit noch vor allem in Großbritannien verbreitet. Doch auch bei uns gibt es solche Schauen. Geld ist damit nicht zu gewinnen, anders als etwa bei preisgekrönten Hunden oder Katzen. Dennoch sind solche Aquarienschauen einen Besuch wert, denn man sieht dort ungewöhnlich schöne und auch sehr seltene Fische und findet dabei gleichzeitig Kontakt zu anderen Aquarienliebhabern, zu Vereinen und einschlägigen Firmen.

Wie geht eine Aquarienschau vor sich?

Die Größe und die Art der Organisation schwankt sehr. In Großbritannien unterscheidet man vor allem vier Typen, die unten näher beschrieben sind. Eines ist allerdings allen Aquarien- und Leistungsschauen gemeinsam: Die Aussteller kommen mit ihren Fischen an und zeigen sie in kleinen nackten Becken. Eine qualifizierte Jury beurteilt die Fische nach einem festgelegten Standard (für die in Großbritannien übliche Punkteeinteilung siehe die Seiten 260 und 261) und bestimmen damit die Gewinner. Dazu werden die Fische in mehrere Klassen eingeteilt, die ihrer systematischen Zugehörigkeit entsprechen. So gibt es zum Beispiel eigene Klassen für Barben und Bärblinge, für Salmler und Buntbarsche, sogar für Guppys usw. Die Gruppe der Goldfische wird sogar noch weiter in Untergruppen eingeteilt, etwa für einflossige oder doppelflossige Rassen.

Die Beurteilung

Bei den meisten Aquarienschauen werden die Aussteller und das Publikum gebeten, den Saal während der Jurierung zu verlassen. Es gibt einzelne Punktrichter für jede Klasse, doch können sie sich auch zusammentun, um bestimmte Klassen gemeinsam zu beurteilen, zum Beispiel voll eingerichtete Aquarien oder Unterwasserlandschaften. Der

WIE IST EINE BRITISCHE AQUARIENSCHAU

Die erste Möglichkeit, Fische auszustellen, bieten lokale Aquarienvereine bei ihren regelmäßigen Zusammenkünften.

Bowl shows

Lokale Aquarienvereine veranstalten regelmäßig bei ihren Zusammenkünften kleine Shows, die oft als table oder bowl shows bezeichnet werden. Dabei haben üblicherweise alle Mitglieder die Mög-lichkeit, ohne Berücksichtigung auf die Klassen ihre Fische auszustellen.

Area shows

Eine Stufe höher liegen die sogenannten area shows. Für einen Tag treten zwei oder mehr Aquarienvereine gegeneinander an. Im allgemeinen kann man an solchen Aquarienschauen nur teilnehmen, wenn man Mitglied eines der betreffenden Vereine ist.

Open shows

Offene Aquarienschauen, an denen jedermann teilnehmen kann, sei er nun Vereinsmitglied oder nicht, dauern ebenfalls nur einen Tag. Sie sind viel größer als die area shows und gelten für die veranstaltende Vereinigung oft als das Ereignis des Jahres. Bei open shows werden nicht nur einzelne Fische, sondern meistens alle fünf unten beschriebenen Klassen beurteilt.

Show classes
Bei den meisten britischen Aquarienschauen werden mehrere Klassen unterschieden, zunächst die für die einzelnen Fischarten, dann aber auch Klassen für Fischpärchen, für Züchter, für Aquarienpflanzen und für volleingerichtete Aquarien.

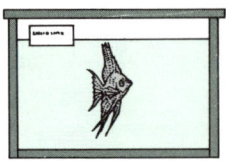

»Individual Classes«
Die Fische werden je nach Art verschiedenen Klassen zugeteilt. Die ausgestellten Exemplare werden einzeln in kleinen Becken präsentiert.

»Fish Pairs«
In einem kleinen nackten Becken wird ein zusammengehöriges Paar (ein Männchen, ein Weibchen) derselben Art zusammen gezeigt.

»Breeder's Teams«
Es werden vier oder sechs Fische gezeigt, die weniger als 14 Monate alt sind und die aus einer einzigen Brut stammen.

Punktrichter beurteilt jedes einzelne Tier und verteilt Punkte im Vergleich zu einer Standardliste, nicht im Vergleich mit den übrigen ausgestellten Fischen. Der Fisch mit den meisten Punkten ist auch automatisch Gewinner seiner Klasse.

In Großbritannien wird dann unter allen Klassengewinnern noch der beste ausgestellte Fisch (»Best in Show«, siehe Seite 259) ermittelt. Seine Wahl erfolgt meistens einstimmig durch die Punktrichter. Der Fisch mit dem Titel »Best in Show« oder der Gewinner der sogenannten »Championship Class« kann dann beim Wettkampf um den Titel »Champion of Champions« oder »Supreme Champion« bei großen nationalen Ausstellungen teilnehmen (siehe unten rechts).

Wer organisiert die Aquarienschauen?

Aquarienschauen werden von Aquarienvereinen veranstaltet und in den einschlägigen Hobbyzeitschriften angezeigt. In Großbritannien liegt die Hauptsaison zwischen dem zeitigen Frühjahr und dem Spätherbst. Die Shows finden üblicherweise an Wochenenden statt und dauern nur einen einzigen Tag. Die Teilnehmer treffen vor dem Mittag ein, zur Mittagszeit wird juriert, und am Spätnachmittag werden die Ergebnisse bekanntgegeben.

Größere Aquarienschauen sind oft mit Händlerausstellungen gekoppelt. Auch Herausgeber von Aquarienzeitschriften sind daran beteiligt. Solche Aquarienschauen können sich über ein ganzes Wochenende hinziehen.

ORGANISIERT?

Exhibitions

Die größten Aquarienschauen tragen in Großbritannien den Titel exhibitions, und sie werden im allgemeinen von einer der nationalen Aquarienvereinigungen organisiert, bisweilen in Zusammenarbeit mit einer Hobbyzeitschrift. Diese Ausstellungen dauern über ein Wochenende und sind jedermann zugänglich. Es sind dieselben Klassen vertreten wie bei den open shows, doch gehen die Teilnehmer in die Hunderte. Auch die einschlägigen Hersteller von technischen Geräten und von Fischfutter sind gut vertreten.

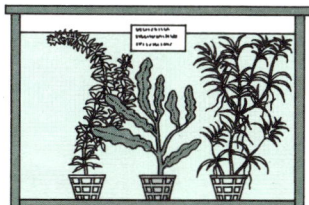

»Aquarium Plants«
In dieser Klasse sind keine Fische, sondern nur Aquarienpflanzen zu sehen, und zwar jeweils Einzelstücke, treibend oder im Boden verwurzelt.

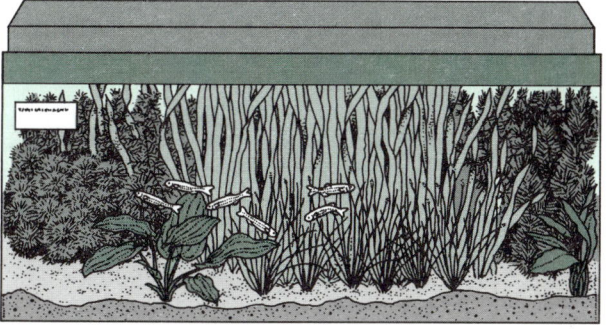

»Furnished Aquariums«
In dieser Klasse werden volleingerichtete Aquarien gezeigt. Mittelgroße Becken enthalten eine vollständige Ausrüstung und Dekoration und die entsprechenden Fische.

Kennzeichen eines hochwertigen Fisches

Einen Fisch nach Qualitätsmerkmalen zu beurteilen, kann eine sehr subjektive Angelegenheit sein. Was dem einen als attraktiver Fisch erscheint, mag der andere für ziemlich häßlich halten – wie ist also eine Beurteilung überhaupt möglich? Die britischen Aquarienvereinigungen haben dieses Problem gelöst, indem sie Standards aufgestellt haben. Ein qualifizierter Punktrichter vergleicht jeden Fisch in der Ausstellung mit diesem Standard. Die Aquarienvereinigungen organisieren auch Trainingskurse für die Punktrichter.

Das Beurteilungssystem

Jeder Fisch kann in der Theorie insgesamt 100 Punkte bekommen. Diese Summe setzt sich aus fünf mal 20 Punkten zusammen, wobei jede der fünf Kategorien eine besondere Qualität des Fisches abdeckt, welche der Richter zu beurteilen hat. Dazu gehören zum Beispiel Größe, Körperform, Flossen, Farbe, allgemeiner Gesundheitszustand und Haltung.

Wie wird die Größe beurteilt?

+ Je größer der Fisch, um so mehr Punkte bekommt er, bis zu einem Maximum von 20 Punkten. Die Maximalgröße ist in den Standards festgelegt.
+ Die Punktvergabe erfolgt aber nicht linear zur Größe, sondern steigt zur Maximalgröße hin steil an. Der Grund dafür ist einfach zu verstehen: Mit den Punkten sollen Aquarienfreunde belohnt werden, die einen Fisch so gut halten, daß er die Maximalgröße erreicht, während es fast jedem gelingt, einen Fisch auf die halbe Standardgröße zu bringen.

Wie wird die Körperform beurteilt?

+ Am meisten Punkte bekommt jener Fisch, dessen Körperform sich am ehesten mit jener deckt, die man in der Natur zu erwarten hat.
− Ist der Körper des Fisches mißgestaltet oder nicht richtig proportioniert, so werden Punkte abgezogen.
− Punkte werden auch abgezogen, wenn der Fisch Abweichungen vom festgelegten Standard zeigt. Dazu gehört zum Beispiel das Fehlen von Barteln bei der Brassenbarbe.

Wie werden die Flossen beurteilt?

− Fehlende Flossen führen zu einem Punktabzug. Gelegentlich kommen Fische auf die Welt, die keine Bauchflossen haben, und es überrascht immer wieder, wie vielen Menschen dieser Fehler entgeht. Man muß hier allerdings dazusagen, daß bei einigen Arten diese Flossen von Natur aus fehlen.
− Es werden Punkte abgezogen, wenn sich die Flossen nicht in perfekter Form befinden, zum Beispiel wenn sie gespalten oder ausgefranst sind.
− Weitere Punkte gehen verloren, wenn Abweichungen vom Rassestandard festzustellen sind. Bei einigen Zuchtformen des Goldfisches und des Schleierkampffisches müssen die Flossen zum Beispiel in einer bestimmten Haltung getragen werden; es sind auch bestimmte Proportionen der Flossen zueinander oder zum Fischkörper gefordert.
− Punkte werden auch abgezogen, wenn einzelne fadenförmige Flossen gebogen, geknickt oder zweigespalten sind.

Wie wird die Färbung beurteilt?

− Es werden Punkte abgezogen, wenn die Färbung des Fisches von der natürlichen Färbung oder von den Rassestandards von Zuchtformen abweichen.
− Die Farbe muß dicht und gleichmäßig verteilt sein, sonst gibt es Punktverluste. Und wenn die Farbe sich vom Fischkörper auf die Flossen erstrecken muß, dann muß sie dort ebenso dicht auftreten und darf nicht verblassen.
− Punktabzüge sind zu erwarten, wenn die Muster nicht deutlich ausgeprägt sind und

wenn benachbarte Farben ineinander verlaufen, statt eine scharfe Grenze zu bilden.
– Punkte werden auch abgezogen, wenn die Farben künstlich verbessert wurden, zum Beispiel durch Hormonzugaben zum Futter.

Wie wird der allgemeine Gesundheitszustand beurteilt?

– Ein kranker Fisch wird disqualifiziert oder muß mit schwerem Punktabzug rechnen. In einem solchen Fall begründet der Punktrichter seine Entscheidung durch eine Notiz.
– Es werden Punkte abgezogen, wenn das Weibchen eines Lebendgebärenden Zahnkarpfen sich im letzten Stadium der Trächtigkeit befindet oder bei der Schau sogar seine Jungen zur Welt bringt.

Wie wird das Verhalten beurteilt?

+ Punkte erhalten Fische, die ihre natürlichen Qualitäten ohne Scheu zeigen.
– Punkte werden abgezogen, wenn sich ein Fisch in das Eck seines Aquariums zurückzieht, anstatt frei in der Mitte zu schwimmen. Wenn sich ein Fisch seinem Richter nicht zeigt, wie soll er dann erfolgreich gewertet werden?
– Punkte werden abgezogen, wenn sich ein Fisch nicht nach seiner natürlichen Veranlagung verhält. Der Punktrichter erwartet zum Beispiel nicht, daß ein Bodenfisch sich in den oberen Wasserschichten aufhält oder daß ein Oberflächenfisch plötzlich auf dem Boden liegt.

Abwandlungen

Bei gewissen Klassen gelten andere Kriterien:
● Die Beurteilung der Größe kann bei Goldfischklassen entfallen und wird ersetzt durch die Beurteilung der Unterscheidungskennzeichen zwischen den verschiedenen Zuchtformen. In der Klasse »Fish Pairs« (Paare) wird ein möglichst hoher Grad der Übereinstimmung zwischen Männchen und Weibchen gefordert.
● In der Klasse »Breeder's Teams« (für Züchter) werden Punkte verteilt für Schwierigkeit und Erfolg der Zucht, Größe im Hin-

blick auf das Alter, Ähnlichkeit, Färbung, Gesundheitszustand und Verhalten.
● Natürlich gilt in den Klassen »Aquarium Plants« (Aquarienpflanzen) und »Furnished Aquarium« (Volleingerichtete Aquarien) ein anderes Punktsystem, denn der Punktrichter muß hier andere Qualitäten beurteilen.

Wie werden Pflanzen beurteilt?

Das Wertungssystem für die Beurteilung von Pflanzen umfaßt ebenfalls die mögliche Punktzahl von 100, aufgeteilt in fünf Kategorien zu je 20 Punkten. Beurteilt werden Größe, Farbe, Blattform, Schwierigkeit der Haltung und Gesundheitszustand.

Wie werden volleingerichtete Aquarien beurteilt?

Die Pflanzen und die Fische müssen in dieser Klasse aus demselben geographischen Gebiet stammen. Die Fische machen nur 20 der möglichen 100 Punkte aus. Weitere 20 Punkte stehen für die Beurteilung der Pflanzen, 20 für Felsen und Kiesuntergrund zur Verfügung. Die beiden letzten Gruppen von je 20 Punkten gelten dem Design und der Technik.

Wie erfolgt die Beurteilung in der Klasse »Best Fish in Show«?

Sind alle Fische in der Schau beurteilt, so findet ein weiterer Wettbewerb unter den Klassenbesten statt, um den schönsten Fisch der ganzen Schau zu ermitteln. Dieser Fisch ist nicht notwendigerweise jener, der die überhaupt höchste Punktzahl erreicht hat, denn einige Richter geben gewohnheitsmäßig eher höhere, andere hingegen tiefere Noten ab. Jeder Richter schlägt seinen Kandidaten für den Titel des schönsten Fisches vor, und durch Abstimmung und Diskussion wird schließlich einstimmig der beste Fisch ermittelt.

Wenn man die Fische in der Schau sieht, wird man mit der Entscheidung der Jury vielleicht nicht immer einverstanden sein. Es kann aber durchaus sein, daß die Fische durch die Anstrengung der Schau nunmehr in einem schlechteren Zustand sind, als wie ihn die Punktrichter beurteilt haben.

EIN MINDERWERTIGER FISCH

Die meisten Aussteller, die etwas auf sich halten, würden ein derart klägliches Exemplar wie das unten abgebildete natürlich bei keiner Ausstellung zeigen. Wir haben es hier aufgenommen, um eine ganze Reihe von Fehlern zu illustrieren, die zu einem negativen Urteil des Punktrichters führen. Der abgebildete Fisch bekommt schlechte Noten in allen fünf Kategorien – Größe, Körperform, Flossen, Färbung, Gesundheitszustand und Verhalten. Die meisten Fische weisen ein paar kleine Fehler in einer oder zwei Kategorien auf. Ein Fisch, der in jeder Kategorie die maximale Punktzahl erreicht wie der rechts gegenüber abgebildete, ist sehr selten. Im allgemeinen liegt die Punktzahl der Klassenbesten zwischen 70 und 85 Punkten.

Niemals sollte man einen kranken Fisch ausstellen. Damit würde man vor allen Kollegen zeigen, daß man kein großer Aquarienkenner ist. Und überdies besteht immer das Risiko, daß auch andere Fische diese Krankheit bekommen. Und kein Aquarienfreund stellt ein hochträchtiges Weibchen eines lebend gebärenden Zahnkarpfen aus, denn es droht eine Frühgeburt.

ERREICHTE PUNKTZAHL:
56 (Maximum 100)
● **Größe: 13 Punkte**
(Maximum 20 Punkte) Mit einer Länge von 75 mm hat der Fisch nicht seine volle Größe erreicht.
● **Körper: 10 Punkte**
(Maximum 20 Punkte) Die äußere Form des Fisches entspricht nicht dem Standard. Der Mund ist schnauzenförmig, und die Umrisse sind nicht gleichmäßig.
● **Flossen: 10 Punkte**
(Maximum 20 Punkte) Die Flossen entsprechen nicht dem Standard: Die Bauchflossen sind gebogen, die Schwanzflosse gespalten und ohne Endfäden.
● **Färbung: 13 Punkte**
(Maximum 20 Punkte) Der Fisch ist zu bleich, und die dunklen Streifen sind nicht scharf abgegrenzt.
● **Gesundheitszustand und Verhalten: 10 Punkte**
(Maximum 20 Punkte) Der Fisch ist nicht bei guter Gesundheit: Die Schuppen sind beschädigt, der Körper sieht dünn aus, die Flossen sind eingekniffen. Und er verhält sich auch nicht richtig: Während der Beurteilung hing er an der Wasseroberfläche.

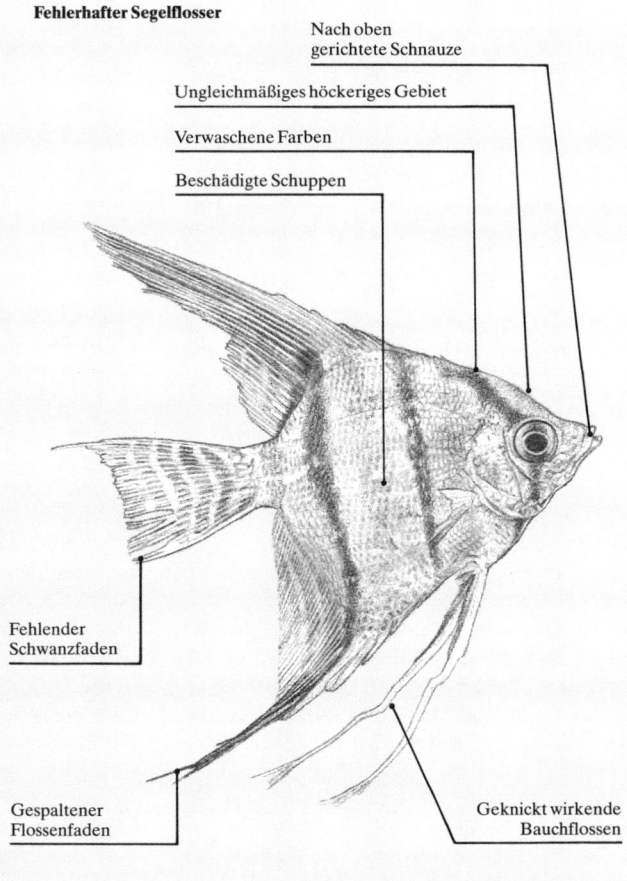

Fehlerhafter Segelflosser

Nach oben gerichtete Schnauze

Ungleichmäßiges höckeriges Gebiet

Verwaschene Farben

Beschädigte Schuppen

Fehlender Schwanzfaden

Gespaltener Flossenfaden

Geknickt wirkende Bauchflossen

EIN IDEALER FISCH

Der ideale Ausstellungsfisch ist nur selten zu sehen, obwohl die meisten Aussteller behaupten, sie hätten eine Menge davon zu Hause. Das Aussehen eines solchen Fisches kann man sich aber leicht vorstellen: volle Größe, attraktive, unbeschädigte Flossen, prächtige Farben, bei voller Kraft und Gesundheit und ohne Scheu, sich auf der ungewohnten Ausstellung dem Punktrichter zu zeigen.

Wer einen solchen Fisch besitzen will, muß von Anfang an ein erstklassiges Exemplar auswählen und abwechslungsreich ernähren mit viel Lebendfutter. Auch die Lebensbedingungen müssen stets dem Optimum entsprechen.

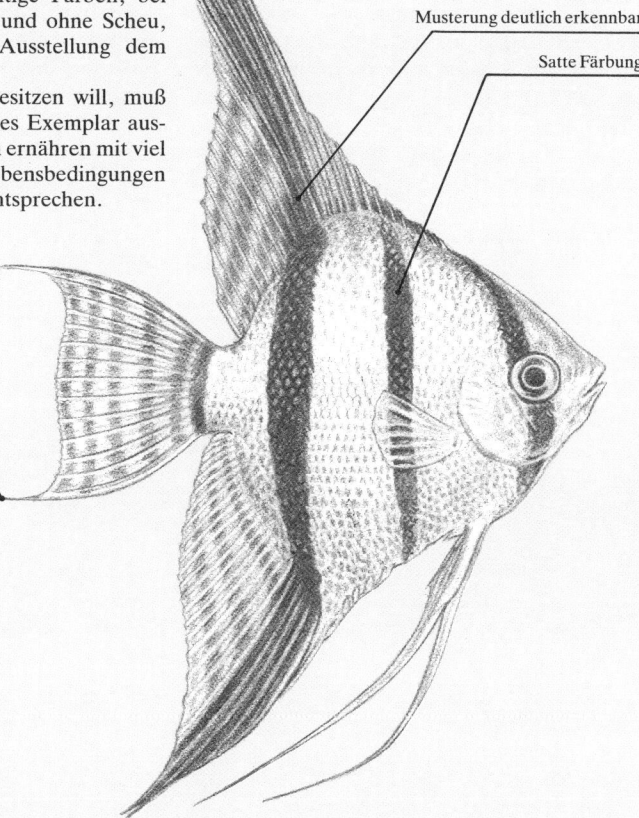

Idealer Segelflosser

Flossen hoch aufgerichtet

Musterung deutlich erkennbar

Satte Färbung

Deutlich ausgezogene Schwanzfäden

ERREICHTE PUNKT-ZAHL: 100
(Maximum 100)
● **Größe: 20 Punkte**
(Maximum 20 Punkte) Mit 110 mm Länge ist der Fisch voll ausgewachsen.
● **Körper: 20 Punkte**
(Maximum 20 Punkte) Die Körperform ist hervorragend mit der richtigen Fülle und glatten Umrissen.
● **Flossen: 20 Punkte**
(Maximum 20 Punkte) Die Flossen entsprechen dem Standard: Sie sind richtig entfaltet, die Bauchflossen sehen hervorragend aus. Dazu kommen die prächtigen Fortsätze an den Ecken der Schwanzflosse. (Das völlige Fehlen von Flossenverletzungen deutet darauf hin, daß dieser Fisch mit einer Plastiktüte und nicht mit einem Netz gefangen wurde, siehe Seite 215).

● **Färbung: 20 Punkte**
(Maximum 20 Punkte) Die Färbung entspricht voll dem Standard: tiefschwarze Streifen mit scharfen Rändern, die sich auf der silbernen Körperfarbe gut abheben. Die Musterung erstreckt sich sehr schön bis auf die Flossen.

● **Gesundheitszustand und Verhalten: 20 Punkte**
(Maximum 20 Punkte) Verhalten wie Gesundheitszustand sind exzellent. Das Tier zeigt sich ohne Scheu dem Punktrichter, die Farbe verblaßte nicht und wurde auch nicht intensiver.

Anleitung zum Ausstellen von Fischen

Wenn Sie an einer Schau teilnehmen wollen, so müssen Sie zunächst Ihre besten Fische aussuchen und die Teilnahmeformulare ausfüllen. Es empfiehlt sich, die Regeln und die Prozedur genau zu kennen. Die Teilnahme muß früh genug angemeldet werden, da die meisten Schauen einen Anmeldeschluß kennen, der im allgemeinen mehrere Wochen vor der Durchführung liegt. Dann muß man seine Fische sicher zur Schau transportieren und so ausstellen, daß sie auch eine gute Punktzahl erreichen.

Die Wahl eines Fisches für die Ausstellung
Natürlich muß jeder Fisch, der bei einer Schau gezeigt werden soll, eine gute Größe und Qualität erreicht haben. Man wird ihn bis zum großen Tag besonders verhätscheln und gut füttern. Viele Aquarienfreunde isolieren ihre Ausstellungsfische, damit sie ihre guten Qualitäten beibehalten und nicht im täglichen Durcheinander des Gesellschaftsbeckens Schaden erleiden.

Unter dem falschen Eindruck, daß große Fische automatisch mehr Punkte bekommen, zeigen einige Aussteller bewußt Weibchen lebendgebärender Zahnkarpfen vor, die am Ende ihrer Trächtigkeit stehen. Das ist keine gute Idee, denn der Transportstreß und die Beschränkung auf das kleine Ausstellungsbecken können dazu führen, daß die Jungen vorzeitig zur Welt kommen.

TIPS FÜR AUSSTELLUNGEN

Es gibt eine Menge legitimer Tricks, mit denen erfahrene Aussteller erreichen, daß ihre Fische die höchstmögliche Punktzahl erreichen:

● Um eine Beschädigung des Fisches beim Fang zu vermeiden, nimmt man eine große klare Plastiktüte anstelle eines Netzes. Die Tüte ist unter Wasser nicht zu sehen, und man kann den Fisch fangen, ohne ihn im ganzen Becken herumzujagen. Überdies verletzt der rauhe Netzstoff die Schuppen, die Bauchflossen oder die Barteln des Fisches. Bei einer Plastiktüte kann dies nicht vorkommen.

● Damit sich ein Ausstellungsfisch daran gewöhnen kann, daß dauernd Leute an seinem Becken vorbeigehen und hineingucken, muß man genau dies zu Hause mit ihm üben. Man bringt ihn in ein kleines nacktes Becken und stellt ihn für längere Zeit an einen Ort, an dem dauernd Menschen vorbeigehen.

● Die Färbung eines Fisches hängt davon ab, wie er sich fühlt. Man sollte deswegen möglichst früh im Ausstellungsgelände eintreffen, damit Ihr Fisch viel Zeit hat, um sich zu beruhigen und um seine Farben wieder »aufzufrischen«, bevor die Jury mit der Arbeit beginnt.

● Ein Fisch sollte in dem Aquarienwasser gezeigt werden, an welches er auch zu Hause gewöhnt ist. Man nimmt deswegen solche Wasser von zu Hause mit und ergänzt damit eventuelle Verluste im Ausstellungsbecken.

● Die Wasserqualität beeinflußt die Färbung des Fisches. Eine Prise Salz bewirkt oft, daß die Farben stärker hervortreten.

● Auch die Wassertemperatur beeinflußt das Verhalten des Fisches. Wenn das Wasser ein oder zwei Grad wärmer ist als üblich, zeigt sich der Fisch oft besser.

● Mit einem hübschen Trick kann man einen männlichen Fisch gut zur Geltung bringen: Man nimmt mit zwei weiteren Weibchen in derselben Klasse teil und stellt das Männchen zwischen die beiden Becken mit je einem Weibchen. Das Männchen will die Weibchen beeindrucken und wird mit seinem lebhaften Verhalten vom Punktrichter günstiger beurteilt!

Der Transport der Fische zur Schau

Manche Aussteller nehmen lange Anreise-wege in Kauf. Wer viele Kilometer vor sich hat, muß eine sichere Transportweise ent-wickeln, die schädliche Auswirkungen so ge-ring wie möglich hält. Man verwendet dazu einen Eimer mit Deckel oder ein kleines Becken oder einen eigens dafür angefertig-ten Koffer (siehe Seite 29).

Auf dem Transport besteht immer die Ge-fahr, daß tropische Arten zu sehr abkühlen. Das Transportbecken muß also gegen Wär-meverluste hervorragend geschützt sein. Bei vielen Aquarienschauen steht heißes Wasser zur Verfügung, mit dem man das Wasser im Becken wieder auf die richtige Temperatur bringen kann.

Große Fische transportiert man am besten in einem Plastikeimer mit aufsetzbarem Deckel. Dauert die Reise mehr als eine halbe Stunde, so sollte man den Deckel gelegent-lich abheben, um Frischluft zuzulassen und um den Zustand des Passagiers zu beur-teilen.

Die Einrichtung des Beckens für einen Ausstellungsfisch

Ist der Fisch sicher im Ausstellungsgelände angelangt, so setzt man ihn in das vorgesehe-ne Becken ein. Dies geschieht mit dem gan-zen Transportwasser. Wenn nötig, gibt man noch Wasser bei, das bei der Schau zur Ver-fügung gestellt wird. Das Ausstellungsbek-ken sollte vollkommen frei sein. Pflanzen und andere Dekorationen werden nur für die Klassen »Furnished Aquariums« oder »Aquarium Plants« zugelassen.

Kies und Kiesersatz

Einige Ausstellungsbedingungen erlauben die Verwendung von Aquarienkies auf dem Boden des Ausstellungsbeckens, aber darauf sollte man sich nicht verlassen. Man muß sich vor dem Einrichten genau danach erkundi-gen. Es gibt einen guten Grund dafür, warum viele Organisatoren keinen Aquarienkies zu-lassen, denn die Aussteller verstopfen damit alle Abflüsse, wenn sie ihr Wasser nach der Schau wegschütten.

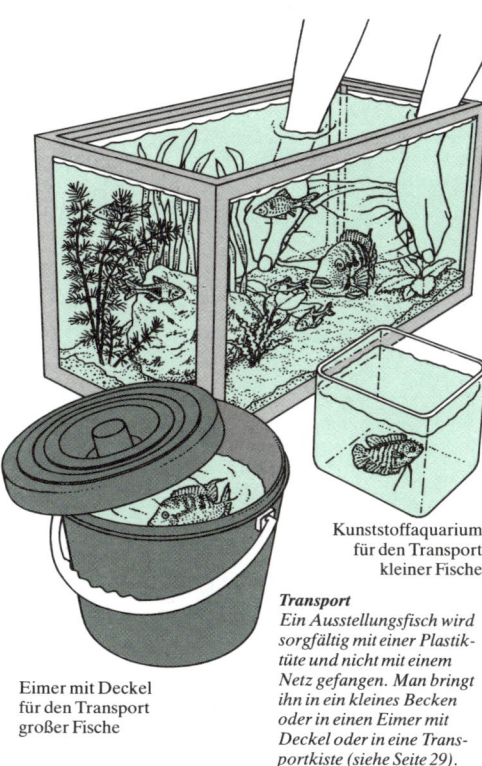

Kunststoffaquarium
für den Transport
kleiner Fische

Transport
Ein Ausstellungsfisch wird
sorgfältig mit einer Plastik-
tüte und nicht mit einem
Netz gefangen. Man bringt
Eimer mit Deckel
für den Transport
großer Fische
ihn in ein kleines Becken
oder in einen Eimer mit
Deckel oder in eine Trans-
portkiste (siehe Seite 29).

Wenn Kies verboten ist, dann braucht man einen dunkel gefärbten Ersatz, da die Fische sich nicht behaglich fühlen, wenn sie über hellem Untergrund schwimmen. Das kann auch ihr Verhalten während der Beurteilung beeinflussen. Die einfachste Lösung besteht darin, das Becken auf eine dunkle Matte zu stellen, die durch die Bodenscheibe hindurch sichtbar ist und den Fisch beruhigt. Eine möglichst dunkle Unterlage bringt auch Vor-teile bei der Beurteilung, denn die Farben des Fisches wirken nicht verwaschen, weil kein Licht von unten her reflektiert wird.

Fütterung

Aquarienschauen dauern im allgemeinen nur einen Tag, und die Fische brauchen in dieser kurzen Zeit nicht gefüttert zu werden. Auch wenn die Aquarienschau mehrere Ta-ge dauert, schadet eine kurze Fastenzeit den Tieren nicht. Sie verhindert vielmehr, daß das Wasser trüb und schmutzig wird.

Das Fotografieren
von Fischen

Wenn Sie eine ausbaufähige Kamera besitzen und gern gute Bilder schießen, dann können Sie die Freude an der Fotografie mit der Aquarienliebhaberei kombinieren. Das Anwendungsgebiet ist vielfältig: Portraitaufnahme bestimmter Fische, Bilder zur Dokumentation des Wachstums eines bestimmten Fisches oder Unterwasserlandschaften. Eine große Rolle spielen die Fotografie und auch das Filmen bei der Dokumentation von Verhaltensweisen, besonders im Zusammenhang mit der Fortpflanzung und dem Ablaichen.

Kamera und Objektive

Der beste Kameratyp für die Fischfotografie ist eine einäugige Spiegelreflexkamera. Dafür gibt es mehrere Gründe:
● Man sieht im Sucher genau das Bild, das später auf dem Film erscheint.
● Man kann verschiedene Objektive mit unterschiedlichen Eigenschaften aufstecken, zum Beispiel Weitwinkel-, Normal- und Teleobjektive sowie Zwischenringe.
● Sie erlaubt die Synchronisation des Blitzes (siehe Seite 270).
Von all diesen Erfordernissen ist die erste wohl am wichtigsten. Wenn man ein Aquarium so aufnehmen will, daß vom umgebenden Raum nichts mehr zu sehen ist, dann ist das einäugige Suchersystem wesentlich, weil

sein Ablenkspiegel im Strahlengang des bilderzeugenden Objektivs steht. Kameras mit separatem Sucher ergeben hier unbefriedigende Resultate. Was man nämlich durch den Sucher sieht, entspricht nicht genau dem Bild, das später auf dem Film erscheint. Dieser sogenannte Parallaxenfehler wird um so stärker, je mehr man sich dem Objekt nähert. Wenn Sie mit einer solchen Kamera zum Beispiel all Ihre preisgekrönten Guppys aufnehmen wollen, dann kann es vorkommen, daß Sie am Ende auf dem Film nur noch deren Schwänze sehen.

Stützen für die Kamera
Wenn man die Kamera während der Belichtung nicht völlig ruhig halten kann, erscheint

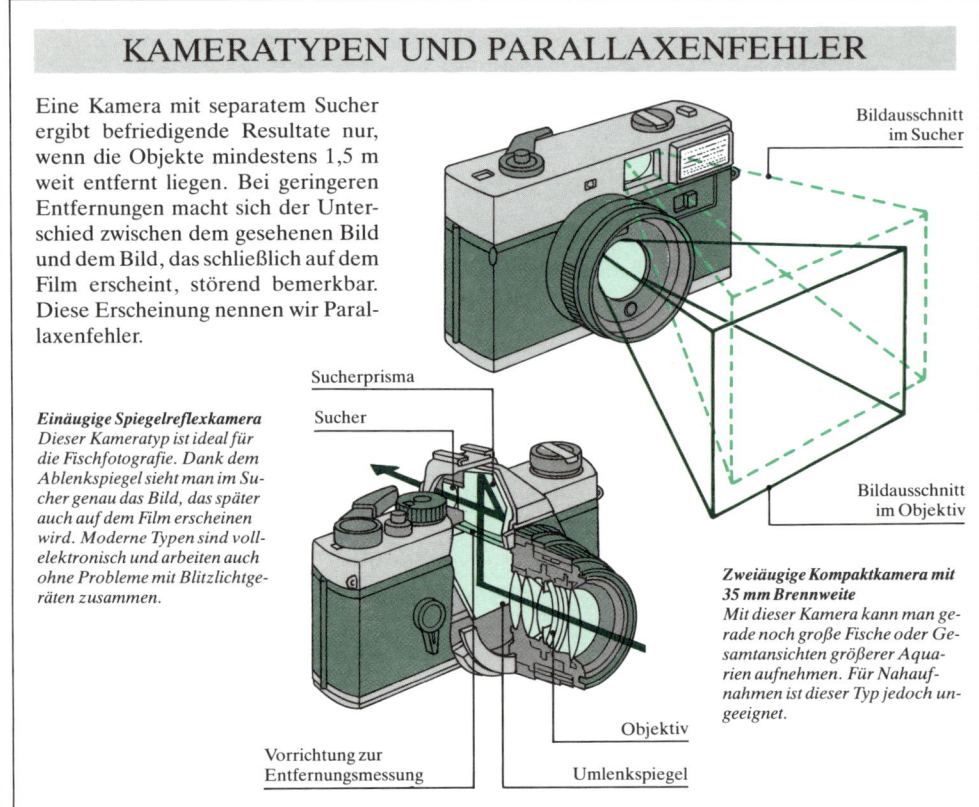

KAMERATYPEN UND PARALLAXENFEHLER

Eine Kamera mit separatem Sucher ergibt befriedigende Resultate nur, wenn die Objekte mindestens 1,5 m weit entfernt liegen. Bei geringeren Entfernungen macht sich der Unterschied zwischen dem gesehenen Bild und dem Bild, das schließlich auf dem Film erscheint, störend bemerkbar. Diese Erscheinung nennen wir Parallaxenfehler.

Bildausschnitt im Sucher

Sucherprisma

Sucher

Einäugige Spiegelreflexkamera
Dieser Kameratyp ist ideal für die Fischfotografie. Dank dem Ablenkspiegel sieht man im Sucher genau das Bild, das später auch auf dem Film erscheinen wird. Moderne Typen sind vollelektronisch und arbeiten auch ohne Probleme mit Blitzlichtgeräten zusammen.

Bildausschnitt im Objektiv

Zweiäugige Kompaktkamera mit 35 mm Brennweite
Mit dieser Kamera kann man gerade noch große Fische oder Gesamtansichten größerer Aquarien aufnehmen. Für Nahaufnahmen ist dieser Typ jedoch ungeeignet.

Vorrichtung zur Entfernungsmessung

Objektiv

Umlenkspiegel

das Bild verwackelt und unscharf. Um solche Probleme zu vermeiden, sollte man eine nicht zu schwere oder ungefüge Kamera verwenden. Im Idealfall schraubt man sie an einem Stativ fest, und diese starre Stütze verhindert eine Bewegung der Kamera. Stative kann man jedoch nicht überall aufbauen, und gelegentlich muß man den Fotoapparat irgendwie aufstützen, zum Beispiel auf einen Tisch oder auf der Rückenlehne eines Stuhls. Dabei sollte man stets eine weiche Unterlage zur Dämpfung von Bewegungen verwenden.

Objektive

Wenn man große Fische wie Barben oder Buntbarsche mit 15 cm Körperlänge oder mehr aufnehmen will, dann leistet das Normalobjektiv mit 50 mm Brennweite die besten Dienste. Für kleinere Arten wie Bärblinge oder Salmler und für Detailaufnahmen braucht man entweder ein Teleobjektiv, ein Makroobjektiv oder Zwischenringe (siehe unten). Man kann auch Nah- oder Vorsatzlinsen (siehe Seite 268) nehmen, die vergrößernd wirken.

Zoom-Objektive

Zoom-Objektive haben eine variable Brennweite und erlauben es, schnell den richtigen Bildausschnitt zu finden. Sie sind ideal für Tiere, die sich schnell bewegen, wie unsere Fische. Die Bildqualität von Zoom-Linsen ist heute sehr gut. Am besten eignet sich ein Zoom-Objektiv mit 100 bis 200 mm Brennweite oder ein solches mit 135 bis 250 mm Brennweite.

OBJEKTIVE

Zwischenringe

Im allgemeinen werden Zwischenringe in Gruppen zu je drei verkauft. Man schaltet sie einzeln oder in Kombination zwischen die Kamera und das Normalobjektiv. Damit kann man, ohne viel Geld auszugeben, Nahaufnahmen machen. Wenn es aber nicht gelingt, die Blende ziemlich stark zu schließen (hohe Blendenzahl f), dann kann die Schärfentiefe an den Ecken des Diapositivs leiden. Beim Kauf von Zwischenringen muß man darauf achten, daß sie über eine Automatik der Blendeneinstellung verfügen.

Teleobjektive

Ein Teleobjektiv arbeitet ähnlich wie ein Fernrohr, indem es weit entfernte Gegenstände vergrößert heranholt. Das hat den Vorteil, daß man in einiger Entfernung vom Aquarium arbeiten kann und die Fische durch die eigene Anwesenheit nicht stört. Dafür muß man vor allem zwei Nachteile in Kauf nehmen: eine Erhöhung des Risikos, daß die Bilder verwackeln, weil Teleobjektive viel länger und schwerer sind, sowie eine deutlich geringere Schärfentiefe (siehe Seite 269). Am besten eignen sich Teleobjektive mit einer Brennweite von 135 oder 200 mm.

Makroobjektive

Makroobjektive wurden eigens für Nahaufnahmen entworfen. Sie ergeben ein sehr gutes Bild. Am besten eignen sich Brennweiten zwischen 50 und 90 mm. Manche Makroobjektive ergeben Bilder im Verhältnis 1:1, d. h., das Objekt wird in Lebensgröße auf dem Film abgebildet.

BILDER MIT UNTERSCHIEDLICHEN OBJEKTIVEN

Mit unterschiedlichen Objektiven kann man den Bildausschnit und damit die Größe des Fisches stark verändern.

Nah- oder Vorsatzlinsen

Diese billigen Linsen sorgen für eine leichte Vergrößerung, doch leidet die Bildqualität etwas darunter. Nahlinsen sind in mehreren Vergrößerungsfaktoren erhältlich, bis hin zu einer Abbildung im Format 1:1.

Zwischenringe

Zwischenringe sind sehr vielfältig und auch billig. Die Vergrößerung hängt von der Kombination der Zwischenlinsen und dem verwendeten Objektiv ab.

Makroobjektive

Makroobjektive sind eigens für Nahaufnahmen gemacht und ergeben scharfe Bilder. Sie sind allerdings teurer und weniger vielfältig verwendbar als Vorsatzlinsen oder Zwischenringe.

Normalobjektiv, 50 mm Brennweite
Dieses Objektiv ergibt hervorragende Bilder, hat automatische Blendeneinstellung, doch beträgt die Mindestentfernung um 0,6 m.

Normalobjektiv, 50 mm Brennweite mit Nahlinse, 0,7 Dioptrien
Das Bild ist leicht vergrößert, doch die Bildqualität leidet etwas.

Normalobjektiv, 50 mm, Nahlinse, 3 Dioptrien
Deutlich vergrößert im Vergleich zum vorigen Bild, doch die Bildqualität ist noch geringer.

Makroobjektiv, 50 mm Brennweite, Standardstellung
In dieser Lage entspricht das Bild auf dem Film einem Zehntel der Lebensgröße.

Makroobjektiv, 50 mm, ganz ausgezogen
In dieser Lage liefert das Makroobjektiv ein Bild, das der Hälfte der Lebensgröße entspricht.

Teleobjektiv, 135 mm Brennweite
Das Teleobjektiv vergrößert das Bild, gewährt aber nur eine geringe Schärfentiefe.

Normalobjektiv, 50 mm Brennweite mit Zwischenring von 8 mm Länge
Diese Kombination ergibt ein Bild, das einem Siebtel der Lebensgröße entspricht.

Normalobjektiv, 50 mm Brennweite, Zwischenring mit einer Länge von 14 mm
Bei dieser Kombination ergibt sich ein Bild, das einem Viertel der Lebensgröße entspricht.

Normalobjektiv, 50 mm Brennweite, mit Zwischenring von 27 mm Länge
Bei dieser Kombination entsteht ein Bild, das der Hälfte der Lebensgröße entspricht.

Scharfeinstellung

Bei der Scharfeinstellung eines Fisches dürfen wir keine großen Fehler machen, besonders nicht aus geringer Entfernung. Um möglichst den ganzen Fisch scharf zu bekommen und um dafür zu sorgen, daß andere umgebende Elemente außerhalb der Schärfentiefe liegen, muß man unbedingt den Einfluß der Blendenöffnung auf die Schärfentiefe verstehen. Besonders wichtig ist dies bei Nahaufnahmen, wo die Schärfentiefe mit zunehmender Bildvergrößerung immer geringer wird.

Was versteht man unter Blende?
Die Blende hat die Aufgabe, die Lichtmenge zu regulieren, die in das Objektiv eindringt und damit auf den Film trifft. Dies geschieht mit Hilfe einer Irisblende, die man öffnen und schließen kann. Zur Kennzeichnung der Öffnung gibt es die Blendenskala mit abgestuften Werten.

Blende und Schärfentiefe
Eine geringe Blendenöffnung mit hoher Blendenzahl f ergibt die größte Schärfentiefe. Eine weit offene Blende mit geringer Blendenzahl f hat zur Folge, daß nur ein sehr geringer Abschnitt scharf abgebildet wird. Wenn man die Blendenöffnung möglichst schließt, um Schärfentiefe zu gewinnen, so braucht man dazu sehr viel Licht. In einigen Fällen kann man den Lichtmangel durch eine längere Belichtungszeit ausgleichen. Längere Belichtungszeiten sind aber bei der Aufnahme von Fischen außer Diskussion, denn die Tiere bewegen sich und bilden sich auf dem Film nur verschwommen ab. Besonders für Nahaufnahmen von Aquarienfischen muß man zur Erzielung einer genügenden Schärfentiefe das Blitzlicht zu Hilfe nehmen (siehe Seite 270).

Auf Nummer Sicher
Um sicherzugehen, daß man ein scharfes Bild erhält, empfiehlt es sich, drei Fotografien mit unterschiedlichen Blendenöffnungen zu schießen. Wenn man zum Beispiel die Blendenöffnung von f8 errechnet oder gemessen hat, so macht man auch je eine Aufnahme mit der Blendenöffnung f5,6 und f11. Alle übrigen Faktoren werden konstant gehalten.

TABELLE FÜR DIE SCHÄRFENTIEFE

Besonders bei Nahaufnahmen spielt die Schärfentiefe eine große Rolle, während sie bei der allgemeinen Fotografie eher in den Hintergrund tritt. Für die Vergrößerung des Objektivs konsultiere man das Beiblatt des Herstellers. In dieser Tabelle ist der Schärfentiefenbereich in mm angegeben.

Blendenöffnung	Vergrößerung								
	× 0,1	× 0,15	× 0,2	× 0,25	× 0,33	× 0,5	× 0,75	× 1	× 1,5
f5,6	0,3	0,32	0,34	0,34	0,38	0,42	0,5	0,56	0,7
f8	0,44	0,46	0,48	0,5	0,54	0,6	0,72	0,8	1
f11	0,6	0,63	0,66	0,68	0,74	0,82	0,99	1,1	1,38
f16	0,88	0,92	0,96	1	1,08	1,2	1,44	1,6	2
f22	1,22	1,26	1,32	1,38	1,48	1,64	1,93	2,2	2,74

Beleuchtung

Das Aquarium erhält das meiste Licht normalerweise vom Lampenkasten. Für die Fotografie reicht dieses Kunstlicht aber nicht aus und führt auch zu Farbverschiebungen (grün bei Leuchtstofflampen, orange bei Glühlampen), die man nicht hinnehmen kann. Es ist deswegen besser, die Beleuchtung ganz auszuschalten, den entsprechenden Lampenkasten und die Deckscheibe zu entfernen und Blitzlicht zu Hilfe zu nehmen. Es hat überdies den Vorteil, daß es die Bewegungen einfriert.

Lichtreflexe meiden

Bei Aquarienaufnahmen wird Licht oft von der rückwärtigen Scheibe des Beckens in die Kamera zurückgeworfen, was zu unschönen hellen Flecken auf dem Film führt. Am ehesten vermeidet man solche Lichtspiegelungen durch eine Maske aus schwarzem Karton, welche man um das Objektiv herum anbringt.

Blitzzubehör

Für Blitzaufnahmen gibt es eine Menge un-

ARRANGEMENTS MIT BLITZLICHT

Die hier abgebildeten Verfahren sind ziemlich einfach, solange man eines oder mehrere Blitzlichtgeräte verwendet, von denen jedes mit der Kamera durch ein eigenes Kabel verbunden ist. Die Lichtmenge wird dabei von einem Belichtungsmesser in der Kamera wahrgenommen und die Belichtung danach eingestellt. Ein sehr heller oder sehr dunkler Hintergrund kann dem Sensor jedoch einen Streich spielen, und man muß hier korrigierend eingreifen.

Drei Blitzgeräte
Für die unten abgebildete Fotografie wurde die Anordnung wie im Bild rechts verwendet: ein Blitzlichtgerät von vorne oben (Winkel von ungefähr 45°), die beiden anderen von der Seite.

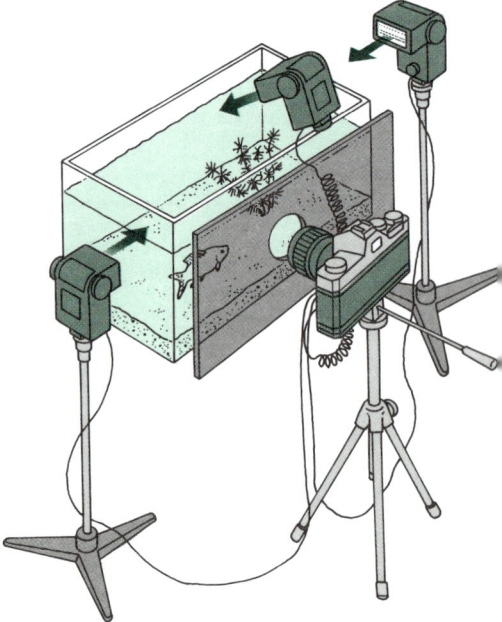

terschiedlichen Zubehörs, um perfekte Fotografien zu bekommen.

Mehrfachanschluß für Blitzgeräte
Dieses Gerät paßt in den Synchronanschluß oder Zubehörschuh der Kamera und verbindet mehrere Blitzgeräte mit dem Fotoapparat. Mit mehreren Blitzgeräten erhält man eine bessere Ausleuchtung des Feldes.

Teleblitz
Bei der Verwendung des Teleobjektivs sorgt der Teleblitz dafür, daß das Blitzlicht auch dorthin gelangt, wo es gebraucht wird.

Reflektorschirm
Als Reflektoren kann man weißen Karton, weiße Tücher oder metallische Schirme verwenden. Man richtet das Blitzlicht auf den Schirm, und dieser wirft das Licht dann auf das zu fotografierende Objekt. Dadurch vermeidet man harte Schatten und erhält ein natürlicheres Bild.

Bei der Reflexion verliert das Licht ungefähr ein Drittel seiner Intensität, was man bei der Belichtungszeit berücksichtigen muß.

Bei der Verwendung von Reflektorschirmen empfehlen sich Blitzgeräte mit kippbarem Kopf.

Blitzlicht über einen Reflektorschirm
Für die unten abgebildete Fotografie wurde das Blitzgerät nach oben gerichtet. Ein Reflektorschirm warf das Licht in einem schrägen Winkel in das Becken. Statt eines Schirms kann man auch einen weißen Karton verwenden.

Einzelnes Blitzgerät
Das Blitzgerät mit dem kippbaren Kopf sandte das Licht, wie rechts abgebildet, von oben in einem Winkel von 45° in das Aquarium. Das Ergebnis ist im Bild unten zu sehen.

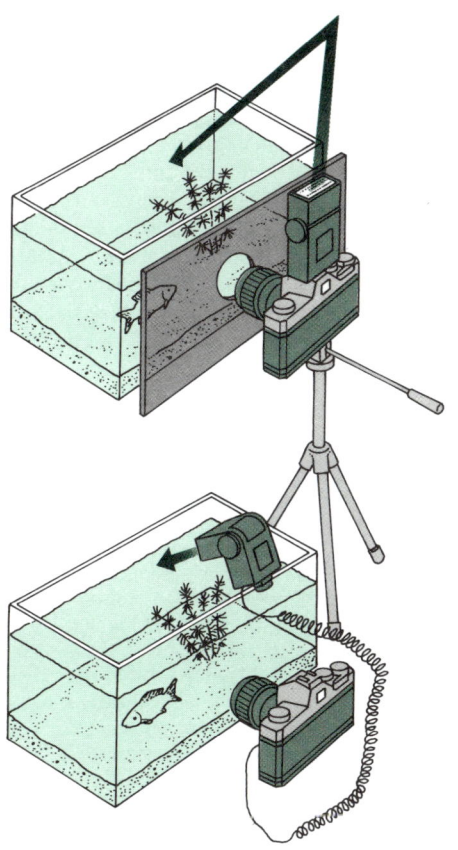

Die Komposition eines guten Bildes

Bei der Fischfotografie trägt etwas Vorbereitung wesentlich zu einem guten Ergebnis bei. Natürlich gelten alle Regeln für eine gute Komposition. Besondere Aufmerksamkeit sollte man den Gegenständen im Hintergrund schenken.

Hintergrund

Nur zu oft wird ein sonst attraktives Bild eines Fisches dadurch beeinträchtigt, daß im Hintergrund störende Elemente sichtbar werden, zum Beispiel ein Heizkörper im Raumhintergrund. Selbst wenn man solche Fehlerquellen eliminiert, kann das Bild immer noch zu verworren aussehen, weil der Hintergrund zu sehr dominiert und das Auge des Betrachters vom Hauptobjekt, dem Fisch, abzieht. Es ist deswegen von Anfang an wichtig, für einen einfach aufgebauten Hintergrund zu sorgen.

Wer Fotos zum Zwecke der Bestimmung aufnimmt, für den reicht ein glatter einfarbiger Hintergrund aus, den wir hinter der rückwärtigen Scheibe des Aquariums anbringen. Zu diesem Zweck sollte man eine Reihe verschieden gefärbter Kartonstücke zur Hand haben, auch helle und dunkle, so daß die Farbe zum aufgenommenen Fisch paßt.

Tips für die Bildkomposition

● Mit einem Zoom-Objektiv kann man genau den richtigen Bildausschnitt wählen, ohne die Stellung der Kamera umständlich zu verändern.

● Um einen Teil des Hintergrundes weicher zu zeichnen, beschmiert man einen Ultraviolettfilter teilweise mit Vaseline und setzt ihn vor das Objektiv auf.

● Um die Probleme mit der Schärfentiefe zu verringern, nehmen wir Trennwände oder kleinere Becken zu Hilfe (siehe gegenüberliegende Seite). Damit können wir den Fisch in einen ganz bestimmten Bereich »einsperren«.

● Ein Polfilter hilft mit, um die störenden Spiegelungen durch das Aquarienglas zu verringern. Bei seiner Verwendung allerdings verschlechtert sich entweder die Blende oder Sie nehmen eine längere Belichtungszeit in Kauf.

Achtung

Um allen diesen Belichtungsproblemen entgegenzuwirken, sollte man unbedingt mit höher empfindlichen Filmen (24/27 DIN = 200/400 ASA) aufnehmen.

ACHTUNG

● Für die Fotografie schalten wir die Aquarienbeleuchtung aus und nehmen den Lampenkasten ab.

● Wenn wir das Blitzlicht direkt auf die Frontscheibe richten, wird diese viel Licht reflektieren und zu Spiegelungen führen.

● Es hat keinen Sinn, durch schmutziges Wasser oder durch eine dreckige Frontscheibe hindurch zu fotografieren.

● Man vergesse nicht, die Belichtungszeit der Intensität des Blitzlichtes anzupassen, und berücksichtige auch die entsprechenden Faktoren bei Zwischenringen.

● Bei zu großer Blendenöffnung wird die Schärfentiefe zu klein.

Abnorme »Auswüchse«
Die metallische Eckleiste des Beckens scheint aus der Schwanzflosse herauszuwachsen! Bevor man auf den Auslöser drückt, sollte man solche Nebeneffekte berücksichtigen.

Ablenkender Hintergrund
Durch die rückwärtige Glasscheibe des Aquariums werden auch Einrichtungsgegenstände des Wohnraumes sichtbar. Am besten kaschiert man alles mit einem großen Stück Karton direkt hinter der Rückscheibe.

HERRICHTEN EINES BECKENS FÜR DIE FOTOGRAFIE

Man kann entweder eigens ein kleines Becken oder das Hauptaquarium für das Fotografieren verwenden. In diesem Fall empfiehlt es sich, mit Trennscheiben die Bewegungsfreiheit des Fisches einzuschränken. Damit bekommt man das Tier auch tatsächlich vor die Kamera und hat weniger Probleme mit der Schärfentiefe.

Ein Becken für den Größenvergleich
Ein kleines Becken mit einfachem Kiesgrund und einer oder zwei Wasserpflanzen stellt die beste Umgebung für Fotografien dar, die den Größenvergleich illustrieren. Man kann darin verschiedene Fischarten schwimmen lassen und auf diese Weise ihre Körpergröße vergleichen. Oder man nimmt darin über einen längeren Zeitraum verteilt Bilder desselben Fisches auf, um dessen Entwicklung zu illustrieren. Die Meßlatte im Vordergrund ermöglicht auch eine absolute Größenbestimmung.

Laichbecken
Wenn man ein Laichbecken (siehe Seite 248–251) einrichtet, sollte der fotografisch begabte Aquarienliebhaber darauf achten, daß die Eiablagestelle dem Kameraauge zugänglich ist. Um Erfahrungen zu sammeln, beginnt man mit Buntbarschen, Guramis oder Fadenfischen, da sie sich selbst in der Aufregung der Paarung

verhältnismäßig langsam bewegen. Wenn man einmal weiß, wo die Lieblingsplätze der Fische liegen, kann man die Kamera im voraus einstellen. Vielleicht muß man auch eine oder mehrere Stunden wartend verbringen, aber das Bild wird diese Anstrengung lohnen.

Trennwände
Mit Trennwänden in Form von Glasscheiben kann man die Bewegungsfreiheit eines Fisches stark einschränken. Dies erleichtert die richtige Einstellung der Schärfentiefe.

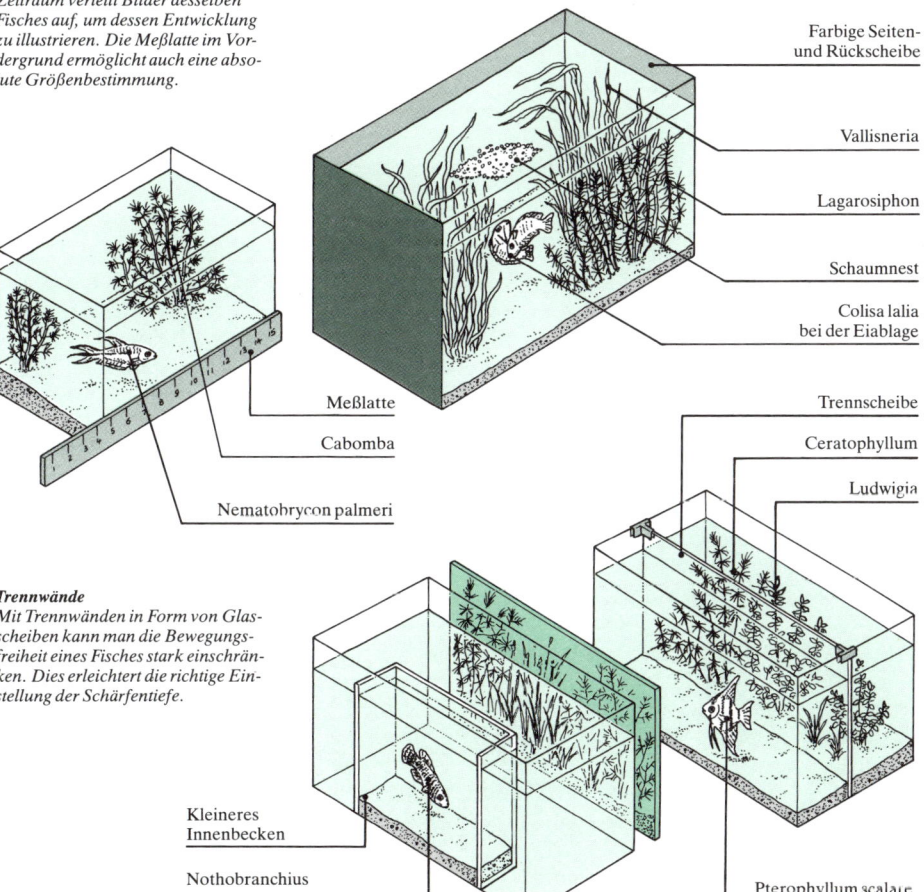

Farbige Seiten- und Rückscheibe
Vallisneria
Lagarosiphon
Schaumnest
Colisa lalia bei der Eiablage
Meßlatte
Cabomba
Nematobrycon palmeri
Trennscheibe
Ceratophyllum
Ludwigia
Kleineres Innenbecken
Nothobranchius rachovi
Pterophyllum scalare

Anhang

Übersicht über das System der Fische
Nicht jedes Tier, das wie ein Fisch aussieht, ist auch ein solcher. Für den Zoologen sind Fische im Wasser lebende, wechselwarme Wirbeltiere mit Flossen und einem vollständigen Kopfskelett mit Unter- und Oberkiefer. Die Neunaugen, Inger und Lampreten sehen Fischen sehr ähnlich, haben aber keine Kiefer und bilden deswegen eine eigene Gruppe, die Kieferlosen und Rundmäuler.

Im folgenden geben wir eine kleine Übersicht über die Fische der Welt, mit besonderer Berücksichtigung der Formen, die man auch in Aquarien halten kann.

Klasse Knorpelfische (Chondrichthyes)
Skelett aus Knorpel und nicht aus Knochen bestehend, Mund meistens unterständig, Haut mit Hautzähnchen (Placoidschuppen), fast ausschließlich Jäger.
Unterklasse Plattenkiemer (Elasmobranchii)
Auf jeder Körperseite mindestens fünf Kiemenspalten und Kiemen, ein Spritzloch hinter den Augen, Kiefer mit Zähnen, Oberkiefer beweglich.
Ordnung Haie (Selachii)
Meist langgestreckte Tiere, doch gibt es auch rochenähnliche Formen. Kiemenspalten stets auf den Körperseiten gelegen. Fast ausschließlich Räuber. Nur die größten Formen wie der Walhai sind Planktonfresser. Haie können nur in großen Becken von zoologischen Gärten gehalten werden.
Ordnung Rochen (Rajiformes)
Abgeplattete Tiere, doch gibt es auch haiähnliche Formen mit eher torpedoförmiger Gestalt. Kiemenspalten stets auf der Unterseite des Körpers gelegen, tiefer als die Brustflossen. Zoologische Gärten halten am ehesten den Zitterrochen, der leichte elektrische Schläge austeilen kann. Die größte Art ist der Manta oder Teufelsrochen, ein Planktonfresser.
Unterklasse Seedrachen (Holocephali)
Auf jeder Körperseite nur eine Kiemenöffnung, Gebiß in Form von Zahnplatten,

Oberkiefer mit dem Schädel fest verbunden. Eigentümliche walzenförmige Tiere mit fädigem Schwanz. Nur einige wenige Arten: Seeratten, Spöken oder Chimären. Keine Aquariengäste.

Klasse Knochenfische (Osteichthyes)
Wesentliche Teile des Skeletts sind verknöchert. Umfaßt die große Mehrzahl aller Fische. Körper mit Schuppen bedeckt. Die meisten Knochenfische mit einer Schwimmblase.
Unterklasse Fleischflosser (Sarcopterygii)
Stellt die Stammgruppe der landbewohnenden Wirbeltiere dar. Dementsprechend sind die Knochenstücke der Flossenstärke gegliedert und erinnern teilweise bereits an das Skelett der vierfüßigen Tiere. Die meisten Angehörigen dieser Gruppe sind ausgestorben.
Ordnung Quastenflosser (Crossopterygii)
Flossen fleischig, nur eine Art, Latimeria, ein lebendes Fossil, ein Fisch tiefer Schichten.
Ordnung Lungenfische (Dipnoi)
Mit Lungen- und Kiemenatmung, Aufbau des Herzens fortgeschritten, Süßwasserbewohner in Afrika, Nordamerika und Australien.
Unterklasse Strahlenflosser (Actinopterygii)
Umfaßt die weitaus meisten Fischarten.
Überordnung Flößelhechte (Polypteri)
Rückenflosse lang und in einzelne Flößel aufgelöst, nur in Afrika, altertümliche Tiere, gelegentlich in Aquarien.
Überordnung Störe (Chondrostei)
Körper spindelförmig, Mund mit langem Fortsatz, Schwanzflosse schief, altertümlich aussehende Tiere, meistens mit großen Knochenschildern auf der Haut. Nur in zoologischen Gärten.
Überordnung Knochen- und Kahlhechte (Holostei)
Lebende Fossilien, langgestreckter Körper, Süßwasserbewohner in Nord- und Mittelamerika.

Überordnung Echte Knochenfische (Teleostei)
Umfaßt die Mehrzahl aller Fische und wird in viele Ordnungen unterteilt.

Ordnung Tarpunähnliche Fische (Elopiformes)
Eigentümliche Larvenform ähnlich wie beim Aal. Eine der bekanntesten Arten ist der Tarpun, ein Objekt des Big Game Fishing.

Ordnung Aalartige Fische (Anguilliformes)
Körper schlangenförmig, meist rund im Querschnitt, ohne Bauchflossen. Am bekanntesten ist unser Flußaal. Die farbenprächtigen und eigentümlich gemusterten Muränen gelegentlich in Meerwasseraquarien.

Ordnung Heringsfische (Clupeiformes)
Eine artenreiche Gruppe mit mehreren wirtschaftlich wichtigen Arten: Hering, Sprotte, Sardine und Sardelle. Keine Aquarienfische.

Ordnung Knochenzüngler (Osteoglossiformes)
Tropische Süßwasserfische, große Tiere, darunter einer der größten Süßwasserfische, der Arapaima aus dem Amazonasgebiet. Knochenzüngler sieht man gelegentlich in Aquarien von zoologischen Gärten.

Ordnung Nilhechte (Mormyriformes)
Afrikanische Süßwasserfische mit elektrischem Organ, eigentümliche Körperform, oft mit Rüssel, sehr verspielte Tiere, werden in Wasserwerken zur Kontrolle der Wasserqualität gehalten.

Ordnung Lachsfische (Salmoniformes)
Meer- und Süßwasserbewohner mit Fettflosse, umfaßt viele bekannte Fische, etwa Forelle, Lachs, Renke, Äsche, Stint, Hecht sowie eine ganze Reihe von Tiefseefischen. Ohne Bedeutung für die Aquaristik.

Ordnung Walköpfige Fische (Cetomimiformes)
Umfaßt eine Reihe von Familien, viele Tiefseebewohner, ohne aquaristische Bedeutung.

Ordnung Karpfenfische (Cypriniformes)
Schwimmblase mit dem Hörorgan über die Weberschen Knöchelchen verbunden. Damit können die Tiere Töne wahrnehmen. Eine sehr große Ordnung mit zahlreichen Aquarienfischen. Man teilt sie in drei Unterordnungen ein:

Unterordnung Salmler (Characioidei)
Nur in Amerika und Afrika verbreitet, überwiegend tropisch, mit 1200 Arten eine der größten Fischgruppen, zahlreiche bekannte Aquarienfische, zum Beispiel Tetra, Roter von Rio, Neon, Höhlenfisch, Piranha, Beilbauchfisch, Kopfsteher und andere mehr.

Unterordnung Karpfenähnliche (Cyprinoidei)
Kiefer zahnlos, dafür Schlundknochen zum Zerkleinern der Nahrung. Hierher gehören vor allem unsere Weiß- oder Karpfenfische sowie die gewöhnlichen Schmerlen und die Saugschmerlen. Von besonderer Bedeutung für die Aquaristik: Zierbarben, Bärblinge, Goldfisch, Zierkarpfen, Schmerlen.

Unterordnung Zitter- und Messeraale (Gymnotoidei)
Amerikanische Süßwasserfische, zum Teil mit elektrischen Organen, ohne Bedeutung für den Aquarienliebhaber.

Ordnung Welse (Siluriformes)
Vor allem in Südamerika verbreitet, insgesamt rund 2000 Arten, die meisten im Süßwasser. Im Aquarium natürlich nur kleinere Arten, zum Beispiel Panzerwels, Harnischwels, Froschwels, Perlhuhnwels, Gelbstreifenwels, Antennenwels, Rückenschwimmerwels, Glaswels, Saugwels. Der afrikanische Zitterwels kann lebensgefährliche Schläge austeilen.

Ordnung Armflosser (Lophiiformes)
Umfaßt vor allem die Anglerfische und die Seeteufel, bizarre Formen, die allerdings nur in größerer Tiefe leben und deswegen als Aquarienfische nicht in Betracht kommen.

Ordnung Dorschfische (Gadiformes)
Viele Arten mit großer wirtschaftlicher Bedeutung, zum Beispiel Dorsch oder Kabeljau, Schellfisch, Seehecht, Quappe, Leng, Köhler, Wittling, darunter jedoch keine Aquarienfische.

Ordnung Ährenfischartige (Atheriniformes)
Am bekanntesten sind wohl die Fliegenden Fische. Unter den Aquarienformen wären vor allem die Halbschnäbler und die Zahnkarpfen zu nennen. Von diesen unterschei-

det man zwei Familien: 1. Eierlegende Zahnkarpfen (Cyprinodontidae), zum Beispiel mit den zahlreichen Prachtkärpflingen, deren Gewässer jedes Jahr austrocknen. Die Arten überleben als Eier. 2. Die Lebendgebärenden Zahnkärpflinge der Neuen Welt umfassen so bekannte Formen wie Platy, Guppy, Molly, Segelkärpflinge, Schwertträger und viele andere mehr. Einer der auffälligsten Ährenfische ist der Vieraugenfisch mit seinen quergeteilten Augen, gelegentlich in Aquarien.

Ordnung Schleimköpfe (Beryciformes)
Eigentümliche, wenig bekannte Fische, vorwiegend Tiefseebewohner.

Ordnung Glanzfische (Lampridiformes)
Eigentümliche Tiefseefische.

Ordnung Petersfische (Zeiformes)
Überwiegend Tiefseefische ohne aquaristische Bedeutung.

Ordnung Stichlinge (Gasterosteiformes)
Als Aquarienfische kommen hier in Frage: der Dreistachlige Stichling mit seinem prächtigen Fortpflanzungsverhalten und die Seenadeln vor allem mit den Seepferdchen.

Ordnung Schlangenkopffische (Channiformes)
Artenarme Gruppe mit schöner Musterung, besonders im Jugendkleid. Hin und wieder in Aquarien.

Ordnung Panzerwangen (Scorpaeniformes)
Eine vielgestaltige Fischgruppe, oft sehr stachelig und dadurch dekorativ. Am bekanntesten sind die Rotfeuerfische. Für Seewasseraquarien mit Kaltwasser kommen die ähnlich dekorativen Knurrhähne in Frage. Ein Süßwasserfisch dieser Gruppe ist die heute fast ausgestorbene Groppe.

Ordnung Barschartige (Perciformes)
Äußerst arten- und formenreich mit weit über hundert Familien. Meist zwei Rückenflossen, die vordere mit harten, die hintere mit weichen Strahlen. Es seien hier nur die wichtigsten Aquarienfische aufgezählt: der durchsichtige Glasbarsch, die prächtig gemusterten Zackenbarsche, Zwerg- und Sonnenbarsche, der Schützenfisch, der mit gezielten Wasserspritzern Insekten ins Wasser holt, der majestätische hochrückige Fledermausfisch. Die Buntbarsche (Cichlidae) aus Amerika und Afrika setzen sich fast nur aus Aquarienfischen zusammen, besonders weil diese Tiere außerordentlich vielfältige Verhaltensweisen zeigen.

Auch die Seewasseraquaristik könnte ohne Barschfische nicht auskommen, gehören zu dieser Ordnung doch die meisten Aquarienbewohner: Riffbarsche, Korallenbarsche, Demoisellen, Anemonenfische, Preußenfische, Lippfische, Putzerfische, Gaukler, Halfterfische, Doktorfische, Engelfische, Kaiserfische.

Die überaus putzigen Schlammspringer haben sich das Land erobert und können in Paludarien gehalten werden. Eine weitere Gruppe von Aquarienbewohnern sind die Labyrinthfische mit den Guramis, den Fadenfischen, den Makropoden, den Kletterfischen und den Kampffischen.

Ordnung Stachelaale (Mastacembeliformes)
Aalförmige Tiere aus Afrika und Asien, dort als Speisefische, viele mit außergewöhnlich bunten Mustern, beliebt und nicht selten in Aquarien.

Ordnung Plattfische (Pleuronectiformes)
Umfaßt so bekannte Arten wie Butt, Flunder oder Seezunge. Nur ganz wenige Aquarienfische, Haltung z. T. im Kaltwasseraquarium möglich.

Ordnung Kugelfische (Tetraodontiformes)
Umfaßt manche Arten des Meerwasseraquariums, zum Beispiel die prächtigen Drückerfische und die überaus niedlichen Kofferfische und Igelfische.

Weiterführende Literatur

Die Aquarienliteratur ist unübersehbar geworden. Hier bringen wir nur eine kleine Auswahl der wichtigsten Veröffentlichungen.

Bücher

Baensch, H.A. und R. Riehl: *Aquarienatlas*. Mergus, Melle 1985
BLV Bestimmungsbuch: *Aquarienfische*. BLV, München 1976
Brembach, M.: *Lebendgebärende Fische im Aquarium*. Franckh, Stuttgart 1979
Brünner, G.: *Aquarienpflanzen*. Franckh, Stuttgart 1976
Frey, H.: *Karpfenfische*. Neumann-Neudamm, Melsungen 1973
Frey, H.: *Das große Lexikon der Aquaristik*. Neumann-Neudamm, Melsungen 1976
Freyer, G. und T.D. Ills: *The Cichlid Fishes of the Great Lakes of Africa*. Edinburgh 1972
Gery, L.: *Characoids of the World*. Neptune C. 1977
Goldstein, R. S.: *Buntbarsche fürs Aquarium*. Franckh, Stuttgart 1976
Hückstedt, G.: *Aquarienchemie*. Franckh, Stuttgart 1978
Hunnam, P.: *Lebensraum Aquarium*. Ulmer, Stuttgart 1983
Keller, G.: *Der Diskus*. Franckh, Stuttgart 1982
Kosmos Handbuch der Aquarienkunde. Franckh, Stuttgart 1977
Krause, H.-J.: *Einführung in die Aquarientechnik*. Franckh, Stuttgart 1985
Linke, H. und W. Staeck: *Afrikanische Cichliden*. Tetra, Melle 1981
Linke, H. und W. Staeck: *Amerikanische Cichliden*. Tetra, Melle 1981
Luckmann, H.: *Guppys*. Franckh, Stuttgart 1978
Mayland, H.H.: *Große Aquarienpraxis*. Band 1−3. Landbuch, Hannover 1978
Mayland, H.H.: *Tropische Aquarienfische*. Landbuch, Hannover 1979
Mayland, H.H.: *Die Malawi-See und seine Fische*. Landbuch, Hannover 1982
Mills, D.: *Das große Buch der Aquarienfische*. Delphin, München 1981
Ostermöller, W.: *Labyrinthfische im Aquarium*. Franckh, Stuttgart 1978
Ostermöller, W.: *Fische züchten nach Rezept*. Franckh, Stuttgart 1980
Paffrath, K.: *Bestimmung und Pflege von Aquarienpflanzen*. Landbuch, Hannover 1978
Pinter, H.: *Handbuch der Aquarienfisch-Zucht*. Kernen, Stuttgart, 1966
Reichenbach-Klinke, H.-H.: *Krankheiten und Schädigungen der Fische*. Fischer, Stuttgart 1966
Reichenbach-Klinke, H.-H.: *Grundzüge der Fischkunde*. Fischer, Stuttgart 1970
Reichenbach-Klinke, H.-H.: *Bestimmungsschlüssel zur Diagnose von Fischkrankheiten*. Fischer, Stuttgart 1975
Richter, H.S.: *Fische züchten − ein Problem?* Landbuch, Hannover 1980
Riehl, R. und H.A. Baensch: *Aquarienatlas*. Mergus, Melle 1984
Schröder, J.-H.: *Vererbungslehre für Aquarianer,* Franckh, Stuttgart 1978
Seegers, L.: *Killifische*. Ulmer, Stuttgart 1980
Seegers, L.: *Das Aquarium*. Ulmer, Stuttgart 1985
Staeck, W.: *Handbuch der Cichlidenkunde*. Franckh, Stuttgart 1982
Sterba, G.: *Süßwasserfische aus aller Welt*. 2 Bde. Neumann-Neudamm, Melsungen 1959
Sterba, G.: *Enzyklopädie der Aquaristik,* Neumann-Neudamm, Melsungen 1978
Vierke, J.: *Zwergbuntbarsche*. Franckh, Stuttgart 1977
Vierke, J.: *Labyrinthfische und verwandte Arten*. E. Pfriem Verlag, Wuppertal 1978
Vierke, J.: *Vierkes Aquarienkunde*. Franckh, Stuttgart 1982
Weiß, W.: *Welse im Aquarium*. Franckh, Stuttgart 1979
Wheeler, A.: *Das große Buch der Fische*. Ulmer, Stuttgart 1977

Zukal, R. und S. Frank: *Geschlechtsunterschiede der Aquarienfische.* Landbuch, Hannover 1979

Zukal, R. und S. Frank: *Balzspiele im Aquarium.* Landbuch, Hannover 1982

Zeitschriften

Aquarienmagazin. Franckh, Stuttgart

Aquarium heute. Aquadocumenta Verlag, Bielefeld

Das Aquarium. A. Philler Verlag, Minden

TI International. Tatra, Melle

Die CO$_2$-Düngung

Mit der Photosynthese stellen grüne Pflanzen aus Kohlendioxid (CO_2) und Wasser Stärke und Zucker her. Die Energie dazu liefert das Licht, das vom Blattgrün aufgenommen wird. Damit die Photosynthese gut vonstatten geht, muß in einem Aquarium genügend Licht (Beleuchtung), genügend Wasser (wohl selbstverständlich) und genügend im Wasser gelöstes Kohlendioxid vorhanden sein. Die allermeisten Aquarien leiden aber unter Kohlendioxidmangel. Das CO_2, das die Fische bei der Atmung an das Wasser abgeben, reicht bei weitem nicht aus, besonders nicht, wenn das Wasser noch belüftet wird, denn dabei sinkt der CO_2-Gehalt des Wassers auf den Wert der Luft ab, und der entspricht nur rund 0,04 Volumenprozent.

Deswegen düngen viele Aquarienfreunde das Wasser mit CO_2 aus einer Gasflasche, sei es manuell oder im vollautomatischen Betrieb, bei dem dauernd auch der pH des Wassers überprüft wird. Man könn-te annehmen, daß das Kohlendioxid den Fischen schadet. Das ist aber nicht der Fall. Sie vertragen überraschend hohe CO_2-Konzentrationen, sofern gleichzeitig der Sauerstoffgehalt des Wassers hoch ist. Erst ab einer sehr hohen CO_2-Konzentration nehmen die Fische Schaden. Diese liegt aber gut beim Zehn- bis Zwanzigfachen des Wertes, der für Pflanzen optimal ist.

Der Gartenteich

Gartenteiche, in denen man Süßwasserfische halten will, sollten etwas Sonnenschein erhalten und nicht völlig von überhängenden Bäumen bedeckt werden. Die Größe hängt von der Fischart ab, die man zu halten gedenkt. Zierkarpfen oder Koi brauchen für die Überwinterung eine Mindestwassertiefe von 1,5 bis 2 Meter, während Goldfische bereits in einer Wassertiefe von 0,6 Meter überleben können.

Besondere Erfordernisse
Ein Gartenteich für die Haltung von Zierkarpfen sollte über ein Filtersystem verfügen. Der Zoohändler wird Sie in der Wahl der Wasser- und Sumpfpflanzen beraten. Solche Pflanzen erhöhen den Sauerstoffgehalt des Wassers und verleihen dem Gartenteich ein naturnahes Aussehen. Man sollte auch einige größere Felsen als Unterschlupf für die Tiere vorsehen.

Die Besiedlung
Man warte so lange ab, bis sich die Pflanzen und das gesamte Ökosystem irgendwie eingerichtet haben, und gibt erst dann die Fische zu. Der Behälter, in dem sie sich befinden, sollte gleichwarmes Wasser wie der Teich aufweisen (siehe Seite 29).

Pflege
Ins Wasser gefallene Blätter zersetzen sich mit der Zeit und geben dabei giftige Substanzen ab, die den Fischen schaden können. Gleichzeitig wird beim Abbau Sauerstoff verbraucht. Um dies zu verhindern, breitet man im Herbst auf der Wasseroberfläche ein Nylonnetz aus, mit dem man leicht die Blätter entfernen kann.

Ein weiteres ernsthaftes Problem ergibt sich, wenn sich eine Eisschicht auf dem Teich bildet. Ist der Teich genügend tief, so haben die Fische stets noch genügend Wasser zur Verfügung. Wenn sich aber giftige Gase unter der Eisdecke ansammeln, können die Fische ersticken. Man sollte deswegen stets ein Loch in der Eisschicht freihalten, damit solche Gase entweichen. Man darf aber nie ein Loch in das Eis schlagen, denn das würde die Fische in höchste Erregung versetzen und vielleicht sogar zu Tode erschrecken. Zum Eisfreihalten gibt es heute besondere Apparate.

Fische für den Gartenteich
Das ganze Jahr über ☐ Einflossige Goldfische ☐ Zierkarpfen ☐ Bitterling
Nur in den Sommermonaten ☐ Zierformen von Goldfischen ☐ Zwergbarsch ☐ Sonnenbarsch ☐ Scheibenbarsch ☐ Amerikanische Rotflossenorfe ☐ Hundsfisch ☐ Zacco platypus

Leitwert und Wasserhärte

Nur destilliertes Wasser oder das Wasser, das als Regen vom Himmel fällt, besteht fast ausschließlich aus H_2O-Molekülen – mindestens in unverschmutzten Gebieten. Das Leitungswasser hingegen enthält je nach Herkunft eine größere oder geringere Menge gelöster Salze. An erster Stelle wären hier Kalzium-, Magnesium-, Karbonat- und Sulfationen zu erwähnen, welche im wesentlichen die Wasserhärte ausmachen. Aber auch andere Ionen sind im Wasser enthalten, wie ein Blick auf die Analysedaten von Mineralwässern zeigt.

Je mehr gelöste Salze das Wasser enthält, um so größer wird seine Leitfähigkeit, denn Anionen und Kationen sind ja elektrisch geladene Teilchen. Die Leitfähigkeit wird in Mikrosiemens (μS) gemessen.

Dieser Leitwert ist in geringem Maß von der jeweiligen Wassertemperatur abhängig. Er gibt uns Aufschluß über den Chemismus des Wassers. Den größten Leitwert hat natürlich Meerwasser. Den geringsten ($50-80\ \mu$S) finden wir in Bächen des tropischen Regenwaldes, die nur mit Urgestein in Berührung getreten sind. Leitungswasser hat Leitwerte von 150 bis 800 μS.

Wasserhärte

Als Wasserhärte bezeichnen wir die Gesamtheit der Kalzium- und Magnesiumsalze im Wasser. Die Wasserhärte setzt sich aus zwei Komponenten zusammen.

Die Menge der Karbonate (CO_3^{2-}) heißt Karbonathärte oder temporäre Härte, weil sie durch Kochen beseitigt wird. Dann setzt sich nämlich Kalziumkarbonat in Form weißen Kesselsteins im Gefäß ab.

Die permanente oder bleibende Härte geht auf Nichtkarbonatsalze zurück, vor allem Sulfate, Chloride oder Phosphate.

Die Härte des Wassers wird in Grad deutscher Härte (°dGH, gelegentlich auch dH) gemessen. 1°dGH entspricht umgerechnet dem Gehalt von 10 mg Kalziumoxid (CaO) in 1 l

HINTERGRUNDGESTALTUNG

Manche Aquarienfreunde versuchen, ihre Becken attraktiver zu gestalten, indem sie 3D-Poster entsprechender Lebensräume verwenden. Man bringt sie auf der Außenseite der Scheibe an. Sie sind durch das Becken hindurch sichtbar und geben ihm eine viel größere optische Tiefe. Einen sehr hübschen natürlichen Hintergrund kann man sich aus Korkplatten bauen. Man befestigt sie auf der Innenseite der Scheibe, aber bitte so, daß sich keine Fische dahinter einklemmen können.

Seitliche Beleuchtung rückt solche Dioramen in das beste Licht. Man nimmt dazu ein Spotlight, dessen Licht schräg auf die Seitenscheibe des Aquariums fällt.

Mit dieser Tabelle kann man das Volumen und das Wassergewicht gewisser Beckengrößen ermitteln. Gleichzeitig gibt sie für jede ökologische Kategorie die Gesamtlänge der Fische an (ohne Schwanzflosse). In den beiden kleinsten Becken, die hier aufgeführt sind, sollte man keine tropischen Meeresfi-

Ausmaße (Länge×Tiefe×Breite)	Inhalt
45×25×25 cm	28,1 Liter
60×38×30 cm	68,4 Liter
90×38×30 cm	102,6 Liter
120×38×30 cm	136 Liter

Wasser. Man unterscheidet die folgenden Härtestufen:

0 − 4 °dGH sehr weich
5 − 8 °dGH weich
9 − 12 °dGH mittelhart
13 − 18 °dGH ziemlich hart
19 − 30 °dGH hart
über 30 °dGH sehr hart

Werte bis 12 °dGH sind für die allermeisten Aquarienfische unbedenklich.

WASSERHÄRTE

Wassertyp	Geeignet für
Süßwasser Sehr weich, 0−6 °dGH	Salmler, Barben, Eierlegende Zahn- karpfen, Diskusfisch
Weich/mittelhart, 7−15 °dGH	Welse, Schmerlen, Goldfische, die meisten Buntbarsche, Guramis, Fadenfische
Ziemlich hart, 15 °dGH und darüber	Buntbarsche zentralafrikanischer Seen, Lebendgebärende Zahn- karpfen, Perlmutter-Regenbogen- fisch
Brackwasser 1 Eßlöffel Salz auf 5 l Wasser und mehr	Flossenblatt, Molly, Perlmutter- Regenbogenfisch
Meeresfische Spezifisches Gewicht 1,023	Alle Meeresfische der tropischen und gemäßigten Breiten, wirbellose Tiere

BECKENGRÖSSE UND FISCHBESATZ

sche halten. Ein 90 cm langes Becken ist das kleinste, das für solche Arten überhaupt in Frage kommt. In kleineren Becken kann man allerdings Meeresfische der gemäßigten Breiten halten. Das Volumen errechnet sich aus der Multiplikation: Länge mal Höhe mal Tiefe. Das Gewicht in Kilogramm entspricht dem Volumen in Litern. Jeder Zentimeter eines Fischkörpers braucht bei tropischen Süßwasserfischen 30 cm^2 Oberfläche, bei Süßwasserfischen der gemäßigten Breiten 75 cm^2 Oberfläche und bei tropischen Meeresfischen 120 cm^2 Oberfläche.

Gewicht des Wassers	Gesamtkörperlänge für tropische Süßwasserfische	Gesamtkörperlänge für Süßwasserfische gemäßigter Breiten	Gesamtkörperlänge für tropische Meeresfische
28,1 kg	38 cm	15 cm	-
68,4 kg	60 cm	24 cm	-
102,6 kg	90 cm	36 cm	23 cm
136 kg	120 cm	48 cm	30 cm

Register

Symphysodon discus 14, 59, 59
Synchiropus splendidus 108, *108*
Synnema triflorum 167
Synodontis nigriventris 77, *77*

T

Tablettenfütterung 202
Taisho Sanke 90, *90*
Taschenmessermuschel *197*
Tanganjikabarsch (Gabel-schwanz-) 58, *58*
Tanichthys albonubes 42, *42*
Tarnung 16
Tastsinn 20
Tausendblatt *168, 169, 184*
Tealia felina 110, *110*
Teleskopfisch 87, *87*
Thermometer 134, 176, *179*
Temperaturmessung 134
Topffilter 126
Transport der Fische 29, 214
Transport eines Aquariums 121
Trematoden 231
Trichogaster leeri 65, *65*
Trichopsis pumilus 64, 66
Trockenfutter 202 f.
Tropische Meeresfische 95 f.
Tropische Süßwasserfische 35 f.
Tuberkulose 229
Tubifex-Würfel 203
Tubifex-Würmer *203, 204*
Tubipora musica 191
Tüpfelbuntbarsch 53, *53*
Tüpfelhechtling 72, *72*

U

Umbra pygmaea 94, *94*
Unio pictorum 246
Unterflurfilter 129 f., 160, 174
Unverträgliche Fische 30

V

Vallisneria gigantea 171, 173, 184
– *spiralis 179*, 184
Vallisnerie, Gemeine 179, *184*
Veränderlicher Spiegel-kärpfling 69, *69*
Verträglichkeit untereinan-der 30
Vesicularia dubyana 171
Viergürtelbarbe 39, *39*
Vitaminmangel 200, 215
Vorschaltgerät 150

W

Wasser 136 f.
Wasserflöhe *203, 204*
Wasserhaarnixe *164, 239*
Wasserkelch *164, 179, 242*
Wasserlinse, Kleine *168*
Wasserpest, Dichtblättrige *165, 184*
– Kanadische *166, 184*, 185
– Madegassische *167*
Wasserpumpenbetriebene Filter 126 f.
Wasserwechsel 215, 218, *218*

Wasserqualität 143 f., 216
Wasser-Sumpffreund *168*
Weißkehl-Doktorfisch 103, *103*
Wellhorn *197*
Welse 73 f.
Wimpelfisch, Gewöhnlicher 102, *102*

X

Xiphophorus maculatus 69, *69, 178, 179*
– *sp.* 68, *68, 179*
– *variatus* 69, *69*

Z

Zacco platypus 94, *94*
Zahnkarpfen, Lebendgebä-rende 66 f.
Zanclus cornutus 108, *108*
Zebrabärbling 31, 41, *41*, 179
Zierkarpfen 89 f.
Zierkarpfenhybrid 90, *90*
Zitronensalmler 49, *49*
Zucht 237 ff.
Zucht von Lebendfutter 206
Zweifarbiger Zierkarpfen 89, *89*
Zwergbärbling 43, *43*
Zwergbarsch 91, *91*
Zwergfadenfisch *31*, 62, *62, 178, 243*
Zwerggurami 65, *65*
Zwergkaiserfisch 98, *98*
Zwergschmerle 79, *79*

Dank des Autors:
Der Autor dankt Alan Buckingham für seinen unerschütterlichen Glauben, daß dieses Buch zu einem Erfolg wird. Einen großen Anteil daran hat das Produktionsteam: Judith More und Janice Lacock sorgten dafür, daß der Text auf den Floppy Disks schließlich schwarz auf weiß vorlag. Julia Goodman, Jo Martin und Tina Vaughan lieferten originelle Layoutideen, beschafften die Fotos und wählten die besten davon aus. Und am Ende sorgten sie dafür, daß alles seinen Platz fand und auch zusammenpaßte.

Grafik: David Ashby, Andrew Macdonald, Kuo Kang Chen.

Fotonachweis:
Heather Angel: 8, 9 o.r., 40 o., 48 o., 81 o., 111 u.
The Bridgeman Art Library/British Museum: 6 u.l.
Ron Boardman/Bruce Coleman: 111 o.
Jane Burton/Bruce Coleman Ltd.: 9 o.l., 12, 21, 32, 42 o., 52 o., 55 u., 59 u., 64 o. und u.l., 66, 68 u., 72 u., 74 o., 78, 85 u., 101 u., 110 u., 192
Alain Compost/Bruce Coleman Ltd.: 35
Eric Crichton: 2–3, 22, 152, 162, 174–191, 193–197, 210, 235, 254, 264, 268, 270, 271
Stephen Dalton/NHPA: 61 l.
Thomas Dobbie: 202, 203
Martin Dohrn/Bruce Coleman Ltd.: 109
Mary Evans Pikture Library: 6 r., 7
Laurence Gould/Planet Earth Pictures: 105 o.
J. M. Labat/Ardea London: 92 u.
Jan-Eric Larsson: 1, 40 u., 45, 56 u., 69 u., 70 u., 71 u., 72 o., 77 u., 80, 86 o., 91, 98, 99 u., 100 o., 102 o., 103, 104 o., 105 u., 108 u., 213, 221 o.l. und u.l., 226
Lacz Lemoine/NHPA: 41 u., 42 u., 51 u., 67 u., 77 o., 79 o.l., 84 u., 106 o.
Ken Lucas/Planet Earth Pictures: 97 u.
Harold Metcalf/NHPA: 102 u.
P. Morris/Ardea London: 16, 93 u., 97 o., 99 o., 108 o.
Arend van den Nieuwenhuizen: 67 o., 71 o., 86 u., 92 o., 100 u., 101 o., 236, 253 u.
M. Timothy O'Ceefe/Bruce Coleman Ltd.: 95
Dick Mills: 93 o., 94 u., 107 o. und u., 272 o. und u.
Paulo Oliveira/Planet Earth Pictures: 38 o., 62 r., 64 r., 221 u. und Mitte r.
Vincent Oliver: 90 u.
Laurence E. Perkins: 88 o. und u.
Christian Petron/Planet Earth Pictures: 110 o.
Hans Reinhard: 37 u., 38 u., 30 u., 41 o., 43 o., 44 o. und u., 46 u., 47 o., 48 u., 49 u., 51 o., 52 u., 54 o. und u., 61 r., 68 u., 69 u., 76 u., 81 u., 85 o., 87 u., 89, 90 o., 94 o.
Hans Reinhard/Bruce Coleman Ltd.: 36, 39 o., 49 o., 55 o., 57 u., 60., 62 l., 63 r., 65 l., 82 o.
David D. Sands: 73, 74 u., 75 o.
Mike Sandford: 43 u., 46 o., 50 o. und u., 53, 58 u., 59 o., 63 o. und Mitte l., 75 u., 76 o., 87 u.
Peter Scott: 221 o.r., Mitte l., u.r.
Peter Scoones/Planet Earth Pictures: 104 u.
John Shaw/Bruce Coleman Ltd.: 83
Spectrum Colour Library: 198
Stapeley Water Gardens Ltd.: 10
William Tomey: 9 u.r., 11, 37 o., 47 u., 56 o., 57 o., 58 u., 65 r., 79 r., 82 u., 96 u., 112, 220, 221 o. und Mitte r.
Bill Wood/NHPA: 106 u.